如何在大学学习

HOW TO STUDY IN COLLEGE

Walter Pauk

Ross J.Q. Owens

〔美〕沃尔特·鲍克
罗斯·J·Q·欧文斯 —— 著

清浅 —— 著

CENGAGE Learning®

天津出版传媒集团

天津科学技术出版社

How to Study in College 11th Edition

by Walter Pauk (Author), Ross J.Q. Owens (Author)

天津市版权登记号：图字02-2020-258

图书在版编目（CIP）数据

如何在大学学习 / (美) 沃尔特·鲍克 (Walter Pauk) , (美) 罗斯·J.Q.欧文斯 (Ross J.Q. Owens) 著 ; 清浅译. -- 天津：天津科学技术出版社, 2020.12

书名原文: How To Study In College

ISBN 978-7-5576-8668-0

Ⅰ . ①如… Ⅱ . ①沃… ②罗… ③清… Ⅲ . ①大学生—学习方法 Ⅳ . ①G642.46

中国版本图书馆CIP数据核字(2020)第178288号

如何在大学学习

RUHE ZAI DAXUE XUEXI

责任编辑：刘　磊　张　婧

责任印制：兰　毅

出　　版：天津出版传媒集团
　　　　　天津科学技术出版社

地　　址：天津市西康路35号

邮　　编：300051

电　　话：（022）23332400（编辑部）　23332393（发行科）

网　　址：www.tjkjcbs.com.cn

发　　行：新华书店经销

印　　刷：华睿林（天津）印刷有限公司

开本 720×1000　1/16　印张 26.75　字数 335 000

2020年12月第1版第1次印刷

定价：68.00元

这本书的结构

　　如何取得学业成功？想象一下，有一种能力可以让你用最少、最简单、最好记忆的词汇回答问题。它可能无法让事情变得简单，因为你还是需要付出努力，但它会让学习目标变得更明确，不那么令人胆怯。

　　要取得学业成功，你需要在获取、保留及最终解释信息前，先打下扎实的技巧基础。是的，这就是这本书的初衷。为信息打造一个基础，然后获取、保留并解释它们。本书的 14 章内容都源自这个简单的理念，并按照这三个步骤进行分类。

　　第一部分：打好基础。如果地基不扎实，即使用了最坚固、最有弹性的材料，高塔也会坍塌。同样，在大学里，获取、保留和解释信息必须建立在扎实的基本技巧的基础上。此外，这些技巧不仅对大学学习非常重要，也会令你的校外生活、职业生涯及今后的人生受益匪浅。就算你不是大学生，了解以下内容也十分有用：如何集中注意力（第 1 章），如何掌控时间和整理空间（第 2 章），如何应对压力（第 3 章）以及如何累积和维持词汇量（第 4 章）。

　　第二部分：获取信息。你能够掌握所有该掌握的信息吗？这个世界充斥着各种各样的信息。它们就在那里。你要做的只是走过去，获取它们。但具体该怎么做呢？首先，你要知道如何阅读。如果你觉得这个问题太简单，甚至有些可笑，那么你可能需要重新了解阅读的含义。事实上，没有任何一种阅读方式是万能的。你需要根据内容调整你的阅读方式。这是第 5 章的主题。当然了，阅读只是沟通的渠道之一。实际上，我们花费了更多时间聆听而非阅读。在大学里，大部分聆听都发生在讲座上。这就是为什么我们在第 6 章中专门讲述了如何让讲座更生动。即使你能够深究听到或读到的所有信息，这也不是一个明智的做法。时间短暂，你不该对所有信息一视同仁。你需要将注意力集中在重要的信息上。第 7 章会协助你判断哪些信息值得保留，哪些信息可以舍弃。最后，不

　　信息无处不在。你需要制订计划去获取它们。

是所有信息都是以字词形式传递的，也不是所有学生都擅长通过字词进行学习。第 8 章探索了我们用于理解信息的其他沟通渠道。

第三部分：保留信息。当我们说到"保留"（retain）时，会遇到一个重要的词根 –ain，它指的是你的大脑。在第三部分，你将了解到，大脑的工作记忆区一次只能容纳约七项内容。你完全不可能将一个学期的信息都塞入大脑的工作记忆区。此外，保留在工作记忆区中的信息会很快消逝。如果你无法快速找到存储它们的地方，它们很快就会消失，而且是永远消失。这本书的"保留"部分会告诉你如何长期保存信息。你使用的主要存储工具是长期记忆区和笔记。在第 9 章中，你将进一步了解记忆的工作原理。我们会告诉你，如果想要长期记忆信息，哪些是可以做的，哪些是不该做的。在第 10 章中，我们会介绍一个著名的笔记记录系统。它简单易用，可以帮助你高效、有效地记录笔记。我们会告诉你如何通过笔记保留有价值的信息。第 11 章会告诉你如何阅读和理解笔记以及如何将它们变成你的永久知识。

第四部分：解释信息。在理想情况下，保留信息是不求回报的。学习就是为了学习本身。但在大学里，情况不是这样的。

> 你的成绩取决于你解释和保留所获取信息的能力。

你的表现由成绩衡量，而你的成绩取决于你"展示你知道的信息"的能力，即你是否可以很好地解释你在该学期（及之前）获取的信息。在大学里，解释信息的最常见方式就是小测和考试。这是第 12 章的主题。这一章讲述了可以帮助你成功地将所学信息转化为成绩的系统、诀窍和技巧。第 13 章重点阐述了另一种信息解释方式——讨论。对于某些课程，课堂参与度或在线讨论在成绩中所占的比例可能较高。更重要的是，你可能要在与他人讨论时才会知道自己对信息的理解程度。这一章将帮助你学习如何为讨论做准备以及如何让讨论帮助你掌握信息并提高成绩。最后，第 14 章讲述了如何撰写论文。尽管这看起来是一项非常专业的技能，但这一章会告诉你，撰写论文主要依靠的是前文提及的技能，你只需要进一步完善它们即可。

本书的设计

《如何在大学学习》这本书的目的是帮助你取得学业上的成功。这个目的贯穿全书并反映在本书的设计上。概念图、章节复习及页边问题都旨在帮助你获取、保留和解释书中的信息。此外，每一章末尾的"背景故事"会提示你累积词汇不是一时的目标，而是终身的追求。而每一章子部分前的技巧标签会告诉你这本书中的策略、诀窍和技能是基于八个基本技巧中的哪一个。

章节主题

大多数课本的章节都有标题，但这个标题很难清楚地告诉你章节的内容。因此，《如何在大学学习》的每一章既为你提供了标题，也为你提供了主题。主题是直指章节主要内容的短语，例如"结构""理解"或"批判思考"。这些主题概述了每一章的重点，帮助你不在阅读全文时偏离方向。与每个部分前的技巧标签一样，章节主题的目的也是让你更清晰地了解每一章的目标。

概念图

　　课本不是推理小说，惊喜且有趣，但对于每一章的结构和目标，你需要的是简洁直白的表述。因此，《如何在大学学习》的每一章都以一张直白的图示作为起始。这张图显示了本章的各个主题以及它们之间的关联。

　　这些图示可以帮助你在阅读前大致了解这一章的内容，并在完成阅读后，更轻松地复习和串联章节内容。如果你是视觉型学习者，这些图示的作用就会更为显著。

　　在开始阅读前，借助概念图了解相应章节。首先浏览整张图，然后查看图中的每个概念。你可能已经注意到了，概念图最上方的概念就是相应章节的标题。接下来，你要注意每个概念之间的关联。将每个概念转换为一个问题，其下方关联的各个主题应该可以提示你大致的答案。

　　在完成阅读后借助概念图复习相应章节。返回章节首页，再次查看概念图。现在，你应该对每个主题有了更深的理解。你可以遮盖概念图，然后根据自己的记忆绘制一张，以此来检验你对本章概念的掌握情况。

章节复习

　　每一章末尾的题目是为了让你掌握知识，而不是对你进行测验。这些题目里没有任何陷阱，不会误导你。你要正视每道题的价值，尽全力作答。如果答错了，你可以借此重新复习相关部分。重新阅读和重新思考题目和答案，可以强化你对概念的理解。

页边问题

　　如果你已快速翻阅了这本书，就应该发现了它的特别之处。

每一页的页边空白位置上有很多问题，几乎每个段落都对应着一道问题。

这些问题的作用是什么？它们会让你的学习更生动。它们会激活沉寂的事实，将它们转化成充满活力的观点。如果你的主要学习元素中没有包含问题，那么你可能并没有真正地投入学习。页边问题会为你提供如下的各种帮助：

1. **具体的例子**。具体展示了如何将书中的每个段落视作某个问题的答案。我们不仅仅告诉你要这么做，还向你展示了该怎么做。

2. **提高主动性**。提高你理解本书重要观点的主动性。在开始阅读每个段落前，先看一下旁边的问题，然后定下目标——要在阅读中找出问题的答案。如果你能够回答这个问题，就表示你理解了所阅读的内容，而这可以激励你。

3. **现成的工具**。为复习章节内容提供了现成的工具。你可以用纸张盖住书本内容，尝试回答页边问题，然后对比段落内容，从而了解你对重要观点的掌握程度。

4. **导航线索**。帮助你更轻松地返回查找特定内容。如果你需要返回查看特定段落或事实，页边问题可以帮助你更轻松地找到你需要的内容。

5. **练习！**不是所有段落都有对应的问题（参阅下文的"提出你的问题"），这不是我们的疏忽。我们这么做是有原因的。你可以参考前一个和后一个段落的问题，自行提出所缺少的页边问题。我们的目的是帮助你不断练习，提高提问这项重要的学习技能。

提出你的问题

提问系统使用页边问题激励读者进行主动阅读。在每一章中，大多数段落旁边都伴有一个页边问题。在每一章的末尾，"提出你的问题"这一部分旨在激励你尝试为没有页边问题的段落设置问题。请在文中寻找标有"提出你的问题"的方框，试试你是否能够应用提问系统，针对相应段落的中心思想，写下可以提示该中心思想的问题。

背景故事

了解了字词的历史，你就会对这些词的含义产生更深的见解。这就是"背景故事"的目的。"背景故事"选取相应章节中的一个重要单词，讲述与其起源相关的有趣故事。这些故事甚至会让你大吃一惊。例如，了解了"deadline"（截止日期）的背景故事后，你肯定无法再以之前的态度看待截止日期了。

为什么我们要在书中花费这么多精力来谈论掌握单词的技巧？因为要获取、保留和解释信息，没有什么比单词更重要。精确掌握大量词汇会赋予你更强的思考和判断能力。这种能力不仅可以应用于学习中，也适用于个人生活、社交和职场。

技巧标签

除了大多数段落旁边的页边问题，这本书还包含另一个重要的元素，也就是每章小标题下方的标签。这些是技巧标签。它们是构建本书内容的基本材料。它们会提示你相应内容所涉及的技巧。例如，回顾讲座需要使用的核心技巧包括"概述""总结"和"提问"，而改变你的时间习惯需要依靠"自我引导"和"重塑"。

尽管本书包含四大部分、14章内容和超过100个子部分，但所有的经验、策略、诀窍和技巧都源自8个核心技巧——聚焦、概述、重塑、总结、计划、提问、归类和自我引导。

1. **聚焦**。聚焦是指瞄准最重要目标的能力。聚焦有集中注意力的意思，但它还意指设置目标，区分中心思想和支持材料以及从不相关的信息中选出有价值的事实。

2. **概述**。概述是一个重要的准备步骤。它包括从大局上看待信息，构建精读时不易发现的要点和关联。概述是一种识别信息框架的能力。它创造了"先行组织者"，帮助你更轻松地排列和保留更多细节信息。

3. **重塑**。概述构建了框架，而重塑则更改了这个结构。重塑是指从不同角度，使用不同方法处理相同信息的能力。这意味着你要快速适应不断变化的新信息，或者将信息从一种形式"翻译"为另一种形式，例如，将单词和数字翻译成图片。这也是进行反思所需要的重要技巧。

4. **总结**。总结意味着浓缩信息。你要有总结能力才能确定段落、文章或书本的中心思想。复述同样如此，它还能有效对抗遗忘。

5. **计划**。计划就是采用预先确定的系统或流程处理特定问题和任务，或度过一段时间。做预算、创建清单、制订日程表，这些都需要计划。此外，常用的学习技巧和策略（如康奈尔笔记系统）中也会加入计划。

6. **提问**。提问代表的是主动学习。提问并不一定是因为有疑问（当然可以是因为有疑问），更多的是为了调动看似沉寂的信息，与之进行对话。

7. **归类**。归类是指以有意义的模式整理或关联内容的能力。归类不仅包括对观点和文件的整理和分类，还指根据实际需要，选择以词组、段落、页面或章节为单位来思考阅读材料。此外，归类还包括将熟知的信息与陌生的新信息相关联。

8. **自我引导**。自我引导是指自行采取行动、自行设置日程以及主宰自己命运的能力。它包括设定目标、培养自己的兴趣和动机，以及听从自己"内心的声音"。

看看你在这 8 个核心技巧上的表现。你可以进行在线评估，了解哪些是你擅长的技巧，哪些技巧还有待提高。了解之后，像往常一样阅读这本书，但请注意章节子标题下方的这些技巧标签。

利用评估结果提高学习效率。例如，完成评估后，你可能会发现自己擅长聚焦重点信息，或是擅长将新信息关联到已知信息，但不擅长计划或重塑。这些认知标志着你迈出了学业成功的第一步。技巧标签就像一个指示牌，告诉你要注意的技巧。它们将帮助你提升自己的技巧，然后利用你所知的信息，成为更优秀的学生。

重塑的价值

看过在线技巧标签评估的答案后，你可能会觉得："没错。我总是找不到笔记，但我一直这样，怎么可能改变？"或者，你认为省略阅读前的查阅流程而直接开始阅读作业，这更适合你，因为这样不仅可以节约时间，还能保持你的阅读势头。这样的想法也许能让你觉得好受些，但它们会带来学习认知上的盲点。要了解盲点对你的影响，你可以试着解决图 1 中的问题。你很可能因为盲点而解答不出这道题。然而，一旦知道了解决方案，你可能会说："真简单！我怎么没想到？"

"九点"问题（见图 1）不仅证实了一个观点，还是一种绝佳的学习策略。例如，尽管没有多少学生解决了这个问题，但他们都了解到重塑的价值。重塑意味着保持灵活性，从不同角度看待事物。如果你可以打破惯性思维，让你的大脑更自由地运转，那么你在解决问题时就可能更有创造力，更有想象力。

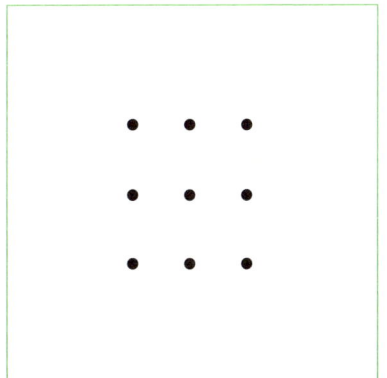

图1 "九点"问题
用四条线将这些点连接起来。必须一笔画成，且路线不能重复。答案在第10页（图3）。

计划的力量

　　优秀的学生既要保持灵活性，又要遵循系统性。这听起来是个自相矛盾的建议，但事实确实如此。系统性是计划的重要组成部分。缺乏系统性，类似图2的问题就会令你晕头转向。

　　不过，如果你确定了解决这种问题的方法，也就是说，你使用了一个系统，问题就会变得相对简单。绘制一个简单的表格，写下与安娜、博尼塔、卡洛和德里克相关的线索以及他们携带的水果。计划可以帮助你让信息变得更明确。图4展示的就是这样的系统。

图2 午餐问题
四位学生分别带了什么午餐水果？答案在第11页（图4）。

　　　安娜、博尼塔、卡洛和德里克分别带了一种水果当午餐。他们带了苹果、香蕉、葡萄柚和橘子。
　　博尼塔的水果不是红色的。
　　安娜带的是柑橘类水果。德里克也是。
　　德里克带的不是橘子。
　　每位学生分别带了什么水果？

利用学校的资源

学校的网站。现如今，几乎所有学校都建有网站。这些网站中包含了哪些信息呢？不同学校的网站内容大相径庭。有的学校仅仅是将自己的大学介绍转化为电子版。有的学校的网站则提供了大量详细且互动性很强的内容，让你了解学校的最新动态，处理一些事务，而无须通过邮件、电话或当面拜访来完成。不论网站内容的覆盖面如何，它往往都是一个不错的入手点。你可以查看网站中的常见问题解答，看看其中是否包含你关心的问题。

大学介绍。大学介绍包括学校的要求、政策、课程和服务。即使学校的网站上提供了这些信息，但在课程开始的前几周，手边有一本纸质版介绍还是可以给予你很大的帮助，可以提醒你需要满足的条件和各项截止日期。

学生手册。学生手册阐述了学校的流程、规章制度和行为准则。手册中也会说明毕业要求和优秀毕业生的条件。要了解具体的院系要求，请咨询院系办公室或你的辅导员。

招生办公室或注册办公室。你可以前往招生办公室或注册办公室了解成绩、成绩单和录取要求。入学和注册流程就是从这个办公室开始的。

图 3 "九点"问题的答案

从左上角开始，然后按照箭头方向画线。

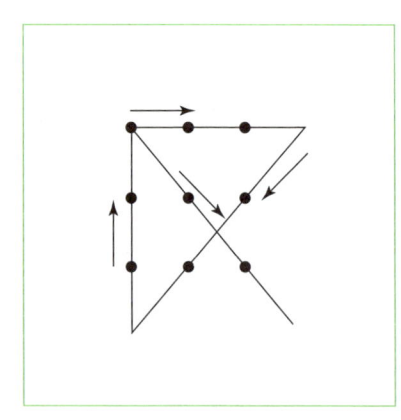

图4　午餐水果问题的答案
利用简单的表格，帮助你更轻松地整理谜题的线索。

绘制一张表格，在第一列写下学生的名字，在第一行写下水果的种类。当你推导出某个学生带的肯定不是某种水果时，请在对应单元格内打"×"，反之则打"√"（符号旁边的数字表示得出此推论的陈述序号）。

	苹果	香蕉	葡萄柚	橘子
安娜	×2	×2	×3	√3
博尼塔	×1	√2	×2	×2
卡洛	√2	×2	×2	×2
德里克	×2	×2	√3	×3

1. 博尼塔的水果不是红色的。

2. 安娜带的是柑橘类水果。德里克也是。

3. 德里克带的不是橘子。

● 陈述 1 仅告诉我们博尼塔带的不是苹果。

● 陈述 2 告诉我们博尼塔和卡洛带的不可能是葡萄柚或橘子。由于我们已知博尼塔带的不是苹果，因此推断她带的是香蕉，而卡洛带的是苹果。

● 陈述 3 告诉我们带橘子的是安娜还是德里克。由于我们已知德里克带的不是橘子，也就是说他带的是葡萄柚，那么安娜带的是橘子。

　　财务办公室。要了解奖学金、贷款和助学金，请联系财务办公室。这里是缴费的地方。如果你参加了勤工助学计划，这里也是领取酬劳的地方。如果你想申请校园内的兼职职位，请确保你的经济状况符合要求并填写表格。

　　职业发展和就业指导办公室。如果你在选择专业或设定职业目标上需要帮助，可以联系职业发展和就业指导办公室。这个办公室的工作人员会通过各种兴趣、个性和技能评估来帮助你找出最适合你的工作。他们可以帮助你申请校内外的工作。

一些职业发展中心会赞助校园招聘，邀请公司面试即将毕业的学生，帮助学生投递简历和工作申请。毕业后，如果你希望学校帮你找工作，可以在就业指导办公室留下你的简历。

学术咨询办公室或咨询部门。从选择合适的课程到解决阻碍你实现学术目标的个人问题，学术和指导顾问可以为你提供全方位的帮助。学术咨询办公室或咨询部门可能是招生办公室的下属机构，也可能是独立的部门。很多大学会为学生指派一名顾问，跟踪他们在大学期间的学业进程。

学生健康中心。如果你生病了，你可以去健康中心看医生。健康中心设有药房，能提供一定的医疗服务。这类中心可能还提供心理咨询服务，并由学校的心理学／精神病学专家或学生提供支持。健康中心还会为学生推荐合适的校外机构。

学生会。学生会与教导主任一起举办各种学生活动，如校内聚会、舞会、特定主题的社团和俱乐部以及其他社交和学术活动（加入俱乐部或参加校园活动可以结交志同道合的朋友）。此外，学生会可能会发布每周公告或学生手册，概述学校的各种要求和资源。

学生刊物。大学的报纸或文学杂志给了编辑者表达自我的机会，也为读者提供了资讯和欢乐。编辑这类刊物可以积累新闻经验，或是证明你的语文能力。

学习实验室或技能中心。你可以向学习实验室或技能中心寻求帮助，以提高学习、阅读、写作、数学或计算机方面的技能。如果你在大学技能评估测验中表现不佳，也许会被要求前往实验室学习。你也可以选择自行提升技能。不管采取哪种方式，请抓住一切机会获取你所需要的技能。

特殊学生服务中心。退伍军人、有生理或学习障碍的学生、少数民族学生、国际学生或者经济困难的学生可能需要训练有素的支持团队的特殊协助，以达成他们的学术目标。如果你觉得自己需要这类服务，请咨询你的顾问。学校还可能提供校外住宅清单等服务。

体育中心。体育中心会提供学校的体育项目和赛事清单。如果你想参加运动，可以前往这个办公室。

常驻助理。对于住校的学生，常驻助理可以提供大量有关校园服务的信息。尽管常驻助理不是专业的顾问，但他们近期遇到过你所遇到的大多数问题，因此也许可以告诉你哪个办公室最能满足你的需求。

小结

这本书的最终目标是为你提供各种工具、技巧和系统，帮助你武装自己。换句话说，就像拉尔夫·沃尔多·爱默生所说的："一个人可以给予另一人最好的服务就是启迪他帮助自己。"

目　录
Contents

第三部分　保留信息　239

第四部分　解释信息　　315

第一部分

获取　保留　解释

打好基础

要想成为一名能够有效地获取信息并保留和解释信息的优秀学生，你必须打好坚实的技能基础。这个基础能令你的大学学习及今后的人生受益无穷。学习高阶课程前必须先学习基础课程。同样地，要想取得学业上的成功，你也必须先打下坚实的基础。你必须先学习如何保持专注力，如何变得更有条理、更有韧性，你还要扩大词汇量。这部分内容将帮助你：

1 专注于实现目标；

2 高效利用时间和空间；

3 学习应对压力；

4 扩大词汇量。

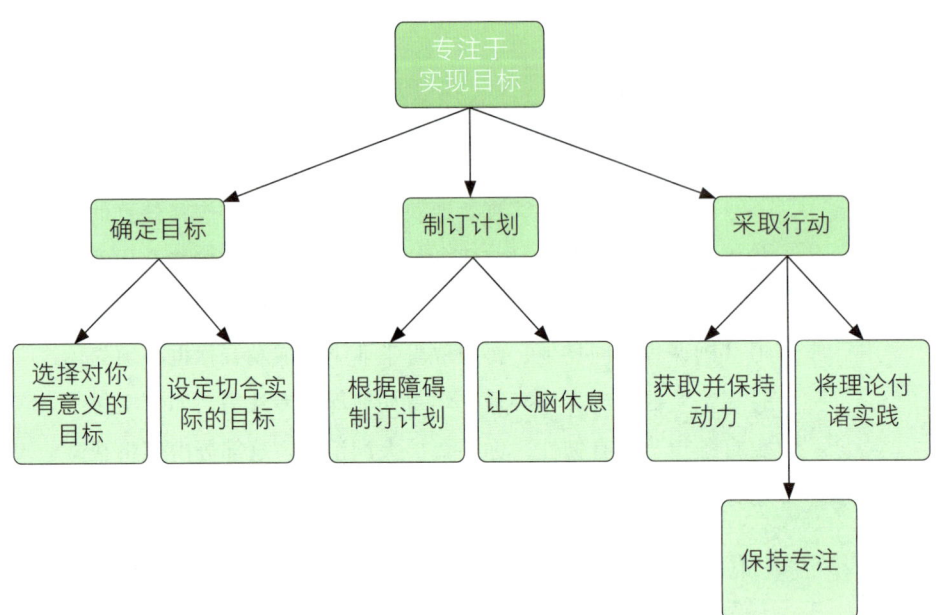

专注于实现目标

我们每个人的内心深处都隐藏着对成就感的渴望。我们天生能够成就一些事情。但是是什么事情呢？没有人能说清楚。因此，我们必须去挖掘。挖掘什么？先从挖掘快乐开始吧。问问自己："什么样的工作最能令我快乐？工作应该是一种乐趣吗？"这一章将阐述以下内容，帮助你审视自己的生活：

- 确定目标；
- 制订计划；
- 采取行动。

我们大多数人都带着未开发的才能走进坟墓

老奥利弗·温德尔·霍姆斯（1809-1890），美国医生、作家。

本章摘要

▶ 虽然肯尼迪的名言已提出 50 多年，但仍被许多人奉为设定目标时要遵守的金科玉律。

▶ 在实现目标的道路上，如何将坏消息变成好消息。

▶ 如何迅速降低你的智商，幅度可达 15 分。

大学学习在很大程度上依靠的是一个简单的词——集中精神（focus）。成功或失败往往取决于你的以下几种能力：不偏离轨道；瞄准目标，发挥专注于行动的强大集中力和精准性；绘制一条直达目的地的路线。然而，这条轨道该由谁设定？它又该通往何方？答案是你自己。要高效地专注于实现目标（不论是什么样的目标），就需要让你的专注力更有针对性。也就是说，你需要确定目标、制订计划并最终采取行动。

确定目标

设定目标的目的是什么？

你的方向在哪里？这是确定目标时要回答的问题。设想一下，在不知道要制作什么的情况下，往搅拌碗里放材料；在不清楚比赛的意义的情况下，在篮球场上奔跑，会是何种情形？优秀的厨师和运动员知道自己在做什么以及为何如此行动。他们非常清楚自己前进的方向。简而言之，他们脑中有一个明确的目标。

哪些事物可以被当作目标？

尽管赢得篮球赛和制作蛋糕都可以被视为目标，但更简单的方法是将目标看作目的地。日常生活中很多表达方式都采取了这种方法。"迈向金字塔顶端""攀登成功的阶梯"等，这些表达都采用了距离的概念，将目标设定为一个要抵达的地点。当然，有的目标是确实存在的地点。美国的拓荒者们宣称"征服派克峰"并将这句话贴在他们的马车上时，他们所说的真的是一个地点：向西几百公里，海拔4000多米的地方。约翰·肯尼迪在1961年决定登月时，他的目标是外层空间的月球，距离地球384 000千米。尽管派克峰早已被征服，但登山已经成了一个生动的比喻，被用来指代努力实现目标。尽管肯尼迪总统的演讲已经过去了半个多世纪，但它成了最好的示范之一：确定清晰的目标，然后制订计划并采取行动实现目标。

确定目标不是件简单的事，不应该随意对待。你所确定的目标必须对你有意义，能够激励你，但又必须切合实际，当你实现目标时，你可以很明确地知道自己做到了。

如何确定目标？

选择对你有意义的目标

自我引导　专注

目标会让生活变得有意义，如果没有目标，生活就会失去方向。维克多·弗兰克的一项研究揭示了以下惊人的数据：

没有目标会带来哪些风险？

当研究人员向 60 名试图自杀的学生询问原因时，85% 的学生表示是因为"生活没有意义"。

目标和目的为生活注入意义。它们构筑了个人生活的心理基础。下文摘要显示了目的的力量：

目标和目的有什么关系？

要想拥有深刻、持久的满足感，就必须拥有自我价值。要想拥有自我价值，我们必须试着展示我们所知的最出色、最经得起考验的品质。目的是在生活中获得持久满足感的重要条件。

目标不是货架上的罐头，伸手就能拿一罐。你必须亲自设定目标，而且这个目标必须能反映你的个性和热忱。

设置目标

亨利·戴维·梭罗是美国 19 世纪的作家、哲学家及自然主义者。他有句名言：

梭罗的建议是什么？

如果一个人没有和他的同伴保持步伐一致，可能是因为他听到了不同的鼓点。就让他按照自己的节奏前进，无论他走得多快、多慢或多远。

如何为生活注入意义？

这并不是说你需要像某些人建议的那样去流浪或是打破旧习俗，也不是说你得像梭罗那样去瓦尔登湖旁的森林里独居。许多人投身在社会这张大网，但仍能成功坚守自己树立的、不断打磨的理想。要为生活注入意义，你必须先确定自己的目标。不要被他人的期望左右，而忘了追寻对自己有意义的目标。

在你的目标中，朋友和家人应该扮演什么样的角色？

这并不表示你不该和朋友及家人讨论你的目标。他们的想法和建议值得考虑，但你必须自己去思考、去感受，然后做出决定——你自己的决定。总之，你要确定自己的步调，而不是随波逐流。

抵抗从众心理

如果人们放弃独立思考而随波逐流，会怎么样？

当你成为人群中的一员，你的独立思维就会被从众心理取代。下文是法国社会学家古斯塔夫·勒庞对从众心理的描述：

> 心理上的群体呈现的最显著的特征如下：构成这个群体的个人，不论他们的生活模式、职业、性格或者智力是否相同，当他们组成一个群体后，就拥有了同一种集体心理，使得他们的感受、思维和行为方式明显不同于他们作为单独个体时的方式。

古尔德在从众心理方面有什么发现？

埃德森·古尔德是华尔街大名鼎鼎的人物之一。他借鉴并进一步发展了勒庞对群体的研究。古尔德举了一个非常形象的例子来说明面对群体力量的吸引时，个人力量毫无招架之力：

> 你一个人在一家空荡荡的电影院里，听到有人喊"着火了"。你环视四周，没有看到火光，也没有闻到烟味。你冷静地走向最近的出口。但是，当同样一句"着火了"出现在人群拥挤的电影院时（同样没有火光，也没有烟味），一旦人群开始涌向出口，你就会发现自己也跟着跑了起来。这就是从众心理。

不要让从众心理夺走你的独立性，使自己丧失独自思考、决断的自由。总的来说，要维持个体的主权独立。不论是好是坏，你都要成为自己职业和命运的主宰。

我们应该如何对抗从众心理？

找到能够激励你的目标

尽管选择目标非常重要，但如果你没有足够的动力，就很难实现目标。

心理学家将目标分为两个基本类型：绩效目标和学习目标。实现绩效目标，你会获得外在回报，例如，你的考试成绩、你挣的钱，或者你受到的表扬。实现学习目标，你获得的是内在回报。这个回报关乎学习本身，它满足了你的好奇心，或者让你的某项技能更进一步。最重要的是，它能让你获得内在的满足感。拥有绩效目标的学生希望通过考试，而拥有学习目标的学生想要掌握知识。

绩效目标和学习目标有什么区别？

从表面上看，绩效目标似乎是最适合大学生的。毕竟，你的文凭和荣誉都建立在学习成绩的基础上。然而，科学研究却给出了令人惊讶的相反结论。设立绩效目标的学生，他们的动力主要来自努力避免失败，而不是获得成功。他们通常不愿冒险，爱走捷径。他们的目的是及格而不是高分。此外，他们还容易感到厌倦，做事爱拖延。对于这些人，目标成了一个术语，而不是动力的来源。相反，确立了学习目标的学生拥有强大的成功动力。他们的学习时间通常更长，因为他们享受学习，将功课看作挑战。他们通常也不害怕失败，而是将错误视作学习机会。

哪种目标的驱动力更强？

每个人似乎都渴望金钱。看看赛马场、赌场、彩票站里拥挤的人群。即使是充满泡沫的股市，人们也奋不顾身地投入其中。显然，这种"金钱观"已经逐渐渗透到美国学生们的职业目标中。位于纽约的咨询公司毕马威（KPMG）的一份投票调查显示，75%的学生期望成为百万富翁。但是，大量研究都显示，

金钱对目标的选择有什么影响？

在金钱达到一定数额后，钱反而会减少而不是增加幸福感。

金钱就像塞壬的歌声一样令人难以抵抗，但它真的是幸福的关键、成功的标志吗？约翰·劳不仅担任三家公司的CEO，还是印第安纳大学商学院的院长。他对成功很有发言权。对于想通过牺牲质量来追求数量的学生，他给出了非常直接的方法来检查目标的合理性。他警告说："除非你做的是自己喜欢的事情，否则你很容易感到疲惫。"

和劳的简洁言论一样，大卫·G.威廉姆斯博士也毫无保留地表达了他的看法。没有人比医生更懂得什么是"疲惫"。他根据多年治疗这类病人的经验，写出了以下这篇令人信服的文章。他在文中讲述了如何选择一个能够让你活得更健康的职业。

约翰·劳给学生的建议是什么？

威廉姆斯博士对确定目标有什么看法？

▶ 长大后你想做什么

如果你的年纪和我差不多，那么上一次听到这个问题已经是很久以前的事了。我们大多数人的答案可能是消防员、森林护卫员、警察、赛车手，甚至是总统。下面这句话不是性别歧视（我不确定上一次听到这个问题时，这个词出现了没有），但如果你是女性，你的答案也许是模特、空姐、老师或者电影明星。你选择了某个职业，是因为你当时觉得那是个快乐的职业。你能想象到自己快乐的样子。也许比"长大后你想做什么"更为恰当的问法是"什么能令你快乐"。在我们的一生中，这个问题的答案是不断变化的，因此我们应该更频繁地询问自己。

你上一次生自己的气，并且认真思考什么才能令你快乐是什么时候？也许现在正是时候。

我们的生活越来越忙碌，快乐成了奢侈。众多调查显示，大多数人认为，在大部分时间里感到快乐是不可能的。他们认为真正的快乐是难以实现的。它是一种难以预测的、转瞬即逝的感受，个人难以控制。但是，如果你接受了这个想法，认为自己似乎无法掌控自己的快乐，那么这可能会引发严重的健康问题。要想拥有健康的身体，那么快乐与营养、适当的运动同等重要，甚至更重要。快乐拥有强大的治愈力量。另一方面，我们在生活中也会感受到压力。压力和快乐之间似乎是负相关的。换句话说，快乐变少，压力就会变多。而压力有时具有极强的破坏力。关于思想对肉体的影响，压力就是最好的示例之一。

法国波尔多大学的研究人员近期进行了一系列动物实验。他们发现成年个体的抑郁和焦虑可能直接来源于母亲在生产前所处的压力环境。压力导致肾上腺分泌更多"应激激素"（肾上腺酮）。肾上腺酮很容易通过胎盘从母体传递给胎儿。持续高浓度的肾上腺酮会降低脑受体的敏感性，从而改变反馈系统，使得肾上腺酮的过量分泌更难以停止。胎儿出生后，脑中的这些受体仍然保持低敏感性，而这可能会抑制免疫系统，并导致个体在今后的生活中出现抑郁和焦虑情绪［《神经科学杂志》（*Journal of Neuroscience*）96;15[1 Pt1]:110-6］。

纽约哥伦比亚大学的研究人员近期惊奇地发现，压力过大的小女孩成年后的身高比同龄女孩矮5厘米。压力抑制了她们体内的生长激素水平，阻碍了她们的正常生长。

大量研究探索过压力的有害影响。我不会在这里细述这些内容，但是，从哮喘、心血管疾病到癌症，这些疾病几乎都与压力有关。我要在此强调的是快乐能取代压力，并抵消压力带来的危害。也许没有哪个单一的元素，比快乐更能提升你的生命质量和长度。

我强烈建议你在接下来的几个小时、几天、几周里，花一些时间认真思考你想要什么样的人生，什么能令你快乐。我说的不是一小会儿或是一天的快乐，而是长期的。我向你保证，这将是你做过的最富有成效的事情之一。

毫无疑问，如果了解了快乐的来源，它将成为你拥有的最强大的工具。它确定了你的生存基础。它给予你目标，回答你日常生活中的各种问题。更奇妙的是，它会在你身处人生的十字路口时，为你指明方向。它让你每天的目标和行动都更明确。它帮助你将自己的天赋和精力投向正确的地方，从而获取对你来说最重要的回报。

如果你无法说出令你快乐的东西，那么你的人生将是一场漫无目的的游荡。不论你是否决定思考"什么能令你快乐"，时间都不会停止流逝。最终，你只能应对一个又一个的状况，而不是参与和享受生活。于是，毫无疑问地，你会接受你"无法掌控自己的快乐"这种说法。接下来，你开始相信，只要人生中的某些人或某些事发生变化，快乐就会突然出现。但遗憾的是，这就像买彩票一样。

通过这样的方法撞到快乐和人生的意义，其概率远低于被闪电击中的概率。

大多数人（我也一样）将生活看得过于严肃。如果我们还年轻，可能可以抱着更轻松一些的态度。这让我想起鲍勃·迪伦的歌词："如果你什么都没有，你也就不会失去任何东西。"随着年龄和责任的增长，我们害怕失去的东西越来越多。我们开始将生活中的变化视作冒险而非机遇。因此，我们努力回避变化。但现实是，变化才是我们无法掌控的东西。

我相信你听过这样一句话：人生有两件事不可避免——死亡和纳税。其实，不可避免的事还有很多：你的生活环境会变化，科技会变化，天气会变化，人会变化……所有事物都会变化，总在变化，而且会一直变化下去。接受吧。接受这个事实：你生命中的人和事不会停止变化。抗拒变化就像逆流而上。你忙着将头浮出水面，因此看不到、欣赏不到两岸的风景。越快接受一切都在变化这个事实，你就能越快从水中逃出。你可以坐在岸边，休息一会儿，看看周围的环境。我们的人生很短暂。接下来，你要好好想想如何充分使用剩余的时间。幸好，我们还拥有一种与生俱来的能力——选择的能力。

在思想、行动和生活方式发生变化时，你可以选择是活在快乐中，还是活在不快乐中。这个决定权在你手中。

我记得几十年前，在得州的佛利欧纳市，我坐在一年级的课堂上，本杰太太在黑板上写下了两句话。其中一句是："做你想做的，很快你就会成为你想要的样子。"这可能是迄今为止对我影响最深远的课堂之一（另一句是"不要好高骛远"，我仍在努力。）。

在你能够"做你想做的"之前，在你期望找到快乐之前，你必须先回答一个问题："什么能令你快乐？"这是道难题，可能是你遇到的最难的问题。要想给出答案，你必须花一些时间认真思考。奇怪的是，这道题没有正确或错误答案。更奇怪的是，只有你自己知道问题的答案。不要把它当作一道测试题。没有人会给你评分，也没有人限定作答时间。你答错题的唯一一种情况是拒绝回答，选择漫无目的地过完你的一生。

那么，"长大后你想做什么？""什么能令你快乐？"

大卫·G.威廉姆斯博士（David G. Williams），"长大后你想做什么"，《在意健康的人的另一种选择》，No.15（1996年9月），第119—120页。版权所有©1996, Mountain Home 出版公司，经Healthy Directions 授权转载。

设定切合实际的目标

自我引导 —————— 计划

我们每个人都在以不同的形式追求满足感。你所选择的目标必须能够激励你去实现这种满足感。但激励只是开始。你设定的目标还必须切合实际。它必须根植于现实，是你能够预见的、明确的目标。这样，当你在一定距离外看到它时，你能够将它识别出来，而当你到达时，你会知道自己已经实现了目标。

如何才能让你的目标切合实际?

将目标具体化

目标不仅仅是一句简单的陈述。事实上，它是你脑中不断演练和修正的生动梦想。律师在向法官和陪审团做结案陈词前，什么情况没有想象过? 企业主管人员在向董事会成员介绍一个激动人心的计划前，什么情况没有想象过?

为什么目标不仅仅是一句陈述句?

心理对照通过不断交替使用"空想"和"驻足"这两种想象方式来思考目标。"空想"和皮尔的建议相似。它是指生动地想象目标实现后的美好未来。"驻足"则截然不同。它想象的是现实中的消极一面。

什么是心理对照?

我们都能轻松地想象美好的未来，但是消极的一面呢? 尽管预期似乎令人沮丧，但最终结果却是积极的。如果将你的目标想象成一个目的地，你就必须清楚地知道自己的前进方向（例如，考入医学院、创业、跑马拉松或减肥）。同样地，你也必须清楚地知道你的起点在哪里。心理对照会让你"审视现实"。埃德温·洛克和加里·莱瑟姆是目标设定领域的先锋学者。他们解释道:"目标设定是一个创造矛盾的过程。它暗示了你对当前状况的不满，以及对实现某个目标或取得某个结果的期待。"举例来说，如果你的目标是跑马拉松，而你目前连长时间走路都困难，这就是你必须了解的现实。心理对照能够缓解你和目标之间的障碍所带来的压力。一旦你意识到这些障碍（例如，你必须通过有机化学考试，你必须学习怎么写商业计划，你必须提高长

心理对照的工作原理是什么?

距离跑步的能力，或者你必须抵抗甜点的诱惑），你就会突然明白该如何制订具体的计划来实现目标！借助大脑测量技术，研究人员发现，使用心理对照的个人，相应大脑区域的活动会增多，而只进行"空想"的个体，相应区域则处于休息状态。想象你是一名医生；想象你在新店门口剪彩；想象你越过波士顿马拉松赛的终点线；或者想象你穿上了一条时尚的长裤。事实上，这些想象一定会让你感觉良好。但是，仅靠想象基本上无法帮助你实现目标。更糟糕的是，它甚至可能妨碍你实现目标！

缺少"驻足"的"空想"会如何妨碍你实现目标？

尽管我们的目标可能截然不同，但我们追逐目标都是要获得某种回报，不论是个人的满足感、来自他人的尊重、好的成绩，还是大量的金钱。想象实现目标的情景时，你通常会感到愉快。这就是一种回报。但其中存在一个问题：研究显示，如果你在想象到达目的地时，没有思考你的起点在哪里，你可能就会失去动力，甚至不会迈出旅程的第一步。

明确目标

明确的目标是什么样的？

拓荒者们对派克峰的向往，以及美国政府 1961 年对实现登月的决心，这两者都是明确目标的正面示例。当马车渐渐驶近派克峰，拓荒者们一眼就能看到前方山峰隐约的轮廓。当美国国家航空航天局（NASA）的工程师和宇航员们为了他们的雄心壮志，不知疲倦地投身到这个太空计划中时，他们可以在任何一个夜晚走到户外，抬头凝视他们的目的地。这两组人对实现目标的艰难程度没有抱任何幻想，而是充满了自信和决心，不断努力，直到抵达目的地。目标没有大小之分，也不论是学术上的，还是关于太阳系的，最成功的目标都是具体的、充满挑战性的，以及可以实现的（见图 1.1）。

如何确定你的目标是否够明确？

目标必须足够具体，这样你才能知道自己是否已经实现目标，离目标还有多远。一般来说，明确的目标必须包含可以测量的内容及时间限制。例如，如果你只是设定了"多跑步"这样的目标，你该如何确定自己是否实现了目标？相反，如果你设定了一周内跑 50 千米的目标，那么你每天都要知道自己完成了多少，离目标还有多远。随着你距离目标越来越近，你跑的每一公里都能激励你。如果你设定了"学习经济学"这样的目标，它就和"多跑步"一样不明确，无法激励你。然而，如果你决定在晚上 9 点前总结出经济学课本第 5 章的中心思想，这就是一个非常明确的目标。你在这一章中每找到一条中心思想，你就离目标更近一步。时钟走到 9 点时，你就能明确地知道自己是否实现了目标。

图 1.1 挑战无极限
迄今为止，肯尼迪总统登月的雄心壮志仍然是设定目标的一个典范。

著名的目标、计划和行动

目标

首先，我认为这个国家要致力于实现这样一个目标：在 10 年内，派人登陆月球并安全返回地球。

约翰·F.肯尼迪总统

在国会联席会议前的讲话

1961 年 5 月 25 日

计划

水星计划：每艘飞船搭载一名宇航员进入太空。

双子座计划：每艘飞船搭载两名宇航员进入太空并绕地球轨道环行；与其他航天器对接；测试人类在太空中的最长停留时间。

阿波罗计划：每艘飞船搭载三名宇航员进入太空，离开地球轨道、环绕月球飞行，最终登陆月球并进行探索。

行动

美国在 1961 年 5 月到 1969 年 6 月之间，向太空发射了 20 艘载人飞船。1969 年 7 月，肯尼迪总统立下最初目标的八年零两个月后，宇航员尼尔·阿姆斯特朗和埃德温·巴兹·奥尔德林踏上月球并安全返回了地球。

提出你的问题

回报能激励你实现目标。回报有时是一个好成绩，有时是来自导师或同学的认可。在职场上，回报可以是金钱、表扬、升职，或是三者的组合。这些都是外在动机，因为它们来自外界。回报也可以是内在的。它们可以源自内因。事实上，心理学家发现最强大的激励因子是内在因子。例如，出色完成工作后的满足感。对于许多学生来说，因能力提高，掌握了新知识或者实现了挑战性的目标而获得的成就感就是最大的回报。总的来说，目标越艰难，回报越大。加大赌注，迎难而上，这常常会提升你的努力程度、专注程度和投入程度。另一方面，如果目标没有挑战性，回报可能就不丰厚，因此无法激励你去实现目标。

为什么目标必须切合实际？

我们可以设定具体的、具有挑战性的目标，但这个目标必须切合实际。不现实的目标可能会造成事与愿违的效果，不仅起不到激励作用，还会让你备感焦虑和挫折。考前临时抱佛脚的学生们对这种情况最为熟悉。他们试图在一两天时间里学完一个学期的内容。整天躺在沙发上却立志要每天跑 15 千米的人也一样。设立难以实现的目标常常是灾难的开始，还不如不设立。

如何判断目标是否切合实际？

心理对照被用于憧憬目标、发现障碍，这是判断目标是否切合实际的好方法。障碍越清晰，你越清楚该如何克服它们。如果你的目标需要金钱支撑，而你没有钱，你就要去做兼职，或者申请奖学金。如果你需要通过一门一直学不好的科目的考试，你就要去校园辅导中心寻求帮助。大多数情况下，明确识别障碍并制订克服障碍的策略能够激励你，让你感到放松。另一方面，如果你在进行心理对照之后，认为这个障碍不仅仅是个挑战，而且难以克服，那么你设立的目标可能就是不切实际的。这时你就应该重新思考，确立一个更为实际的目标。尽管从短期看，这样的结果令人沮丧，但从长远看，它会为你节省大量时间，避免大量烦恼。

制订计划

如果你将目标视作目的地，那么计划可以被看作通向目的地的线路。制订计划就像绘制路线图。你必须知道你的起点、前进方向和途中的停靠站。大多数目标可以拥有多个不同的计划。我们的挑战是找出最佳计划。

计划与目标如何关联？

最高效的计划就是最经济的计划。它在你想要的和你能够付出的之间达成平衡。关于计划这件事，付出不一定是指金钱，还可能是时间和精力。例如，如果离考试只有两天时间，那么为期一周的复习计划就"代价太高"了。同样，如果一个计划要求你熬夜，这个计划的成本就太高了，因为你复习的内容会在睡眠中被遗忘。最高效的计划可以满足你的目标，却又不要求你付出过高的代价。

如何选择最高效的计划？

最佳计划在最开始的时候并没有什么特别之处。例如，许多学生在考试时，一拿到卷子就开始答题。考虑到考试时间有限，这个计划似乎是合理的。然而，最高效的策略是先阅读考试说明，查看所有试题，甚至在答题前制订一个用时计划。第一个计划是迅速、鲁莽的，第二个计划则是稳健、可靠的。现在，你知道了一个更有条理、更高效的应试方法（要详细了解此方法，请参阅第12章）。相较于草率拟定策略，认真制订一个系统的计划会为你带来更多好处。

什么类型的计划是最佳计划？

制订计划需要灵活的思维。例如，当你审视一张地图时，你可能会（像曾经的商业航线飞行员一样）认为，从阿姆斯特丹到东京的最佳线路是沿着众所周知的"地中海航线"向东飞行。然而，如果你看的是地球仪而不是地图，你就会有不一样的看法。现在，从阿姆斯特丹到东京，商用飞机不再沿着地中海航线向东飞行，而是向北飞！是的。它们现在沿"北极航线"飞行，也就是飞越北极圈到达阿拉斯加，然后向西飞往东京。路

灵活的思维对计划有什么影响？

线缩短了大约 2400 千米！这个例子告诉我们：在你确定好目标后，请努力去实现你的目标，但同时也不要忘了寻找更高效的方法。你可以尝试从不同的角度看待问题。这种方法有时被称为"再制订"。

如何针对个人目标选择最佳计划？

好的计划不一定适用于所有目标。适合多数人的计划也可能不适合你。因此，要制订一个成功的计划，最好的方法是将明智的建议和自己的个人经验相结合。这本书里讲述的都是成功的计划和专业、明智的专项技巧。它们的实用性经过了实践的考验，大多适合于你。你可以根据试验和错误来判断哪些计划最适合你，并且在必要时做出调整。如果只是刻板地执行，那么最好的计划也可能失败。给自己一点呼吸空间。如果出了错，那么也不要放弃，调整之后继续前进（见图 1.2）。

根据障碍制订计划

自我引导 ——— 计划

如何执行你的个人计划？

如果你通过心理对照确定了目标，你就迈出了制订计划重要的第一步。心理对照除了能让你真切地感受到横亘在你和目标之间的障碍之外，还能自然地让你着手制订实现目标的计划。

图1.2　GPA新解

成功的 GPA

Goal（目标）：必须反映你的希望和需求。设定一个远大、明确的目标并把它写下来！

Plan（计划）：列出你计划用来实现目标的线路。它必须是一条高效、具体的线路。好的建议和个人经验的组合能够创造出最高效的计划。

Action（行动）：激活目标和计划。要有自信，要自律，要有克服拖延症的力量。

你需要针对自己所确认的各项障碍制订相应计划。例如，如果你的目标是在四年后考入医学院，你可能遇到以下障碍：

- 我没有钱支付学医的费用；
- 预科课程包括有机化学，但我化学很差。

从逻辑上来说，上述每个障碍都提示了制订计划的起点。例如，没有钱支付学费，你可以制订一个计划，调查可以申请的奖学金和助学金。你也可以制订计划寻找兼职工作。如果你发现某门课程阻碍了你向目标前进，去一趟辅导中心可能是个不错的选择。

让大脑休息

自我引导 —— 专注

"大学式思考"主要发生在大脑中一个非常小的区域内。与理性思考有关的行为，例如，记忆、回忆、理解、决定和集中精神，都由前额皮质（PFC）处理。然而，前额皮质的空间并不大。《高效能人士的思维导图》（*Your Brain at Work*）的作者大卫·洛克写道："假设前额皮质的容量是 30 升，那么大脑剩余部分的容量大约有银河那么大。"

我们的理性思考主要发生在大脑的哪个区域？

如此有限的空间大大限制了你能即时处理的信息量。随着前额皮质变得越来越拥挤，有些内容会自动被挤出这个空间。这不仅会让你记忆困难（见第 19 章），还会让你更难坚持自己的目标。不过，前额皮质的问题还不仅仅是空间限制，它所拥有的能力也有限。大量科学证据表明意志力（心理学家称其为自律）会以惊人的速度消耗前额皮质的燃料，也就是葡萄糖。燃料被消耗殆尽，你的意志力就会分崩离析。佛罗里达州立大学的认知心理学博士罗伊·鲍迈斯特解释道："我们用于决策和控制冲动等活动的资源有限。如果我们将这些资源用完，接下来的活动就会缺乏资源。"

前额皮质的有限容量对我们的思考有什么影响？

如何在不依赖前额皮质的情况下实现目标？

所以，要确保自己能坚持实现目标，你就不能仅仅依靠意志力。事实上，如果大脑超负荷运转，你为实现目标而制订的长期计划就有可能成为第一个牺牲品。为了你的目标，请让你的计划自动运行，或将其外包，让大脑休息一下。

让计划自动运行

如何将计划自动化？

你可以将计划转化为习惯，从而实现自动运行。和一般的计划不同，像"我不吃冰激凌"这样的习惯不需要依靠意志力或前额皮质中的其他意识推理。事实上，坏习惯如此难以克服就是因为它们在很大程度上来说是自动的。习惯是已储存的各种日常行为，例如，系鞋带、咬指甲。它们不会给拥挤的前额皮质"添堵"，而是定居在名为"基底核"的大脑区域。这里有足够的空间供它们活动。

习惯的工作原理是什么？

习惯通常是由某些线索激活的。例如，穿鞋会激活系鞋带的习惯，而焦虑、无聊会激活咬指甲的习惯。在这两个例子中，你可能都没有注意到自己在干什么，你的意识没有聚焦在你所做的事情上。因此，你可以边系鞋带边思考其他事情，或者边系边说话。咬指甲时也一样。

提出你的问题

要将目标转化为习惯，你可以不断重复能够引发习惯的过程。你可以制订一个子计划（如"我要背诵词汇卡"），将其关联到一个具体的标志上（如排队）。通过心理学家所说的"可执行意图"，你创造了一个"如果—那么"计划。例如，"如果我在排队，那么可以拿出词汇卡开始背诵"。习惯是通过长期重复特定的行动养成的，而"如果—那么"计划是可以即时触发的。可执行意图领域的先锋学者彼得·高尔威泽这样解释道："很显然，可执行意图会创造即时习惯。"

为什么只有计划是不够的？

计划本身的问题在于，不论它有多吸引人，它似乎都缺乏重要的执行标志。例如，在一项著名的研究中，研究人员要求学生在圣诞节之后写一份报告，描述他们在平安夜做了什么。

拥有可执行意图的学生，完成报告的比例是只拥有目标的学生的三倍。记住，所有学生的目标是一样的。唯一的差别是，成功完成任务的学生不仅仅制订了实现目标的计划，他们还将计划与假期间的某个时间和地点联系起来。这个时间和地点就是执行标志！当标志出现时，学生们添加的这个看似微小的内容就会产生重大的影响。此外，发布这个任务的时间正是通常充满干扰和诱惑的时期，因此这个实验能够测试执行意图对实现目标的作用有多大！

将计划外包

计划会在自动运行后移至空间更充足的其他大脑区域（在这个区域，计划有可能变成即时习惯），从而减轻前额皮质的负担。当然，你还有另一个选择——完全绕开大脑，将计划外包。你可以将它们从大脑中取出，记录到触手可及的专用文档中，将它们添加到某个清单中，或是纳入周日程表中。之后的章节会为你提供大量外包选项。

如何外包你的计划？

采取行动

如果不采取行动，目标和计划就无法为你带来任何好处。行动是通往目的地的发动机。没有行动，目标和计划就没有意义。你可以下决心读完一本书，甚至做好计划，每天要读多少页，但如果你没有真正开始阅读，你的所有准备工作就毫无意义。同样的，虽然登月的目标和航天飞船的计划非常引人瞩目，但直到第一艘飞船离开发射台飞向太空，它们才成为现实。

什么是行动？

制订好目标和计划后，要如何开始行动并坚持下去，直到到达目的地？采取行动的关键在于获取并保持动力、保持专注

采取行动的关键是什么？

以及将理论付诸实践（即迈出实现目标的第一步）。

获取并保持动力

自我引导　计划

提出你的问题

动力由两个基本目标驱动——回报最大化和风险最小化。我们人类天生拥有追求所谓"最大回报"（如食物）的动力。同样的，我们对危及生命的危险（如吃人的狮子）也拥有同样强大的规避动力。长期目标的挑战性在于，偏离目标的风险不如遇见饥饿的狮子那么明显，而实现目标的回报又很遥远。事实上，拖延症难以克服的一个原因就是它提供了有形的即时回报，而它对长期目标的危害却是抽象的。如果没有强大且持久的动力，你就很难"看到"为什么为了考入法学院（长远目标）而努力学习比今晚放下课本出去大吃一顿（当下的快乐）更重要。为了在大量即时满足感的诱惑下实现你的长期目标，你需要制订一个策略来保持力。你应该设定子目标、监控进展、庆祝每一次成功，这样就能缩短与目标间的距离，增加获得回报的频率。

设定子目标

如何设定子目标？

长期目标大多都可以分解成一系列子目标，这些子目标又可以再次分解。和主要目标一样，子目标也必须具有挑战性，必须是具体、切合实际的。例如，可以将通过考试设定为取得工程学学位或考入医学院这样更大目标的子目标。完成家庭作业，甚至是在晚饭前学完某个章节都可以设为子目标。

子目标有什么作用？

你是否注意过篮球赛场？观众会为每次进球欢呼，得分一方的球员脚步也会变得轻快。大家都知道，只凭一个球并不能赢下比赛，但在累积得分时，每一分都至关重要。学习也一样。尽管没有人会仅仅因为某一次测试或某篇论文而取得成功，但这些小小的胜利的累积，会拉近你和长期目标之间的距离。同时，这些子目标能鼓舞你，让你振作起来，加快脚步。电脑游戏设计师也注意到了这种倾向，因此游戏常常按照级别设置关卡。每闯过一关，你就会感到愉快，获得继续闯关的动力。

当你因为一次小胜利而受到精神鼓舞时，你实际上是在经历一次身体上的化学变化。实现目标，即使是一个微小的目标，也会产生多巴胺（与快乐相关的神经递质），从而触发大脑的回报机制。此外，多巴胺会增强你的专注度，协助巩固记忆，激活对新挑战的渴望。

实现子目标为什么可以增强你的动力？

监控进展

测量可以协助你进行监控并增强你的动力。慈善筹款人常常使用读数稳定上升的温度计来表示筹款的进度。同样的道理，一些健身项目赋予那些折磨人的里程目标以新的意义。他们将健身者行走、跑步或游泳累积的里程数标记到地图上。这样一来，虽然健身者的运动范围就在家附近，但他们也可以声称自己累积的里程足以穿越自己所在的省、国家，甚至全世界。这些方法非常有感染力，非常激励人心。它们将相对抽象的渴望转换成有形的东西，让你能够轻松取得进展，甚至体味到乐趣。你可以采取类似的方法实现你的目标，选择一些可量化的方式来监控你的进度。

监控进展有什么好处？

将计划外包

将计划外包，不仅可以减轻大脑的压力，还可以创造一个绝佳的工具来监控进展并保持动力。清单和日程表能够明确显示进度，告诉你现在距离目标还有多远。实现一个目标后从清单中划掉，或者在日历中标注。这毫无疑问能够激励你继续前进。如果你在电脑上记录进展情况，可以使用不同的颜色制造视觉冲击：红色代表还未完成的任务，绿色代表已经完成的。发挥你的想象，自行选择不同的颜色来标示计划的进展。

外包计划如何增强动力？

测验

测验在实现目标的过程中起到什么作用？

虽然对某些学生来说，测验似乎是场噩梦，但它能够非常有效地监控你的进展。事实上，不论是为了保持动力还是为了最终实现目标，测验都是多多益善的。如果出于某些原因你很可能无法实现自己的目标或子目标，那么越早发现这种可能越好。令人失望的成绩会警示你做出调整，而好成绩则是你努力学习的有形回报。无论哪种情况，结果都能增强你的动力。心理学家兼畅销书作者丹尼尔·戈尔曼博士解释道："即使是挫折，也可以激活大脑的某个区域，提醒我们最终实现目标的感觉有多美好。

如果某个课程的测验不多，你该怎么办？

如果计划里测验的次数并不多，那么你可以考虑加入测验以确定进展情况，也可以上网或去当地的书店寻找是否有针对该课程的测验练习册。市面上有针对众多课程的测验卡。你每记住一条笔记（见第11章），就像是通过了一次测验，而这能够实时评估你的进展情况。

使用心理对照

心理对照对进展监控有什么帮助？

最初用于确定目标、制订计划的心理对照在后期仍能让你受益。再花一点时间"想象"你的目标，并将其与现状进行对比。这种视觉化的操作不仅会让你的目标画面更清晰，通过对比，你还可以更清楚地知道自己的进展。如果进展情况与你的计划有出入，那么你可以进行挑战，或者制订其他计划来确保自己稳步前行。

庆祝成功

庆祝成功有什么好处？

通常情况下，实现目标或子目标本身就能带来回报，但这并不妨碍你通过额外的方式增强回报并庆祝成功。对于每一个里程碑，你不一定要进行多么盛大的庆祝，但在继续努力前，花几分钟或一个晚上来犒劳自己是有好处的并且能够激励你。

休息

在学习期间定时休息不仅有利于保持动力，还对你的记忆有好处（见第 9 章）。每半小时休息五分钟，或者每小时休息 10 分钟。每次休息都是在庆祝你在两次休息之间取得的进展。它可以鼓舞你，振奋你的精神，激励你继续学习直到下一次休息。

如何通过休息庆祝成功？

奖励自己

在一天或一周卓有成效的学习之后，你可以休息一下，吃点健康的零食，看个电影或视频，或者约朋友吃个饭。你也可以买一本自己喜欢的书或者杂志。只要是和进展相匹配的奖励都可以，但不要学习一个小时就奖励自己休息一个晚上。在实现目标的途中，每到达一个里程碑，你就可以以某种方式奖励自己。奖励的类型完全由你决定。不管你做什么，都要注意将实现的目标和给予自己的奖励联系起来。不论多小的奖励都能帮助你保持充沛的动力。

应该通过什么类型的奖励来庆祝成功？

通过设定目标、监控进展和庆祝成功获得的持续动力会为大脑输送多巴胺。这会令你感到愉悦，并让你更加专注。为什么？因为大脑喜欢这种感觉，想要获得更多这样的感觉，所以会专注于继续获得这种感觉。但是如果你在一开始没有动力来源该怎么办？正如动力会提升专注力，专注力也会触发动力。

动力和专注力之间有什么联系？

保持专注

自我引导 —— 计划

专注就是聚焦于思考。就像光波可以集中成一条高能量的射线（也就是激光）一样，专注也可以将思考的能量集中，让你可以更精确地思考，从而解决难题。看看橄榄球的四分卫，即使有线卫从多个方向奔袭前来堵截，他们将球抛给无人防守的外接手时的样子也是专注！再来听听著名网球选手塞蕾娜·威廉姆斯的说法："即使有人在街上开枪，我也能继续打球，这就是专注。"

什么是专注？

当然，专注不仅仅存在于体育界。你是否曾被课本内容深深吸引，感觉自己在和作者"对话"？你是否曾心无旁骛地学习，当你抬头看向时钟时，才发现时间飞逝？这就是专注！

专注有多重要？

人类早就已经意识到专注的力量。美国诗人、散文家拉尔夫·瓦尔多·爱默生曾说过"力量的秘密在于专注"；管理学大师彼得·德鲁克将专注列为"经济效益的关键因素"；小说家库尔特·冯内古特将专注视为"努力获取成功的秘诀"；传奇图书编辑迈克尔·科达对专注的描述是"打开成就大门的万能钥匙"。

为什么难以保持专注？

尽管专注的力量强大，但保持专注并不是件简单的事。事实上，当你沉浸于思考某个主题，然后突然意识到自己非常专注时，你就已经不再专注了。就像在长期目标中保持动力一样，长时间保持专注也极具挑战性。毕竟，我们周围存在大量事物想要赢得我们的关注。各种各样的想法不时地敲击、摩擦、轻叩你的意识大门，想要进入。

图 1.3 如何展示专注？

图 1.3 生动地展示了我们与生俱来的注意力分散倾向。当你凝视这张图时，你可能会发现自己视线的焦点会发生变换。因此，你会先看到一只高脚杯，然后会看到两个头像剪影，接着又看到高脚杯。当你注意到图片中存在两个图像时，你就很难将注意力只集中在一个图像上。同样的，你的大脑也很难一次只聚焦于一个想法。如果你能专注于眼前的任务，那么相较于那些分心的人（即使他们不是有意分心），你快速且准确地完成任务的概率会高得多。

图1.3
是高脚杯还是两个头像？

如何保持专注

难以保持专注可能是因为外部干扰，如企图吸引你注意力的光线或声音。内部干扰则包括焦虑、神游等。此外，处理多项任务时，你的注意力也会被分解成效率低下的碎片。一旦意识到这些问题，你就可以想办法扫除这些障碍。

减少外部干扰

任何能够刺激你的感官并在此过程中打断你的专注状态的事物都应被视作外部干扰。从砰砰的敲门声到香味四溢的烤面包，自习室和宿舍里充满了这样的干扰。要想聚精会神地学习，你需要合适的环境和合适的设备。

选择合适的环境

你的学习环境必须是学习专用的。此外，它还必须是安静、明亮的。你可以去专为学习设计的地方，也可以自己创造一个学习环境。

合适的学习环境包含哪些元素？

寻找自习室

你很难找到一个比图书馆更能让你集中精力学习的环境。图书馆里与学习无关的干扰很少，非常安静（这是规定），而且光线充足。请在入学的第一天就开始培养去图书馆学习的习惯。你甚至可以在前往图书馆的路上开始复习，或者把这段路程当作休息。

最佳学习环境是什么样的？

不管是在图书馆还是其他地方学习，请务必将这个地方作为学习专用地点。心理学家强调说，你和你的书桌之间会产生一种条件作用：如果你常常坐在书桌前打瞌睡或是神游，那么书桌就可能成为打瞌睡或神游的暗示。同样的，如果你常常在床上学习或工作，你就很难精力充沛地学习，而且很容易睡着。要避免这种负面作用，请只在书桌旁学习。如果你很想睡觉或

为什么学习区域只能用来学习？

神游，请离开书桌去其他地方。

你学习的地方就是你的自习室。它应该能让你感到安全、舒适。要确保你的环境适合学习，能让你集中精力，你可以将视觉干扰最小化，避免或排除噪音，关闭音乐，关闭通信应用和互联网，控制想被打扰的冲动并且确保光线充足。

将视觉干扰最小化

提出你的问题

一页笔记或一页课本内容的吸引力似乎不如旁边电视机里播放的棒球比赛或是窗外缓缓飘落的雪花。要保持专注，你要回避周边环境中可能吸引你注意力的东西。在窗边学习可以利用自然的光线，但不要去看可能干扰你注意力的景色。当然，不是所有的视觉干扰都存在于窗户的另一边。如果你的学习区域内摆放着你喜欢的照片、你喜欢把玩的小物品，或者你想阅读的书，请将它们移走，直到你完成学习。

消除噪声

如果你需要在安静的环境中高效地学习，请尽全力找到这样的地方。噪声可能是高效学习最大的障碍之一。因为受噪声的干扰而不得不一遍又一遍地阅读相同的章节是在浪费时间。如果图书馆是适合你学习的地方，请排除万难去那里学习。如果你在家学习，有时只需关上门或戴上耳塞就能获得安静的学习环境。

调小音乐声

学习时，大声的音乐，尤其是歌声，会干扰你的专注状态。要避免专注力在音乐与书本之间摇摆，你需要花费额外的精力，而这些精力本可以用在更有意义的地方。然而，有的学生对音乐的耐受能力较强。如果你觉得音乐不会妨碍你，那么轻柔的纯音乐可能会为你营造愉悦的背景音，而这样的背景音其实可以中和外部的间歇性噪声。

还可以采取哪些措施来确保拥有合适的学习环境？

如何消除学习时的噪声？

音乐对专注力有什么影响？

关闭通信应用和互联网

要避免网络的诱惑，或者防止自己频繁地查看手机，你可以将电脑和手机放置到视线范围之外。如果你使用电脑学习，请退出电子邮件系统，只将网络用于学习。如果你正在等重要的邮件，那么你可以设置一小时的定时器，然后专心致志地学习。定时器响后，查看邮件，再开始计时。对短信的处理也一样。或者，你可以等学习完成后再查看。

如何防止电子邮件和互联网成为干扰源？

尝试蜘蛛技巧法

将振动的音叉靠近蜘蛛网会引起蜘蛛网振动。蜘蛛匆匆前往捕猎却一无所获。数次之后，蜘蛛就学会了忽略这种振动。下一次，当你在图书馆学习时，如果门开了，请不要抬头。控制抬头的冲动在最初几次会打断你的专注状态，但很快，你就会向蜘蛛那样学会忽略这种外部干扰。

蜘蛛技巧法包括哪些因素？

使用正确的物品

光线是构成学习环境的重要因素，因此要提高专注程度，减少外部干扰，应该将正确的光线排在装备清单的优先位置。

要保持专注，最重要的装备是什么？

寻找合适的光线

无论是荧光灯还是白炽灯，最适合学习的光线是明亮的、稳定的（记住 B、E 和 ST，也就是"最佳"对应的英文单词）。

明亮（Bright）。流明是测量光通量的单位。学习所需要的光通量至少为 2500 流明。这是个不小的值。两个 25~30 瓦（单个的功率）的节能灯，或者两个 100 瓦的白炽灯才能满足这样的需求。

均匀（Even）。学习区域中的阴影或耀眼区会让你的眼睛感觉疲劳，难以集中精神。为灯罩上灯罩，使用浅色、哑光的记事本可以避免光束刺眼。你可以使用两盏灯来消除阴影，荧光或漫反射光都可以。

稳定（Steady）。持续闪烁的灯光会破坏你的专注状态。如果你使用的是荧光灯，节能灯闪烁的概率低于传统的荧光灯。如果你使用的是白炽灯，请确保灯泡已经旋紧。

在昏暗的光线下学习有什么坏处？

合适的光线有助于学习，而昏暗的光线则会导致眼睛疲劳、紧张、头痛和失眠。这些状况都会干扰你的专注度。如果在光线充足的环境中学习，但眼睛仍然感觉不适，请找眼科医生或验光师检查。清晰、舒适的视觉是高效学习的重要因素。

铅笔技巧是什么？

使用铅笔提高专注度

简单的铅笔技巧绝对不会令你失望。这个技巧是这样的：不论什么时候，只要你在学习，都要拿着铅笔。也别忘了使用铅笔！例如，你正在看课本，在阅读了几个章节后停下来，简单地概括作者的中心思想。因为如果你在阅读了几个章节后发现自己脑中没有任何想法，你只能重新阅读。这一次，要保持专注，确保读懂关键内容。这个技巧的秘诀在于，行动能提高专注度，甚至可以说行动能确保你保持专注，而铅笔能让你行动起来！

寻找合适的椅子

什么样的椅子能最有效地提高你的专注度？

不要理会有人鼓吹的直背硬椅子的好处，选择舒适、有坐垫的椅子。你是清醒还是困倦与椅子无关，而是取决于你的学习方法、学习态度、自律、灯管、室温，还有你的疲劳状况。一张硬的且往往不太舒适的椅子并不能替代这些基本要求。

使用书签

书签对专注度有什么影响？

书签是个非常实用的物品。相较于将书本竖直排列的书架或书挡，书签会让你觉得自己已经准备好要开始看书了，并能消除保持书本打开所带来的不便。

将其他装备放在触手可及的地方

还有哪些物品能帮助你保持专注？

确保你需要的东西都在触手可及的地方，这样你的学习才不会被打断。根据你学习的科目和个人习惯，你需要的东西可能包括字典、计算器、时钟、日历、纸张、笔记本、回形针、磁带、皮筋、铅笔、钢笔、橡皮和学习卡。如果你养成习惯，把需要的东西都放在书桌上，你就不会因为要去寻找必需品而破坏自己的专注状态。

减少内部干扰

内部干扰是指你自己制造的干扰：神游、个人问题、焦虑、优柔寡断、健忘以及不切实际的目标。这些干扰源和声音、画面、气味等外界因素一样具有干扰性，只不过内部干扰源只有你自己才能察觉到。既然内部干扰来自你的内心，那么你就有能力消除它们，至少可以控制它们。

内部干扰是什么？

使用专注计分表

一旦你发现自己走神了，就在纸上打一个钩。这个小动作可以打断你的走神状态，提醒你继续学习。专注计分表能鼓励你进行自我观察。记下走神情况：走神的时间、频率、原因，这样可以帮助你认识到这些小小的走神活动有多么干扰你的学习并帮助你逐渐消除它们。

专注计分表如何帮助你减少干扰？

在焦虑便笺簿上写下漫游的思绪

有时候，仅靠专注计分表是不够的。如果持续存在的忧虑让你彻底丧失专注，那么你可以将它写在焦虑便笺簿上，告诉自己一有时间就会立刻解决这个问题。厘清思绪，将烦恼问题记录到纸上之后，你就可以回到专注状态了。完成学习后，看一看你列的清单，专心解决写下的问题。如果你无法自行解决，就可以向朋友或专业人士寻求帮助。

焦虑便笺簿的作用是什么？

使用停止技巧

当然，不是所有的干扰问题都值得写下来。有时候，走神没

停止技巧是什么？

有任何目的，似乎仅仅是为了让你将学习抛诸脑后。朱迪思·戈林鲍姆和杰拉尔丁·马克尔在《寻找焦点》一书中提出了"停止技巧"，即对干扰亮红灯。这个技巧的目的是将所有干扰的思想或神游都扼杀在摇篮中。

如何使用停止技巧？

停止技巧是个简单但强大的工具，它主要依靠心理学家所说的"自我交谈"。当你觉得自己的思维因为干扰走错了方向，或者觉得自己在做无用功，就要告诉自己"停止"。是的。说出这个词。大声说出来。可以的话，请用权威的口吻说。让自己知道你已经意识到你的焦点变了，你并不打算继续这样下去，这样通常就能将你拉回到专注的方向上。试试吧。

将多任务处理最小化

什么是多任务处理？

正如我们所看到的，干扰是我们不想要的一种侵入，它会争夺我们的注意力，让我们难以集中精神。现在来设想一下同时面对多种干扰的情形。这听起来很疯狂，对吗？也许是的，但我们中的很多人总是让自己处于这样的状态中。我们将其称为多任务处理。我们也许会将每个关心的问题都视作一项任务而不是干扰，但当你将精力集中在其中一项任务上时，其他任务就成了干扰。例如，当你在准备期末论文时，突然去回邮件、听广播、吃午饭，或者快速交替完成这些事情，你就是在同时处理多项任务。多任务处理是指同时处理多项任务，或者迅速地交替处理多项任务。这个词来源于计算机操作系统。计算机系统可以同时运行多个应用程序。所不同的是，人不是机器。多任务处理有时被错误地当作高效模式，但事实上，它不仅效率低于专注一个项目，还是压力的来源。幸运的是，你可以通过许多简单的步骤来避免多任务处理。

多任务处理会降低你的效率

将脑力同时分配给多项任务会带来可预见的影响。《实验心理学杂志》刊登的一份研究表明，同时处理多项任务的人的效率低于只处理一项任务的人。这项研究的共同作者大卫·迈耶博士表示："科学证据显示，对于某些人来说，多任务处理非常困难，有时甚至是不可能的。"

为什么多任务处理会降低你的效率?

当然，尽管有各种各样的证据，还是有成千上万的人一直在执行多任务处理，并且似乎完成得很好。马歇尔·贾思特博士是卡内基梅隆大学认知脑成像中心的联合主任。他说道："并不是说我们不能同时处理多项任务，但如果你认为这么做没有代价，那就是在自欺欺人。"贾思特博士、迈耶博士等人的研究都表明，多任务处理的后果就是健忘、难以集中精力。

多任务处理的代价是什么?

健忘

长期进行多任务处理的人常常会对自己的记忆力感到失望，但事实正相反，是他们令记忆力失望了。加州大学洛杉矶分校的研究人员在 2006 年使用功能磁共振成像（fMRI）确认了这个说法。研究显示，在处理多项任务的同时尝试去学习，会激活大脑中名为纹状体的区域，而不是负责存储事实和概念的海马体。因此，尽管他们可以在处理多项任务的同时根据学习主题对学习卡进行排序，但他们回忆卡片内容的能力显著下降。

多任务处理为什么会导致健忘?

难以集中精神

在进行多任务处理时，不论你在做什么，你的思维至少有一部分会神游到其他地方。任何东西，包括思考力在内，一旦被分散，就不会像最初一样强大。或者，正如迈耶博士所说的："不管你多努力，多任务处理的效率永远无法高于专注处理一项任务。"

为什么多任务处理会令人难以集中精神?

对智商的影响

多任务处理的所有后果中，最令人震惊的可能就是它对智商（IQ）的影响。伦敦大学的研究人员发现，经常发邮件或短

多任务处理对智商有什么影响?

信会让女人的智商下降 5 分，男人的智商下降 15 分！大卫·罗洛在他的作品《高效能人士的思维导图》中写道："即使是哈佛的毕业生，在同时处理两件事时，他们的大脑也会变成 8 岁时的水平。"

多任务处理会增加压力

为什么多任务处理会增加压力？

毫无疑问，效率的下降会使潜在压力增加。你不得不与难以避免的健忘做斗争，还得努力在各种干扰下集中精神。更糟糕的是，多任务处理常常会与造成压力的两大罪魁祸首，也就是拖延症和失控，结成一个不健康的同盟。而这有时也会让你陷入失眠的不良循环。一些同时处理多任务的人会展示出与注意力缺失症相似的症状。

拖延症

多任务处理和拖延症之间有什么关联？

我们向自己施加压力的另一个恶性源头就是拖延症。拖延症经常和多任务处理相伴出现（第 3 章详细介绍了拖延症和压力）。毕竟，拖延症人群最常用来推迟任务的一个技巧就是在不同的任务之间不停切换，而不是集中处理一个任务。避免同时处理多项任务，你就可能同时治好拖延症。

失控

为什么多任务处理有时会导致失控？

我们将会在第 3 章中读到，你的控制感对压力水平的影响显著。如果一名学生能对自己的行动保持控制感，那么即使面对超负荷学习，他感受到的压力也会比较小。多任务处理会夺走你的控制感。你的所有行为和义务都是移动的靶子，因此大多数人很难保持平静，而还有一部分人根本做不到。

失眠

为什么多任务处理有时会导致失眠？

进行或试图进行多任务处理的人，常常不得不切换到脑力超速运转的状态，并且在结束白天的工作后，大脑运转速度不一定会降下来。《科技压力》的作者拉里·罗森博士和米歇尔·韦伊认为："多任务处理的负面影响在于，使人无法维持平静的夜间睡眠，或者无法享受曾经平静、快乐的时光。"我们会在第 3 章中提到，不仅压力会导致睡眠减少，睡眠减少也会导致压力的产生。

把多任务处理最小化

显然，有时你不得不同时处理多项任务。例如，你正在做作业，电话突然响了，或者有人来敲门，你的自然反应是接电话，或者开门。然而，大多数导致多任务处理的因素是可以控制的。你可以放慢速度，仔细计划你的一天，你可以下定决心完成一项任务后再开始另一项，你也可以在手边放个便笺簿来应对可能导致多任务处理的干扰因素，从而降低进行多任务处理的概率。

我们可以采取哪些措施将多任务处理最小化？

鉴于很多人是因为时间紧迫才进行多任务处理，因此你可能会觉得奇怪，为什么放慢速度可以帮助你同时提高专注力和效率。然而，事实确实如此。如果你的速度太快了，你就很容易感到慌张和困惑。如果你的执行功能因为超负荷运转而回到了石器时代，那么你将很难有效率地学习。另一方面，如果你花时间推敲来龙去脉，仔细聆听，提出问题，深入思考，你的紧张感就会消失，专注力则会提升。你可能会更慎重地采取行动，但你的学习效率会得到提高。

如果你感到超负荷了，那么放慢速度对你有什么帮助？

计划好每一天

使用第 2 章中提到的以时间为基础的时间表来外包你的计划，为自己打一针多任务处理疫苗。对于许多人来说，多任务处理意味着不需要判断任务的紧急程度、有趣程度或者重要程度，就可以开始处理任务了。如果每个时间段都安排了相应的任务，你在不同任务之间切换的概率就会降低。

为什么计划能减少多任务处理？

工作到任务完成

如何确保一直工作到任务完成？

在完成手上的工作前，不要开始另一项工作。如果是长期任务，这么做也许有难度，但对于短期任务，你应该可以做到。如果你的任务持续时间较长，可以将任务拆分成多个子任务，在处理并完成每个子任务之前，不要开始另一个。

在手边准备一本便笺簿

伸手可及的便笺簿如何预防多任务处理？

焦虑便笺簿是对抗多任务处理的一剂良药。它可以用来暂时存放待解决的想法和担忧，也可以用来阻止同时处理多项任务的冲动。当你觉得"如果现在不解决，我以后就不会去解决"时，你就很容易"切换任务"。这种焦虑我们都能理解，也很好解决。把它写下来，然后继续你手头上的工作。工作完成后，便笺簿会提醒你接下来该做什么。

将理论付诸实践

自我引导 —— 计划

如何运用你对目标、计划和行动的理解？

现在你已经清楚地了解了目标的作用，也明白计划和行动可以将梦想变为现实，因此你可以写下一个或多个计划，将理论付诸实践了。以下步骤旨在协助你完成这个过程。

第1步：使用头脑风暴法列出所有可能的目标。在一张白纸上写下你能想到的所有目标，或者你能想到的与目标有关的内容。你可以快速、随意地罗列。不要停下来去修改错别字、润色文笔、排列整理或者分析想法。你要做的是一直写，直到你写下了所有能想到的目标。接下来，看一看你写的内容，将相似的内容分组。用一句话总结每一组的中心思想，从而将一组内容整合成一个目标。尽力将每个目标具体化并确保每个目标在具有挑战性的同时也具有可实现性。

第2步：将你的目的地和起点视觉化。从你刚刚写下的目标中选取一个，将它作为标题写在另一张白纸上。运用心理对照技巧，先生动地想象实现目标后的情景，然后再针对目标，详细地评估你现在的状况。

第 3 步：列出障碍。在另一张纸上，从心理对照开始，写下你和所选择的目标之间的障碍。这些障碍可能包括你要学习的科目、需要加强的技能、尚未拥有的资源（包括钱）和资格以及需要改正的习惯。

第 4 步：制订计划。选择一个障碍，制订克服这个障碍的计划。如果你需要学习一门课程才能实现目标，那么什么时间学习最好？你需要什么资质？如果你缺乏实现目标的资源，那么你有哪些途径可以获取相应的资源？如果拖延、没有条理、不守时等坏习惯将你和你的目标阻隔开来，你该如何消除它们？你能否针对具体的障碍制订分步克服计划？

第 5 步：让计划自动运行或将其外包。根据计划的内容，你可以采用可执行意图来创造即时习惯并完成任务，而无须太过依赖意志力。找到一个可以自动触发你去执行计划的条件。例如，"每天晚上完成家庭作业后，再花 25 分钟学习西班牙语词汇卡。"除了让计划自动运行，你还可以将其外包。将计划添加到你的日程表或每日任务清单中，然后利用可执行意图（例如，"完成一项作业后，看看日程表上的下一项任务是什么"）来养成看日程表或清单的习惯。

第 6 步：重复第 4 步和第 5 步。系统地针对剩余的障碍制订计划并将计划自动化或外包，以便刺激你采取行动。最终，你会制订出实现目标的全面策略。

完成上述步骤后，你会长舒一口气，这一点也不奇怪。即使你不确定自己的目标和计划是否精准，你至少也有了可以调整和改良的具体对象。你还拥有绝佳的指导和建议来源。和你的学业顾问或学校就业中心的顾问聊聊。不要低估了讨论在实现目标过程中的作用。尽可能多地获取反馈。然后，如果有必要，请修改你的目标和计划，让它们更切实际、更易实现。进入目

完成上述步骤后该做什么？

标设定模式后，你不仅能掌控自己的学业，还能掌控毕业后的人生。

小结

如果你担心自己的
目标会发生变化，
该怎么办？

你可以更改目标。没有人规定设定目标后就不能重新思考它了。例如一名学生似乎不想在注册第一学期的科目前与学业顾问聊一聊。她很确定自己要学牙科，觉得不需要听取任何人的意见。不过，学业顾问指出了一些她忽略的事情——她需要去上一门英语课，才能达到学院的必修课要求。出人意料地，她爱上了文学，随后将她的职业规划转向了截然不同的出版行业。她怀着与当初憧憬做牙医时一样的热情和决心追逐新的目标并制订计划。是的，你可以更改目标，但这不是你可以设定模糊不清的目标的理由。你在设定目标的过程中学到的技能和经验，不论会将你带向何方，都会令你终身受益。

章节复习

填空

从句子下方的三个词中选择一个将句子补充完整。

1. 根据我们常用的一些表达，目标似乎常常被认为是一个_____。

承诺　　　　　目的地　　　　　责任

2. 没有_____，目标和计划就没有任何意义。

行动　　　　教育　　　　讨论

3. 专注就是集中精神_____。

发光　　　思考　　　发亮

填写与左边项相匹配的句子。 配对

_____1. 弗兰克　　a. 说可执行意图能创造"即时习惯"

_____2. 高尔威泽　b. 自我交谈技巧能减少干扰

_____3. 梭罗　　　c. 制订了明确的目标，要将美国人送上
　　　　　　　　　　月球，并安全返回地球

_____4. 停止技巧　d. 包括同时处理多件事情

_____5. 肯尼迪　　e. 提倡在脑中生动地描绘期望的目标
　　　　　　　　　　或物品

_____6. 多任务处理　f. 帮助你了解走神情况

_____7. 打钩　　　g. 认为步伐不一致的人可能听到了不同
　　　　　　　　　　的鼓点

_____8. 皮尔　　　h. 报道称，试图自杀的学生中，85% 的
　　　　　　　　　　人认为"生活没有意义"

在正确的句子旁圈出"对"，错误的句子旁圈出"错"。 判断

1. 对　错　　目标的意义在于让你知道前进的方向。

2. 对　错　　心理对照是将你的目标和亲朋好友的目标进行比较。

3. 对　错　　健康、快乐、安全都是很好的职业目标。

4. 对　错　　任何能够刺激感官的东西是潜在的外部干扰。

5. 对　错　　多任务处理通常会提高你的效率。

选择最准确的选项将句子补充完整。 多选

1. 你的目标应该是_____。

　a. 具体的　　　　　　b. 可实现的

　c. 有挑战性的　　　　d. 以上皆是

2. 制订计划就像是_____。

　a. 赛跑　　　　　　　b. 生火

c.画一张路线图　　　　d.以上皆不是

3.难以集中精神主要是因为_____。

　　a.内部和外部干扰　　b.无聊

　　c.焦虑　　　　　　　d.视力差

4.图 1.3 的面部-酒杯图说明我们天生容易_____。

　　a.脸盲　　　　　　　b.分神

　　c.认识人　　　　　　d.集中精神思考

5.多任务处理会影响_____。

　　a.高质量的睡眠　　　b.专注力

　　c.团结　　　　　　　d.以上皆是

思考

思考这章的大纲，然后运用自己的想法和经验回答每个问题。

1.我们大多数人都会将自己视为独立的个体以及至少一个较大群体的成员。关于梭罗建议的踩着不同的鼓点前进，你是怎么做的？你对勒庞关于群体的观察结论有什么看法？

2.列出一些子目标，然后列举一些可以帮助你不需要依靠意志力就能实现子目标的可执行意图。

3.这章中提到的能提高专注度的所有技巧中，最适合你的是哪个？为什么？

提出你的问题

提问系统利用页边的问题鼓励有效阅读。你应该已经注意到这章中的大部分段落旁都伴有一道问题。现在，轮到你来提问了。搜索这章中缺失问题的段落，重新阅读，确认中心思想，然后提出一个问题来引出中心思想。你可以参考上下文页边的问题，然后提出自己的问题。

背景故事

Focus 焦点: "concentration"(专注): 背后的温暖火焰

focus n. 1. A point in which the rays of light meet, after being reflected or refracted, and at which the image is formed. 2. A point so related to a conic section and certain straight line called the directrix that the ratio of the distance between any point of the curve and the focus to the distance of the same point from the directrix is constant. 3. A central point; a point of concentration.*

400 年前,"maintaining your focus"(保持专注)的意思是再往火堆里加块木头。即使是一些词典编撰人员,当他们发现"focus"这个词来自拉丁语时,也会感到吃惊。即使是现在,它的演化史也还有一点儿神秘,不过大多数专家都认可德国天文学家约翰内斯·开普勒(Johannes Kepler,1571—1630)最早赋予了这个词现代的含义。开普勒的一生都在研究行星。此外,他还对透镜和光线很感兴趣。他在 1604 年出版了《天文学的光学部分》。在这本书(被视为现代光学的启蒙书籍)中,开普勒首次使用"focus"这个词来描述光线在透镜上汇聚的点。他为什么这么说?没有人知道,但是如果你曾经利用太阳和放大镜点燃过枯叶,你就应该知道,如果能将太阳的光线汇聚到一个点上,就能生起火。根据《牛津英语字典》,这个与光线相关的词花费了将近 200 年才衍生出现代的比喻含义:活动的中心,或者能量最强的区域。这个意义也是我们将"focus"作为"专注"的近义词使用时所指的含义。**

---

* 摘自《美国传统英语字典》第四版的"focus"条目(波士顿:霍顿·米夫林出版公司,2000 年)。

** 参考以下内容:《美国传统英语字典》第四版的"focus"条目(波士顿:霍顿·米夫林出版公司,2000 年);"focus",《在线词源字典》,道格拉斯·哈珀(Douglass Harper),历史学家,http://www.etymonline.com/index.php?search=focus(2009 年 5 月 1 日查询);"focus, n.",《牛津英语字典》,第二版,20 卷(牛津:牛津大学出版社,1989 年)。

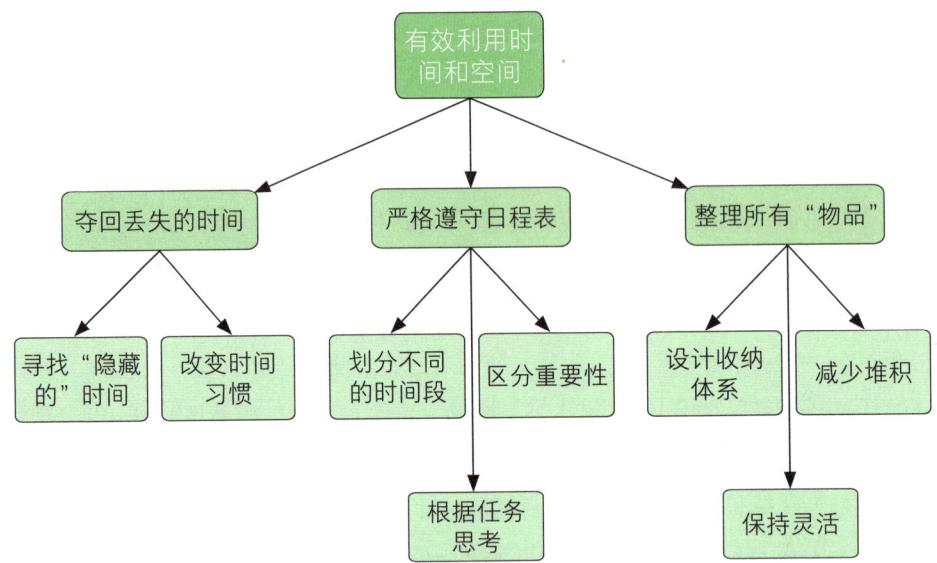

有效利用时间和空间

时光飞逝，但你不能"飞逝"地过每一天。通过充分利用时间和常识性计划，你可以高效地利用每一天。这一章列举了许多重要因素，帮助你有效地管理时间、整理空间。这些因素包括：

- ● 夺回丢失的时间；
- ● 严格遵守日程表；
- ● 整理所有"物品"。

每花一分钟整理，你就能挣回一小时。

作者不详

本章摘要

▶ 价值超过 25 万美元的三个简单步骤。

▶ CIA 和桌面的关系。

▶ 美国的一个州名可帮助你记住如何整理杂乱的桌面。

时间管理对学业成功有多重要？

　　时间是无可替代的珍贵日用品。据说伊丽莎白女王一世（1533—1603）在临终前说："愿意以我的所有换取一点时间。"如何利用时间将决定你的学业成功与否。如果你能聪明地利用时间，你就会走向成功。如果任凭时间流逝，你要做的事情就会失败。这就是为什么时间管理是大学生活中必须掌握的最重要的技能。

如何获得额外的时间？

　　许多人习惯于白白浪费时间，你没必要和他们一样。你有许多方式来获得额外的时间，例如，夺回失去的时间，掌控你的日程表，以及整理所有"物品"。这些行动都能帮助你更高效地利用时间。

夺回丢失的时间

如何更好地利用时间？

　　我们都曾抱怨过时间不够用，但事实上，每个人分配到的时间都是一样的——一天 24 小时。大多数人白白浪费很多时间，是因为他们没有第一时间意识到这些时间是可以利用的。此外，我们在日常生活中忽略的某些习惯或行为也会节约或浪费我们的时间。如果你能准确找到"隐藏"的时间并培养节约时间的习惯，就可以更好地利用时间。

寻找"隐藏"的时间

自我引导

什么是"隐藏"的时间？

　　每一天中都有很多宝贵的时间被你无视了，仅仅是因为你没有意识到它们可以加以利用。有的人将用剩的小片肥皂冲入下水道，或是将小碎布扔进垃圾桶，但也有人将许多块小肥皂组合成一块新肥皂，或是将废弃的碎布缝合成舒适的床单。想想你排队等候的时间，甚至是等红绿灯的时间。如果你能找到利用这些"隐藏"时间的方法，你的每周就可能多出几个小时。

携带"口袋工作"

很多时候，你可能会有意料之外的空闲时间，例如，在银行或超市排长队，汽车或火车晚点，在医院候诊，约会对象迟到。如果你随身携带了书本、复印的文章，或是写了重要概念、单词或公式的学习卡，你就可以将这些无聊的时间利用起来。

"口袋工作"如何利用"隐藏"的时间？

使用空闲的大脑

如果你做好了准备，就能从某些活动中发现隐藏着的学习机会。例如，你在刮胡子、梳头或者洗碗时为什么不能同时学习呢？因为大多数人容易在这些时候"开小差"。如果不好好利用，这些时间就浪费了。在镜子附近的墙面上，在视线的水平高度上粘贴小的金属夹或塑料夹。在每个夹子上夹一张卡片。在吃三明治的时候做一两道数学题，或者学几个新单词。

你的大脑何时有空学习？

录制学习内容

另一种利用隐藏的时间的方法是听。将你要学习的内容录制成音频文件或者刻成光盘，这样你就可以在走动或者眼睛没空的时候（如在试衣服或者散步时）学习。此外，录制的内容与书面内容相比，也能让你觉得新鲜。

如何通过录制学习内容来利用隐藏的时间？

在空闲时间里思考

在前往教室的途中回想上一节课的主要内容，或者在下课离开教室的路上回想这堂课的内容，这样你就能最有效地利用上课前后这段短暂的时间。

什么是空闲时间的思考？

使用你的潜意识

有时候，你会在半夜醒来，想到一个绝妙的主意或者方案来解决你睡前思考的问题。意识休息的时候，潜意识仍然在工

提出你的问题

作。如果你不想错过潜意识想出的主意或方案，请在醒来后立即将它们记录下来。否则，它们很快就会消失。许多从事创意工作的人都知道这一点，因此他们的床头都有一本便笺簿和一支笔。例如，诺贝尔奖得主阿尔伯特·森特·乔吉曾说过："我常常在睡前思考问题。在我睡着的时候，我的大脑肯定还在工作，因为当我醒来时，有时是在半夜，困扰我一整天的问题就有了答案。"

改变时间习惯

自我引导　　重塑

如何开始节约时间？

我们在第 1 章中已经知道，习惯本质上是无须经过思考的日常行为。除非有人或者事物引起我们对习惯的注意，否则大多数人都不会注意到它们。若要盘点你的时间习惯，不妨准备一本日常活动日志。从起床到睡觉，记录下一整天的主要活动，写清楚每个活动开始和结束的时间，算出每个活动花费的时间。将你的一天分条目陈列在纸上后，你就能清楚地看到你的时间花在哪里，哪些时间被你浪费了。图 2.1 的活动日志显示了一名学生的日常活动以及他决心更好地利用时间的方法。

每天的活动一旦具体地呈现在你眼前，你就可以开始改掉浪费时间的习惯，培养或强化节约时间的习惯。

挑战帕金森定律

你能从帕金森定律中学到什么？

帕金森定律指出，工作会膨胀，填满所有分配给它的时间。为避免耗完时间，我们应该进行反帕金森定律操作：针对每个任务设置一个具有挑战性的最后期限，然后努力按时完成。神经系统科学家发现，向某些任务引入适量的"积极压力"可以帮助你提高专注力，增加完成任务后的幸福感。每次完成任务后，给自己一个小小的、快乐的奖励。例如，休息一会儿、和朋友聊聊天、在房间里散散步、吃一些你为庆祝而珍藏的特殊零食。如果没有

按时完成任务，那么也不要惩罚自己。保留你的奖励，再给自己
设定一个目标。正面激励可以有效地帮助你改变习惯。

时间		花费的时间	活动说明
开始	结束		
7:45	8:15	30 分钟	穿衣
8:15	8:40	25 分钟	早餐
8:40	9:00	20 分钟	空闲
9:00	10:00	1 小时	心理学课
10:00	10:40	40 分钟	喝咖啡-聊天
10:40	11:00	20 分钟	空闲
11:00	12:00	1 小时	经济学课
12:00	12:45	45 分钟	午餐
12:45	14:00	1 小时15 分钟	阅读-杂志
14:00	16:00	2 小时	生物实验课
16:00	20:00	4 小时	学习（包括半小时晚餐时间）
20:00	20:50	50 分钟	学习-统计学
20:50	21:20	30 分钟	休息
21:20	22:00	40 分钟	学习-统计学
22:00	22:50	50 分钟	与朋友聊天
22:50	23:30	45 分钟	学习-会计学
23:30	23:45	15 分钟	准备睡觉
23:45	7:45	8 小时	睡觉

在镜子上张贴学习卡：经济学定律、心理学词汇、统计公式。边刷牙边学习等

查看课堂作业和上一节课的笔记，为当天的心理学课做准备

早餐后太快休息，休息时间太长。复习刚刚的心理学课笔记或者查看经济学课的作业

趁着记忆还新鲜，复习经济学课的笔记；查看生物学作业，回忆之后的实验课的主题

休息时间太长

如果功课基本完成，可以将此作为奖励

时间不够充足，但学总比不学好

边刷牙边看学习卡，掌握内容后，换一批新卡

图2.1　活动日志
一天活动记录以及更好地利用时间的建议。

遵守与闹钟的约定

　　你在起床前，要按掉多少次闹钟？即使只按一次也多。将
闹钟设为起床的时间，而不是你为起床做准备的时间。如果你
不能遵守设定的时间，那么你就很难遵守你的日程表上的时间。

为什么一定要遵守与闹钟的约定？

毕竟，日程表可不会响铃。

管理收发短信、电子邮件以及上网的时间

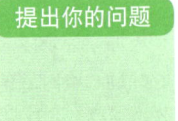

提出你的问题

短信、电子邮件和互联网都是了不起的存在，但它们同样也是巨大的"时间黑洞"，一天会吞噬掉数个小时。不要频繁地查看短信或电子邮件。设定几个时间点去阅读和回复电子邮件或短信。它们确实加快了我们的沟通速度，但大多数内容都不需要立即阅读和回复。上网也一样。从一个链接到另一个链接，时间在你上网时飞逝。你可以在上网时设置一个倒计时，当闹钟响起，就回去继续学习。这样，你就能控制自己的时间。

暂停学习

为什么暂停学习很重要？

在学习时，你可以奖励自己短暂的休息。将学习分为几个小片段，而不是一次性的长时间学习，这样有助于提高你的理解力。在一项研究中，与一直坐着背诵法语词汇的学生相比，分三次（不连续）背诵的学生，他们的测验得分比前者高出 35%。因此，请每个小时休息 10 分钟，或者每半个小时休息 5 分钟。不过，不管你采用哪种方法，请不要随意改变。这样，你学习起来会更有劲头，因为你知道休息时间何时到来。而当你重回书桌时，你会发现自己的精力更充沛了。

听从身体的声音

生物钟对日程安排有什么影响？

我们每个人都受生物钟的控制。也就是说，我们在某一段时间里拥有最清醒、最机敏的状态，而在其他时间段里则可能表现得迟钝或昏昏欲睡。一般来说，黎明前的几个小时及 12 个小时后（下午 3 点左右）是我们最困倦的时间段。与这种自然周期相一致，我们每 12 个小时就会迎来一次最清醒的时间段，通常是早上 8 ～ 10 点和晚上 8 ～ 10 点。了解这个规律可以帮助你更有策略地计划一天的活动。

1. 将最费神的任务安排在早上和晚上。你应该在大脑最灵敏的时候进行阅读、写作、解决问题以及其他"思考型"任务。

2. 将活动类行为安排在下午 3 点左右。这个时间段最适合的任务包括实地考察、实验、运动以及需要跑腿的事。如果你平时没有大量喝咖啡的习惯，一杯咖啡也许就能助你撑过下午的低落时期。

3. 抵抗周末睡懒觉的诱惑。在周末更改睡眠时间可能会对接下来的一周造成连锁反应。如果你在星期六或者星期天睡懒觉，就可能在星期一或者星期二感觉到"时差"。

4. 早上阅读，下午复习。科学家发现，短期记忆的峰值出现在早上 9 点左右，而在下午 3 点左右，长期记忆的能力最强。

严格遵守日程表

日程表是一种书面策略，详细说明了你希望在一天、一周，甚至一个学期内完成的任务以及你打算如何完成这些任务。你在一开始会觉得严格遵守计划和日程表很难，但很快你就会发现，遵守它们会给你带来力量，为你的生活带来福利，好处多多。

日程表能提供更大的控制力。一个仔细规划的日程表能够在四个方面增强你的控制感。首先，由于日程表是有形的，因此会让你的计划看起来更容易管理。你可以按时开始学习。其次，你知道自己需要学习的所有科目，包括你不喜欢的科目，把它们都排进了日程表。在科目旁边设置了学习时间后，无视不喜欢的科目的概率就会变小。第三，日程表能防止懒惰。计划就摆在你的面前，它在对你说："我们开始做正事吧！"第四，你可以从一开始就制订复习计划，避免考前抱佛脚。

使用日程表能令你放松。由于你的计划就在屏幕上或者纸上，而不是悬浮在你的脑中，因此你的大脑是自由的，可以做

日程表的功能是什么？

日程表如何为你带来更大的控制力？

日程表如何令你放松？

别的事。你不需要浪费时间思考下一步的工作。它们就摆在你的眼前。你也不会有负罪感，因为学习和娱乐活动都在你的日程表里。也就是说，当你休息时，你知道这是你应得的。

尽管有这么多好处，很多学生还是不愿意使用日程表。他们不但觉得日程表没什么用，还认为掌控时间会令他们变得神经紧张、疲惫不堪。这些担心都是多余的。

使用日程表能够节约时间。没错，你需要花费时间制订日程表，但这些时间是值得的。有了日程表，你可以自如地从一项任务切换到另一项，而无须思考下一步该做什么。

日程表能为你带来自由。日程表会帮助你摆脱时间的控制。你会看到一些人从教室奔向图书馆，再奔向体育馆，或者边跑边吃午饭。他们都是时间的奴隶。安排好时间的学生，他们决定了如何利用时间，是时间的主人。

日程表能够提高灵活性。没有条理的人常常会浪费很多时间，因此没有灵活时间。使用日程表的人可以空出很多时间来进行各种活动，因此灵活性更高。

如果你是全日制学校的学生，或者一天中可控制的时间很长，最适合你的就是传统日程表，也就是将时间划分为可管理时间段的日程表。然而，如果你是在工作或者养家之外兼顾学业，那么最好选择使用以任务而不是时间为项目的日程表。这两种方法虽然优点各不相同，但都为你提供了一个机会，让你利用真实存在的策略去完成任务，而不是毫无计划地出击。不论你采用哪种方法，最重要的是，不要仅仅将日程表当作高效填满时间的工具，还要用它来帮助你区分任务的重要性。

划分不同的时间段

一位父亲用麻线将一把小木棍绑在一起，递给最小的儿子。他说："儿子，把这些棍子折断。"男孩手脚并用也无法将它们折断。他难过地将木棍递还给父亲。这位父亲一句话也没说，只是解开麻绳，用手指将木棍一根一根地折断。

如果你觉得难以应付你的任务和学业，可以将它们分解成可管理的小单元。这将为你提供极大的帮助。将每天分为不同的时间段，就是把任务分解开来，方便逐一处理。为每项活动分配一段时间，这样可以确保你以最高的效率完成它们。每完成一项活动，就会为这一天增加持续稳定的成就感。

你可以创建一个三段式日程安排系统，其中包含总日程表、周日程表和每日日程表。每种日程表在你的时间管理中都扮演着不可或缺的角色。总日程表为活动安排提供了基本框架。周日程表为总日程表添加了详细的信息。每日日程表则将周日程表转化成更方便执行的形式。尽管每种日程表的功能各不相同，但它们都遵守了相同的日程安排准则。

1. 不要浪费大块时间。如果你有大块时间，可以用它来完成大型任务。我们常常会说："我要先把这些小任务处理完，然后好好解决大任务。"这是个糟糕的决定。事实上，你应该利用大块的时间来解决需要大量时间的大型任务，把小任务留给琐碎的时间段。

2. 在黄金时间学习。对大多数人来说，学习的黄金时间是白天。研究已经证明，白天学习一小时等于晚上学习一个半小时。即便如此，你可能会发现在白天的某些时间段里，你的效率没有期望中的高，那么就在这些时间段里安排相对简单的任务。

3. 在背诵型科目的课前学习，在讲授型科目的课后学习。在背诵型科目或者讨论课（如外语课或心理学课）的课前学习，就像是做热身练习。当你走进课堂时，你脑中的信息都非常鲜活。对于讲授型科目，你应该在下课后立即填补笔记的空白部分，复习刚刚学到的内容。

将时间划分为不同的时间段有什么好处？

三段式日程安排系统包含哪几部分？

如何最好地利用大块时间？

学习的黄金时间是什么时候？

科目类型对学习时间有什么影响？

为什么不应该将日
程表制作得太详
细？

4. 不要被细节束缚。将所有时间纳入考虑范围，但不要太注重细节。你用来制作过于详细的日程表的时间，可以有更好的用途——学习。此外，你也很难遵守过于详细的日程安排。

哪些非学业活动可
以纳入日程表？

5. 添加非学业活动。不要忘了留出时间吃饭、睡觉、娱乐以及进行其他活动。从长远看，牺牲吃饭、睡眠、游泳、家庭聚会或朋友聚会的时间并不能为你节约时间。事实上，这可能会浪费你的时间，因为这些活动是保持身心健康的必需品。你的计划针对的应该是你的全部生活，而不仅仅是学习。

利用总日程表打下基础

总日程表的用途是
什么？

总日程表会标出固定的活动，并根据这些活动来安排其他活动的时间。除非你的基础科目发生了变化，否则一个学期只需要制作一张总日程表。

总日程表是什么样
子的？

总日程表以表格形式呈现，最上方一行是从星期一到星期日，最左边一列是一天 24 小时的各个时间段。每个单元格中填写的是你必须要进行的活动：睡觉、吃饭、工作、例会、社区活动、运动，当然还有要上的课。空白的单元格代表你的空闲时间。图 2.2 是典型的总日程表。

总日程表对你有什
么帮助？

不论是固定在书桌上的 12 厘米 × 20 厘米的卡片式总日程表、记录在笔记本上的便携式总日程表，还是输入常用日历应用程序中的总日程表，它们都能帮助你厘清思路。更重要的是，它们可以帮助你将实际的时间段视觉化，方便你填写必要的活动。

周日程表

周日程表的用途是
什么？

周日程表是在总日程表的基础上创建的。要创建周日程表，请复制一份总日程表，然后将你计划的本周活动填入空白的单元格中（如果你使用的是日历应用程序，将活动填入接下来一周的空白时间段中）。例如，如果你周五要考数学，那么你应该再安排一些时间学习数学。下一周，你可能要写一篇论文。如果是这样，你应该在日程表里留一些时间去图书馆或者上网查阅资料。周日程表可以帮助你根据事情的重要性来调整时间安排。将周日程表粘贴在书桌上、笔记本的内封面，或者保存在屏幕上方便打开的位置。

图 2.3 是周日程表的示例。下文内容显示了如何根据日程安排准则制订这个日程表。

图2.2　总日程表

时间	周一	周二	周三	周四	周五	周六	周日
7:00~8:00	穿衣＋早餐						
8:00~9:00	生物学		生物学		生物学	穿衣＋早餐	
9:00~10:00		瑜伽		瑜伽		瑜伽	穿衣＋早餐
10:00~11:00	历史		历史		历史		
11:00~12:00		西班牙语		西班牙语		西班牙语	
12:00~13:00	午餐						
13:00~14:00	数学	图形学实验	数学	图形学实验	数学		
14:00~15:00	英语		英语		英语		
15:00~16:00		工作—学习		工作—学习			
16:00~17:00	工作—学习		工作—学习		工作—学习		
17:00~18:00							
18:00~19:00	晚餐						
19:00~20:00							
20:00~21:00							
21:00~22:00							
22:00~23:00							
23:00~24:00	睡觉						

图2.3 根据总日程表制订的详细周日程表

时间	周一	周二	周三	周四	周五	周六	周日
7:00~8:00	← 穿衣＋早餐 →						宗教仪式、娱乐、聊天、愉快阅读
8:00~9:00	历史	学习化学	历史	学习化学	历史	学习化学	
9:00~10:00	学习历史	游泳	学习历史	游泳	学习历史	游泳	
10:00~11:00	学习法语	化学	学习法语	化学	学习法语	化学	
11:00~12:00	法语	学习化学	法语	学习化学	法语	学习化学	
12:00~13:00	← 午餐 →						
13:00~14:00	数学	研究方法入门	数学	研究方法入门	数学	娱乐、聊天、特殊项目、阅读、安排额外时间复习较难的科目	英语论文
14:00~15:00	学习数学	图书馆：论文	学习数学	化学实验室	学习数学		
15:00~16:00	学习英语	图书馆：论文	学习英语		学习英语		英语论文
16:00~17:00	英语	图书馆：论文	英语		英语		
17:00~18:00	← 娱乐 →						
18:00~19:00	← 晚餐 →						
19:00~20:00	学习英语	学习数学	学习英语	学习数学	学习英语		学习历史
20:00~21:00	学习法语	学习历史	学习法语	学习历史	学习法语		
21:00~22:00	复习英语	复习法语	复习历史	复习数学	复习化学		
22:00~23:00	← 愉快阅读 →						
23:00~24:00	← 睡觉 →						

周一至周五/周六

7:00~8:00　　　　按时起床，早餐避免狼吞虎咽（也不要不吃早餐）、狂奔出门。

12:00~13:00　　　花1小时悠闲地饱餐一顿。

17:00~18:00　　　在晚餐前放松一下，作为一天努力学习的奖励。

19:00~21:00	通过系统的学习掌握现有的笔记和作业内容。
21:00~22:00	为避免考前临时抱佛脚，每天抽出一些时间来复习之前的作业和已学习的内容。
22:00	晚上 10 点停止学习，可以激励你在白天和晚上的较早时间段努力学习。
22:00~24:00	每天花一些时间阅读你感兴趣的书籍。愉悦的阅读和谈话可以帮助你放松，睡个好觉。

周二 / 周四 / 周六

8:00~9:00	由于化学（10~11 点）是你觉得最难的一门课，因此要制订一个晨读计划。在上课前学习一个小时，对你的课堂学习大有帮助。
11:00~12:00	化学课结束后立即花一个小时学习来巩固课堂上学习的内容，为之后完成作业做好准备。

特殊安排

周二	14:00~17:00	图书馆：论文
周日	19:00~21:00	英语论文
		对于某些作业，你需要安排大量时间去查阅资料或者提出想法、拓展观点。
周六		从中午开始没有任何安排，你可以去娱乐，完成需要大量时间的特殊项目，再花一些时间学习较难的科目，或者进行全面复习。
周日		今天从早到晚都是你的。睡前别忘了学习历史，因为周一的第一节课是历史课。

通过每日日程表提供便携式策略

每日日程表简单罗列了每天的具体任务以及你计划在哪个时间段完成哪项任务。你可以将这些内容写到卡片上，随身携带。每晚上床睡觉前制订好第二天的日程表。一旦将担心、关心

每日日程表包含什么内容？

的事写到纸上，你的大脑就可以安心地去睡觉了。计划好一天的日程，当清晨来临时，你会准备得更加充分。图 2.4 是一个学生的每日日程表。图中还解释了这张日程表为什么能提高效率。

图2.4

每日日程表

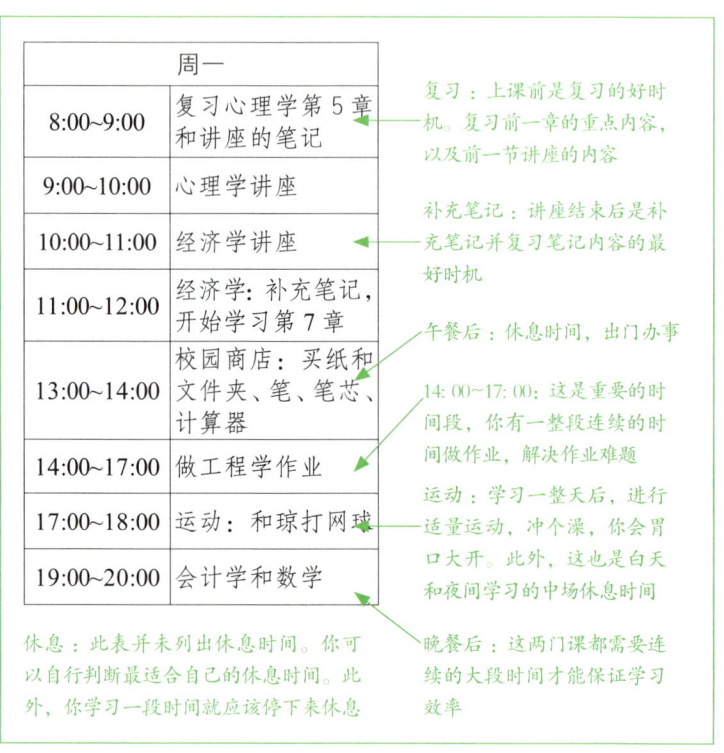

周一	
8:00~9:00	复习心理学第 5 章和讲座的笔记
9:00~10:00	心理学讲座
10:00~11:00	经济学讲座
11:00~12:00	经济学：补充笔记，开始学习第 7 章
13:00~14:00	校园商店：买纸和文件夹、笔、笔芯、计算器
14:00~17:00	做工程学作业
17:00~18:00	运动：和琼打网球
19:00~20:00	会计学和数学

复习：上课前是复习的好时机。复习前一章的重点内容，以及前一节讲座的内容

补充笔记：讲座结束后是补充笔记并复习笔记内容的最好时机

午餐后：休息时间，出门办事

14：00~17：00：这是重要的时间段，你有一整段连续的时间做作业，解决作业难题

运动：学习一整天后，进行适量运动，冲个澡，你会胃口大开。此外，这也是白天和夜间学习的中场休息时间

休息：此表并未列出休息时间。你可以自行判断最适合自己的休息时间。此外，你学习一段时间就应该停下来休息

晚餐后：这两门课都需要连续的大段时间才能保证学习效率

使用你喜欢的日程安排工具

特殊日程安排工具的优点和缺点是什么？

如今，你可以选择的工具和应用程序五花八门——从计算机软件到个人数字助理，从互联网应用到活页笔记本，都可以帮你轻松、明智地安排时间。这些工具和应用也许能带来突破，让一些学生开始明白日程安排的重要性。但对于其他学生来说，它们只是精心制作、费钱、费时的干扰，无法用来控制或管理时间。学习卡和白纸可能没有那么精致，但它们非常便宜、无比灵活，而且极其简单好用，可以帮助你紧紧抓住可利用的时

间。如果你喜欢使用日历应用或者从商店购买的记事簿，没问题，只要你记住自己的目的是管理时间就行了。你可以使用任何有用的方式。最重要的不是工具，而是使用工具的人。

根据任务思考

专注

由于以时间段为基础的日程表将一天分割为可管理的不同区块，因此大多数学生会选择这种方法。但是有一部分人无法确定一整天的大致忙闲时段。如果你每天的行程无法预测，空闲时间也不固定，那么你可能需要制订以任务而不是时间为基础的日程表。此外，对于无法在一个时间段完成的长期项目，你可能需要采取以任务为基础的方法。

任何体验过从长长的任务清单上逐一划掉其中项目时的满足感的人，都能隐约察觉到以任务为基础的方法的有效性。在20 世纪前半叶，传奇管理大师艾维·李展示了从任务的角度看待事物有多么高效、多么有利。

伯利恒钢铁公司当时的董事长查尔斯·施瓦布质疑李的说法："告诉我怎么在相同的时间里完成更多事情，我愿意支付合理的费用。"

李想了想，告诉他：

● 每天晚上根据重要程度写下第二天要完成的最重要的六件事；
● 每天早上从第一个任务开始，完成后再开始第二个任务，以此类推，直到下班。如果下班前只完成了一两项任务，不必担心；
● 在一天结束时，将清单撕掉，从头开始。

施瓦布询问该为这条建议支付多少钱。艾维·李告诉他先按照这个方法执行几周，然后将他认为值得的金额寄支票给他。

什么时候应该使用以任务为基础的日程表？

艾维·李如何证明任务的价值？

三周之后，李收到了 2.5 万美元的支票。如果将这个金额按现在的价值来换算，至少会增值 10 倍。

当然了，你只能从每日日程表上看到一部分任务，而简单的待办事项清单又不足以帮助你采用以任务为基础的方法完成整个学期的目标。不论是以任务还是时间为基础，三段式日程安排系统都是合理的。如果你的焦点在任务上，你需要以任务为基础的总日程表、以作业为主的周日程表，以及每日待办事项清单。

制订以任务为基础的总日程表

以任务为基础的总日程表可以帮助你在较长的时间内追踪一项或多项作业／目标的进展。图 2.5 显示的是以任务为基础的总日程表。日程表的顶部是你计划完成的主要目标或作业，而不是一周七天。在日程表的左侧，你可以填写子目标的截止日期，而普通总日程表的左侧填写的则是一天中的不同时段。

现在，请把每个目标或长期作业分割成可管理的多个子目标，然后将它们填入对应任务下方的单元格中。例如，如果你要写一篇论文，你可以制订以下几个子目标：进行初步研究、选择主题、制订大纲、进行研究、完成第一稿、修订第一稿。每到达一个里程碑，就将其划掉。这样，你可以清楚地看到自己的进展。

制订以作业为主的周日程表

如果你的目标或作业可以在一个星期内完成，你可以采用以作业为主的周日程表，作为总日程表的补充。图 2.6 显示的就是以作业为主的周日程表。格式很简单。将页面分为上下两部分，在上半部分罗列你的科目、作业、预估的学习时间及截止日期。然后，将截止日期和预估时间作为控制因素，查看总日程表中可利用的时间。为每项任务分配充足的时间，然后将它们添加到下半部分表格的恰当位置。严格遵守你的日程表。只要你将学习时间摆在第一位，你的剩余时间就能真正空闲下来。

图2.5　以任务为基础的总日程表

	心理学研究论文 4月21日	业余铁人三项训练 5月1日	自定进程的数据管理课
2月7日	选择三个主题	最少60圈	完成1~3章
2月10日	进行初步研究	尝试在萨梯山骑行	
2月14日	最终选定主题	每周跑48公里	完成4~6章
2月18日	看完参考书目		
3月15日	完成第一稿		期中考试
3月18日	开始改写		
4月21日	论文提交截止日期		期末考试

将每日日程表转化成待办事项清单

你的每日学习计划应该是一份按照重要性排列的事项清单。在时间不确定的情况下为各个事项分配具体的时间段，最终结果可能会令你感到沮丧。

图 2.7 是典型的待办事项清单。要成功地按计划行事，你必须养成随时查看清单的习惯。完成一项任务后，就将它从清单上划掉。

当你的时间不确定时，如何调整每日日程表？

区分重要性

重塑　　专注

如果日程表中包含的都是需要花费时间却不重要的任务，

那么即使是最好的日程表，也只会带来虚假的安全感和成就感。

图2.6 以作业为
基础的周日程表

科目	作业	预估时间	截止日期	截止时间
电子学	第5章（从第33页开始）阅读	2小时	13日，周一	8:00
英语	论文	18小时	20日，周一	9:00
数学	110~111页的问题	3小时	14日，周二	10:00
工业安全	设计商店布局	8小时	17日，周五	11:00
网站开发	生成网站原型	6小时	17日，周五	13:00
电子学	第6章（从第40页开始）阅读	2.5小时	22日，周三	20:00

时间	作业	早上	下午	晚上
周日	电子学：阅读第5章 英语：确定主题			19:30~21:30 21:30~22:30
周一	英语：整理笔记 数学：问题		14:00~18:00	19:00~22:00
周二	英语：整理笔记 工业安全	8:00~10:00	15:00~18:00	19:00~22:00
周三	英语：第一稿 网站开发		14:00~18:00	19:00~22:00
周四	工业安全 英语：论文 网站开发	8:00~10:00	15:00~18:00	19:00~22:00
周五	英语：终稿 电子学		14:00~18:00	19:00~21:30
周六				

高效的时间管理和
有效的时间管理有
什么区别？

高效的时间管理常常被误认为等同于有效的时间管理。尽管高效地工作（也就是在固定的时间里完成尽可能多的任务）令人羡慕，但如果你的关注点都在错误的任务上，你的效率就会很低下。作家、咨询顾问汤姆·康奈兰是这样说的："将时间花费在不应该做的事上毫无意义。"要有效地管理时间，你应该将精力和关注点分配给最重要的任务。

基础数学：五个问题待解答
地质学：查看样本
会计学：定义

面包：两个
鸡蛋：一打
植物奶油：一斤

图2.7　待办事项清单

　　著名作家、咨询顾问、时间管理专家史蒂芬·柯维创造了一个简单的、被争相效仿的矩阵，可以帮助你更好地了解你经常面对的各种任务的相对价值。这个矩阵的纵轴是"紧急性"，横轴是"重要性"（见图 2.8）。紧急的任务需要你立即处理，重要的任务可以帮助你实现目标。

紧急性–重要性矩阵的作用是什么？

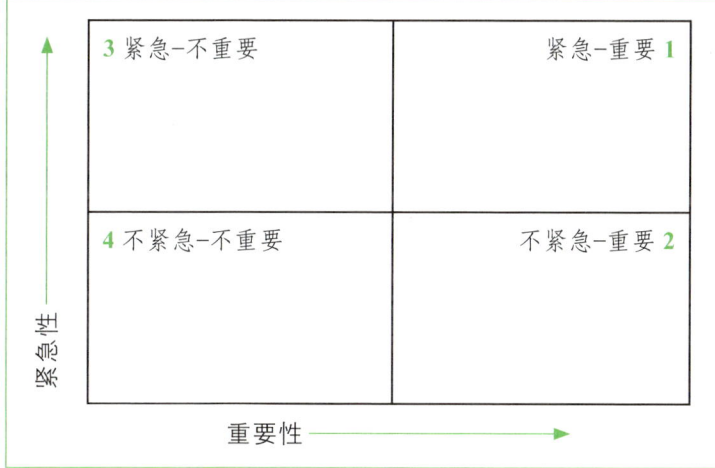

图2.8　紧急性–重要性矩阵

来源：桃乐丝·兰可（Dorothy lehmkuhl）和德洛丽丝·科特尔·兰平（Dolores Cotter Lamping）所著《创意人员整理法》。版权归桃乐丝·兰可和德洛丽丝·科特尔·兰平所有，©1993。经兰登书屋授权转载。

　　真正浪费时间的是那些既不紧急也不重要的任务。它们很容易被无视，而且对你实现短期或长期目标几乎没有帮助，甚至是完全没有帮助。我们经常将这类事情称为"装忙"工作。例如，如果你正在学习计算机课程，但还要抽出时间去削铅笔，那么你正在处理的就是既不紧急也不重要的任务。这个任务显然可以留待以后处理。

常见的干扰因素处在矩阵的哪个象限?

常见的干扰因素（例如，在你学习时突然响起的电话、短信，或者突然来拜访的朋友）一般属于紧急但不重要这一类。这些事情基本都与目标无关，但你又很难无视它们。如果想完成任务，你就应该让自己置身于不容易受这类因素干扰的环境中（见第1章）。

如何处理既紧急又重要的任务?

你无法也不应该无视既紧急又重要的任务。这些任务包括：课表上排好的课程、截止日期近在眼前的任务，以及不在计划内的大事件（例如，躲避高空抛物、逃离火灾现场）。如果五分钟后要上课，这就是既紧急又重要的任务。你必须去上课，不能迟到。如果你的作业第二天要交，而你几乎还没有动笔，那么你只能先把它完成。这一类任务应该列在你的任务清单的优先位置。

提出你的问题

在图2.8的矩阵中，最有价值的象限就是重要但不紧急的任务象限。这是你的长期计划的目标。你在这个区域完成的任务越多，你成功的可能性就越高，同时也会越有条理。重要但不紧急的任务有哪些？掌握最近的课程阅读笔记就是其中的一种，开始准备一个月后要交的论文也是一种。掌握笔记内容可以帮助你为下一次考试（或者突然到来的考试）做好准备。提早开始准备论文，可以避免在截止时间临近时，与其他学生争夺图书馆有限的资源或者通宵赶论文。一些紧急且重要的任务（例如，去上课或者逃离着火的大楼）是无法避免的，但是一般来说，将越多时间投入重要但不紧急的任务，你就越有可能避开会增加你的压力、让你不得不临时抱佛脚、不得不熬夜的任务。

如何根据紧急性－重要性矩阵安排时间?

在安排时间时，第一象限中的任务优先，但是你应该尝试最大限度地压缩花费在这些任务上的时间，以便将大量时间分配给第二象限中的任务。避免将第三、第四象限中的任务列入任务清单。第三象限中的任务通常都是意料之外的干扰因素。你应该尽量提高自己的学习环境屏蔽这些干扰的能力。至于第四象限中的任务，它们真的不属于任何任务清单。如果你察觉自己正把时间花在既不紧急也不重要的任务上，那么请提醒自己以后不要再这么做了。将这样的任务加入日程表或任务清单，会给你带来虚假的成就感，并且会干扰真正重要的任务。

确定好每项任务的紧急性和重要性后，就可以以各种方式使用这一信息：

1.重新检查已经做好的任务清单，并根据紧急且重要、重要但不紧急等因素对任务进行排序；

2.将紧急性–重要性矩阵作为你的真正任务清单。你只需看看哪个象限中被划掉的项目较多，就能直观地判断自己的真正效率有多高；

3.先将任务填入矩阵，再根据各个任务在矩阵中的位置，按照优先顺序制作一个普通的任务清单。

如果你使用的是传统的日程表，那么这个矩阵可以帮助你分配可利用的时间段。首先将总日程表作为模板（通常情况下也是这么做的），添加一周中已经确定了时间的任务或活动。然后，利用这个矩阵帮助你决定如何填充日程表中剩余的时间段。每周的日程视图都可以很好地强调需要长期计划的、重要但不紧急的任务。

整理所有"物品"

很显然，如果你用来处理任务的工具杂乱无章，那么你寻找"隐藏"时间、更改时间习惯、严格遵守日程表的努力就没有意义。要想在学业上取得成功，很重要的一点就是尽可能快速、有效地找到你所需的东西。毕竟，如果你计划花 1 小时来掌握笔记内容，却先花了 20 分钟从一堆纸张中或者拥有大量

如何将这个矩阵应用于以任务为主的日程表？

如何将这个矩阵应用于传统的三段式日程表？

整理物品和管理时间有什么关系？

子目录的电脑中寻找笔记，那么再精心制作的日程表又能起到什么作用呢？要想保持条理性，以便充分利用你精心分配的时间，你需要设计一个系统，保持灵活并减少堆积。

设计收纳体系

归类　　计划

你需要制订什么样的收纳体系？

与许多成功的学习技巧一样，你需要运用收纳体系来整理你的学习区。采用什么样的体系往往并不重要，只要适合你就行。不过，有句老话说得好："各有各位，各归各位。"学习区应设有一个收纳有序的区域，用来存放所有资料。这样对你大有裨益。此外，你还应该巧妙地摆放这些东西，将最常用的东西放在最方便存取的地方，将最不常用的放在离你较远的地方。最后，你可以使用标签，方便你一眼分辨物品的类别。

寻找合适的存放地点

为什么要为所有物品寻找一个存放地点？

学习资料挤占学习空间甚至挤占地板的原因有很多。不过，有一个非常明显的原因是很多学生都没想到的。他们每次翻越堆积如山的资料去学习时，竟没有想到要为这些资料找个安身之处。有的人可能是因为太累或太懒，不想整理东西，但更多人仅仅是因为他们不知道要将这些东西放在哪里。

如何逐步为你的所有物找到自己的位置？

如果你觉得为所有物品找到一个存放地点很困难，让你心生怯意，你可以一步一步来。首先，为各类物品找到统一放置的位置：将书放在书架上，将笔记本放在抽屉里，将纸张放在文件盒里，将信件放在收纳篮里，将笔放在笔筒里，等等。在此基础上，细致地划分区域，例如，将本学期的课本放在最方便存取的书架上，将上一学期的课本放在另一个书架上。或者，将科学和数学课本放在第一个书架，历史和英语课本放在第二个书架。在不断完善收纳体系的过程中，你会发现快速找到你要的东西变得越来越容易。

巧妙地整理物品

你是否碰到过这样的情况？在早餐时间打开冰箱，发现你和你想要的牛奶之间隔着一瓶番茄酱、一个盖着的砂锅、一块苹果派。有些人的学习空间也是类似的布局。不需要的资料堆积在眼前，而需要的物品却要费一番周折才能拿到。番茄酱、砂锅、苹果派，你在某个时候会需要它们，但不是现在。摆放物品时，应该确保你需要的东西在你需要的时候出现。

如何巧妙地整理物品？

正如你按照重要性排列任务一样，你也应该按类似的方式整理你的物品。"CIA"可以提示你如何巧妙地整理物品，也就是根据它们是"当前需要的"（Current）、"即将用到的"（Imminent）还是"已归档的"（Archived）进行判断。

CIA系统如何帮助你整理资料？

- 当前需要的（Current）。当前需要的物品是指，你目前正在使用的笔记和资料。它们通常应该放置在你的书桌上或附近位置，也就是你触手可及的地方。这个习惯还隐含着另一层意思：在开始学习前，你不仅要将需要的东西放到手边，还要将不需要的收纳起来。

- 即将用到的（Imminent）。即将用到的物品是指，你目前不需要，但很快就会用到的东西。这些物品通常是本学期其他科目的笔记和资料。此外，即将用到的物品可能还包括：为本学期学习提供基础内容、背景知识的上学期的课本或资料。这些物品通常应放置在附近的书架或书桌的抽屉里。

- 已归档的（Archived）。已归档的物品是指，你在过往的学期里使用过的东西，它们可能会为你本学期或以后的学习提供帮助，但目前的日常学习无须使用它们。这些物品包括：你以前学习过的任何科目的课堂笔记和课本。由于这些物品的存取便利性无关紧要，因此你可以将它们放置在较远的书架上、文件柜里、收纳盒里。如果你将这些物品放置在收纳盒里，务必仔细填写标签，以便在需要的时候准确定位。

选择合理的标签

标签有什么作用?

设想一下,如果书架上的书全部书脊朝里摆放,要找到你想要的书将会多么困难。尽管我们需要标签,但又常常对它们视而不见。不论是按字母顺序排列的标签,还是采用其他排序系统的标签,它们的作用都是帮助我们快速查找想要的物品,系统地整理物品。

应该为哪些物品添加标签?

你需要为课本、笔记本和计算机文件添加标签。如果你将物品放置到文件柜中,也应该为每个柜子添加标签。如果你将内容刻录到光盘中,别忘了为每张光盘添加标签,以便进行区分。你应该为所有会被分类、整理和查找的物品添加标签。添加标签只需要几秒,却能在日后为你节约大量时间。添加标签的好处很多,如果不添加,你就无法享受这些好处。

标签上该写些什么?

如何为物品添加标签完全由你决定,最重要的是坚持这么做。添加标签的目的是帮助你快速找到所需物品。不过,你可以参考以下建议:

如何为某个课程文件夹或计算机目录添加标签?

- 根据课程编号为文件夹或目录添加标签。我们通常不使用课程名称(如"宏观经济学入门")作为文件夹或目录的标签,而是使用课程编号(如"经济学 102")。这样,你在浏览笔记本、文件柜或计算机目录时,可以更轻松地找到目标。此外,这也意味着,如果你按字母进行排序,那么同一个科目的所有文件夹都会出现在同一块区域。

如何整理同一科目的不同资料?

- 使用书签或粘贴了不同标签的文件夹来分隔同一科目的不同资料。将课堂笔记、实验室笔记、课本笔记、课堂上分发的资料,以及其他课程资料整理到笔记本的不同位置,或者整理到相应文件柜或计算机目录的子文件夹中。

你的笔记需要什么样的标签?

- 为不同的笔记内容或文件添加充分的信息以确保可以轻松辨认。在某些时候,你难免会将笔记打乱。事实上,你有时会有意将它们打乱(见第 11 章)。为确保你的笔记不被混在一起，请为每一页笔记标注课程编号（如"生物 203"
或"生物学 203"）、记录时间和页码。你可以将这些信
息标注在页面外侧的角落，这样就可以在快速翻阅时轻松
找到你需要的内容。采用康奈尔系统（见第 10 章）时，右
上角也许是最好的选择，因为这个位置的标签不容易挤占
摘要或页边问题的空间。要让计算机中的笔记更方便查找，
请使用日期（用数字表示年、月、日）和课程编号命名文件。
例如，2013 年 2 月 12 日在生物学 203 教室记录的阅读笔
记可以命名为"20130212—生物 203"。也许你会觉得这
样的标签太复杂或者太麻烦，没关系，你很快就会习惯。
然后你就会发现，这能帮助你快速找到所需的笔记。

- 为文件夹制作索引。如果你将材料放在文件柜里，那么请
  列一份清单，将所有文件名按字母顺序排序，然后将清单
  贴在柜门上。这样一来，你不用打开抽屉就能知道文件所
  在位置。此外，你还能轻松分辨出是否创建了两个用途相
  同的文件夹（如"课堂笔记"和"讲座笔记"）。

如何更合理地整理
文件夹？

保持灵活

重塑　归类

可能在某个地方，有一个大型垃圾填埋场，专为不知变通
的整理者、半途而废的计划、出错的归档系统以及被废弃或无
视的日历而设。为什么这么多体系最终进了垃圾桶？当然，有
的是因为制作者对这个体系失去了兴趣，但更多是因为体系本
身过于严格，要求过高。总的来说，有效的简单体系比失败的
复杂体系更强大。如果你能保持一定的灵活性，那么你的收纳
体系可以运行很长时间。要保持灵活性，你可以使用活页纸而
不是普通笔记本，你可以将不同科目的笔记夹在不同的文件夹
里，而不是把所有笔记夹在同一个文件夹里。

为什么要保持收纳
体系的灵活性？

使用活页纸

为什么活页纸是记录笔记的最佳选择?

你肯定希望自己的笔记越灵活越好。普通笔记本是个不错的选择,但是它们约束了你的笔记。一旦记录完毕,你就很难进行修改。如果你喜欢画线的本子,请购买带有三个洞的笔记本,然后小心地将记了笔记的每一页撕下来,夹到活页夹中。这样一来,你就可以自由调整顺序。在第 11 章中,你会发现进行考前复习时,活页笔记会给你带来极大的帮助。尽管办公软件在不断创新,但活页纸仍然是最万能、最灵活、最便宜的笔记记录工具。

一本笔记本专用于一门科目

提出你的问题

标准的活页笔记本可能会很大、很笨重,更不用说那些昂贵的。幸运的是,你不需要那么精致的笔记本记录课堂笔记。你真正需要的是三个环和一个封面。正常尺寸的软皮笔记本也可以夹住标准尺寸的纸张,却更为轻薄、便宜。你可以将不同科目的笔记记录在不同的本子上,但不要将不相关的课程资料集合在一个活页夹中。这样,你可以仅带着所需的资料去上课。上社会学课的时候为什么要带着经济学的笔记呢?此外,活页本的大部分附加功能(用于提高条理性),例如,标签袋、方格纸、书签线等,更薄、更灵活的笔记本也可以提供。事实上,轻薄的笔记本的前后封页内通常都有一个口袋。此外,你还可以为不同的科目购买不同颜色的笔记本,以便区分。

减少堆积

归类 —— 专注

物品堆积的原因是什么?如何减少堆积?

尽管要变得有条理,你要做的远远不止是将堆积最小化,但大多数人在提到"杂乱无章"时想到的基本都是胡乱堆积的物品。造成物品堆积的原因很简单,那就是太多东西没有放置在应该放置的位置。如果你能减少"物品"的数量,养成将物品归位的习惯，那么在减少堆积物这条路上，你一定会成功。

采用"OHIO"规则来整理纸张和电子邮件

"OHIO"是"Only Handle It Once"的首字母缩写，意思是"只处理一次"。当你拿到一篇新的文章时，立即着手做点什么——阅读，然后扔掉、归档，或者采取相应行动。许多人毫无必要地、一遍又一遍地拿起同一篇文章，却什么都没做。这是在浪费时间，而且常常会导致混乱。顺便说一句，电子邮件也一样。如果你的邮箱中堆满了电子邮件，就是在制造电子混乱。删除邮件、将邮件归档，或者立即处理紧急的邮件，但不要让它一直停留在你的收件箱里，一天又一天地滚动过去，或者不停地打开、关闭。在混乱的情况下（不论是电子的还是纸质的）吃力地学习，其负面影响可能不明显，但会渐渐累积，最终导致不必要的信息超负荷。

"OHIO"规则的含义是什么？

分配时间进行清理和设置

一天的学习结束后，不要立刻离开你的椅子去做别的事。将你学习所用的资料放回它们该在的位置，并找出下次坐下学习时要用的物品。

一天的学习结束后，你应该做的最后一件事是什么？

前一天学习留下的物品可能会干扰第二天的学习。此外，没有收拾的物品很可能会堆积起来。毕竟，没有人会故意将书桌或学习区弄乱，混乱是长时间累积起来的。大多杂乱的桌面堆积的都是"暂时"放一会儿的物品。花几分钟将书本、笔记本和其他学习用品放回原来的位置。学习结束后的这几分钟可以用来确保学习区持续保持整洁。

为什么要花费时间和精力整理学习区？

即使是计算机桌面，也应该进行整理。事实上，计算机桌面通常更容易整理，因为你可以更快速地移动、存储和删除内容。

如果"桌面"是"计算机桌面"该怎么办？

将第二天要用的资料全都准备好，你就会有一个很好的起提前准备好学习物品有什么好处？

点。如果你第二天一早有课，你很可能会匆忙出门，而前一天花几分钟时间准备好物品，会最大程度地降低你因匆忙而忘带东西的概率。此外，准备好第二天的学习资料会产生一种重要的心理效应。它会让你思考第二天的活动，帮助你做好思想准备。最后，提前整理好第二天的物品可以帮助你对抗惯性和拖延症。当你第二天醒来时，发现需要的东西都准备好了，你应该会更快地开始做正事，而不是无所事事地浪费时间。

小结

为什么知道时间重要性的人还会一直浪费时间？

我们必须承认一个事实：很多人知道时间的重要性和严格遵守日程表的好处，但还是一直在浪费时间。为什么？也许是因为我们是人，不是机器。在长期浪费时间的情况下，要学习明智地使用时间不是一蹴而就的事。管理时间最终需要依靠正确的习惯。如果本章开头伊丽莎白女王临终前的遗言和这章中的有力证据还不足以说服你改变浪费时间的习惯，那么下面的趣闻也许最终能改变你的想法。

关于时间的七条有价值的趣闻

1. 美国最伟大的作曲家、爵士巨匠艾灵顿公爵并不羞于承认："没有截止日期，我什么事都做不成。"

2. 做一个特立独行的人。在图书馆没人的时候去自习；在食堂尚不拥挤的时候去用餐；在预约的人变多之前去借你想看的书。你所节约的时间会迅速累积。

3. 要做出明智的决定，请询问自己："还有别的方法吗？"将所有替代方案列成一份清单，然后在每个方法旁边列出优缺点。学会这个方法，你就能节约很多时间。

4. 不要沉迷于收集各种信息，这样会分散你的注意力。这种漫无目标的方法会占用大量时间，带给你压力，却无法带来满足感。确保牢牢掌握自己领域的信息就行了。

5. 在你真的完成学习后，多花 15 分钟再学一些东西。

6. 如果你觉得节约时间是有道理的，却无法给你足够的动力，问自己一个简单的问题："我要节约时间做什么？"这样一来，你可能会突然意识到有效利用时间的重要性。

7. 有句梵文谚语告诉我们要以正确的角度看待一切："活好今天，昨天就会成为幸福的回忆，明天也会充满希望。"所以，活好今天。

章节复习

从句子下方的三个词中选择一个将句子补充完整。　　**填空**

1. 日程表的功能类似于一种＿＿＿＿＿＿。

　　回报　　　　　策略　　　　　惩罚

2. 对于学习，"黄金时间"是＿＿＿＿＿＿。

　　白天　　　　下午三点左右　　　灵活的

3. 总日程表通常＿＿＿＿＿＿制订一次。

　　每天　　　　每周　　　　　每学期

填写与左边相匹配的句子。　　**配对**

＿＿1."口袋"工作　a. 工作会膨胀，以填满分配的时间

＿＿2. 电子邮件　　b. 将纸张堆积最小化的方式

＿＿3. 总日程表　　c. 诺贝尔奖得主，在睡眠中解决问题

＿＿4."OHIO"　　d. 为管理整个学期的活动提供了基本框架

＿＿5."CIA"　　　e. 影响身体睡眠和清醒周期的生理节奏

___6. 森特·乔吉　　　f. 有时会成为"时间黑洞"的办公工具

___7. 帕金森定律　　　g. 在突然空闲时为你提供学习资料

___8. 生物钟　　　　　h. 用于整理学习资料的方法

判断

在正确的句子旁圈出"对"，错误的句子旁圈出"错"。

1. 对　错　　休息对理解力有负面影响。

2. 对　错　　日程表只要是高效的，就无须追求有效。

3. 对　错　　使用日程表会让你变成时间的奴隶。

4. 对　错　　日程表可以节约本会被浪费的时间。

5. 对　错　　白天一小时通常比夜间一小时更有效率。

多选

选择最准确的选项将句子补充完整。

1. 当你觉得难以应付你的职责和学业时，可以_____。

　　a. 睡一觉　　　　　　　　b. 将时间分段

　　c. 采用帕金森定律　　　　d. 以上皆是

2. "隐藏"的时间是指_____。

　　a. 不允许使用的时间　　　b. 被你忽视的时间

　　c. 用来娱乐的时间　　　　d. 日程表之外的时间

3. 紧急性-重要性矩阵中最有价值的是哪个象限？

　　a. 紧急但不重要　　　　　b. 重要但不紧急

　　c. 既不紧急也不重要　　　d. 以上皆不是

4. 总日程表是_____。

　　a. 周日程表的替代方案　　b. 增加娱乐时间的借口

　　c. 安排活动的基本框架　　b. 隐藏的时间的解决方案

5. 在哪种情况下，以任务为基础的日程表可能是你的最佳
　　选择_____？

　　a. 你的时间难以预测　　　b. 你的空闲时间不固定

　　c. 你有全职工作　　　　　d. 以上皆是

思考这章的大纲，然后运用自己的想法和经验回答每个问题。

1. 至少列举一周中两个典型的"隐藏"时间。在阅读完这一章之后，对于更好地利用时间，你有什么想法？

2. 说说哪种日程表最适合你，为什么？

3. 使用紧急性-重要性矩阵（图 2.8）来安排你在四个象限中的任务。哪个象限中的任务最多？哪个象限中的最少？这个结果令你意外吗？为什么？

提问系统利用页边的问题鼓励有效阅读。你应该已经注意到这章中的大部分段落旁都伴有一道问题。现在，轮到你来提问了。搜索这章中缺失问题的段落，重新阅读，确认中心思想，然后提出一个问题来引出中心思想。你可以参考上下文页边的问题，然后提出自己的问题。

背景故事

Deadline　**截止日期：截止日期临近会给你带来压力。它曾经的含义是威胁生命。**

deadline n. 1. A time limit, as for payment of a debt or completion of an assignment. 2. A boundary line in a prison that prisoners can cross only at the risk of being shot.[*]

现如今，看到"deadline"，我们想到的是截止日期（due date）。事实上，自从新闻记者在 20 世纪早期开始使用这个单词起，它的主要含义就是截止日期。然而记者们最早是在哪里发现了这个单词呢？答案是监狱。美国内战期间，安德森维尔是最臭名昭著的监狱之一。它位于乔治亚州桑特郡，环境极其恶劣，是关押北方联邦军战俘的地方。这座监狱其实是一块户外空地，四周围绕着 4.5 米高的栅栏。由于南方联盟军的守卫担心囚犯会翻过围栏逃走，他们在监狱外围的栅栏向内约 1 米处，又竖起了一道矮一些的栅栏（约 1.2 米高）。这道栅栏被称为"死亡线"（dead-line）。试图翻过这道栅栏逃走的囚犯会被击毙。由于报纸行业的蓬勃发展，内战的消息传播广泛，安德森维尔监狱和它的"死亡线"很快就声名狼藉。"dead-line"离开监狱，进入出版行业，用来描述报纸版面上文字的边界位置。如果文字超出了这个界限，在印刷时是无法显示的。最后，这个单词传到了楼上的编辑部。编辑们将"dead-line"改成"deadline"，开始用它描述记者们不应该超过的时间期限。**

　　* 摘自《美国传统英语字典》第四版的"deadline"条目（波士顿：霍顿·米夫林出版公司，2000年），http://dictionary.reference.com/browse/deadline（2009年5月2日查询）。
　　** 参考以下内容：《美国传统英语字典》第四版的"deadline"条目（波士顿：霍顿·米夫林出版公司，2000年）；"deadline"，《在线词源字典》，道格拉斯·哈珀（Douglass Harper），历史学家，http://www.etymonline.com/index.php?search=deadline（2009年5月2日查询）；"deadline, n."，《牛津英语字典》，第二版，20卷（牛津：牛津大学出版社，1989年）；"乔治亚州安德森维尔监狱，1864年8月17日——西南视角看到的死亡线"，Old Pictures（2006–2008），http://old-picture.com/civil-war/andersonville-southwest-deadline-stockade.htm（2009年5月2日查询）。

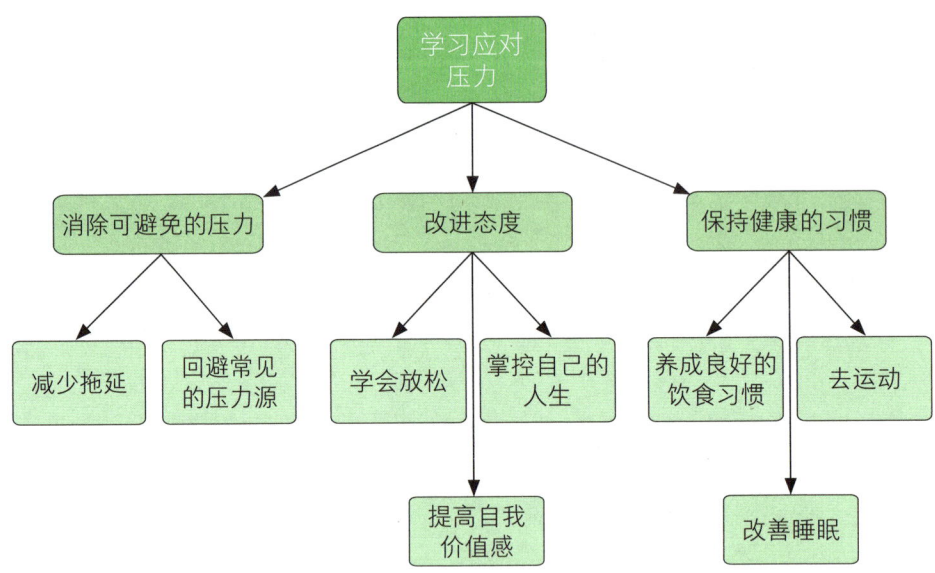

学习应对压力

汉斯·薛利博士是压力研究领域的先锋人物。他认为压力"是生活的调味品还是死亡之吻，完全取决于我们如何应对它"。不幸的是，我们大多数人应对得并不好——我们担忧得太多，批评得太多，愤怒得太多，于是变得太过紧张。然而，如果你能避开阻碍你的压力，学会处理看似无法躲避的学业压力，那么不论你是作为学生还是个人，都能取得成功。这一章将告诉你如何：

对抗压力的最强大的武器，是我们选择不同想法的能力。

威廉·詹姆斯〔1842-1910〕，美国心理学家、哲学家。

- 消除可避免的压力；

- 改进态度；

- 保持健康的习惯。

本章摘要

▶ 马克斯兄弟如何拯救了一个身处死亡边缘的人。

▶ 对你最挑剔的人可能是对你最熟悉的人。

▶ 使用抗抑郁药的天然替代品。

压力在什么情况下是有益的?

仅仅提到"压力"这个词，就足以让大多数人感到焦虑。它会让大脑联想到紧张的神经、易怒的脾气，以及升高的血压。不过，承受压力并不总是坏事。事实上，压力可以促使我们对困难的情境做出有效的回应，或者在论文交稿日临近或拿到试卷时迎难而上。玛里琳·吉斯特博士是华盛顿大学工商管理学院的教授，她曾说过："适度的压力是健康、有益的。它会刺激一部分人表现得更好，让他们兴奋、充满热情。"

汉斯·薛利博士说："压力是身体在受到要求时产生的非特异性反应。"换句话说，它是身体在尝试适应某种要求（不论什么样的要求）时产生的。在奔跑或快走时，你会感受到压力。你的身体会加速呼吸，提高心率，以满足对更多氧气的需求。然而，大多数人都认为运动不是压力的来源，而是释放压力的途径。同样，从理论上说，观看智力问答节目或者做填词游戏都会带来压力。在这两种情况下，大脑会以更多的思维活动来做出回应，但大多数人将这两类活动视作放松方式。

压力为什么会成为一个问题?

问题在于，我们有时没有以积极的姿态应对压力源（又称应激源）。如果奔跑不是为了锻炼，而是为了追赶公交车，如果你不是在做填词游戏，而是在进行数学考试，并且内容尚未学过，你的反应就会非常不同。你不会感受到运动的乐趣或是填词游戏的刺激，而会觉得精疲力竭或是害怕。

如何更好地管理压力?

以上是压力可能存在的两面性。有时候，压力不会促使我们迎难而上，而会把我们推进焦虑、担忧、敌意或绝望的深渊。不论我们将压力视作福利还是负担，我们应对压力的方式都取决于两大因素：我们对生活的总体态度，以及同时应对的应激源的数量。要更好地管理压力，我们应该消除可避免的压力，改进我们的总体态度，并维持健康的习惯。

消除可避免的压力

当然了，有的压力是可以避免的。你可以通过减少拖延、回避一些常见的压力源来消除不必要的压力。

如何消除可避免的压力？

减少拖延

自我引导　计划

"没什么比一件悬而未决的任务更令人感到疲倦。"美国著名心理学家威廉·詹姆斯的这句话直击人心。每个人都曾拖延。避免将来再犯的最好方式是了解我们为什么会拖延，以及如何防止拖延。

如何避免拖延？

了解为什么会拖延

我们无法简单地解释人们为什么会拖延。不过，这章讨论的很多应激源会触发拖延症。常见的原因如下：

拖延的常见原因是什么？

害怕失败。许多学生犹豫着不完成任务，是因为他们害怕无法成功完成。给自己多一些信心。想想过去成功的例子，告诉自己既然曾经成功过，这次就还会成功。如果曾在相似的情况下失败，想想你在其他领域取得的成功，借用你从中获得的信心，直面这次挑战。

为什么害怕失败会导致拖延？

害怕成功。一些学生犯拖延症是因为他们害怕成功。一个人害怕成功的原因有两个。其一，成功的通常是少数人。成功会带来孤独感。一些学生在潜意识里拖延是因为他们不想被不成功的人怨恨。其二，成功会带来责任和选择。一旦成功，世界就会为你打开一扇大门。这应该是件好事，但有些学生会将这些机会视作威胁和负担，而不是挑战和选择。这个问题的解决方法在于转变态度——去拥抱而不是躲避成功。

为什么害怕成功会导致拖延？

时间不足。如果你将用来担心没时间的时间都利用起来，就

时间不足导致拖
延的主要原因是
什么？

为什么杂乱无章的
学习环境有时也会
导致拖延？

应该会很顺利地完成被拖延的任务。这个问题的关键在于掌控。
你要明白，如何使用时间是由你自己决定的（见第 2 章）。如果
你觉得自己在掌控时间，你就会发现完成该完成的任务并不难。

混乱。也许你每天早上起来都立志要着手处理被拖延的任
务，但当夜晚来临时，你会发现自己并没有将决心付诸行动。
如果这是你的问题，那么原因可能是你没有区分任务的重要性，
以及 / 或者没有整理好你的学习环境。制作一份待办事项清单，
使用紧急性-重要性矩阵（见第 2 章中的解释）排列任务的优先
顺序。

制订预防拖延的方案

如何预防拖延？
公开计划如何帮助
你减少拖延？

尽管拖延症的根源不尽相同，下面的方案也可以通用：

将你的计划公开。当你有工作要完成、有目标要实现的时
候，将它们写下来。或者，将你的意图告诉亲近的朋友或家人。
例如："我打算这周末看完论文的参考资料。"在你正式宣布你
的目标后，拖延的可能性就会降低。一般情况下，拖延者会欺
骗自己，但欺骗周围人的可能性较低。

查看进度如何帮助
你控制拖延？

常常返回去查看进度。很多人拖延是因为在学习时陷入不
必要的细枝末节中。如果你定时返回查看进度，就能知道自己
是否处在不必要的停滞中。如果你发现确实如此，就应该加快
速度，以便在计划的时间内实现你的目标。

什么是五分钟计划？

采用五分钟计划。威廉·J. 克瑙斯是《终结拖延症》的作者。
他提出了"五分钟计划"。只花五分钟在被长期拖延的任务上。
第一个五分钟结束后，再决定要不要继续。通常情况下，你会
愿意继续。万事开头难。五分钟计划会让这痛苦的第一步变得
不那么艰难。

如何借助势头来停
止拖延？

顺势而为。如果你完成了你渴望完成的一项任务，那么把
这个势头带到你不那么热衷的另一项任务上。这些额外的能量
能够帮助你着手处理你畏惧的任务。一旦开始了（最困难的部

分），完成任务就变得容易得多。

使用定时器而不是手表。看手表是重度拖延症患者的长期习惯。如果你想遵守日程表，但不想因为不停地看表或看时钟而打断专注状态，你可以使用定时器。很多手表都有这个功能。如果你的手表没有，一个普通的厨房定时器也有相同的功能。

为了战胜拖延症，为什么定时器比手表更有效？

具体化。当一项任务看起来很庞大，并且细节不明确时，你通常会心生怯意。不要再不停地告诉自己"我得开始写论文了"，而要精确到论文写作的具体部分，例如，选择主题或是整理参考书目。这样一来，你的目标就变得更为具体、更好执行，因此更易完成。正如《停止拖延》的作者詹姆斯·R.谢尔曼所说："详细的规划是成功的一半。"

如何通过具体化来预防拖延？

将借口书面化。你可能觉得自己拖延的理由非常正当，但如果将理由写到纸上或者解释给朋友听，你常常就会发现自己的理由经不起推敲。

将拖延的理由书面化后会发生什么？

想象成功或任务完成的情景。花一点时间想象自己完成任务、通过考试或实现目标的情景。通过视觉化，你在脑中绘制了一条线路图。这条线路图为你提供了有形的策略。你所想象的积极的结果会激励你沿着线路前进，直到抵达终点。

想象成功对预防拖延有什么作用？

回避常见的压力源

自我引导 —— 计划

除了拖延，还有一些压力源也较容易回避。以下是回避这些压力源的一些建议：

提出你的问题

早起半小时。如果你不吃早餐，或者咽下最后一口早餐就着急冲出家门，你的一天就是在压力中开始的。尽管保证充足的睡眠非常重要，但比平时早起半小时并不会严重影响你的睡眠习惯，反而会因为放缓了早上的步调而带来奇迹。

预留充足的通勤时间。神经高度紧张的人在路上容易被开得慢的司机或者时间较长的红灯激怒。然而，开得慢的司机和时间长的红灯是通勤路上的必然。请把这些计算到你的通勤时间里。

不要空手等待。排队或等红灯引起的压力主要是因为浪费时间让你感到厌烦和愤怒。这两个问题的解决方法很简单：带上书本或笔记，下次等候时，你会发现时间飞逝；在等候时间里听广播也有一定的放松效果，但通常情况下无法产生类似的成就感。

早点吃晚餐。如果你在学校食堂吃饭，早点到食堂通常是个明智的举动。排队打饭、找座位虽然都是小事，却是货真价实的压力来源。如果你在食堂供应饭菜后不久就到达，这些压力就都能被消除。不论是在家吃还是在食堂吃，早一点吃晚餐都能让你的晚间学习时间变长，从而提高你的产出。

不要在床上学习。床是放松的地方。不要将它变成另一个学习区域，这会混淆你的大脑信号。为学习区域和睡眠区域设置明确的界限，你的学习效率会更高，睡眠质量也会更好，而这两种情况都有助于减少生活中的应激源。

保持冷静、有序。在排队买票或者等行李时，试试"慈悲"冥想，它能帮助你维持积极的态度。做几个深呼吸，缓慢地默念数次"愿我平静，愿我快乐，愿我免受伤害"。然后，对着队伍中的人，逐个献上你默默的祝愿（如"愿你平静"）。当你排到队伍最前列时，你会觉得自己更加慷慨、宽容。

改进态度

尽管保持微笑并不能帮助你避开灾难，但现在有大量证据表明，对于潜在的不安或压力可能导致的后果，你的总体态度起着至关重要的作用。其中一个证据出现在 19 世纪末。当时美国的哲学家、心理学家威廉·詹姆斯和丹麦的心理学家卡尔·兰格同时提出了著名的情绪理论。他们认为，你哭泣不是因为你难过，你难过是因为你哭泣。这个理论对于情绪的产生原因和结果给出了与传统理论相反的解读，引发了科学界的争论。到了 20 世纪，这个被称为"詹姆斯-兰格"的理论遭到了主流科学界大多数人的嘲笑，却受到了诺曼·文森特·皮尔等励志作家、演说家的拥护。皮尔提出了"积极思考"的作用。现在，詹姆斯-兰格理论的正确性已经得到了证实，皮尔的观点也得到了现代科学的证实，收获了主流科学家的认同。

加州大学旧金山分校精神病学系的保罗·艾克曼、罗伯特·W. 利文森和华莱士·V. 弗里森进行了一项研究，他们向研究对象发出具体的指令，让他们收缩面部肌肉以模仿六种基本情绪：快乐、伤心、厌恶、惊讶、愤怒和恐惧。研究人员在实验中并不是发出类似"做出害怕的表情"这样的指令，而是告诉研究对象"抬起眉毛，向中心聚拢。抬起你的上眼睑，水平拉扯嘴唇，向耳后看"。研究对象需要保持每个表情 10 秒钟，在此期间，研究人员会测量他们的生理反应。

某项研究如何测试面部表情的作用？

测量结果很惊人。仅仅模拟情绪表情就足以触发与相应情绪相关的生理变化。最有趣的对比发生在愤怒和快乐这两种情绪表情之间。与快乐的情绪表情相比，研究对象在做出愤怒的表情时，他们的心率和皮肤温度增加得更多。然而，他们并不是真的感到愤怒或快乐，只是在模仿与这两种情绪相关的表情。

面部表情对研究对象的身体产生了什么影响？

在另一项实验中，研究人员让两组学生观看同一组漫画。他们要求其中一组学生在看漫画时用牙齿咬住一支铅笔，带橡皮擦的一头朝向右边，笔头朝向左边。这个姿势会让他们的面部露出微笑表情。另一组学生则将铅笔含在嘴里，嘴唇含着带橡皮擦的一头，笔头笔直向前，呈现噘嘴的表情。两组学生都没有意识到自己模仿出的面部表情。然而，当研究人员要求他们给漫画的幽默程度打分时，"微笑"组的评分高于"噘嘴"组。

面部表情如何影响人们对幽默程度的判断？

如何改进态度?

从这些研究可以看出，仅仅做出快乐的表情就能让你感觉更快乐，而沮丧或过度悲观的表情则不利于实现你所期望的目标。然而，压力管理不等同于简单的"笑对所有困难"。改进态度是一个系统性的过程，你需要学会放松、提高自我价值感，以及最重要的——学会掌控自己的人生。

学会放松

自我引导

放松的含义是什么?

根据哈佛医学院身心医学研究所的研究，定期使用放松技巧可以减少压力和与压力相关的常见疾病。不过，我们大多数人没有想到要使用这些技巧，因为我们误解了放松的含义。放松并不一定是指快要入睡的状态。事实上，第二次世界大战期间，一些飞行员采用放松技巧来防止自己睡着或"松懈"，从而让自己保持警觉，避免在执行轰炸任务时出现疲劳。

放松对肌肉有什么影响?

放松不是昏睡的近义词。心理学家爱德华·A.查尔斯沃斯和罗纳德·G.内森在《压力管理》中写道："放松就是肌肉什么都不做。"放松就是不浪费精力，没有张力，不紧张。作家默里卡·帕德丝解释说："紧张会浪费能量；紧张会引起焦虑……当思想和身体处于'漂浮'状态时，你表现得最好。这个时候，你会像孩子一样享受正在从事的活动。你深深沉迷其中，而不会意识到任何后果。这就是真正的放松。"

可以使用哪些技巧帮助放松?

放松并不神秘。深呼吸和渐进式放松这两个简单的技巧就能帮助你掌握这项终身练习。

深呼吸

呼吸和你的感受之间有什么关系?

你的呼吸方式和你感受到的情绪之间存在密切联系。当你处于放松状态时，你的呼吸从腹腔开始，长且深；而当你感觉焦虑时，你的呼吸常常从胸腔开始，短且浅。

呼吸和情绪之间的关联是双向的。正如我们的感受会影响呼吸，呼吸也会影响我们的感受。很多实验已经证实了这种关联。詹姆斯·洛尔博士发现，在实验对象按要求进行两分钟短促、快速、不规律的呼吸（也就是喘气呼吸）后，几乎所有人都表示感到焦虑、惊吓和惶恐。实验对象仅仅模拟了焦虑个体的反应，就让自己变得焦虑。

幸运的是，这个原理也可以用来帮助放松。从腹腔而不是胸腔开始，缓慢、均匀地深呼吸，可以帮助你放松。因此，在考试前、面试前、看牙医前，当你的手掌出汗、躯体紧张、呼吸短浅时，试试数到三的方法，引导自己进入更放松的状态。每一步都要慢慢地、平静地数到三。

快速呼吸如何帮助放松?

1. 一边默数到三，一边慢慢地用鼻子吸气。
2. 屏住呼吸，数到三。
3. 一边默数到三，一边慢慢地用鼻子呼气。
4. 呼出气后，数到三。

多次重复步骤 1 到步骤 4（一旦掌握了节奏，你就不需要数数了，但要保持相同的时长和停顿）。

使用渐进式肌肉放松法（PMR）

数到三的方法的最大优势是你几乎可以在任何地方（包括考场）使用它，而且不引人注意。不过，如果你有时间，并且身处安静的私密场所，就可以试试渐进式肌肉放松法（Progressive Muscle Relaxation，PMR）。这个方法可以系统地收缩和放松身体的主要肌肉。

什么时候可以使用渐进式肌肉放松法?

1929 年，埃德蒙·雅各布森发明了 PMR。雅各布森是一名医生，他发现了紧张的肌肉和紧张的精神之间的关联。PMR 是一种正念，它能帮助你察觉肌肉在紧张和放松时的不同感受。

渐进式肌肉放松法的第一步是找到合适的姿势（坐或躺），

然后闭上眼睛。右手紧紧握拳，同时收紧右前臂肌肉。保持这个姿势五秒钟，感受手和手臂的紧绷状态，然后慢慢松弛，让紧绷感随着拳头的张开慢慢离开你的身体。左手重复一次，感受它与已经处于放松状态的右手及右手臂的差异。分别针对肩部、颈部和脸部肌肉继续执行上述步骤。接下来，抬起一条腿，收紧腹部和胸部肌肉。收缩并放松完身体的所有肌肉群后，尽情享受一会儿全身放松的感觉，然后睁开眼睛，结束此次练习。

● 提高自我价值感

自我引导

什么是自我价值感？

自我价值感是你对自己价值的评估。不幸的是，许多时候，最严厉的批评者是我们自己。我们无视自己的积极属性，忘记自己成功的时刻，却总是纠结于自己的缺点，不断地与自己进行沮丧的对话。与来自唠叨的父母、刻薄的老师、挑剔的老板的批评相比，内在挫折感的危害性更大。

如何提高自我价值感？

健康的自我价值感对于预防压力有着至关重要的作用。如果你需要提高自我价值感，请修改时常萦绕在你耳边的、具有潜在破坏力的内在对话，花一些时间想想自己成功的时刻。

修改内在对话

修改内在对话的第一步是什么？

如果没有看到内在对话的台词，你就无法进行修改。因此，要消除伤害自我价值感的破坏性想法，你首先要意识到它们的存在。

如何回答自我交谈？

我们大多数人都在不停地和自己对话。心理学家通常将这种内在对话称为"自我交谈"。尽管你可能学会了无视自我交谈的声音，但它对你的总体态度仍然存在破坏性的影响。换句话说，你可能没有听到它的声音，但仍听从它的说法。因此，当你面对新的情况或者挑战时，花一点时间向自己表述想法，然后聆听"自我交谈"。当消极想法出现时，用积极的想法对抗它。记住，这些想法是你的，你可以控制它们。你可以向任何想法敞开思维的大门。让积极的想法进门，将消极的想法拒之门外。

以成功为基础

我们都拥有成功的经历。当你感觉自我价值感下滑时，可以利用心理学家所说的"自我效能感"。回忆你曾引以为傲的工作、你完成的"不可能"的任务，或者一切都顺风顺水的时期。提醒自己过往的成功经历能帮助你的大脑建立一个目标实现框架，帮助你再次取得成功。

如何利用曾经的成功经历？

掌控自己的人生

自我引导

自我价值感增加的一个结果就是控制感增强。控制感对身心健康的重要影响已经得到医生和心理学家的一致认同。加州大学伯克利分校的《健康文摘》指出："事实上，控制感可能是保持健康的关键因素。"当你处于掌控状态时，你会采取行动，并会设定自己的日程，而不是等着回应他人的期望或想法，或是听从所谓"命运"的安排。

自我价值感和你的控制感有什么关联？

重视控制感的重要性

20 世纪 60 年代早期，作家、杂志编辑诺曼·卡曾斯患上了危及生命的疾病。他决心不让病魔控制他的人生，不听从死亡的宣判。他反击了。他去看喜剧，包括马克斯兄弟的经典喜剧，一部接一部地看。电影带来的欢笑帮助他找回了睡眠，最终让严重的病情得以扭转。这个结果震惊了医学界，耶鲁大学医学院甚至向没有任何医学背景的卡曾斯授予了荣誉医学学士学位，加州大学洛杉矶分校医学院还聘请他为客座教授。

诺曼·卡曾斯如何掌控自己的人生？

诺曼·卡曾斯不是唯一一个证实了控制感的重要性的人。作家理查德·洛根调查了在极端压力下（如集中营）幸存的人，发现他们至少拥有一个共同点——相信命运掌握在自己的手中。

压力幸存者有什么共同点？

也就是说，他们拥有控制感。

实验显示控制感和
肾上腺皮质激素之
间存在什么关系？

一项相关的生理学研究进一步证实了控制感的重要性。当你的身体处于压力状态时，会释放肾上腺皮质激素。少量的肾上腺皮质激素可以抗过敏、治疗疾病，但较大的量则会损害身体的抵抗能力。当实验中的两组雇员工作到精疲力竭时，只有一组雇员的肾上腺皮质激素分泌显著增加。这组雇员的工作内容难以给予他们控制感。肾上腺皮质激素分泌没有增加的雇员则处于高水平的控制状态。

长期缺乏控制感会
导致什么后果？

缺乏控制感会让人感到无助，导致神经紧张、肌肉紧张，最终产生与短期压力相关的恐慌感。如果这种情况一直持续下去，免疫系统就会受到影响，你就会更容易生病。被剥夺控制感之后，你的行为会丧失主动，只能对外界刺激做出反应，而且会反应过度。过度反应对外会导致愤怒，对内则会引起恐惧、焦虑和一般性抑郁。

一个按钮如何影响
办公室职员的压力
水平？

彼得·汉森博士在《压力的乐趣》一书中描述了一项实验。在实验中，将两组办公室职员安排在吵闹、易分心的环境中。其中一组职员的办公桌上安装了一个按钮。他们可以随时按下按钮隔绝噪音。另一组则没有这样的按钮。毫无疑问，配备了按钮的那组职员效率远高于另一组。但令人吃惊的是，按钮组的职员没有一个人真正按下按钮。显然，知道自己随时可以隔绝噪音足以让他们在吵闹的环境中高效地工作。他们的控制感让压力减少，效率增加。

态度影响控制感

如何提高控制感？

汉森博士的按钮实验展示了一个重要的控制原理：控制其实是一个态度问题。即使在无法避免或者无法控制的情况下，你还是可以发挥一定的影响力。心理学家米哈里·契克森米哈赖曾说过："在所有可以习得的优点中，最有用、对生存最重要、最能改善生活质量的，就是将逆境转化为愉悦的挑战的能力。"当求学生活或日常生活让你感到无比绝望和疲惫时，努力改变你的态度，将压力来源分类，或者从新的角度看待挑战，让它变得不那么可怕，从而重新获得控制感。

将压力源分类

将压力源分类不是件简单的事。它是一种策略，帮助你告诉大脑你知道它想干什么。有时候，只要花一点时间思考你的想法（心理学家称之为"元认知"），你就能从大脑的较原始部分重新夺回思维控制感。

将压力源分类的好处是什么？

当你觉得自己感受到压力时，停下来确认压力的来源。如果考试时间临近或者论文的交稿时间临近，那么答案似乎很明显。然而，在这两种情况中，压力来源并不一定如你所想。毕竟，考试或论文本身并没有什么可令人紧张的。学生在面对考试和论文时感受到压力是出于别的原因。例如，对于考试，不确定考题方向可能是你嘴巴干燥、手心出汗的原因。对于论文，你可能觉得自己的写作水平不如其他同学，或者担心论文不合格，成绩会令自己尴尬。

如何分类压力源？

花一点时间将压力源分类，你会收获神奇的效果：你大脑的关注点会被迫从穴居人的"战斗或逃跑"反应源移开，转到所谓的"控制功能"。大脑的控制功能区域更依赖系统性、逻辑性因素做出反应。大脑活动区域从杏仁核（前一种反应发生的区域）向前额皮质（PFC，后者的根据地）的快速转移就像一阵风，吹灭了刚刚燃烧起来的压力之火。尽管这把火可能复燃，但分类行动至少击退了它一次。

分类压力源有什么效果？

重塑压力反应

重塑压力反应所蕴含的哲学正如一句古老的谚语所言："如果生活给了你一颗酸柠檬，那就泡一杯柠檬水。"或者，就如同对半杯水的看法，你要看到"还有半杯水"，而不是"杯子空了一半"。这其中的道理很简单：将看似消极、令人紧张的刺激重新解读为积极的东西。考试和论文是大学生的两个主要压力来

提出你的问题

源，急需重塑。成功的学生通常理所当然地就这么做了。不同于他们的同学，这些学生期待考试，因为他们认为考试可以展示学到的东西。他们可能很享受论文写作，因为他们不仅沉浸在自己选择的主题中，还能得到学分！这样看待学业上的两个噩梦可能会遭到某些同学的白眼，但当期末来临时，这些学生通常是成绩最好的，也是最快乐的。

重塑压力反应有什么作用？

尽管这种哲学非常古老，但肯定重塑价值的认知神经科学却是相对较新的事物。认知科学的一项突破是引入了功能性磁共振成像（fMRI），让科学家们可以实时追踪大脑的活动。在一项实验中，哥伦比亚大学的心理学家凯文·奥克斯纳向被试者展示了一张照片：一个女人在教堂外哭泣。被试者的反应是可以预测的——他们感到悲伤。然而，当奥克斯纳让他们想象这个女人刚刚参加了一场婚礼，其实是喜极而泣时，尽管被试者看到的是同一张照片，情绪反应却发生了显著的变化。奥克斯纳做出了简明的总结："我们的情绪反应最终会显示我们对这个世界的评估。如果我们能改变这些评估，就能改变我们的情绪反应。"对于学习中常见的压力因素，如果你能够训练自己重塑对它们的反应，那么你不仅能消除压力事件，还能提高自己的主动性、满足感和表现！

保持健康的习惯

你可以对自己的身体做些什么来将压力的影响最小化？

压力不仅仅存在于大脑中。它对你的身体也有显著的影响。一般情况下，你可以通过改变生活习惯来避免压力。如果你下定决心养成良好的饮食习惯、改善睡眠并且去运动，你就会发现自己对压力的耐受能力变强了，被压力打倒的概率也会降低。

养成良好的饮食习惯

压力可能会损害你的免疫系统，而良好的饮食可以修复免疫系统，但这不是它们之间唯一的联系。压力和饮食之间还有一个破坏性的循环。如果你养成了不良的饮食习惯，就可能对你的身体造成消极的影响，而这又会让你的身体更容易受压力影响。有充分的证据显示压力是不良饮食习惯的副产品。由于压力非常难对付，因此你的身体需要额外的能量处理它们。根据罗伯特·萨博斯基的说法，我们需要消耗 10% ～ 23% 的能量去消化食物。当你的身体感受到压力时，常常会争夺消化过程所需的能量。促肾上腺肾上腺皮质激素释放因子（Corticotropin Releasing Factor，CRF）会关闭消化系统的工作，以应对压力。它不仅会让你胃口下降，还会让你觉得口干舌燥。我们大多数人在承受压力时都经历过这种情况。但压力还会刺激糖皮质激素的分泌。该激素会缓慢进入你的血液循环。与 CRF 相反，糖皮质激素会刺激胃口恢复，而且据萨博斯基所说，这是从压力反应中恢复的方式。

"因此，短期压力常常会导致过量饮食，"萨博斯基博士解释说，"而长期、持续的压力则会导致胃口丧失。"

过量饮食或者营养不良可能会额外增加身体的紧张程度，进而导致压力的产生。循环就此开始。要打破这种恶性循环，你得腾出时间吃饭，而不是让压力决定要不要吃。此外，你的饮食方式必须能够缓解压力而不是增加压力。

腾出时间吃饭

压力会消耗特定的维生素和矿物质。不规律的三餐会加剧这种消耗。营养学家简·布洛迪表示：

数以百万计的美国人陷入了"早餐吃得太晚、午餐吃得太随意、晚餐吃得太豪华、睡前不停吃零食"的模式。他们在身

压力和饮食之间有什么关联？

如何打破压力和不良饮食习惯之间的循环？

三餐不规律对压力有什么影响？

体最需要燃料的时候挨饿，却在看电视、翻杂志这样放松的时刻不停地吃。只要你稍加思考，就知道这种模式在生物学上根本毫无道理可言。

如何恢复合理的饮食习惯？

要恢复合理的饮食习惯，最简单的方法是从吃早餐开始。早餐会填满身体的燃料炉，为一天的燃烧提供原料。午餐和晚餐的作用是向火中添加一些木炭，而让火焰燃烧起来的是早餐。

三餐还有什么作用？

吃饭不仅为我们提供营养，也让我们暂时远离学习或工作上的压力，得到休息。下文的建议可以帮助你在吃饭时间减少压力：

为什么不应该边吃饭边学习？

不要边吃饭边学习。你浪费了时间，而且在吃饭时没有得到应得的休息。因此，你可能会觉得压力比饭前更大。

吃得快和狼吞虎咽有什么区别？

吃得快，但不要狼吞虎咽。两者是有区别的。如果你有很多工作要做，就没有时间悠闲地吃午餐。不过，如果你一只眼睛盯着三明治，另一只眼睛盯着时钟，那么不仅吃饭速度不会明显加快，消化不良和压力变大的概率反而会增高。

吃正确的食物

美国农业部的膳食指南有什么缺点？

尽管美国农业部（USDA）发布的膳食指南一直在改进，但简化指南的努力却一直在制造读者的困惑。20 世纪末，USDA 提出了"食物指南金字塔"。这个金字塔提倡减少脂肪摄取，增加复合碳水化合物，但这两个营养层的构成都非常复杂。到了 2005 年，这个金字塔的修订版"我的金字塔"修正了一些错误，但仍然缺少许多消费者需要的具体信息，未指出如何合理地选择食物。最终，在 2011 年，USDA 放弃了所有金字塔主题，推出了"我的餐盘"。这是一个色彩鲜艳的餐盘，就像一张被分割成几个部分的饼图，每部分都包含农业部推荐的食物，几个部分共同组成一个健康的食谱。遗憾的是，"我的餐盘"在力求简洁的同时，过分强调乳制品的比例，却未细致区分谷物和精加工谷物、肉类和植物蛋白。

在"食物指南金字塔"尚未淘汰,"我的金字塔"尚未推出的时期,哈佛医学院两位著名的教授沃尔特·C. 魏勒特和迈尔·J. 施坦普费尔解释并提炼了 USDA 的建议。尽管之后出现了"我的餐盘",但魏勒特和舒坦普费尔的指南仍然是目前可采纳的最完整、最清楚、最权威的建议。

魏勒特和施坦普费尔的指南的目的是什么?

控制卡路里摄入量

严格来说,脂肪不是你变胖的原因,卡路里才是。我们有时会将这两者混淆,因为一克脂肪的卡路里高于一克蛋白质或者碳水化合物的卡路里。有的人因为戒除脂肪,过度补充蛋白质和碳水化合物,从而导致卡路里堆积。总的来说,这是一道简单的数学题。如果你摄入的卡路里大于消耗的,你的体重就会增加。如果你燃烧的卡路里大于摄入的,就会导致卡路里"赤字",因此体重会下降。在过去几十年里,美国肥胖发生率的增长速度惊人。不是每个人天生就该瘦成竹竿。然而,如果你的体重超过或低于自然体重,就可能给身体带来额外的压力。控制体重的方法就是注意卡路里摄入量。

卡路里摄入量背后隐藏着什么样的数学题?

避免摄入黄油、红肉和精制碳水化合物

尽管不能将肥胖完全归咎于脂肪,但这并不表示脂肪是清白的。为了劝诫大众避免摄入"坏脂肪","我的餐盘"将脂肪彻底摒弃。"坏脂肪"是指饱和脂肪,通常存在于黄油和红肉之中。饱和脂肪的问题在于它的成分,而不是卡路里。饱和脂肪的低密度脂蛋白(LDL,又称坏胆固醇)含量高,会增加心脏疾病的发病风险。精制碳水化合物(如精白米、白面包、白糖,甚至土豆)都和具有潜在危害的胆固醇有间接关系。由于这些碳水化合物分解得非常快,因此它们会导致葡萄糖(血糖)和胰岛素水平快速升高。胰岛素是控制血糖水平的激素。魏勒特和施坦普费尔认为:"高水平的葡萄糖和胰岛素不利于心血管健康。"此外,有证据显示,当葡萄糖水平在胰岛素的作用下突然

黄油、红肉和精制碳水化合物有什么缺点?

下降时，你的饥饿感会来得更快，从而导致你摄入过多食物。

提倡摄入健康脂肪和全谷物食品

提出你的问题

尽管让脂肪从"我的餐盘"中消失或许能敦促美国人放弃摄入饱和脂肪，但不饱和脂肪也倒在了"脂肪是坏东西"的炮火下。事实上，多元不饱和脂肪（存在于亚麻籽和部分鱼类中）和单元不饱和脂肪（存在于坚果、橄榄油和其他植物油中）对人体是有益的。不同于它们的兄弟饱和脂肪，摄入不饱和脂肪能减低心脏疾病的发病风险。同样的，尽管"我的餐盘"图中只标明了"谷物"，但糙米、全麦面粉及部分全麦食品中的全谷物远远优于它们精制后的食品。这是因为前者需要更长的消化时间，因此不会导致有潜在风险的葡萄糖和胰岛素水平激增。此外，它们保留了通常会在精制过程中被破坏的有价值的维生素和营养成分。

多吃水果和蔬菜

水果和蔬菜有什么优点？

尽管营养学家们在很多观点上都存在分歧，但几乎没有人说过水果和蔬菜的坏话。水果和蔬菜的纤维、维生素含量高，而其他食物几乎无法摆脱的"陷阱"类成分在水果和蔬菜中的含量则非常低，因此它们是可以大量食用的最有益的食物。

多喝水

水为什么这么重要？

我们的地球和我们的身体，主要成分都是水。水仅次于空气，是我们的生存必需品。它是所有生理过程的媒介，是排出毒素的主要途径。毫无疑问，保持充足的水分至关重要。根据你的身高、体重、年龄，医生一般会推荐你每天至少喝 170 ～ 230 毫升的水。

为什么其他饮料不能代替水？

有人认为，喝其他饮料（如咖啡、茶、酒或者软饮料）也能够满足身体对液体的需求，这种想法是错误的。这些饮料大多含有对人体有害的成分，会抵消或者减少水的好处。在这些饮料中，最糟糕的就是如今广受美国人民欢迎的软饮料。2001年，美国人每人一年消耗的软饮料达200多升，而水只有150升。此外，常见的350毫升的听装或瓶装苏打水中常常要加入10勺白糖，以改善口感。毫无疑问，美国肥胖问题高发，"空热量"饮品功不可没。更糟糕的是，2016年在英国和法国进行的一项关于软饮料的测验显示：这些饮料中苯的含量达到了危险水平，而苯这种化合物已经被证实会致癌。如果你在庆幸自己喝的是无糖饮料，不要高兴得太早。常见的人工甜味剂会提高你对糖和碳水化合物的渴望。这些甜味剂经过代谢，也有可能产生致癌物！这些发现再次肯定了干净的淡水是最好的。

改善睡眠
自我引导

如果你的一天是在闹钟声中开始的，那么你的睡眠可能不够。佛罗里达大学（盖恩斯维尔市）的心理学家威尔斯·韦伯博士曾说过："如果你每天都被闹钟叫醒，那么你是在缩短自己的自然睡眠模式。"不过，闹钟是大多数人生活的组成部分。这是否意味着我们大多数人在睡眠这件事上欺骗了自己？可能没有，但大多数美国人的睡眠时间都比需要的少。事实上，《纽约时报》的一篇文章报道称："睡眠学家坚持认为美国嗜睡症高发。"

我们平时的睡眠和我们真正需要的睡眠有什么区别？

一个国家充满了半睡半醒的人，这个画面似乎很可笑，但事实上，普遍的睡眠不足的后果一点也不可笑，有时还很可怕。据美国交通部估计，每年与睡眠不足相关的交通事故高达20万起。此外，美国史上最严重的核事故，也就是三里岛核泄漏事件，就发生在晚上。在这个时间段，工作人员最容易受睡眠不足的影响。

睡眠不足的危害是什么？

当然了，睡眠不足对学生的影响不是致命的，但可能是破坏性的。波士顿布莱根妇女医院生理节奏紊乱和睡眠障碍医学部主任查尔斯·切斯勒博士列举了睡眠不足的潜在恶果——影响短期记忆力、决策力和专注力。显然，一个记性差、无法做出决定、不能保

睡眠不足如何影响学习？

持专注的学生很难取得学业上的成功。此外，在试图克服睡眠不足带来的这些障碍时，常常会出现一个更为普遍的问题——压力。

提出你的问题

《时代》杂志上的一篇文章写道："疲劳会侵蚀文明、擦除幽默。睡眠不足时，只需一点小事就能引爆脾气。"现代社会的日常学习和生活中的挑战和不顺可能会引发压力。再加上习惯性的睡眠不足，你可能会将一个慢性问题累积成严重问题。欧内斯特·哈特曼对"可变睡眠者"（睡眠和起床时间不固定的患者）展开了研究，发现承受压力的人与生活相对稳定、轻松的人相比，前者需要的睡眠更多。然而，压力常常会引发失眠，而这会导致睡眠减少，甚至带来更多压力。最终甚至会形成压力和睡眠不足的恶性循环。

如何打破压力和睡眠不足的循环？

打破这个循环的方法很多，如睡足觉、遵守规律的睡眠时间表、放弃小睡以及逐渐改善睡眠质量。

保障足够的睡眠时间

如何判断自己的睡眠时间是否充足？

你的睡眠时间够吗？一般来说，你的整体警觉水平是个很好的指标。如果你的睡眠时间充足，中午就能在黑暗的环境中保持清醒 20 分钟。美术史和电影课堂上经常播放幻灯片或电影，学生们常常抱怨昏暗的放映厅或者教室让他们昏昏欲睡。这样的环境并不会引发睡意，只是揭露了睡眠不足的问题，警示你应该多休息。睡眠习惯专家告诉我们，大多数人平均每晚缺少的睡眠时间为 60～90 分钟。睡眠不足是可累积的，因此睡眠赤字会逐日增加。如果你在星期一的早上觉得很疲惫，那么到了星期五，你可能会更疲惫。

周末"睡懒觉"有什么影响？

尽管睡眠不足会累积，多余的睡眠却不会。你无法像存钱一样存储睡眠时间。一周的七个晚上，你都必须保证充足的睡眠。所谓的"周末运动员"只在星期六和星期天疯狂运动，他们意图"保持健康"的行为却危害了自己的心脏和整体健康。睡眠也一样，在周末"睡懒觉"并不能弥补工作日的睡眠不足。

事实上，懒觉会让情况变得更复杂，因为它会扰乱睡眠和清醒的节奏。

遵守日程表

要完全保持清醒不仅仅要保证足够的睡眠时间，还要在正确的时间段睡觉。生理节奏（也就是身体自然的清醒和睡眠模式）让我们在清晨来临时本能地变得警觉，为即将开始的一天做好准备。夜晚降临后，脑中的信号开始为入睡做准备。然后，你上床睡觉，睡醒后，又开始重复这个过程。

生理节奏对睡眠有什么影响？

生理节奏的最佳利用方式就是保持规律的睡觉/起床时间。周末睡到很晚，或者上床睡觉时间不固定，都会导致生理节奏紊乱。你会发现自己在本该清醒的时候昏昏欲睡，却在本该熟睡的时候异常清醒。如果不管几点去睡觉，你都在相同的时间起床，你就能保持稳定的生理节奏。此外，固定的起床时间还可以帮助你戒掉熬夜的习惯。

如何利用生理节奏？

了解小睡的真相

学生和其他时间自由的人常常将小睡作为睡眠不足的解决方案。然而，小睡远没有你以为的那么好，反而会引发很多问题——小睡并不实用，对学习有消极影响，会影响睡眠和睡眠周期，而且是长期拖延者的绝佳借口。

小睡的缺点是什么？

此外，小睡通常缺少睡眠的两个重要因素：梦和深度睡眠（也叫 Delta 睡眠）。梦发生在快速眼动（REM）睡眠期间，而深度睡眠被许多睡眠专家认为是一个充电期，能提高我们的整体警觉度。因此，小睡虽然会增加你的睡眠时间，但无法提供梦和身体所需的深度睡眠。威廉·道格拉斯博士认为："毫无疑问，深度睡眠对健康至关重要。只有在深度睡眠（也称慢波睡眠）期间，身体才会分泌胞壁酰肽。这种物质对组织更新和免疫力提高起到关键作用。"

小睡会让你失去什么？

小睡对睡眠/清醒
周期有什么影响?

小睡和拖延症之间
有什么关联?

你可能也猜到了，小睡会影响睡眠／清醒周期。除非你每天在相同的时间小睡相同的时长，否则你可能会出现"宅家"时差，无法在夜晚入睡。

最后，滥用小睡的诱惑非常大。很多学生屈服于睡意，告诉自己睡醒后会精力充沛，可以更有效率地学习。遗憾的是，这样的欢乐结果很少见。残酷的现实是，如果你试图用小睡逃避堆积如山的工作，那么睡醒后，你的工作量没变，时间却变少了。更好的方案是战胜你的睡意，完成工作，安心地按往常时间上床睡觉。这样，你可以获得你需要的睡眠；可以将对生理节奏的扰乱最小化；你会感觉更健康、更警觉；而且不容易受潜在压力的不良影响。

逐步改善睡眠质量

最优睡眠有什么
好处?

爱德华·哈洛韦尔博士说："睡一晚好觉就像是按下了大脑的重启按钮。"最优睡眠不仅让你变得更警觉、更有精力、更风趣，据某些研究发现，它还会让你更长寿。如果你无法集中精神，在课堂上、书桌旁会打瞌睡，或者觉得自己的拖延症犯了，你都可以一步一步地让自己回归正轨。

提出你的问题

正轨是指，在黑暗的房间进行深度睡眠。黑暗会激活松果体分泌褪黑素。据《亚历山大·格兰特博士的健康公报》报道："褪黑素不仅能帮助睡眠，还能帮助预防肿瘤，因为它会刺激我们的组织清除引发癌症的氧化物和化学污染物。"此外，一旦你步入正轨，脑垂体就会分泌大量生长激素进入血液。生长激素随血液循环至全身各处，恢复和重建身体组织。如果你没有提供足够的重建时间，就会导致各种身体流程出现混乱。例如，在睡眠不足的情况下，大脑代谢葡萄糖的速度会下降，你的思考速度也会随之下降。根据研究人员的计算，睡眠不足的人花一个小时完成的工作，状态良好的人只需 45 分钟即可完成。

咖啡因：睡眠的糟糕替代品

　　咖啡因是美国民众最常用的药物。很多人会喝一杯咖啡或者一听含咖啡因的苏打水来制造通常要由良好睡眠才能提供的警觉状态。讽刺的是，咖啡因实际上会导致失眠。

- 早上喝杯咖啡可以提神，但下午喝咖啡可能会导致困倦。
- 经常摄入咖啡因会导致提神效果减弱。
- 大量摄入咖啡因可能导致行为性抑郁，进而导致失眠、效率低下。
- 咖啡因会刺激胰岛素分泌，因此会燃烧卡路里（能量），导致血糖突然降低，让你昏昏欲睡。
- 摄入 250 毫克咖啡因就足以产生与临床抑郁症有关的症状。

　　你可以在日常生活中通过一些简单的行为来优化睡眠质量：

　　下午 4 点后不摄入咖啡因。咖啡因常常会导致失眠，让你的睡眠 / 清醒时间表成为摆设。实验室研究还显示，每天摄入 200 ～ 500 毫克咖啡因可能导致头痛、紧张、肠胃紊乱。这些症状都可能引发或增加压力。记住，咖啡不是唯一含有咖啡因的食物。茶叶、某些软饮料、巧克力及一些非处方药都含有咖啡因。

还有什么方法可以改善睡眠？

晚上 8 点后不喝酒。尽管有酒精助眠的说法，但事实上，酒精会扰乱你身体的睡眠模式。首先，酒精会减少你的快速眼动（REM）睡眠，触发"快速眼动反弹"，从而导致多梦和 / 或噩梦。

床只用来睡觉。在床上吃东西、做作业，甚至是发愁都会扰乱身体的关联暗示。如果你的床成了多功能区域，那么到了睡眠时间你会难以入睡。

去运动。运动不仅有益于心脏、肌肉和自我价值感，还能强化生理节奏的清醒和睡眠阶段。20 分钟或更长时间充满活力的有氧运动能提高日间的警觉度，改善夜间的睡眠质量。研究发现，定期运动的人深度睡眠时间高于不运动的人。

去运动

自我引导

研究发现运动和压力之间有什么关系？

美国知名心脏病学家保罗·达德利·怀特表示："充满活力……的运动是对抗紧张和情绪压力的最好药剂。"一项又一项的研究证实了运动能减少压力和焦虑。还有许多研究人员发现，定期运动会提高自我价值感、幸福感，并且会减少抑郁情绪。一项针对 48 名因考试而焦虑的学生的研究发现，经过冥想放松和运动，学生们的焦虑减轻了。在另一项研究中，囚犯和狱警都参加了一个精准监控的运动项目。经过一系列有氧运动，双方都表示睡眠得到了改善，幸福感和自我价值感增加，而且紧张和压力也变少了。

运动对抑郁有什么作用？

抑郁是长期压力导致的最具破坏性的情绪产物。著名心理学家威廉·摩根是美国心理学会运动心理学分会的前任会长。他建议"将跑步当作类似盘尼西林、吗啡、三环素（用于治疗抑郁症）的神药。它可以有效预防心理和生理疾病，对各种疾病的康复也有显著作用"。最有效的运动是定期有氧运动。

定期运动

要让运动起作用，你不需要达到奥运选手的水平。尽管有运动习惯的很多学生抱着对离开书桌的渴望，一周运动五到七次，但一般情况下，一周运动至少三次就足以改善你的整体情况。除了这些显而易见的好处，运动能有效减少压力还有一个很简单的原因。和吃东西、睡觉、玩乐一样，运动可以让你暂停学习，获得休息，让你的身体和精神再次充电。

定期运动有什么好处？

进行有氧运动

尽管所有运动都能缓解压力，但只有有氧运动才可以真正预防消极压力带来的有害作用。有氧运动是指能够稳定、持久地提高你的呼吸速度和心率的运动。在球场上冲刺当然是运动，但那不是有氧运动。你吸入了大量氧气，你的心率升高，但这个过程持续的时间很短，心率可能也不稳定。但是，如果你游泳游 25 圈，匀速骑行 10 多千米，或者快走 30 分钟，你所做的就是有氧运动。

为什么有氧运动最重要？

有氧运动最大的好处或许就是降低你的心率。一旦你的心脏肌肉通过运动变得强壮，它的效率就会提高，循环等量血液需要跳动的次数就会减少。与不运动或者不进行有氧运动的人相比，进行有氧运动的人在焦虑袭来时，心率的增加不会非常剧烈，负面影响也不会很大。如果你在面对压力时能够维持较低的心率，身体和情绪做出过度反应的概率就会较低。

有氧运动最大的好处是什么？

运动能够产生典型的好压力。它会刺激去甲肾上腺素和内啡肽的分泌。去甲肾上腺素是一种激素，能够提高个体意识。内啡肽是类似吗啡的激素，能够提供一种愉悦的感觉（通常称为"跑步者的愉悦"）。据肯尼思·库珀博士的观点，如果你在一天结束的时候，也就是压力水平往往是最高的时候去运动，那么"你可以继续工作或玩乐到比平时更晚的时间"。运动会让

运动如何提供"好的压力"？

你既警觉又放松，这是一种近乎完美的状态，可用来高效、持续、无压力地学习。

小结

为什么你在大学养成的压力习惯非常重要？

很多学生容易将大学生活看成"怎么都行"的日子。他们吃得太多（或太少），喝得太多，常常熬夜。他们让自己的身体承受了极大的压力。尽管大学似乎不同于"真正的社会"，但你在学校养成的习惯可能会为你以后的人生定下基调。无论如何，请努力学习，享受人生，但要采取健康、理智的方式。记住，你在学校要学的不仅仅是专业知识，还要学习如何生活。从大局上看，这才是最重要的事。

章节复习

填空

从句子下方的三个词中选择一个将句子补充完整。

1. 压力来源被称为_____。

　　损伤　　　　　　　　　内啡肽　　　　　　　　应激源

2. 自我价值感是个体对自己的_____的评估。

　　智力　　　　　　　　　价值　　　　　　　　　财务情况

3. "坏脂肪"是_____。

　　多元不饱和的　　　　　饱和的　　　　　　　　单元不饱和的

配对

填写与左边项相匹配的句子。

____1. 定时器　　　　　a. 对自我价值感有无声的影响

___2. 喘气　　　　b. 发明了渐进式肌肉放松法

___3. 雅各布森　　c. 是美国政府的营养指南

___4. 肾上腺皮质激素 d. 被定义为"肌肉什么都不做"

___5. 自我交谈　　e. 在身体承受压力时分泌

___6. 重塑　　　　f. 是用来替代时钟的工具

___7. 放松　　　　g. 已被证实会引起惊慌的感觉

___8. 我的餐盘　　h. 将充满压力的情形解读为积极的情况

在正确的句子旁圈出"对"，错误的句子旁圈出"错"。 **判断**

1. 对　错　　当你以较快的节奏走路或跑步时，会感到压力。

2. 对　错　　咖啡因是最令美国民众上瘾的东西。

3. 对　错　　害怕成功是拖延的原因之一。

4. 对　错　　一些人工甜味剂可能会让你渴望糖分。

5. 对　错　　"睡懒觉"可以消除睡眠不足的后果。

选择最准确的选项将句子补充完整。 **多选**

1. 压力是身体试图针对 _____ 进行调整。

　　a. 危机　　　　　　b. 考试

　　c. 要求　　　　　　d. 情况

2. 对抗拖延症的办法之一是_____。

　　a. 小睡一会儿　　　b. 吃合成碳水化合物

　　c. 采用五分钟计划　d. 以上皆是

3. 让饮食习惯回归正轨的最简单的方式是_____。

　　a. 不摄取脂肪　　　b. 吃早餐

　　c. 喝水　　　　　　d. 补充维生素

4. 常见的 350 毫升听装苏打水包含_____。

　　a. 大量营养　　　　b. 5 克脂肪

　　c. 10 勺白糖　　　　d. 以上皆是

5. 研究已证实运动可以_____。

　　　　　　　　　　a. 提高自我价值感　　　b. 增加幸福感
　　　　　　　　　　c. 减少抑郁　　　　　　d. 以上皆是

思考

思考这章的大纲，然后运用自己的想法和经验回答每个问题。

1. 你有拖延症吗？如果有，四个常见原因中，哪个对你影响最大？如果你很少拖延，列举你采用了哪些技巧来避免这个常见的问题。

2. 你是否通过运动、瑜伽，或者本章中提到的方法进行放松？如果是，阐述你采用的方法及其效果。如果没有，请陈述哪种方法对你来说最实用。

3. 本章包含大量关于吃、睡和运动的内容。说出在管理压力方面对你来说最有用的方法。为什么？

提出你的问题

提问系统利用页边的问题鼓励有效阅读。你应该已经注意到这章中的大部分段落旁都伴有一道问题。现在，轮到你来提问了。搜索这章中缺失问题的段落，重新阅读，确认中心思想，然后提出一个问题来引出中心思想。你可以参考上下文页边的问题，然后提出自己的问题。

背景故事

Circadian rhythm　生理节奏：与鼓点无关

circadian rhythm n. A daily rhythmic activity cycle, based on 24-hour intervals, that is exhibited by many organisms.*

"cicada"（蝉）和 "circadian"（生理节奏的）这两个词因为相似，常常被混淆，尤其是蝉（例如，被错误命名的 "17 岁的蝗虫"）以可以预测的节奏出现和消失。但是，"circa-"中的"r"和"dian"中的"i"让后者变得不同，它们向你提示了"circadian"的含义，即使是对词汇漫不经心的人也可能领会其中的线索。如果你懂西班牙语，那么"circadian"的意思就不难理解。"circadian"中的"dian"和"buenas dias"中的"dias"，以及英语单词"diary"（日记）中的"dia-"拥有相同的词源。它们的意思是"天"（日记是每天内容的记录）。那么"circa"呢？它和"circle"（循环）的词根相同，在此处意为"大约"（如果我们说"circa 1934"，我们的意思是这一年前后）。因此，"circadian"的字面意思是"大约一天"。"rhythm"（节奏）这个词来自希腊语单词"rhuthmos"，意思是"循环的运动"。"circadian"加上"rhythm"，意思很清楚，我们的生理节奏是不断重复的过程。**

---

　　* 摘自《美国传统英语字典》第四版的"circadian rhythm"条目（波士顿：霍顿·米夫林出版公司，2000 年），http://dictionary.reference.com/browse/circadian+rhythm（2009 年 5 月 26 日查询）。

　　** 参考以下内容：《美国传统英语字典》第四版的"circadian rhythm"条目（波士顿：霍顿·米夫林出版公司，2000 年），http://dictionary.reference.com/browse/ circadian+rhythm（2009 年 5 月 26 日查询）；"circadian, a.",《在线词源字典》，道格拉斯·哈珀（Douglass Harper），历史学家，http://wuww.etymonline.com/index.php?search=circadiam（2009 年 5 月 26 日查询）；"rhythm",《在线词源字典》，道格拉斯·哈珀（Douglass Harper），历史学家，http://www.etymonline.com/index.php?search=rhythm（2009 年 5 月 26 日查询）；"rhythm",《牛津英语字典》，第二版，20 卷（牛津：牛津大学出版社，1989 年）。

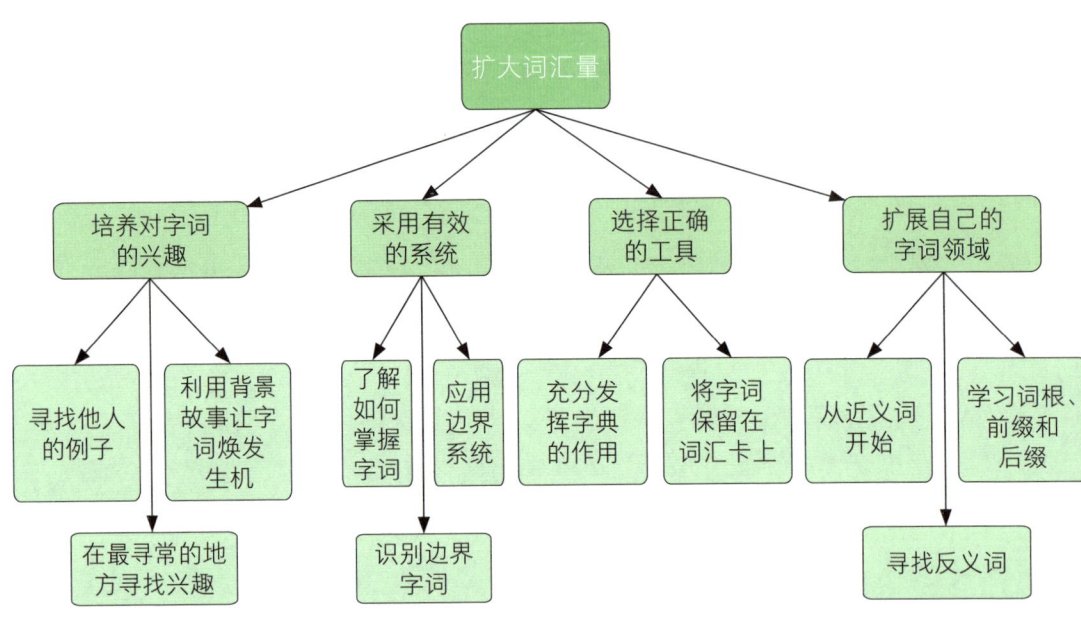

扩大词汇量

准确地累积大量词汇是一次历险。如果你准备了正确的工具，并且带着一颗好奇的心，这将是一次激动人心的旅行。起初，你可能会觉得所到之处异常陌生，但很快，你会发现自己漫游的是充满了互相关联的字词的社区。你会像在家中一般自在。这一章会告诉你如何：

- 培养对字词的兴趣；
- 采用有效的系统；
- 选择正确的工具；
- 扩展自己的字词领域。

我们会像忘记姓名一样忘记词汇。我们需要不断地灌溉自己的词汇表，否则它将枯萎。

伊夫林·沃（1903–1966）英国作家

本章摘要

► 如果你要寻找"聪明的傻瓜"，应该去校园的什么地方？

► 一个被判谋杀罪的疯子为全球最负盛名的字典之一贡献了重要价值。

► 累积词汇的基础资源听起来像史前怪物，但它们不是。

思考和词汇之间存在什么关系？

我们的词汇质量会直接影响思考质量。虽然我们的部分思考是以图片形式进行，但大多时候，我们使用的是字词。如果我们看到一个人在低声咕哝着，我们可能会说"他在自言自语"，其实我们应该说的是"他在大声思考"。不论是否说出口，字词都是沿着大脑的电信号通道传递的脉冲。你在思考时，可能就是在说话。它严格遵守一个规则：词汇越强大、越精确，思想就会越强大、越精确。

如何提高词汇的质量？

要提高词汇的质量，从而提高思想的质量，你需要培养对字词的兴趣、采用有效的系统、选择正确的工具，以及扩展自己的字词领域。

培养对字词的兴趣

兴趣对词汇累积有什么作用？

设想一下用电钻和电锯打造某样东西时，如果没有电会怎么样？当然无法完成工作。同样地，如果缺少某样必备工具，你很难扩展自己的词汇量。这样工具就是兴趣，它为你提供了学习动力。很多情况下，兴趣源自对更好的成绩、更好的工作的追求，或者是为了取悦朋友、家人或自己。此外，嘲笑或者失败也可能激发兴趣。具体到累积词汇方面，兴趣来源就更为广泛。它可能来自对更富裕、更有意义的生活的向往。强有力的词汇可以转变你看世界的视角、你对他人的理解，以及你的思维和表达方式。

如果你对字词真的没有兴趣，该怎么办？

不过，如果你对字词真的没有兴趣，该怎么办？虽然我们都通过这样或那样的方式使用字词思考和交流，但我们不是天生的"字词达人"。如果你对字词不感兴趣，不要气馁。你可以培养对字词的兴趣，就像培养专注力（见第 1 章）或是学习管理压力（见第 3 章）一样。要让自己对字词感兴趣，你可以寻找人生因字词而改变的例子，也可以留意身边的字词，作为激发你的兴趣的潜在因素。

寻找他人的例子

培养对字词的兴趣可以改变你的人生。以马尔科姆·艾克斯为例，这种改变是天翻地覆的。事实上，它改变了美国的历史进程。在另一个例子中，对于大萧条时期的一名球童来说，这种改变并不重大，却让他的生活更加富足。这种富足不仅仅是金钱上的，还包括对权利的理解和语言带来的乐趣。

培养对字词的兴趣会如何改变你的人生？

马尔科姆·艾克斯的转变

马尔科姆·艾克斯在监狱服刑时，还看不懂哥哥姐姐寄来的信，因为他不识字。他觉得很无助。在空闲时间里，他去听宾比的讲座。宾比是一个自学成才的黑人。

他最让我敬佩的地方在于，他是我遇到的第一个靠字词获得尊重的人。

其他人通过他们的力量、诡计、抢劫次数等获得尊重，但宾比不一样。马尔科姆·艾克斯生出一股强烈的欲望，想要和宾比一样学习和使用字词。他觉得学习字词最好的办法是看字典。于是，他从监狱的图书馆借了一本字典，带回牢房学习。他这样描述自己的第一次学习：

我写得很慢、很痛苦，字迹很难看。我将第一页上的所有内容都抄到我的写字板上。我想我抄了一整天。然后，我大声把所有内容读给自己听。我一遍又一遍地大声朗读自己手写的内容。第二天早上醒来后，我就开始思考那些字词。

不论是马尔科姆·艾克斯借助字词改变自己的人生，还是字词塑造了他的人生，他都是赢家。他成了一个"会思考的人"。他掌握了用于思考的字词。

马尔科姆·艾克斯后来成为一位杰出的领袖、牧师和演说家。他甚至给哈佛大学法学院的学生做过讲座。准确掌握大量词汇后，他能够机智、有说服力地表达自己的思想和观点。他赢得了全世界的尊重。遗憾的是，他在 1965 年惨遭刺杀，生命画上了终止符。

球童的教育

20 世纪 30 年代的大萧条期间，工作很难找。康涅狄格州布兰福德市的高中生们会去附近的高尔夫球场当球童，获得一些收入。在这些球童中，有一个人收到的小费总是比较多。当他的朋友询问原因时，他不情愿地泄露了自己的秘密。

那时，高尔夫球场上的一个常见话题就是天气。通常，高尔夫球手会问："你觉得今天早上会下雨吗？"几乎所有球童的回答都是"会"或者"不会"。对话就此结束。不过，这个球童不一样。他会说："我持乐观态度。天空有一些蓝色。不会下雨。"如果他觉得会下雨，他会说："我今天有点儿悲观。云很多。会下雨。"当然了，魔力都在"乐观"和"悲观"这两个词上。这两个属于大学生的词，让这个球童和高尔夫球手在精神上变得平等。从心理学上说，即使高尔夫球手给的是最低标准的小费，也不会降低他们在球童眼中的地位。他的朋友了解了这个秘密后，也进行了尝试，并且成功了。这个故事听起来很市侩，但它有更深层次的意义。那就是，使用高水平的词汇会创造一个健康的自我概念——自我价值感。

在最寻常的地方寻找兴趣

自我引导

哪里可以寻找点燃你兴趣的字词？

当然了，要培养对字词的兴趣，你不需要去监狱服刑，也不用去高尔夫球场工作。你周围充斥着可能点燃你兴趣的字词。你只需要睁大眼睛去发现。

　　要学习巧妙地用词，不论是纸质版还是在线版的报纸都是最易获得的、最好的资源。文字编辑花费大量时间添加标点，改正语法错误。他们对字词有很强的鉴别能力，也非常热爱语言。新闻标题撰写就能体现他们的高超技能，甚至能带来一些乐趣。当你突然领悟了编辑的意图，你就可能对字词产生兴趣，从而产生扩展词汇量的欲望。举例来说，以下是伊利诺伊州春田市一份报纸上的内容。

Woman Who Wouldn't Wear Pants Wins Suit（不穿裤子的女人赢得了西装）

　　亚特兰大市的一份报纸驳斥了孩子们会根据身高选择朋友的说法：

Short-Kid Stereotypes Found to Be Tall Tales（小个子孩子爱说大话）[1]

　　这些标题里没有惊天动地的用词，但如果你了解作者的意图，发现本该出现在衣服和身高相关的文章里的"裤子"和"高"包含出乎意料的含义时，你会会心一笑。一旦你开始留意这些标题，就会感觉像在显而易见的地方发现了宝藏一样。

　　即使是《纽约时报》这样的全国性报纸，似乎也喜欢起吸引眼球的标题。一篇关于数码相机的科普文章，标题是一句独具特色的祈使句：

You Ought to Be in Pixels（你应该在像素里）

---

[1]　"tall tales"有说大话的意思，其中"tall"有"个子高"的意思。

作者在这里化用了关于好莱坞的一首老歌的歌词"你应该在照片里"。他将"照片"换成"像素"（像素是构成数码照片的小点）。

如何对字词产生兴趣？

我们要讨论的问题是如何对字词产生兴趣。报纸标题字词的巧妙运用也许能让你对字词产生兴趣，也许不能。没有绝对有效的方法。你只需要多留心周围的事物。不同的人产生兴趣的方法也不尽相同。在我们的内心深处，都渴望提升自己的价值感。也就是说，我们希望自我感觉良好，而掌握词汇是获得价值感的好方法。

利用背景故事让字词焕发生机
自我引导

了解字词背后的故事有什么好处？

字词不是凝固的，它们总在不断变化。每个单词都有自己的故事。如果你了解了它们背后的故事，很可能就会喜欢上这个词，而不仅仅是学会它。

例如，大学中常见的两个词"scholar"和"sophomore"就是有趣的例子，告诉你背景故事如何强化你对常见字词的理解和鉴别。

"学者"一词和"休闲"有什么关联？

"scholar"（学者）。我们常常认为"scholar"是勤奋、严肃的，但这个词背后的故事完全不同。"scholar"源于古希腊语中的"休闲"一词。那时候，只有特权阶级家的孩子们才享有"学习"这个奢侈的权力，其他人都要去工作。后来，这个词和休闲之间的联系消失了。现如今，大多数学者如果听到有人说他们很悠闲，都会嗤之以鼻。

"sophomore"一词的来源隐含了大学二年级学生的哪种状态？

"sophomore"（大学二年级学生）。你可能觉得这是个中性词。然而，如果了解它的来历，你就能看出在大学教育的中期，学生们收获的是什么样的评价。这个单词一部分源自古希腊语中的"sophos"，意思是"聪明的"，但还有一部分源自"morose"，意思是"傻瓜"！所以说，大二学生可能觉得自己什么都知道，但创造了"sophomore"这个词的人肯定觉得这些"聪明的傻瓜"需要谦虚一些。

关于字词背后有趣故事的书有很多。下文清单列举的书籍讲述的都是字词背后的一些耳熟能详的故事。这些书有的还在印刷，有的已经绝版了。你可以在图书馆里找到大部分。还在出版的书籍可以在实体店或线上买到。

你可以从哪里了解字词的背景故事？

采用有效的系统

增加词汇量最高效的方法是系统地增加。在遇到生词时查字典可以帮助你一次学会一个单词，但这不是个连续、可预测的过程。系统、高效地增加词汇量的一个方法是采用约翰逊·奥康纳发明的边界词汇系统。

如何系统地增加词汇量？

了解如何掌握字词

计划

奥康纳通过分析性研究，发现学习新词和学习其他技能很像。我们会有序地从简单的字词进阶到难度较大的字词。字词学习的难度不在于它的长度、使用频率、地理来源或者发音，也不在于教师、书本或家长，而在于这个词代表的含义的复杂性。奥康纳的以下发现奠定了边界字词系统的基础：

边界词汇系统强调什么原则？

1. 最先学会的是最简单的字词，然后是较难的字词；

2. 已掌握的大部分字词的集合的前方边缘就是个人的边界。在这个边界之外，你掌握的字词非常少；

3. 字词学习主要发生在边界区域。边界区域位于已知字词区域和完全未知字词区域的中间（见图 4.1）；

4. 边界区域字词的最大特征是它们多少有点眼熟。个人在字词上能取得的最大进步就发生在这块区域。这里有成百上千的词，只需要再努力一点，它们就能为你所掌握；

5.如果越过边界区域，尝试去学习完全未知的字词，你的学习效率就会变得极其低下。事实上，你极可能会失败。

对边界区域字词的熟悉感有什么意义？

熟悉边界区域的字词说明你对这个词或者它的含义有所了解。例如，你可能知道它的大致意思和发音。或者，你可能知道它众多含义中的一个。最重要的是，挑选一个边界字词，学习它的具体含义或者众多含义，你可以用最少的时间和精力掌握这个词。不断地在边界区域学习，你可以快速掌握字词。同时，你也会不断地发现新的边界字词。随着这个过程的持续进行，你的边界区域会向过去完全未知的区域推进。

图4.1　边界字词的概念

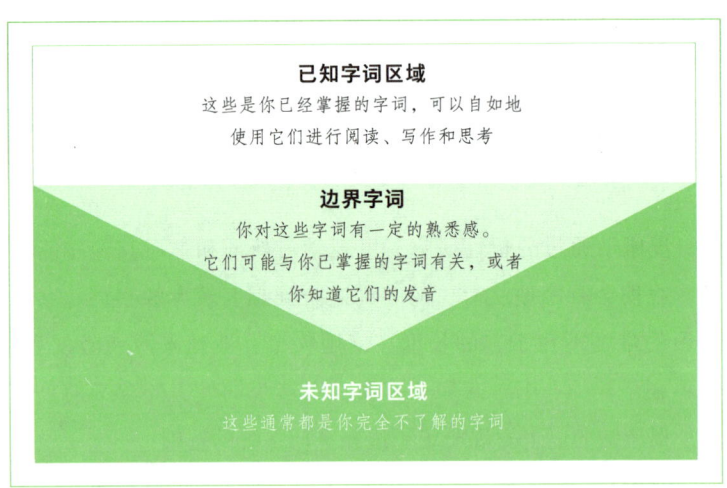

已知字词区域

这些是你已经掌握的字词，可以自如地
使用它们进行阅读、写作和思考

边界字词

你对这些字词有一定的熟悉感。
它们可能与你已掌握的字词有关，或者
你知道它们的发音

未知字词区域

这些通常都是你完全不了解的字词

识别边界字词

计划

如何找到自己的边界字词？

要寻找自己的边界字词，首先要留意自己的日常用语，列出你使用的不寻常的字词。然后，寻找你在阅读时认识，但不会在口语和写作中运用的词。别人说话时认真听。你很可能能够识别出你听到的每个词，并听懂每个词的基本含义。从别人的话语中找出你感兴趣的字词，也就是你希望在自己说话时使用的字词。

应用边界系统

从自己的边界区域挑选出字词后，你必须着手掌握它们，强化它们与你平时使用的字词间的联系。精确掌握每个边界字词的含义后，你的阅读、写作、口语和思考都会有明显的进步。相较于学习完全陌生的字词，由于你已经熟悉了边界字词的含义，因此你对它们的兴趣及掌握它们的欲望都会增强。现在，你只需要使用一些简单的工具就能将它们添加到你的词汇表中。

找到边界字词后该做什么？

选择正确的工具

累积词汇的一大优点是需要的工具非常少。你不需要去上培训班，不需要使用电脑，也不需要购买专门的书籍或设备。你真正需要的只是一本可靠的字典和大量词汇卡。

要将字词添加到你的词汇表中，你需要哪些工具？

充分发挥字典的作用

除了兴趣，累积词汇的最佳工具是一本好字典。在手边放一本字典，或者在浏览器中收藏一本。遇到不确定的字词时，查一查字典。跳过你不太了解的字词可能造成不好的后果。看看这个句子："The mayor gave fulsome praise to the budget committee"（市长过分奉承预算委员会）。"fulsome"是什么意思？如果你认为它的意思是"full of praise"（赞不绝口），你就错了。查查字典吧。

除了兴趣，累积词汇的最佳工具是什么？

有时候，你可以根据语境大致了解一个陌生字词的意思，但有时候不行。哥伦比亚大学的李·C.戴顿指出了语境的三个局限之处：（1）它只能提供符合特定情形的含义；（2）你常常会将相应字词理解为它的某个近义词；（3）当你不得不通过推

根据上下文学习新词有什么局限性？

断确定一个字词的含义时，你常常会犯错误（小错或大错）。最安全的做法是放弃猜测，向字典求教。

遇到不认识的字词
该怎么办？

在学习时，不论何时遇到你不知道准确含义的字词，你都应该去查字典。找出你需要的准确含义，然后再拿起课本，重新阅读相应章节。如果你对某个字词产生了兴趣，把它连同所在的句子一起记录在词汇卡上。稍后再去查字典，仔细研究这个词。记住，不要中断学习太久，你可以留到学习完毕后再研究。

随身携带字典

便携式字典的优点
是什么？

便携式字典无法取代桌面上的大本字典，但作为学习工具，它携带方便，用处很大。不论是纸质版还是电子版，便携式字典的选择范围都很广，如果你没有准备一本，那就太遗憾了。鉴于无数人的成功经验，你应该给自己准备一本。这样，当你看着麦片包装盒上的文字时，或者盯着公交或地铁上的海报时，抑或是是对着天空发呆时，你都可以拿出字典阅读。这不仅能轻松地大幅累积你的词汇量，还可以解决浪费时间和无聊这两大问题。

提出你的问题

从价格上看，纸质版字典是很划算的。一本口袋字典，例如《韦氏第二版新河岸口袋英语字典》（*Webster's II New Riverside Pocket Dictionary*），通常只要十几美元。当然了，电子字典也很便宜，有的甚至是免费的。不过，你需要在价格不菲的手持设备上使用它们。如果你已经有 iPhone、安卓手机或其他类似设备，电子字典是个可行的选择。如果你没有手持设备，纸质字典也能很好地发挥作用。平装本字典不仅便宜，而且就算掉到地上，被踩了，或者被匆匆塞进包里，你都不用担心会损坏。

阅读纸质版字典

如何阅读纸质版
字典？

阅读字典的建议听起来很无聊或是很难，但其实不然。尽管纸质版和电子版字典的阅读方式不同，但它们都能点燃你对字词的兴趣。要了解如何阅读纸质版字典，我们来学习图 4.2。这是一本口袋字典中的一页。当你翻到第 1 页，视线向下扫过，一场内心对话开始了：你思考自己已知的单词含义，思考与这个词相关的其他内容，例如，必须重读的音节、精确的含义以及如何在写作和口语中使用这个单词。你可能会翻到字典的某一页查找一个单词，然后发现自己对这一页中的其他单词产生了兴趣。事实上，纸质版字典的一个主要优点就是能带给你意外的发现。

图4.2　如何阅读字典

来源：版权所有© 1991 霍顿·米夫林公司。

经《韦氏第二版新河岸口袋英语字典修订版》授权转载。

阅读电子字典

由于电子字典能够直接查找你想要的词，因此阅读体验和纸质版字典略有不同。这种不同没有好坏之分，仅仅是不同。你看不到按字母排列的其他单词，无法发现你从未听过的单词，你丧失了从鹅卵石中发现黄金的乐趣。然而，电子字典也有许多优点。和纸质版一样，电子字典的定义中常常包含近义词和反义词，但和纸质版不同的是，你只需要点击一下，就能快速查询相关单词。一开始，你是在查阅自己不懂或感兴趣的词，但是突然，你会发现自己在一个又一个地查阅相关联的单词。而这些单词很快会成为你的词汇表中的一员。有的电子字典还可以提供发音。要真正掌握一个单词，你需要知道它的发音。尽管纸质版字典会显示单词的发音方式，但一些电子字典能让你直接听到发音。

在书桌上放一本缩写本字典

与口袋字典相比，缩写本字典有哪些优点？

当你不外出时，大本的缩写本字典要好于大多数便携式字典。好的缩写本字典不是只提供发音方式和主要含义注释，还会告诉你更多与单词相关的内容。通常情况下，缩写本字典提供的含义更多、有关词源的信息更多，有时还会提供用法和历史信息。去购买你能负担得起的最好的缩写本字典吧，但要注意，没有哪本字典可以完整地注释一个单词，即使是最好的缩写本字典也不行。字词拥有各种各样的含义，丰富了我们的语言。只要你不断地在各种各样的情境中读到、听到和用到一个单词，它的含义就会越来越清晰。

以下是一些好的缩写本字典：

《美国传统英语字典》(*The American Heritage Dictionary*，霍顿·米夫林出版公司)

《韦氏新大学字典》(*Webster's New College Dictionary*，梅里亚姆·韦伯斯特公司)

《韦氏新世界大学字典》(*Webster's New World College Dictionary*)
第四版(韦伯斯特新世界)

以上三本字典中,《美国传统英语字典》有一些独特的优点。和其他大多数缩写本字典不同,这本字典包含很多独特的地方,如用法说明和单词历史,这两种信息一般只有全版本字典才提供(见图 4.3)。

《美国传统英语字典》有哪些特征?

使用说明

即使了解了单词的定义,我们还是有可能用错。例如,一名学生看到"incite"的意思是"鼓动",于是写下了"The cook incited the soup"(厨师鼓动了汤)。使用说明不仅提供了标准的释义,还进行了深入阐述。这样的说明不仅仅很有指导性,还常常很有趣。请看下面的示例:

使用说明的用途是什么?

使用说明:"founder"和"flounder"这两个词常常被混淆。"founder"来自意为底部(bottom,如"foundation")的拉丁词汇,最初是指打败敌人,现在也用于表示"彻底失败、倒塌"。"flounder"的意思是"挣扎,烦躁不安地翻动"。如果说"John is foundering in Chemistry 1"(约翰的"化学 1"学习彻底失败),那么他最好放弃这门课;而如果说"he is floundering"(他在挣扎),那么他还有可能通过考试。

使用说明包含的信息通常不晦涩,简明易懂,还有一定的趣味性。

单词历史

市面上有很多关于字词历史和来源的书,但是你在《美国传统英语字典》及大多数缩写本字典中能查阅到的单词历史信息通常已经足够丰富了。此外,这些历史的陈述非常简单易懂。

了解字词的历史有什么用处?

politician | polonium

pol•i•ti•cian (pŏl'ĭ-tĭsh'ən) *n.* **1a.** One who is actively involved in politics, especially party politics. **b.** One who holds or seeks a political office. **2.** One who seeks personal or partisan gain, often by scheming and maneuvering: "*Mothers may still want their favorite sons to grow up to be President, but . . . they do not want them to become politicians in the process*" (John F. Kennedy). **3.** One who is skilled or experienced in the science or administration of government.

po•lit•i•cize (pə-lĭt'ĭ-sīz') *v.* **-cized, -ciz•ing, -ciz•es** —*intr.* To engage in or discuss politics. —*tr.* To make political: "*The mayor was given authority to appoint police commissioners and by virtue of that power was able to politicize the department*" (Connie Paige). **—po•lit'i•ci•za'tion** (-sĭ-zā'shən) *n.*

pol•i•tick (pŏl'ĭ-tĭk) *intr.v.* **-ticked, -tick•ing, -ticks** To engage in or discuss politics. [Back-formation from *politicking*, engaging in partisan political activity, from POLITIC.] **—pol'i•tick'er** *n.*

po•lit•i•co (pə-lĭt'ĭ-kō') *n., pl.* **-cos** A politician. [From Italian or from Spanish *político*, both from Latin *politicus*, political. See POLITIC.]

pol•i•tics (pŏl'ĭ-tĭks) *n.* **1.** *(used with a sing. verb)* **a.** The art or science of government or governing, especially the governing of a political entity, such as a nation, and the administration and control of its internal and external affairs. **b.** Political science. **2.** *(used with a sing. or pl. verb)* **a.** The activities or affairs engaged in by a government, politician, or political party: "*All politics is local*" (Thomas P. O'Neill, Jr.). "*Politics have appealed to me since I was at Oxford because they are exciting morning, noon, and night*" (Jeffrey Archer). **b.** The methods or tactics involved in managing a state or government: *The politics of the former regime were rejected by the new government leadership. If the politics of the conservative government now borders on the repressive, what can be expected when the economy falters?* **3.** *(used with a sing. or pl. verb)* Political life: *studied law with a view to going into politics; felt that politics was a worthwhile career.* **4.** *(used with a sing. or pl. verb)* Intrigue or maneuvering within a political unit or group in order to gain control or power: *Partisan politics is often an obstruction to good government. Office politics are often debilitating and counterproductive.* **5.** *(used with a sing. or pl. verb)* Political attitudes and positions: *His politics on that issue is his own business. Your politics are clearly more liberal than mine.* **6.** *(used with a sing. or pl. verb)* The often internally conflicting interrelationships among people in a society.

Usage Note *Politics*, although plural in form, takes a singular verb when used to refer to the art or science of governing or to political science: *Politics has been a concern of philosophers since Plato.* But in its other senses *politics* can take either a singular or plural verb. Many other nouns that end in *–ics* behave similarly, and the user is advised to consult specific entries for precise information.

pol•i•ty (pŏl'ĭ-tē) *n., pl.* **-ties 1.** The form of government of a nation, state, church, or organization. **2.** An organized society, such as a nation, having a specific form of government: "*His alien philosophy found no roots in the American polity*" (New York Times). [Obsolete French *politie*, from Old French, from Late Latin *polītīa*, the Roman government. See POLICE.]

Polk (pōk), **James Knox** 1795–1849. The 11th President of the United States (1845–1849), whose term was marked by the establishment of the 49th parallel as the country's northern border (1846).

pol•ka (pōl'kə, pō'kə) *n.* **1.** A lively dance originating in Bohemia and performed by couples. **2.** Music for this dance, having duple meter. —*intr.* **-kaed, -ka•ing, -kas** To dance the polka. [Czech, probably from Polish, from *Polka*, Polish woman, feminine of *Polak*, Pole. See **pela-**[2] in Appendix I.]

polka dot *n.* **1.** One of a number of dots or round spots forming a pattern, as on cloth. **2.** A pattern or fabric with such dots.

poll (pōl) *n.* **1.** The casting and registering of votes in an election. **2.** The number of votes cast or recorded. **3.** The place where votes are cast and registered. Often used in the plural with *the*. **4.** A survey of the public or of a sample of public opinion to acquire information. **5.** The head, especially the top of the head where hair grows. **6.** The blunt or broad end of a tool such as a hammer or ax. ❖ *v.* **polled, poll•ing, polls** —*tr.* **1.** To receive (a given number of votes). **2.** To receive or record the votes of: *polling a jury.* **3.** To cast (a vote or ballot). **4.** To question in a survey; canvass. **5.** To cut off or trim (hair, horns, or wool, for example); clip. **6.** To trim or cut off the hair, wool, branches, or horns of: *polled the sheep; polled the trees.* —*intr.* To vote at the polls in an election. [Middle English *pol*, head, from Middle Low German or Middle Dutch.] **—poll'er** *n.*

pol•lack also **pol•lock** (pŏl'ək) *n., pl.* **pollack** or **-lacks** also **pollock** or **-locks** A marine food fish *(Pollachius virens)* of northern Atlantic waters, related to the cod. [Alteration of Scots *podlok*.]

pol•lard (pŏl'ərd) *n.* **1.** A tree whose top branches have been cut back to the trunk so that it may produce a dense growth of new shoots. **2.** An animal, such as an ox, goat, or sheep, that no longer has its horns. ❖ *tr.v.* **-lard•ed, -lard•ing, -lards** To convert or make into a pollard. [From POLL.]

polled (pōld) *adj.* Having no horns; hornless.

pol•len (pŏl'ən) *n.* The fine powderlike material consisting of pollen grains that is produced by the anthers of seed plants. [Latin, fine flour.]

pol•len•ate (pŏl'ə-nāt') *v.* Variant of **pollinate.**

pollen count *n.* The average number of pollen grains, usually of ragweed, in a cubic yard or other standard volume of air over a 24-hour period at a specified time and place.

pollen grain *n.* A microspore of seed plants, containing a male gametophyte.

pol•len•if•er•ous (pŏl'ə-nĭf'ər-əs) *adj.* Variant of **polliniferous.**

pollen mother cell *n.* The microsporocyte of a seed plant.

pol•len•o•sis (pŏl'ə-nō'sĭs) *n.* Variant of **pollinosis.**

pollen sac *n.* The microsporangium of a seed plant in which pollen is produced.

pollen tube *n.* The slender tube formed by the pollen grain that penetrates an ovule and releases the male gametes.

pol•lex (pŏl'ĕks') *n., pl.* **pol•li•ces** (pŏl'ĭ-sēz') See **thumb** (sense 1). [Latin, thumb, big toe.]

pollin– *pref.* Variant of **pollini–.**

pol•li•nate also **pol•len•ate** (pŏl'ə-nāt') *tr.v.* **-li•nat•ed, -li•nat•ing, -li•nates** also **-len•at•ed, -len•at•ing, -len•ates** To transfer pollen from an anther to the stigma of (a flower). [New Latin *pollen, pollin-*, pollen (from Latin, fine flour) + –ATE[1].] **—pol'li•na'tion** *n.* **—pol'li•na'tor** *n.*

pollini– or **pollin–** *pref.* Pollen: *polliniferous.* [From New Latin *pollen, pollin-*, pollen. See POLLINATE.]

pol•li•nif•er•ous also **pol•len•if•er•ous** (pŏl'ə-nĭf'ər-əs) *adj.* **1.** Producing or yielding pollen. **2.** Adapted for carrying pollen.

pol•lin•i•um (pŏ-lĭn'ē-əm) *n., pl.* **-i•a** (-ē-ə) A mass of coherent pollen grains, found in the flowers of orchids and milkweeds. [New Latin, from *pollen, pollin-*, pollen. See POLLINATE.]

pol•li•nize (pŏl'ə-nīz') *tr.v.* **-nized, -niz•ing, -niz•es** To pollinate. **—pol'li•ni•za'tion** (-nĭ-zā'shən) *n.* **—pol'li•niz'er** *n.*

pol•li•no•sis also **pol•len•o•sis** (pŏl'ə-nō'sĭs) *n.* See **hay fever.**

pol•li•wog also **pol•ly•wog** (pŏl'ē-wŏg', -wôg') *n.* See **tadpole.** [Variant of *polliwig*, from Middle English *polwigle* : *pol*, head; see POLL + *wiglen*, to wiggle; see WIGGLE.]

pol•lock (pŏl'ək) *n.* Variant of **pollack.**

Pol•lock (pŏl'ək), **Jackson** 1912–1956. American artist. Using his drip technique of painting, he became a leader of abstract expressionism.

poll•ster (pōl'stər) *n.* One that takes public-opinion surveys. Also called *polltaker.*

Word History The suffix *–ster* is nowadays most familiar in words like *pollster, jokester, huckster*, where it forms agent nouns that typically denote males. Originally in Old English, however, the suffix (then spelled *–estre*) was used to form feminine agent nouns. *Hoppestre*, for example, meant "female dancer." It was occasionally applied to men, but mostly to translate Latin masculine nouns denoting occupations that were usually held by women in Anglo-Saxon society. An example is *bæcester*, "baker," glossing Latin *pistor*; it survives as the Modern English name *Baxter*. In Middle English its use as a masculine suffix became more common in northern England, while in the south it remained limited to feminines. In time the masculine usage became dominant throughout the country, and old feminines in *–ster* were refashioned by adding the newer feminine suffix *–ess* (borrowed from French) to them, such as *seamstress* remade from *seamster*. In Modern English, the only noun ending in *–ster* with a feminine referent is *spinster*, which originally meant "a woman who spins thread."

poll•tak•er (pōl'tā'kər) *n.* See **pollster.**

poll tax *n.* A tax levied on people rather than on property, often as a requirement for voting.

pol•lut•ant (pə-lo͞ot'nt) *n.* Something that pollutes, especially a waste material that contaminates air, soil, or water.

pol•lute (pə-lo͞ot') *tr.v.* **-lut•ed, -lut•ing, -lutes 1.** To make unfit for or harmful to living things, especially by the addition of waste matter. See synonyms at **contaminate. 2.** To make less suitable for an activity, especially by the introduction of unwanted factors: *The stadium lights polluted the sky around the observatory.* **3.** To render impure or morally harmful; corrupt. **4.** To make ceremonially impure; profane: "*Churches and altars were polluted by atrocious murders*" (Edward Gibbon). [Middle English *polluten*, from Latin *polluere, poll t-.*] **—pol•lut'er** *n.*

pol•lu•tion (pə-lo͞o'shən) *n.* **1.** The act or process of polluting or the state of being polluted, especially the contamination of soil, water, or the atmosphere by the discharge of harmful substances. **2.** Something that pollutes; a pollutant or a group of pollutants: *Pollution in the air reduced the visibility near the airport.*

Pol•lux (pŏl'əks) *n. Greek Mythology* **1.** One of the Dioscuri. **2.** A bright star in the constellation Gemini. [Latin *Poll x*, from Greek *Poludeukēs*.]

Pol•ly•an•na (pŏl'ē-ăn'ə) *n.* A person regarded as being foolishly or blindly optimistic. [After the heroine of the novel *Pollyanna*, by Eleanor Hodgman Porter (1868–1920), American writer.]

pol•ly•wog (pŏl'ē-wŏg', -wôg') *n.* Variant of **polliwog.**

po•lo (pō'lō) *n.* **1.** A game played by two teams of three or four players on horseback who are equipped with long-handled mallets for driving a small wooden ball through the opponents' goal. **2.** Water polo. [Balti (Tibeto-Burman language of Pakistan), ball.] **—po'lo•ist** *n.*

Po•lo (pō'lō), **Marco** 1254–1324. Venetian traveler who explored Asia from 1271 to 1295. His *Travels of Marco Polo* was the only account of the Far East available to Europeans until the 17th century.

polo coat *n.* A loose-fitting, tailored overcoat made from camel's hair or a similar material.

pol•o•naise (pŏl'ə-nāz', pō'lə-) *n.* **1.** A stately, marchlike Polish dance, primarily a promenade by couples. **2.** Music for or based on the traditional rhythm of this dance, having triple meter. **3.** A woman's dress of the 18th century, having a fitted bodice and draped cutaway skirt, worn over an elaborate underskirt. [French, from feminine of *polonais*, Polish, from Medieval Latin *Polōnia*, Poland.]

po•lo•ni•um (pə-lō'nē-əm) *n. Symbol* **Po** A naturally radioactive metallic element, occurring in minute quantities as a product of radium

ă pat	oi boy
ā pay	ou out
âr care	o͝o took
ä father	o͞o boot
ĕ pet	ŭ cut
ē be	ûr urge
ĭ pit	th thin
ī pie	*th* this
îr pier	hw which
ŏ pot	zh vision
ō toe	ə about, item
ô paw	♦ regionalism

Stress marks: **'** (primary); ' (secondary), as in **dictionary** (dĭk'shə-nĕr'ē)

1359

图4.3 《美国传统英语字典》中的一页

来源：版权所有©2010 霍顿·米夫林·哈考特出版公司。经《美国传统英语字典》第四版授权转载。

以下是一个示例：

忧虑（worry）会让人减寿，但速度不像过去那么快。这个词源自古英语“wyrgan”，意思是“勒死”。到了中世纪，它演变为“worien”，在保留了原有意思的基础上，新增了“用牙咬住脖子并撕裂”“因咬、晃动而死亡、受伤”的意思。例如，它可以用来形容狼或狗攻击羊的方式。到了16世纪，人们开始用

"worry"表示"通过粗暴对待或发动攻击进行骚扰、扰乱",或者"用言语攻击"。这个词在 17 世纪产生了"使烦恼、悲痛,困扰"的意思。这与现代的含义"让人觉得焦虑和忧虑"和"感觉困扰和不安"仅一步之遥。现代含义的初次书面记录出现在 19 世纪。

使用全版本字典深入挖掘

尽管缩写本字典偶尔会提供一些有趣、重要的字词信息,但在进行深入学习时,全版本字典是无可替代的。你可以去图书馆寻找全版本字典(通常在参考书阅览室),用来辅助你桌面上的缩写本字典。全版本字典中的释义、词源、使用信息都更多。优秀的一卷式全版本字典包括《韦氏第三版新英语国际字典》(*Webster's Third New International Dictionary of the English Language*)和《兰登书屋英语字典》(*Random House Dictionary of the English Language*)。《牛津英语字典》有 20 卷,外加增编部分,是不可或缺的字词历史学习工具,而且内容比你所需要的更丰富。

使用说明和单词历史被认为是缩写本字典的额外内容,是全版本字典的标配内容。此外,对于含义众多的字词,全版本字典会列出所有释义,而不仅仅是常用的意思。

一位朋友写来一封信,讲述了参加关于弗拉基米尔·纳博科夫的一场研讨会的经过。纳博科夫是俄裔美国作家,因讽刺小说《洛丽塔》而享誉全球。"所有专家都来了,"他在信中写道,"讨论很热烈,但对我来说太珍贵(precious)了。"太珍贵?这个句子吓了我一跳。毕竟,"珍贵"通常是指有价值的东西。但是,快速查询了这个词的释义后,我就明白了。请看:

1. 具有高的成本或价值;珍贵的

2. 受人尊敬的;珍爱的

3. 亲爱的;可爱的

全版本字典有哪些优点?

这两类字典中的释义有什么不同?

4.假装的珍品或做作：做作的举止

　　第4个释义非常符合信上的语境。"做作"就是答案。阅读一个词的所有释义后，我们会对这个词的背景有更多了解。这样有助于我们更正确、更准确地理解和使用单词。

《牛津英语字典》的
特别之处在哪里?

　　说到全版本字典，《牛津英语字典》是独一无二的。它包含的英语单词从古至今，涵盖了整个英语词汇表。在字典编制的准备阶段，工作人员从英语文学作品中摘录了500万段内容。这些工作主要由志愿者完成。最终，大约180万条摘录内容出现在字典上。编辑们不知道的是，对这本字典贡献最大、最高产的一位志愿者 W. C.迈纳是在伦敦的精神病院中完成他的工作的——他在杀了人之后住进了这家医院！

　　《牛津英语字典》的编制工作从1857年开始，最后一页交付给出版社的时间是1928年4月19日。1928年，字典编制完成后，被呈给当时的国王乔治五世。此外，英国官方还正式向当时的美国总统卡尔文·柯立芝赠送了一套。

　　以下是从《牛津英语字典》中收集到的关于"acre"（英亩）的简单示例。

a.曾使用过的拼写：acer、aker 和 akre

b.按时间顺序出现过的词义：

（1）一块耕地；

（2）两头牛一天内可以犁完的地；

（3）包括32条犁沟，总长1弗朗（1弗朗约为220码）。

　　在位的国王可以规定重量和测量单位。例如，在亨利八世统治期间，一英亩有40杆长，4杆宽。尽管度量方式一直在变化，但大小相差不大。

　　一直以来，《牛津英语字典》每次再版时，内容都会增加。

最新版本是 1989 年修订的，一共有 20 卷，22 000 页。请怀着感激和敬意使用这部令人惊叹的字典。

将字词保留在词汇卡上

计划

找到你需要或感兴趣的字词后，你肯定希望这个单词能永远留在记忆中。通常，我们的建议是把它运用到句子中。这是个好建议，但如果你想要确保每个新词都能成为自己词汇表中的永久成员，你还需要再采取一些措施。掌握词汇唯一确定的方式是采用毫无争议的最佳记忆增强法，也就是背诵，进行持续学习。

如何让新词成为你的词汇表中的永久成员？

一张卡片一个单词

要开始背诵单词，你所需要的仅仅是一本字典和一堆词汇卡（见图 4.4）。在这些卡片上写下你的边界词汇，以及你在课本看到、课堂上听到的较难的单词。以下是让这个系统有效运作的重要步骤：

每张词汇卡上应该写什么？

1. 考虑语境。选择好单词后，将它写在词汇卡的正面。不过，不要只写一个单词，而是要列举一个完整的句子，提供有意义的语境，然后将相应单词划出，方便自己一眼看见。

图4.4 词汇卡系统

正面	反面
From his silence and manner, I inferred that he agreed with my statement. in-fer'　　　(ĭn-fûr') in-ferred'　　(ĭn-fûr'd')	[in=in]　　[ferre=to bring (out)] *1.To derive by reasoning; to conclude from facts or premises. 2. To surmise; to guess.

2.标注读音。在字典中找到要查看的单词，然后在卡片的正面按音节写出单词，包括重读符号和变音符号，方便正确发音。如果你在开始时不能正确地发音和拼写，那么你之后使用这个单词的概率就不高。

3.分解单词。在词汇卡的背面，写出构成这个单词的前缀和词根。前缀和词根合理地显示了单词的语言学结构，可以帮助你记住这个单词。

4.确定含义。还是在词汇卡的背面，写出几个相关释义。你可以尽可能多写，只要对你有用。然后，在最符合你所写句子语境的释义旁边加注星号。

如何处理术语词汇卡?

术语的处理方式和一般词汇几乎相同。不过，这类词汇的释义最好参考课本。术语的释义通常会出现在术语表中，或者在第一次出现时会有相关解释。即使是术语，也请在卡片背面记录下词源信息。这通常需要查询全版本字典。

掌握每个单词

如何掌握收集在词汇卡上的单词?

图4.4这张"inferred"的词汇卡展示了词汇卡系统的格式。请注意，卡片正面是一句完整的句子，用下划线划出这个新词。卡片正面还有单词的发音方式。卡片背面列明了前缀和词根，以及一些重要的释义。在最适合正面句子语境的释义旁边，标注了一个星号。此外，背面还列举了这个词的近义词。

在上述四个步骤中，我们讲述了如何制作词汇卡。现在，我们将向你展示如何高效、有效地使用词汇卡。你已经做了很多工作，现在应该最大程度地从中获益。要掌握卡片上的单词，请参照下列步骤：

1.从卡片正面开始。先看卡片的正面。首先大声、正确地读出单词，然后读出句子，再稍微思考一下这个句子。接下来，确定这个单词的含义。不一定要用字典上的表述方法，用你自己的词汇就行。大声读出句子。完成这些后，再去看背面的释义。大声阅读会让你的思维变得警觉，听到单词后，你的语音记忆就开始播放。因此，你要做的事就是看、说、听、想。

2. 检查你在第 1 步所做的工作。尽己所能地解释了卡片上的单词后，翻到背面查看准确的释义。

3. 再说一次。如果你对自己给出的释义不满意，请继续背诵，直到你给出正确的释义。在记忆这件事上，你必须将正确、简明的含义输入大脑，供日后提取。

4. 标出难词。如果你第一次尝试解释单词时，未能给出正确的释义，可以在卡片正面的右上角标注一个圈。下次翻阅卡片时，这个圈会提醒你之前的失败尝试。如果卡片上的圆圈达到三个，你就需要额外关注这个单词，弄清楚自己一直犯错的原因。

5. 更换一批卡片。掌握了一小批卡片上的单词后，将这些卡片收起来，再拿出一些卡片进行学习。

6. 进行复习。经常复习你已掌握的单词。复习已掌握单词所需的时间远远少于学习未掌握的单词。遗忘的力量夜以继日地侵蚀你的记忆。定期的快速复习可以击退这股无情的力量。

尽管你可能更倾向于将新词输入电脑而不是写在词汇卡上，但在学习词汇这件事上，"老式"方法更好用。词汇卡的优点在于方便携带。你可以随时携带空白的词汇卡，记录感兴趣的字词。学习你感兴趣的词的价值远远高于记忆他人列出的词汇清单。最后，在你准确掌握每个词的含义后，你的读、写、说和思考能力都会有所提高。词汇卡系统在你大学毕业后并不会失效。包括公司总裁在内的成功人士，他们都常常携带一些词汇卡。

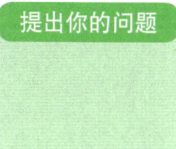

提出你的问题

扩展自己的字词领域

每个边界字词和哪些字词相关联？

英国 16 世纪的著名诗人约翰·多恩写道："没有人是一座孤岛，每个人都是大陆的一片。"字词也一样。没有完全孤立存在的字词。每学习一个边界字词，你就有机会学习与之相关的字词。当原先的边界字词成为你的已知字词，它的关联字词就会聚集到边界，等待着被你添加到词汇表中。请务必把握这个机会。在你学会了一个新词后，再花一点时间了解它的朋友、敌人和亲人，也就是近义词、反义词及词根相同的词。如果你能这样做，你累积词汇的速度就是以单词群而不是单个单词计算。

从近义词开始

归类

众多支流对英语语言有什么影响？

英语的一个迷人之处在于，它汇聚了无数语言传统的支流。英语单词不是一夕之间突然出现的。它们中的许多成员的根在几千千米外的地方，例如，印度（pundit）、伊朗（checkmate）、日本（tycoon）、中国（ketchup）和南非（chocolate）。其他成员主要来自古希腊、罗马帝国，以及现今的德国、荷兰。随着时间的推移，它们经历缓慢，有时是复杂的演变，成为今天的样子。曾经，说某个东西"awful"（很可怕）是一种赞美，而说某个人"nice"（很好）则是种侮辱！这些支流汇聚到同一条语言的长河中，不可避免地会出现意思重复的词汇。例如，想想"taking"（拿）这个词，你还有哪些不同的表达方式？以下只是其中一部分：grabbing、snatching、seizing、snagging。而如果这个"taking"指的是非法的动作（也就是偷），那么近义词还要加上 stealing、filching、pinching、lifting、swiping、boosting，甚至是 appropriating。

我们通常将这些词称为近义词（synonyms）。"synonyms"

这个词的字面意思是"同一个名字"。有时候，这些词完全可以互换，但大多时候，它们之间还是存在着细微的差别。想想你的一些熟人：他们是 friends、pals、buddies、chums、cohorts、allies、companions、compatriots、comrades，或是其他？一些人可能"以上皆是"，另一些人则"以上皆不是"，但是你应该可以找到一些词，在你的内心深处，它们完全适合某个人，但完全不适合其他人。作家比尔·布莱森（Bill Bryson）在《布莱森英语简史》（*The Monther Tongue*）这本关于英语起源的有趣的书中写道："据说英语在每个文化层级（通俗、文学、学术）上处理近义词的方式都不同。因此，根据我们的背景和学识，会用不同的动词表示'爬'楼梯——rise、mount 或 ascend；我们可以因为 fear、terror、trepidation 瑟瑟发抖；我们'思考'问题可以用 think、ponder 或 cogitate 来表达。"

inchoate、incipient 和 nascent 的意思相近（意为"起初的、初期的"）。在阅读和日常对话中，你使用过多少这样的词？大多数学生的答案是零。尽管这些词可能具有学习价值（它们常常出现在标准的考试中），但它们之间缺乏联系，仅仅一份清单不足以确保它们成为你的词汇表中的永久成员。它们只是清单。它们之于词汇表，就如一堆砖之于一座房子。要构建词汇表，你得取得字词，将它们组合在一起，建成稳定的结构。这个结构常常可以终生不倒。

如果你没有尝试学习孤立的单词，而是选择学习和你已知的单词直接相关的词汇，那么你理解、记住和使用这些新词的概率将大大提高。这是边界词汇系统的基本原则之一，也是为什么学习边界词汇的近义词可以快速累积词汇。

寻找你已掌握的字词的近义词非常简单。几乎所有最简明的字典里都会罗列一两个近义词及其发音、词性和释义。在线字典，如 dictionary.com（见图 4.5），通常会为他们定义的单词列出一系列近义词。此外，相应单词的释义里常常也会包含一

英语中为什么有这么多近义词？

提出你的问题

如何寻找边界字词的近义词？

两个近义词，例如，以下对 frontier 这个单词的第一个释义：

1. the part of a country that borders another country; boundary; border.(一个国家与另一个国家交界的地方；边界；边境。)

图4.5　在线字典
的一页截图

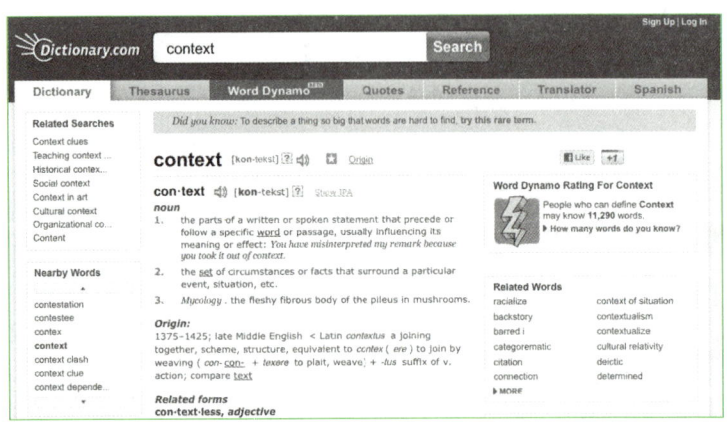

另一个方法是使用近义词字典。这种字典按照相似的意思对字词进行分类。由于字词是分组处理的，因此近义词可能不如你在专门的字典条目下看到得那么精确。但即便如此，如果你带着来自近义词字典的一组字词，再去查询每个字词的意思，你就会更清楚地了解那个单词最初的意思（顺便说一句，近义词字典的英语拼写是 thesaurus，尽管这个词看起来像是某种史前动物的名字，但它来自古希腊语 thesauros，意思是"宝藏、宝库、仓库、金库"）。

寻找反义词

归类

反义词如何帮助你
理解字词？

反义词有些类似第 1 章中的高脚杯和头像：高脚杯的图片呈现出头像，或者说头像的图片呈现出高脚杯。了解相对的两个词会产生强大的自发暗示：其中一个词会提醒你另一个词。例如，你可能不认识 assiduous 这个词，但是当你了解到它是 lazy（懒惰）的反义词，这个词的意思就会立即变得更清晰。反义词不如近义词那么常见，数量也没有那么多。不是所有的词都有反义词，很多词只是简单地在原词的基础上添加前缀，例如，non-、un-、in-、dis-，或者 de-。这种变化对你的理解没有实质性的帮助。例如，compliant 的反义词是 noncompliant，这样的反义词无法帮助你理解原始字词的含义。另一方面，当你知道 cheerful（高兴的）的反义词是 lugubrious，由于和已知单词之间有清晰的关联，你就能知道 lugubrious 这个新词的大致意思。

要确认一个单词是否有反义词，你可以查看大部头的字典，也可以搜索在线字典，反义词通常列在条目的末尾。接下来，如果你对这个词感兴趣，就为它制作一张词汇卡，和原始单词放在一起学习。两个单词会互相暗示对方，帮助你掌握它们。寻找反义词的另一个方法是使用反义词字典。与近义词字典一样，反义词字典中提供的反义词可能不如专门的字典条目中提供的一样精确。

🟢 学习词根、前缀和后缀　　　　　　　　`分类`

和人类一样，每个字词都是一个大家庭的成员之一。你每掌握一个新词，就有机会熟悉它的亲人。这个家庭就是边界字词的来源——词根，亲人就是拥有相同词根的单词。例如，reduce（意思是减少、降低）的词根是 ducere，它在拉丁语中的意思是 to lead（指引）。由于前缀 "re-" 的意思是"返回"，因此reduce 的字面意思就是 "to lead back"（指引返回）。reduce 的"亲人"包括 induce、produce、deduce，甚至还包括 educate。掌握一个单词，你就有可能了解这个家庭的其余成员（见图 4.6）。

如何寻找边界字词的反义词？

边界字词的家庭指的是什么？

图4.6 同一词根
的字词家庭

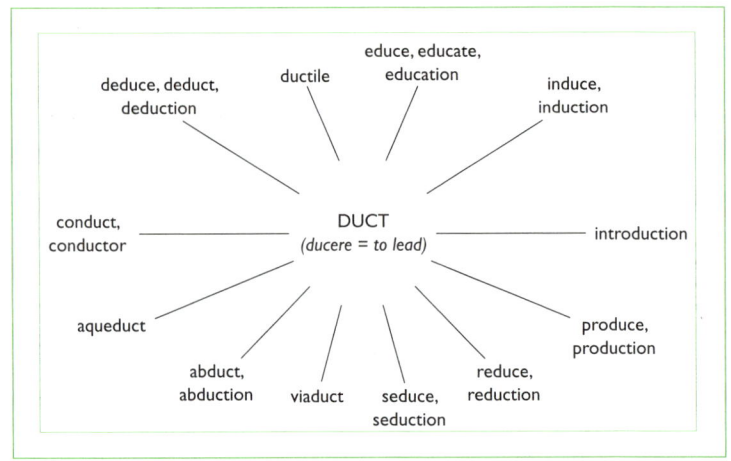

如何学习一个单词
的"亲人"？

　　尽管掌握一个字词的亲人和掌握这个边界字词一样简单，但事实上，有时寻找亲人是个困难的过程。某些词的亲人很好辨识。例如，omit、permit 和 remit 是一家人。它们的家庭是拉丁语词根 mittere，意思是"发送"。某些词则较难辨认，例如，expect、conspicuous 和 despise。它们具有相同的拉丁语词根"specere"，意思是"去看看"。如果一个边界字词的亲人很难辨别，你就需要求助更有力的资料来源，比如《美国传统英语字典》。它随附了一份词根清单，并列举了相关单词。边界字词通常会将你指引到字典附录，而这份附录会向你提供相应词根的衍生字词（表 4.1 罗列了常见的词根）。

表4.1 常见词根

词根	含义	示例	释义
agri	田地	agronomy	田地–庄稼种植和土壤管理
anthropo	人	anthropology	关于人类的科学
astro	星星	astronaut	在太空中行走的人
bio	生命	biology	关于生命的科学
cardio	心脏	cardiac	和心脏有关

词根	含义	示例	释义
chromo	颜色	chromatology	关于色彩的科学
demos	人民	democracy	人民的政府
derma	皮肤	epidermis	皮肤的最外层
dyna	力量	dynamic	以力量、能量为特征
geo	地球	geology	关于地球的科学
helio	太阳	heliotrope	向阳的植物
hydro	水	hydroponics	用添加了营养物质的水培养植物
hypno	睡眠	hypnosis	通过暗示进入睡眠状态
magni	大	magnify	使变大
man(u)	手	manuscript	手写的
mono	一	monoplane	只有一个机翼的飞机
ortho	直的	orthodox	正确的、真的、直接的观点
pod	脚	pseudopod	假足
psycho	思想	psychology	关于心理各个方面的科学
pyro	火	pyrometer	测量高温的仪器
terra	地球	terrace	升高的土的平台；梯田
thermo	热	thermometer	测量热量的仪器
zoo	动物	zoology	关于动物的科学

　　尽管词根位于单词的中心位置，但它们只代表了整个单词含义的一部分。"前缀"是单词最前方、修饰词根的部分。"后缀"是单词末尾部分，用于更改或修饰词意。表 4.2 是常见的前缀清单，表 4.3 是常见的后缀清单。更改前缀可以彻底更改词意，例如，从 competent（有能力的）变成 incompetent（无能力的）。

添加后缀有时只会改变单词的焦点或读音，例如，从 comfort（舒适）变成 comfortable（舒适的），或者从 elect（当选的）变成 election（当选）。但在其他时候，后缀和前缀一样，会彻底改变单词的含义，例如，sugar（有糖的）变成 sugarfree（无糖的），或者 hope（希望）变成 hopeless（没有希望的）。

学习前缀和后缀最好的方法是什么？

一些学生认真地背诵前缀和后缀（就如本章中提及的前缀和后缀），希望能快速增加词汇量。尽管这是个值得赞扬的目标，但是相较于掌握一些没有关联的单词，掌握没有关联的前缀的难度更大，更不要说这个过程的无聊程度。此外，这个做法还会带来意料之外的陷阱：你记住的含义可能不适用于某个单词。李·戴顿说："在 68 个常见、常用的前缀中，只有 11 个的含义相对单一、固定。"其余 57 个常见前缀的含义都超过 1 个。因此，更好的办法是在掌握边界字词时，不仅要掌握它的含义，还要掌握它的各个部分。通过这种方式将前缀和后缀与你掌握的词汇自然地关联起来，相较于单独去背诵它们，前者更容易记忆和重复使用。

表4.2 常见前缀

词根	含义	示例	释义
ante-	之前	antebellum	战争前，尤其指美国内战前
anti-	相反	antifreeze	用来防冻的液体
auto-	自己	automatic	自动的；自动调节的
bene-	好	benefit	好的行为；礼物
circum-	围绕	circumscribe	在……周围划线；包围
contra-	相反	contradict	反驳
de-	相反	defoliate	让叶子从树上落下
ecto-	外面	ectoparasite	寄生在动物的外表面的生物

表4.2 （续表）

词根	含义	示例	释义
endo-	里面	endogamy	同部落内的婚姻
hyper-	超过	hypertension	高血压
hypo-	少于	hypotension	低血压
inter-	在……之间	intervene	在……中间
intra-	在……里面	intramural	校内的
intro-	到……里	introspect	向内看，指思想
macro-	大的	macroscopic	肉眼可见的
mal-	不好的	malajusted	失调的
micro-	小的	microscopic	非常小，需要显微镜才能看到
multi-	许多	multimillionaire	有多于两百万美元的人
neo-	新的	neolithic	新石器时代
non-	不是	nonconformist	不遵循传统习惯的人
pan-	所有	pantheon	供奉所有神的寺庙
poly-	许多	polygonal	有许多边
post-	之后	postgraduate	毕业之后
pre-	之前	precede	在……之前
proto-	第一	prototype	第一个或原始模型
pseudo-	假的	pseudonym	假名，尤其指作家的笔名
retro-	向后的	retrospect	回忆
semi-	一半	semicircle	半圈
sub-	在……之下	submerge	放到水下

表4.2 （续表）

词根	含义	示例	释义
super-	在……之上	superfine	极好的
tele-	远的	telescope	看远处
trans-	穿过	transalpine	阿尔卑斯山那边的

表4.3 常见后缀

名词		
后缀	含义	示例
-acy	质量、状态、办公	piracy, legacy
-age	总数	acreage, mileage
-agogue	领导者、提供者	demagogue, pedagogue
-al	一种，有……有关	logical, natural
-ance	行动、条件或者质量	resemblance, hindrance
-ant	做某事的人	descendant, informant
-ation	……的行为或结果	generation, imagination
-cide	杀戮	homicide, insecticide
-dom	领域、集合对象、等级或条件	freedom, kingdom, martyrdom
-eer	做某事的人	engineer, volunteer
-ence	行动、条件或质量	difference, persistence
-ent	做某事的人	agent, resident
-er	做某事的人	baker, programmer
-hood	具有某种特征的团体	motherhood, neighborhood
-ian	做某事的人	comedian, historian
-ier	做某事的人	cashier, financier

后缀	含义	示例
-ism	信仰、惯例、主义	fascism, monotheism
-ist	实践某事或者与某事相关的人	artist, optometrist, socialist
-ition	……的行为或结果	coalition, expedition
-ity	状态或条件	humanity, modernity
-ness	质量、状态	farkness, kindness
-or	某个行动的代理人	proprietor, tractor
-phobia	害怕、厌恶	agoraphobia, claustrophobia
-ship	状态，身份	leadership, readership

动词		
后缀	含义	示例
-ate	成为、制作、对待	detonate, replicate
-en	使、导致	broaden, frighten
-fy	使	magnify, pacify
-ize	导致、使	apologize, colonize

形容词		
后缀	含义	示例
-able	能够	manageable, portable
-al	关于，具有某种形式或特征	autumnal, regional
-ible	能够	reducible, visible
-ic	具有某种特征	dramatic, ironic

小结

扩展词汇和学习
职业技能有什么
关系?

　　当你读到这里时,你已经知道了字词如何改变了马尔科姆·艾克斯的人生,如何改善了一个高尔夫球童的生活。字词也能改变你的人生和职业。毫无疑问,我们学习主要是为了将来的工作。我们可以常常用本章开头的成功故事提醒自己不断累积词汇的重要性。进入职场后,你的职业提升当然要靠工作技能,但利用词汇清楚地、有说服力地表达自己的能力,也许是你攀登阶梯的真正动力。因此,词汇累积和职业技能提升要携手并进。

章节复习

填空

从句子下方的三个词中选择一个将句子补充完整。

1. 累积词汇可以增加你的 _____。

　　自我价值感　　　　自我意识　　　　自我提升

2. 词汇卡的主要优点是 _____。

　　完整　　　　　　　方便　　　　　　复杂

3. 边界字词最主要的特征是 _____。

　　难度　　　　　　　熟悉感　　　　　发音

配对

填写与左边项相匹配的句子。

___1. 兴趣　　　　　a. 作为学习新词的方式,具有局限性

___2. 57　　　　　　b. 给出字词释义之外的解释

___3. 亲人　　　　　c. 拥有多种含义的常见前缀的数量

___4. 20　　　　　　d. 是累积词汇的强有力的动力

___5. 语境　　　　　e. 最重要的学习区域

___6. 使用　　　　　f. 最新版《牛津英语字典》的卷数

___7. 意外的发现　　g. 拥有相同词根的一组字词

___8. 边界区域　　　h. 如果使用电子字典，就不存在

在正确的句子旁圈出"对"，错误的句子旁圈出"错"。

1. 对　错　词汇的质量会直接影响思考的质量。

2. 对　错　新颖的词汇使用方式会引起读者的兴趣。

3. 对　错　电子字典可以让你即时了解相关字词。

4. 对　错　缩写本字典中的字词释义通常都不完整。

5. 对　错　全版本字典通常只包含每个字词最常用的释义。

选择最准确的选项将句子补充完整。

1. 马尔科姆·艾克斯出狱后成为一名著名的_____。

　　a. 领导人　　　　　　　　b. 牧师

　　c. 公共演说家　　　　　　d. 以上皆是

2. 边界字词_____。

　　a. 源源不断　　　　　　　b. 是最容易掌握的字词

　　c. 具有一定的熟悉感　　　d. 以上皆是

3. 约翰逊·奥康纳通过分析性研究，发现学习新字词_____。

　　a. 记忆力需达到平均值以上　b. 和学习其他技能很像

　　c. 与你的专注力有关　　　　d. 能够帮助你阐述职业目标

4. 对于某些电子字典，单词的发音可能_____。

　　a. 不正确　　　　　　　　b. 可以听到

　　c. 是缩减的　　　　　　　d. 以上皆不是

5. 词汇卡上出现三个点时，表示这个单词_____。

　　a. 有三个不同的释义　　　b. 可能需要特别关注

　　c. 已经掌握　　　　　　　d. 包含常见的前缀和词根

思考

思考这章的大纲，然后运用自己的想法和经验回答每个问题。

1. 你的新词通常从哪里习得？为什么？

2. 你通常使用的是纸质字典还是在线字典？为什么选择这种字典？

3. 你觉得学习新词最困难的部分是什么？是拼写、发音、释义还是语境？你觉得应该怎么做才能让这一部分变得容易些？

提出你的问题

提问系统利用页边的问题鼓励有效阅读。你应该已经注意到这章中的大部分段落旁都伴有一道问题。现在，轮到你来提问了。搜索这章中缺失问题的段落，重新阅读，确认中心思想，然后提出一个问题来引出中心思想。你可以参考上下文页边的问题，然后提出自己的问题。

背景故事

Vocabulary　词汇：用来存储你称呼或命名的事物的地点

vocabulary n. 1. All the words of a language. 2. The sum of words used by, understood by, or at the command of a particular person or group. 3. A list of words and often phrases, usually arranged alphabetically and defined or translated; a lexicon or glossary. 4. A supply of expressive means; a repertoire of communication.*

稻谷（grain）存储在谷仓（granary）中，鸟儿（bird）关在饲养场（aviary）里。那么我们该把词外壳（vocable）存储在哪里？当然是词汇表（vocabulary）里。等等，"vocable"是什么？"vocable"来自拉丁单词"vocabulum"，而这个词又演变自拉丁语中的"vocare"这个动词，意思是"称为，命名为"。是不是觉得眼熟？当然了。"vocal""voice""vocation"，还有"vocable"都来自同一个家庭。事实上，你认识的很多单词都拥有相同的词根"vocare"，例如"provoke"（唤起）、"revoke"（撤回）

和 convocation（召集）。字词的另一个称呼是什么？是的，就是 vocable，只是人们已经不再使用这个词来描述一个字词或词语。你现在知道了它的含义，也知道 -ary 结尾表示某种容器，因此应该可以理解为什么将用来存储 vocable 的地方称为 vocabulary 了。我们现如今还在使用这个词。**

　　*摘自《美国传统英语字典》第四版的"vocabulary"条目（波士顿：霍顿·米夫林出版公司，2000 年），http://dictionary.reference.com/browse/vocabulary（2009 年 3 月 5 日查询）。

　　**参考以下内容：《美国传统英语字典》第四版的"vocabulary"条目（波士顿：霍顿·米夫林出版公司，2000 年），http://dictionary.reference.com/browse/vocabulary（2009 年 3 月 5 日查询）；"vocabulary"，《在线词源字典》，道格拉斯·哈珀（Douglass Harper），历史学家，http://www.etymonline.com/index.php?search=vocabulary（2009 年 3 月 5 日查询）；"vocabulary, n"，《牛津英语字典》，第二版，20 卷（牛津：牛津大学出版社，1989 年）。

第二部分

获取　保留　解释

获取信息

要保留某样东西，首先得拥有它。要保留和解释信息，首先得获取信息。也就是说，你得找出并理解在听讲座、看课本、与他人讨论时遇到的，甚至是在图片上看到的以及自己观察到的大多数事实、想法和观点。这部分内容将帮助你：

5　更聪明地阅读；

6　让讲座更具活力；

7　借助问题锁定有价值的信息；

8　多渠道学习。

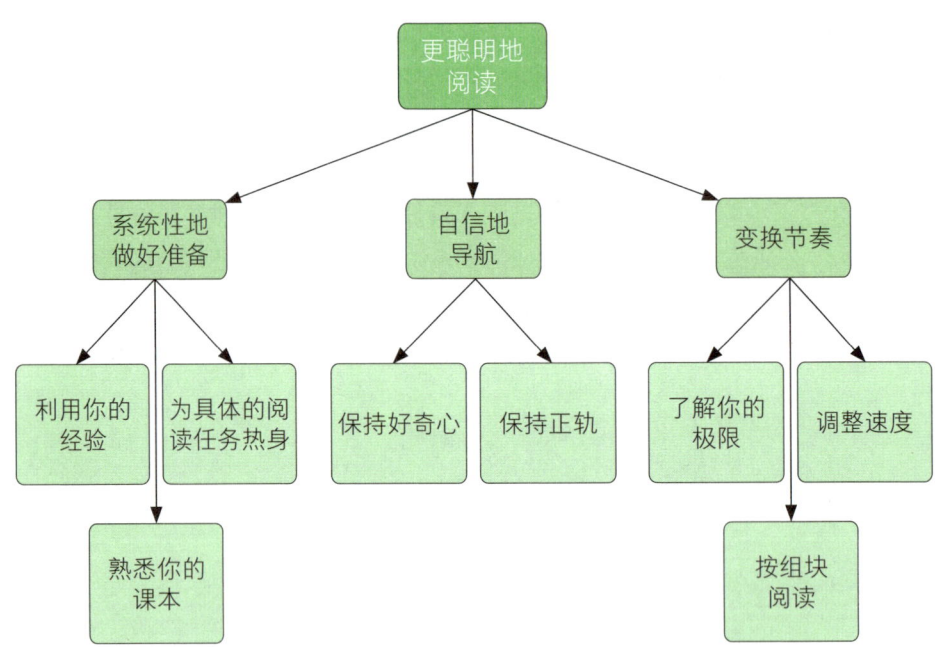

更聪明地阅读

在你人生的这个阶段，教你阅读似乎和教你系鞋带一样没有意义。毕竟，在你过去的人生中，大多数时间都花在阅读上。你还有什么需要学的呢？事实上，答案也许会让你惊讶。这一章将阐述以下内容，告诉你如何：

- 系统性地做好准备；
- 自信地导航；
- 变换节奏。

如果阅读速度过快或过慢，那么我们将什么都理解不了。

布莱兹·帕斯卡（1623-1662），法国哲学家、数学家和科学家

本章摘要

▶ 阅读、外科手术和罗马帝国衰亡的关联。

▶ 英国最受尊敬的作家的窘境。

▶ 你当然知道怎么阅读，但你知道怎么细读吗？

如何提高你的阅读
能力？

"我该如何提高自己的阅读能力？"问题很简单，答案却不简单。阅读的目的多种多样，可以使用的阅读技巧也很多，你"提高"阅读能力的方法也有很多。然而，当学生提出这个问题时，通常是在询问："我该如何提高阅读速度，以便能够在完全理解和记住内容的情况下将完成作业的时间减少一半？"虽然无数的宣传册、报纸和杂志文章，以及电视节目都在鼓吹"快速阅读"，但这件事真的没有捷径。聪明地阅读并不等同于快速阅读。它包括准备工作、导航和节奏三部分。要真正提高你的阅读能力，你需要做好准备，自信地导航，并学会有策略地改变节奏。

系统性地做好准备

关联是理解的全部。累积词汇的规则也适用于阅读。如果你能将新学到的内容纳入你的已知内容框架里，那么你很可能可以长时间地记住这个内容。建立这样的框架需要系统性的准备。你可以通过以下方式做好准备工作：利用你的经验；花时间熟悉课本；在开始阅读每个章节或每篇文章前，先简单但系统地做个热身练习。

● 利用你的经验

分类

缺乏经验会如何影
响阅读速度？

如果在阅读时，每个单词都去查字典，那么读完一个章节需要多长时间？我们说的不仅仅是多音节的复杂词汇，而是每一个单词。或者，如果你得冲去图书馆查阅"言论自由""珍珠港""1984"或者"犹大"背后的故事，又要花费多少时间？以这样的速度，你可能需要几天时间才能阅读并完成一项简单的作业。

你的经验如何在阅
读时发挥作用？

幸运的是，即使困难的作业通常也不需要你花费几天时间去阅读。因为每次开始阅读时，你都可以利用自己的经验。你在小学时苦苦挣扎着记忆的字词释义已经在大脑中储存了很久，在中学期间又添加了更多字词，在大学期间还将继续添加。你在阅读的时候，会无意识地在大脑内部的字典中查询，并继续往下阅读。这个过程可以瞬间完成，但翻阅纸质字典或者使用在线字典查询，则需要花费几分钟的时间。

上述情况也适用于历史或文化典故的引用。这些引用内容大多是你熟知的。作者明白这一点，因此使用这种类似速记法的方式，以简单的字词表达复杂的看法。

作者假设了什么背景？

将阅读的"查询"时间最小化，能够提高你的理解力和阅读速度。要缩短查询时间，你需要依靠经验，而要增加经验，你需要打好背景基础，增加词汇量。

如何增加经验？

加强背景知识

提高阅读能力的最佳途径就是阅读！大量阅读不仅仅是为了练习，它还能帮助你累积概念、观点、事件和名称。这些内容可以帮助你理解今后阅读碰到的内容。你可以从有趣又具有挑战性的书开始阅读。一旦你开始阅读，你的兴趣就会自然拓宽。你读的好书越多，阅读就会变得越简单，因为随着背景知识的拓展，你可以更充分、更快速地理解其他书籍中的观点和事实。

为什么读好书能够提高你的阅读能力？

心理学家大卫·P. 奥苏伯尔认为，学习最关键的前提条件是掌握背景知识。奥苏伯尔的意思是，要理解你所阅读的内容，你必须使用你已知的（背景）知识去解读。背景知识不是天生的。你需要通过直接经验或替代性经验累积背景知识。替代性经验是指，你通过他人的言论、电影或者阅读获得的经验。请时刻记住马克·吐温的这句话："不读好书的人和文盲没有区别。"

奥苏伯尔认为学习最重要的前提条件是什么？

增加词汇量

加州大学伯克利分校的教育学教授安·坎宁安表示：阅读速度快的人拥有出色的"认知词汇表"。他们不仅仅看词的速度

词汇量和阅读速度有什么关联？

快，理解词汇的速度也很快。在精确的个人词汇表中，每个字词都是作为概念习得的。你知道它的词源、主要含义、常用含义、近义词之间的细微区别，还有它的反义词。当你在阅读中遇见这个词时，你脑中存储的大量相关信息就会在你眼前闪现，帮助你理解相应的句子、段落以及作者想表达的观点。这个从字词到概念，再到理解的过程，是快速、自动和强有力的。塔夫茨大学阅读和语言研究中心的主任玛丽安娜·沃尔夫简单总结道："你越了解一个字词，阅读它的速度就越快。"

熟悉你的课本

浏览

提出你的问题

课本不是神秘小说。剧透没有坏处。事实上，你提早知道得越多，对你越有好处。注册课程后，立即购买课本，给自己充足的时间了解课本内容。首先阅读前言和引言。然后，从头到尾浏览一遍，划出重要的字词和句子，在页边空白处做笔记。你要看的是照片、表格、图表和标题。阅读你感兴趣的章节名称、标题和子标题。这样一来，你就可以大致了解一本书的内容，知道这个学期要学习的内容。之后，你会很庆幸自己做了前期工作，因为你能够发现各个部分之间的关联。

阅读前言

一本书的前言部分和剩余部分有什么区别？

不论是叫"前言""序言"还是其他名称，一本书的这一部分往往是最个人化的。其他内容通常采用严肃、学术的写作风格，而前言的风格更为日常。它给了你熟悉作者的机会。把握住了这个机会，你会发现在阅读时，你可以与作者交谈甚至辩论。你会时不时地发现自己在说"不是这样的，我不同意这个说法"，或者"你这么说是什么意思"。

前言通常包含什么样的重要信息？

前言通常会给出有关整本书的观点和内容的基本信息。例如，如果你首先阅读了这本书的"这本书的结构"部分，你就会知道每章的页边问题的目的和用处。如果你没有阅读这个部分，可能就浪费了这本书中很有价值的一部分内容。通过前言，你常常可以了解以下信息：（1）作者的目的；（2）书的结构安排；（3）书的独特之处在哪里；（4）作者的资质；（5）需要的辅助学习材料。

作者的目的

了解作者的目的，即作者希望实现的目的或目标，可以帮助你合理地阅读和解读书本内容。例如，《美国政府：学生选择版本》的作者们直截了当地表述了他们的目的：

这本书的一切，从结构到学习系统、设计、包装和营销，都是为了满足现今教师和学生的教学和学习要求。

作者用简单的一句话告诉你这本书的内容，以及他们所遵循的原则。

书的结构安排

了解了一本书的结构安排，你就了解了一条路径。你不但明白作者正在说的内容，还知道他们接下来想要说什么。在下面这个例子中，你可以了解整本书的章节数量，以及它们所属的五个部分的主题。

为了满足教学需求，我们仔细编排了第 9 版，旨在提供此课程所需的所有资料。新的目录简洁明了，包含五个部分，总计 18 个章节。这五个部分分别是：财务规划、货币管理、收入和资产生成、投资以及退休和资产转移规划。

书的独特之处在哪里？为什么特别

了解一本书的独特之处可以帮助你更好地理解内容，而不会觉得这是一本"老生常谈"的书。

了解作者的目的有什么好处？

为什么了解一本书的结构安排能让你受益？

为什么了解一本书的独特之处能让你受益？

作者的资质

为什么作者的资质
很重要?

作者常常会通过巧妙的方式告诉读者，这本书的作者是相关领域的专家，因此书中的内容是可靠的。

需要的辅助学习材料

前言如何解释辅助
学习材料?

课本只是一整套学习材料中的一部分。整套学习材料通常还包括学习指南、练习册和网站。作者常常会在前言中指明所需的具体学习材料，以及它们的作用。

阅读引言

一本书的引言部分
有什么作用?

你通常可以通过前言了解作者的个性，而引言部分陈述的则是书本的内容。引言就是书本的展示橱窗。作者和出版商都明白，潜在客户常常会通过这部分内容判断一本书是否值得阅读和购买。因此，引言通常都很精彩，让人想要继续读下去。

图 5.1 的引言内容包含的信息能够帮助你目的明确地阅读课本。它摘自《从六个角度分析段落》。这本书的唯一目的就是教导学生如何挖掘中心思想。文中提供了 100 个段落用作练习。为了让学生做好准备进行这样的练习，书中的引言部分详细解释了节选的段落。你在阅读时，不仅要注意作者写了什么，还要注意他是怎么写的，目的是什么。

图5.1　引言的内容
来源：沃尔特·波克，《从六个角度分析段落》（罗德岛州普罗维登斯市，詹姆斯敦出版公司，1974 年），第 7-8 页。经授权转载。

内容：希望你注意"段落"这个单位

方式：将你和作者联系起来

目的：希望你站在作者的角度阅读段落

段落既是作者写作的单位，也是读者阅读的单位。作者努力将用意融入段落中，读者则努力从段落中领会作者的意图。尽管他们做的是相反的两件事，但这两件事有着密切的联系。事实上，要更好地理解读者的任务，我们必须先了解作者的任务。所以，让我们来简单看看作者的任务吧。

图5.1（续图）

内容：每个段落只有一个中心思想

方式：告诉你作者的想法

目的：说服你一个段落只有一个中心思想，因为作者会遵守这条原则

作者知道自己必须遵守一些基本原则，才能清楚地表达自己的意思。首先，一个段落只能表达一个中心思想。作者非常清楚这个原则的重要性。他知道自己绝不应该尝试在同一个段落中表达多个中心思想。

内容：中心思想的主题在中心句中，这个句子通常位于段落的开头位置

方式：作者需要一个陈述主题的句子，这样才能掌控段落，保证内容明确

目的：告诉你主题句是作者的一个重要工具，说服你段落中一定有主题句。它就在那里，你得去寻找

第二条原则是每个中心思想的主题都必须通过一个中心句表达。这个句子通常位于段落的开头位置。作者明白如果自己能够在开头的句子中清楚地表达段落主题，他就能够写出意思明确、条理清楚的段落。

内容：通过辅助材料展示中心思想

方式：作者的任务不仅仅是这些，他还想让你站在作者的角度上阅读

目的：提出辅助材料

作者的任务不仅仅是撰写主题句和中心思想，还需要通过辅助材料详细叙述和解释中心思想，让它更生动、更易记忆。

图5.1（续图）

内容：（a）作者通常
　　　会举例支持中心
　　　思想；（b）其
　　　他支持方式
方式：仍然站在作者的
　　　角度上
目的：通过辅助材料表
　　　达中心思想

作者可能会通过各种方式支持自己的中心思想。最常用的方式之一是举例说明。例子可以帮助作者更生动地阐述中心思想。其他辅助材料包括趣闻逸事、事件、笑话、典故、对比、对照、类比、定义、特例、逻辑分析等。

内容：段落包含（a）
　　　主题句、（b）
　　　中心思想和(c)
　　　辅助材料
方式：将内容从作者处
　　　传递到读者处
目的：总结三个步骤

总的来说，读者应该从作者处获悉教科书的段落，通常包含三个元素：主题句、中心思想和辅助材料。了解之后，读者应该利用主题句寻找中心思想。一旦领会了中心思想，剩余内容就都是用来描述、解释和证明中心思想的。因此，在最后进行分析时，读者必须能够分辨中心思想和辅助材料，并明白两者之间的关系。

从头到尾预习一遍

你可以从书本的目录中了解到哪些内容？

　　阅读完引言后，请查看书本剩余的内容。首先，请浏览目录。目录会罗列出组成部分和章节，有时还会给出每个章节的主要标题。有的书会有两个目录：一个是简要目录，告诉你组成部分和章节名称；另一个是详细目录，除了显示章节和组成部分的名称及页码，还会显示细分部分的名称和页码。不论是简要的还是详细的，目录的用途都是展示一本书的结构，以及章节主题之间的联系。你还可以通过目录了解一本书是否包含附加内容，如附录、术语表、参考书目、索引等。

书本末尾的附录包含与科目的某一方面相关的表格、图形、文档或详细信息。术语表是该书所属科目常见词汇的字典。参考资料陈述的是作者在写作过程中参考过的资料来源，它为你的深入阅读指明了方向。索引是按字母顺序排列的清单，包含重要的主题、观点、名称及其所在的页码。你可以通过索引了解书本内容的覆盖范围，也可以直接找到你想查询的信息所在的页面。

通过附加内容部分，你可以了解到哪种类型的有价值信息？

熟悉课本不仅可以增强你对相应科目背景知识的了解，还可以让你意识到在这个学期中，课本可以给你提供哪些帮助。这样，你以后的作业就会变得简单，花费在作业上的时间会变少。你掌握课本内容的概率也会提高。

熟悉课本有什么好处？

为具体的阅读任务热身

概述 —— 总结

系统性地阅读整本书是一个庞大的热身过程。它会为你整个学期的学习奠定坚实的基础。然而，这种一学期一次的热身是不够的。在一个学期中，你需要针对具体的课本内容完成阅读任务，因此你需要采用不那么庞大但又类似的热身方式。

概览阅读任务有什么好处？

虽然从短期上看，不热身就开始阅读能够节约时间，但从长远来说，这种方式很不明智。如果毫无准备就开始阅读，你可能常常需要停下来，再次阅读不太明白的部分。更糟糕的是，你可能会因为缺乏准备而忽略或误解关键的信息。你需要做什么样的阅读准备？最基本的方法是快速概览你的阅读任务。如果你想准备得更充分，可以试试效仿领航员、外科医生或者调

提出你的问题

查记者的方法，深入概览你的阅读任务。

概览你的阅读任务

概览能给阅读带来什么不同？

概览任务通过三种方式给阅读带来真正的变化：创造阅读背景、激活大脑以及克服惰性。

如何通过概览创造阅读背景？

1.概览能够创造阅读背景。概览能够对抗狭窄的认知，让你为阅读做好准备。心理学家大卫·奥苏伯尔指出，预习章节的基本内容能够创造出"先行组织者"（advance organizer），帮助学生在之后的学习中习得和记忆知识。当你再次认真地阅读相同的内容时，这些先行组织者就会成为熟悉的地标。约翰·李文斯通是普林斯顿大学的文学教授，他将这些地标描述成磁场中心，像磁铁一样吸引着各种观点、事实、详细信息群。

概览和运动员的赛前热身有什么相似之处？

2.概览会激活你的大脑。对于运动员来说，赛前热身能激活肌肉，并帮助他们做好心理准备。运动员都知道，成功依赖于顺畅收缩的肌肉、积极的心态和专注的大脑。预习课本内容对学生的作用和热身对运动员的作用是一样的。

如何通过概览克服惰性？

3.概览能够克服大脑的惰性。很多学生觉得打开课本是件很难的事。如果你是其中一员，就可以通过概览让自己进入学习状态。概览的作用是让你行动起来（图5.2旨在帮助你轻松记住如何系统性地概览课本的每一章）。

像领航员一样阅读

"像领航员一样阅读"是什么意思？

好的领航员在规划飞行航线时会查看整张地图。同样地，你在进行阅读前，也应该快速浏览你的阅读"领域"。在大多情况下，这意味着浏览章节的标题、副标题以及能够帮助确认章节关键概念的段落内容。快速浏览内容可以帮助你了解大致情况，从而选中阅读任务的地标，并帮助你发现各个部分对整体的重要性，以便在再次阅读时更轻松、更快速地组织书本中的信息。

像外科医生一样阅读

回忆你在电影或电视中看到的典型手术场景：外科医生脸上蒙着口罩，聚精会神地盯着手上的工作。旁边的工具盘中有序摆放着光亮的医疗器具，等待医生取用。英国著名历史学家，《罗马帝国衰亡史》的作者爱德华·吉本（1737—1794），采用了一种类似的方法，并将其命名为"了不起的回忆"。在开始阅读或写作前，吉本会一个人在书房待几个小时，或者出门散步，回忆与阅读或写作主题相关的一切。从某种角度来说，他就像外科医生一样，集齐思维工具，为之后的智力手术做好准备。吉本的这个机制非常成功。他之前有过的想法都浮现在眼前，帮助他理解新的观点和知识。近两个世纪后，阅读领域的研究为吉本的方法提供了科学依据。研究证实他这种激活相关知识的方法能够提高理解力。

提出你的问题

图5.2　概览课本章节

如何通过概览串联（TIES UP）章节元素

如果你能将一个章节的知识和元素串联起来，它们的含义就会变得更为清晰。在开始阅读前概览要读的章节可以帮助你做到这一点。

标题（**T**itle）：阅读章节的标题，大致了解主题内容。

引言（**I**ntroduction）：阅读引言性质的段落，了解这一章包含的主要观点。

结尾（**E**nding）：阅读章节的结尾部分。这是对整章内容的总结。你可以预先了解这一章的结论或经验。

小标题（**S**ubheadings）：快速浏览引言和结尾之间的主要小标题，构建章节的框架。

特殊元素（**U**nusual elements）：查找突出的特殊元素，例如，清单、文本框、加粗的内容、斜体内容或划线内容。

图片（**P**ictures）：浏览图片、图表、插图或其他图形元素。这些内容会简单总结章节中的重要观点，或者形象描述某个概念。

像记者一样阅读

如何像记者一样
阅读?

　　优秀的调查记者会讲述一个故事，用调查结果支持自己的故事，然后提出问题并寻找答案。尽管丹尼尔·韦伯斯特（1782—1852）是政治家、演说家，但他像一名一流的记者，非常注重准备工作。在进行系统性的查阅后，韦伯斯特会就以下问题列出清单：（1）他期望在阅读中回答的问题；（2）他期望获取的知识；（3）这些知识会指引他到达何处。这三份清单就是很好的准备工作示例。它们会指引他完成阅读，并确保他保持专注。

自信地导航

在完成阅读任务
时，如何抵达你的
目的地?

　　每个阅读任务都是一次旅行。你的目的地不是课本的最后一句话，而是理解整本书。那么，你该如何抵达目的地呢？你该如何自信地抵达你真正的阅读目的地？好奇的心态就是你前进的引擎，而了解课本内容的结构则能帮助你一直走在正轨上。

保持好奇心

提问

如何激励自己保持
好奇心?

　　要提高理解力，让阅读充满活力，保持好奇心是最好的选择。不要被动地阅读课本，你要通过各种方式不断增强在首次概览课本内容时与作者建立的联系：在阅读前言时不断地提问；思考你感兴趣的问题；写下问题，帮助自己定位并记住最重要的信息。这样有助于做好笔记，掌握相关信息。

在阅读时提问，第
一步要做什么?

　　如果你一开始不习惯在阅读时提问，那么可以先看看阅读任务中的标题和副标题，然后将它们转化成问题。对于包括SQ3R系统（见图5.3）在内的许多课本阅读系统来说，这都是重要的破冰方式。

SQ3R 系统

S Survey（概览）

快速浏览章节中的所有标题，并阅读末尾的小结段落（如果有）。这个概览过程不应该超过一分钟。你应该能看到 3～6 个中心思想。这些是章节内容展开的基础。这样的快速概览可以帮助你在稍后的阅读过程中整理各个中心思想。

Q Question（提问）

现在开始工作。将第一个标题转化成问题。这样能够引起你的好奇，从而帮助你理解课本内容。你的问题会让你回忆起已知的内容，帮助你更快速地理解课本中的内容。这个问题会让重要的信息从解释性内容中脱颖而出。你可以一边阅读一边将标题转化成问题，但这需要你有意识地努力。

R1 Read（阅读）

阅读相应段落或部分以回答你提出的问题。主动阅读。

R2 Recite（背诵）

阅读完相应段落或部分后，停下来，视线离开书本，尝试背诵问题的答案。如果你无法正确或完整地背诵答案，再读一遍。

R3 Review（复习）

逐页完成阅读和背诵后，返回章节开头，快速浏览标题和副标题，并简要回忆你所背诵的答案。按照这样的方式，完成一整章的阅读。这样你的脑中就有了这一章内容的完整鸟瞰图。

图5.3　SQ3R系统

来源：摘自弗朗西斯·P. 罗宾森所著的《高效学习》第四版的"SQ3R 方案的步骤"（pp.32-33）。版权所有 1941，1946，哈珀与罗出版公司。版权所有©1961,1970，弗朗西斯·P. 罗宾森。经出版公司授权转载。

将典型的课本标题或副标题转化成能够吸引你注意力的问题并不是件难事。例如，"关于记忆的基本事实"这个主标题可以转化成"关于记忆的基本事实有哪些"。方法虽然很简单，但

为什么将标题转化成问题能够帮助你阅读？

很有效。问题可以促进互动。当你察觉自己在有目的地阅读时，满满的参与感就会油然而生。如果你的问题很快得到了解答，就在已阅读的内容的基础上再提一个问题。

保持正轨

阅读时，你该怎么做才能确保自己保持正轨前进？

问题可以帮助你专注地阅读，但不一定能够确保你跟上作者的思路。即使你很主动地阅读，你怎么保证自己走的是正确的路线？幸运的是，你不是孤军作战。作者通常会提供一个详细的地图和大量的地标，以防迷失方向。确保阅读方向正确，你要像前往一个陌生目的地一样，看地图，根据标志前进。

看地图

作者如何为你提供地图？

大多数作者的写作结构都有迹可循。他们经常套用的模式可以帮助他们有效地排列自己的观点，并且帮助作为读者的你们像看地图一样跟随这些观点，直到发现作者的逻辑结论。熟悉这些模式后，你会发现跟随作者的脚步是件很容易的事。

移动模式

什么是移动模式？

作者常常会系统性地按照时间、空间或流程移动。一旦你看明白了，这些模式就是最容易追踪的。

在时间或年代顺序模式中，作者会按照事件发生的时间顺序进行编排。你可以通过作者使用的日期和某些字词（例如，"前些年""第二天"和"两年后"）快速识别这种模式。

在地点或空间模式中，作者会根据地点或方位关系展示或讨论相应内容。例如，作者可能采用空间模式，从西海岸到东海岸，介绍美国的地理特征。这种模式通常被称为"地理模式"。当这种模式被用在介绍公司结构时，例如，根据采购、生产、销售等环节进行介绍，也被称为"主题模式"。从一个内容到另一个内容的过程通常都是有序的，（如从左到右、从高到低、从南到北等），可以轻松追踪。

在流程模式中，作者会朝着目标或产品，有序地安排各个步骤或事项。组装自行车的方法和说明就是典型的流程模式。在这种模式中，你通常会看到"首先""然后""接下来""下一步"和"最后"这样的字眼。流程模式最常出现在计算机和科学课本中。书中会按照顺序描述某个流程，教导学生如何组装某件东西，如何运行某个程序，或者如何混合不同的材料。

重要性模式

组织事实或信息的另一个常用方法是按照重要性排序。

在重要性递增模式中，作者会将最重要或者最引人注意的内容放在最后。每一项内容都比前一项更重要，从而产生逐渐增强的效果。因此，这个模式也被称为"升温模式"。

在重要性递减模式中，最重要或者最引人注意的内容会出现在最开始的位置。这样的组织方式可以迅速吸引你的兴趣，从而提高你继续阅读的概率。报纸文章常常采用这种模式，记者将其称为"倒金字塔模式"。

因果模式

很多模式都可以表示一个事件导致另一个事件，但它们大多都是大家所熟知的起因−影响的变形。

在问题−影响−解决方案模式中，作者会描述问题（起因），解释它的影响，有时（虽然不是常常）还会给出一个解决方案。

在问题−起因−解决方案模式中，作者会采取相反的做法：首先说明困境（影响），然后阐述前情（起因），最后给出解决方案。简言之，写作时先写结果，再告知原因。

当然了，不是所有因果模式都会给出解决方案。在技术性科目中，普通的因果模式很常见。作者会定义变量，并解释它们产生的结果（影响）。此外，在社会科学中，行为−影响模式

如何组织重要性模式？

因果模式有什么共同点？

很常见。作者会描述一种行为（如教育资金增加），然后给出一个结果（如受过高等教育的雇员的平均收入更高）。

不论因果模式以何种形式出现，作者通常会借助"结果"或者"因此"这些字眼提示你。

对比模式

作者会在什么时候使用对比模式？

作者会通过对比来强调事物、时间或人物的相似性和差异性。作者可能会一次对比一个特征，也可能同时对比多个特征。这种模式很容易识别。你可以通过文中出现的各种相似或不同之处进行判断，也可以通过"同样地""相反"等字眼判断。

逻辑模式

逻辑模式有什么共同点？

在这类模式中，作者会给出结论，并进行论证。

在归纳模式中，作者会列举诸多事件，然后得出结论。重点句通常类似"因此，基于这些事实，我们得出这条重要原则……"

在演绎模式中，情况正好相反。作者会先说明原则或一般性声明，然后列举事件或证据。

按照指示前进

还有哪些元素会告诉你作者的最终方向？

没有地图，你可能无法鸟瞰你的前进方向，但如果你按照指示前进，至少能抵达目的地。文字格式的变化就像地标，能够在阅读时突出显示重要的字词、短语或句子。此外，一些文字指示牌（如"接下来""因此"或者"最终"）是重要的线索，告诉你课本内容朝着哪个方向前进。

文字格式的变化

打开任意一本课本，你会发现并不是所有字词的大小和字体都相同。虽然格式可能会有所不同，但总的来说，每本书都会通过不同的文字大小和字体来传达信息。注意这些排版上的差异，你就可能发现暗示结构的信号和强调信号。

提出你的问题

　　粗体字（加粗）常常指示课本的标题或副标题。作者也会利用粗体字让你注意文中的某个原则、定义或关键字。

　　斜体字（向右倾斜）起强调字词的作用。①

　　下划线的作用通常与粗体字和斜体字相同，具体视课本的格式而定。

　　● 间隔点（小标记，通常是圆形或者方形）用来罗列内容清单。

　　字体大小、颜色和位置常用来提醒你注意标题和副标题。请特别注意字号加大、颜色不同或者加了下划线的字词。

可以从一本书的排版中了解哪些含义？

　　一般情况下，在阅读前快速浏览课本，你就能破解排版密码。此外，你可以在前言部分寻找对格式的解释，尤其是不常见的格式。

标志词

　　尽管精确分辨出结构模式可以为你提供很大的帮助，但这项工作有时会很困难，甚至是不可能的。幸运的是，即使你无法通过暗示结构模式的标志词推断出作者的整体安排，这些指示牌仍然能够帮助你。表 5.1 列举了常见的标志词以及它们指引的方向。

如果你无法精确分辨结构模式，该怎么办？

表5.1　标志词

类别和示例	碰到这些字词时，你应该立即想到……
"举例"用词 　特别是 　举例而言 　例如 　举个例子 　也就是说	"例子来了，我得仔细确认我是不是看懂了刚刚的观点。"

---

①　这是英文的习惯。汉语并没有使用斜体字的习惯。——译者注

表5.1 （续表）

类别和示例	碰到这些字词时，你应该立即想到……
"起因-影响"用词 结果 因此 如果……那么 所以 于是	"这个词表示影响。我已经知道结果了，最好回头看看前面的内容，确认一下起因。"
"计数"用词 一共四步…… 首先、其次、第三 接下来、最后	"有很多步骤。我要记住它们，而且要确保顺序正确。"
"附加"用词 此外 也 以及 除此之外 还有 不仅……还有	"还有内容有待说明。请记住。"
"不同点对比"用词 另一方面 相反 尽管 但是、即使 然而	"另一方面的内容如下。来看看和之前的内容有什么不同。"
"相似点对比"用词 类似地 同样地 相当	"似乎有很多相似点。"
"转折"用词 但是 尽管如此 然而 仍然	"刚才的观点似乎有一些疑问。最好注意一下后面的内容。"
"让步"用词 为确保 事实上 尽管 诚然 当然了	"明白了！接下来是相反的一两个观点。"

表5.1（续表）

类别和示例	碰到这些字词时，你应该立即想到……
"强调"用词 更重要的是 尤其是 请记住 换句话说 终于	"接下来的内容似乎很重要。"
"重复"用词 换句话说 意思是 也就是说 简单来说 其实 正如我们所看到的	"另一种解释来了。这个可能更好懂一些。"
"时间"用词 之前、之后 不久前、很快 接下来 在……之前 / 期间 同时	"嗯！建立了时间关系。来看看谁先、谁后、谁在中间。"
"方位"用词 在……上面 在……下面 除……之外 临近	"不仅要把这些观点和事实放对位置，还要理解它们的关系。"
"总结"用词 鉴于以上原因 总的来说 总之 简单地说 简言之 最后	"下面是对上文的简单总结，肯定都是重要内容。"
"考试"用词（讲座） 这个内容很重要 这个要记住 你会再碰到的 这里有个陷阱	"似乎是个考点。最好注意一下。"

变换节奏

如何优化阅读节奏?

了解作业的结构，带着好奇心去完成。做到这两点，你就做好了阅读准备。尽管每个人都希望自己可以读得快一些，但一些不可避免的现实原因会限制你的阅读速度。此外，你想要读得更快的意愿并不能强加在你设定的节奏上。你的阅读节奏应该以课本内容的性质及其在整个科目中扮演的角色为基础。你可以通过以下方式优化你的阅读节奏：按组块阅读；根据段落的特点和重要性，有策略地提高或降低阅读速度。

了解你的极限

自我引导

为什么你无法按照速读提倡者承诺的速度阅读?

许多学生和普通民众都认为快速阅读是一个很容易习得的技能，并且可以应用于任何文章。遗憾的是，对于想从书本上学习知识的人来说，快速阅读实质上是毫无用处的。你当然可以提高自己的阅读速度。然而，你的眼睛、你的声带，以及理解和巩固所读内容的需求，这些都会降低你的速度。因此，你肯定无法达到速读提倡者宣称的惊人速度。

注意你的眼睛

关于阅读过程的最新研究有什么发现?

研究人员采用最新的计算机技术测量了阅读过程中的眼球运动，证实了长久以来的一个说法。你的眼睛并非沿着每个字不断地移动，而是在快速向前移动和短暂停顿之间不断切换。这种停顿（又称凝视）是非常有必要的，因为你的眼睛需要聚焦字体格式，将它们看清楚。当你的眼睛处于移动状态（又称扫视）时，它们在视网膜上记录的只是一团模糊的东西。

速读提倡者提出的是什么样的速度?

面对速读课程的广告宣传时，你要谨记这一点。有的课程广告宣称学员在结束培训后，每分钟可以阅读上千词，而且"几乎能够全部理解所读内容"。

　　快速阅读提倡者标榜的培训成果的基本前提条件如下：眼睛的一次注视，能够覆盖大量字词。一些速读提倡者说眼睛一扫就能看到多个词组，另一些则表示可以"一目多行"。甚至还有人说，一眼可以看完几段话，或是一眼可以看完一整页内容。拿出计算器吧，我们来看看事实到底如何。

快速阅读的基本前提条件是什么？

　　眼球运动摄影显示，大学生平均每秒凝视 4 次。阅读能力强的人平均每次凝视可看到 6 ～ 8 个有用的字母：其中 4 个字母位于凝视中心点的左侧，5 个或 6 个字母位于右侧（图 5.4 显示的是普通阅读者的凝视情况）。并没有证据显示，有人可以一眼看完一行内容。因此，如果有人告诉你将视线聚焦页面中心，然后向下移动，这样就能提高阅读速度，那么这是毫无根据的。你只会看到每行的一两个单词。

关于阅读速度，眼球运动摄影揭示了什么样的事实？

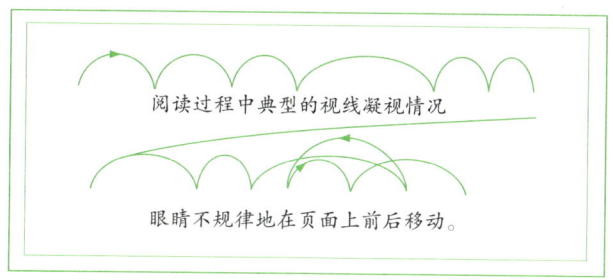

图5.4　普通阅读者的凝视情况
来源：凯文·拉森（Kevin Larson），《词汇识别科学》，微软排版，http://www.microsoft.com/typography/ctfonts/WordRecognition.aspx.

　　上述事实显示，最厉害的阅读者每秒可以看 10 个单词（每次凝视看到 2.5 个单词，每秒凝视 4 次）。因此，60 秒内，他们最多可以看到 600 个单词。这个算法并没有除去将视线从一行末尾移至另一行开头所需的时间，也没有除去眼睛"回视"（指眼睛在你毫无察觉的情况下，不定时地返回查看之前的字词）所花费的时间（占总时间的 10% ～ 15%）。当然了，这个算法还没有除去用于理解和巩固所读内容的时间。鉴于这些因素，某些人宣称的快速阅读目标不仅没有职业道德，还非常荒谬。事实上，在 1998 年，美国联邦贸易委员会起诉了一个知名的、大

阅读能力较强的人的阅读速度如何？

肆进行广告宣传的快速阅读系统，理由是它们的产品是虚假的，毫无事实根据。

坎宁安教授对快速阅读的速度抱什么样的态度？

加州大学伯克利分校的坎宁安教授的态度也不乐观。她指出，最高阅读速度大约是每分钟近 300 个单词。那么，速读专家宣称的每分钟上千词甚至是上万词是怎么回事呢？坎宁安解释说："宣称一分钟可以阅读一万个词的人，他们的阅读方式是略读。"导演、喜剧演员伍迪·艾伦曾附和过坎宁安的观点，但他的说法非常幽默："我上过速读课，在 20 分钟内读完了《战争与和平》。书里提到了俄罗斯。"（托尔斯泰的这部经典小说有 1000 多页。但是没错，书中确实提到了俄罗斯。）

聆听无声话语

什么是默读？

还有一个因素也会影响阅读速度，那就是"你的声音"。阅读专家将这个因素称为"默读"或"无声话语"。即使我们在阅读时没有发出声音，但似乎我们每个人也都会以不同的方式使用自己的声音。有的人会动动嘴巴，有的人会低声读出，还有的人会运用声带或者在脑中读出声音。速读提倡者这次可能说对了——默读似乎会降低阅读速度。不过，他们忽略了一个关键点：无论我们采取什么形式的默读，它都是阅读过程中的一个重要环节。也就是说，培训你戒掉默读的课程可能会干扰你理解和记忆所读的内容。近期关于阅读的研究显示，当你默读一个单词时，你实际上发出了声音，而这类似于在视觉之外，你再次确认了所读的单词。你的眼睛在识别单词，而你的声音处理则是为了确认你的识别是正确的。如果因为某个原因，你没有在视觉上识别出单词，你的声音可能就会站出来，帮助你识别它。

提出你的问题

几十年来，大量的实验及越来越精密的设备都显示了相同的结论。也许你可以不动嘴巴、不出声，但你无法完全抑制无声的话语。国际著名的语言学家小罗伯特·A.霍尔表示："阅读都包含或多或少的默读。"斯德哥尔摩大学阅读研究中心的阿克·艾德菲克进行了一系列医学测试，不仅支持了霍尔的观点，还做出了更进一步的结论："结果很清楚了，我们应该摒弃所有试图消除无声话语的培训课程。"事实上，美国国家航空航天局（NASA）的工程师不仅意识到无声话语是不可避免的，他们还将其视作潜在的沟通突破点。借助实验对象下颏上安装的传感器，他们不仅测量到无声话语的存在，还能够理解这些无声的话语。恰克·约根森是 NASA 团队的成员。他说道："人们利用默读系统思考词汇，并无声地和自己说话。尽管你听不到这种声音，舌头和声带却接收到了来自大脑的话语信号。"

别忘了理解

即使你可以以非常快的速度阅读字词，但这又能为你带来什么好处呢？毕竟，阅读的主要目的是理解。看到并不代表理解。麻省理工学院的一项研究表明，"即使是出色的阅读者，也很难一次理解多个单词。"此外，研究员贾思特和卡朋特发现，你的眼睛会持续凝视在一个单词上，不仅仅会持续到你认出这个词，还会持续到你理解了这个词。

根据近期的研究，大脑是如何处理字词的？

怎么会这样呢？我们大多数人明明觉得自己是在连续、快速地按顺序阅读，并没有察觉到任何停顿。在这一方面，阅读就像是在看电影。尽管电影的每一帧都是静态画面，但当电影以每秒 24 帧的速度投映时，我们会"看到"动态画面。同样地，当字词以每秒 7 ～ 8 个单词的速度投映到大脑时，我们就会觉得自己看到了实时、动态的内容。然而，大脑还是每次只"查看"一个单词。

为什么我们会觉得自己在快速、连续地阅读字词？

既然影响阅读速度的因素这么多，那么我们还能期望提高自己的阅读速度吗？你的期望依靠的不是增加扫视范围、缩短凝视时间或者是减少默读，而要依靠最重要的理解环节。如果你能减少花费在提取所读内容的含义上的时间，你的理解和阅读速度水平就能得到提高。要做到这一点，你可以按组块阅读，并根据段落的特点和重要性，有策略地调整阅读速度。

如何提高阅读速度？

按组块阅读

归类　　总结

分组和我们学习
阅读的方式有什么
关系？

我们无须思考，就会将字母分组成不同单词。回想一下你刚开始学习阅读时，你一个字母一个字母地拼读出一个单词。后来，你学会的单词越来越多，就不再将单词拆分成字母了。想想你的作业，如果要逐个字母阅读课本，是难以想象的。然而，如果一次阅读一个单词，你的任务就会轻松一些吗？如果你的作业有 10 页，每页 300 个单词，那么你要阅读和理解的是 3000 个单词。

分组如何帮助你理
解内容？

上文已经说过，我们每次凝视最多只能看到一两个单词，但我们可以将这些单词组成较大的群组，从而减少群组的数量，使我们能够更轻松地理解所读的内容。如果你放弃逐字阅读，而改为按词组、段落甚至页面来理解内容，你就会发现自己的理解能力大幅提升了。

一次阅读一个词组

语调如何帮助你更
好地阅读？

正如上文所说的，一定程度的默读是无法避免的。那么，为什么要让它干扰你的阅读，而不是利用它来提高阅读水平呢？要让默读帮助你快速阅读并理解所读内容，最好的办法就是利用"语调"。语调可帮助你自然地将单个字词组合成有意义的思维单位。这个单位比我们说话时使用的字词略大一些。要使用这个系统，请无声但带有情绪地阅读。这样一来，你就会还原字词在书面形式中丧失的节奏、重读、停顿等元素，从而让字词组成群组。这是缺少情绪的情况下无法实现的。要让无声的语调成为你的习惯，请先在私人空间大声朗读。花 10 ～ 15 分钟朗读小说的一个章节。要像读舞台剧剧本一样，运用夸张的声调。这样可以在你的大脑中建立自己的话语模式，以便你在无声阅读时，更容易"听到"自己的声音。这种语调可以帮助你提高所谓的"高级阅读能力"。自然地将字词归类成有意义的群组，可以帮助你更快速、更自动地解码文章内容，让你的大脑可以聚焦于最重要的理解环节。

一次阅读一段话

　　语调可以帮助你将字词组成富有意义的词组。你可以将词组扩展成段落：在每个段落结束时，停下来用一句话进行总结。要做到这一点，你必须掌握三类句子的功能：主题句 / 中心句、扩展句和结论句。图 5.5 展示了一个真实段落中的这三类句子。

做作业时，你该如何以段落为单位进行阅读？

　　主题句指出这个段落的主题（或者部分主题）。尽管主题句的位置并不固定，但它们常常出现在段落的开头。这个句子可让作者在写作时保持专注，也能让读者在阅读时保持专注。

主题句的作用是什么？

　　段落主要由扩展句组成。扩展句的作用是解释或证明主题。这些句子的内容包括，事实、原因、示例、定义、对比和其他相关详情。它们非常重要，因为它们的作用是说服你相信作者的观点。

扩展句的作用是什么？

　　课本段落的最后一句话很可能是结论句。它的作用是总结上文所讨论的内容，强调某个观点，或是复述主题句的全部或部分内容，从而结束这一段落。

结论句的作用是什么？

图5.5　解释性段落中的三大元素

主题句 —→ 亨利·福特可能是第一个丢车的人。你可能知道，福特发明了美国的第一辆汽车。那时，汽车还处在不断改进的阶段。他常常开车出去测试。这种"没有马的车厢"当然会吸引众人的目光。福特毫不在意，因为他在开车。当这位发明家离开的时候，有个好奇的人试图偷走他的车轮。幸运的是，由于汽车非常引人注目，小偷很快就被发现了。然而，亨利·福特仍然觉得气恼。最后，他养成一个习惯，每

扩展句

总结句 —→ 次停车时，都用链条将车子锁在路灯杆上。

理解这三类句子对
你有什么帮助?

理解了这三类句子,你就可以理解整个段落。这样一来,你就不再按字词、词组或者句子来阅读内容,而是按照段落进行分类。这不仅能够提高你对内容的理解,还可能提高你的阅读速度。

一次阅读一页

托马斯·巴宾顿·
麦考利遇到了什么
窘境?

托马斯·巴宾顿·麦考利(1800—1859)是英国著名的政治家 、历史学家、诗人和作家,《英格兰史》的作者。这本书出版后的销量仅次于《圣经》。我们来想象一下麦考利的窘境。他从三岁就开始如饥似渴地阅读,但在读完了一书架又一书架的书后,他发现了一个令人沮丧的事实:尽管他认识书上的每一个单词,但常常无法总结,甚至无法复述作者的观点。麦考利这样描述他的解决方案:

在每一页的页脚处,我都要求自己停下来思考这一页说了什么。一开始,我得重复读三四遍才能彻底明白,但我还是强迫自己坚持下去。现在,我只需要读一遍,就几乎可以从头到尾把内容复述出来。

麦考利的简单解决
方案是什么?

麦考利的解决方案包含了非常基础、实在和新鲜的道理:将每一页的内容作为他的基本理解单位。这里没有复杂的公式,只需要在读完一页内容时停下来,问问自己:简单来说,作者在这一页传达了什么信息?你在第 11 章将会读到,按页分组还是课本作业的复习基础。

调整速度

重塑

你的目标如何影响
阅读速度?

阅读时,平等对待每个字词是在浪费时间。不同的内容、不同的情况,需要采用不同的阅读方式。在某些情况下,你只要扫视（也就是快速浏览内容）就行。只要能够识别出姓名、日期、字词或词组，而无须关注它们的含义。而在另一些情况下，你需要降低你的速度，略读内容以理解其含义。如果你要寻找课本中的线索，或者试图了解文章或书籍的大致内容，那么这种程度的略读将非常有用。最后，当你需要努力抓住每个单词的含义，从而理解句子、段落和整页内容时，速度要让步于理解。通常情况下，越需要理解含义，阅读速度越慢。换句话说，你需要取舍。正因如此，你才需要在阅读时确定自己的目标，从而根据情况采用不同的速度。

扫读具体字词

如果你想在课本或文章中找到具体的姓名、日期、单词或词组，你需要将焦点放到每一个单词上。你可以进行搜索，因为这时你需要的是识别而不是理解字词。为了确保不错过你要寻找的字词或事实，把精神集中在你要寻找的内容上，当你的眼睛查看课本时，你的大脑要记住你的目标。专注可以帮助你的大脑从大海里捞出针。一旦你发现了目标字词或事实，就请停下来，以正常的速度阅读目标内容所在的句子或段落，了解上下文，以确保你找到的是你想要的。

扫读有什么作用？

通过略读寻找线索或理解大意

当你要寻找特定信息，又不知道它会以什么字词表述时，或者当你阅读一个段落 / 章节，想要了解它的大致意思时，你应该放慢阅读速度。在这种情况下，你要寻找的不仅仅是字词，还有含义。

略读的目的是什么？

在进行这类搜索时，你需要推断答案。例如，在阅读完巨人樵夫、民间英雄保罗·班扬的故事后，一位学生被要求回答保罗·班扬的出生地。答案是加拿大，但是文中并没有出现"加拿大"这三个字。这名学生需要进行推断。文中有一句话说的

如何通过略读搜索线索？

是保罗·班扬出生在圣劳伦斯河的源头。由于这名学生在地图上发现这条河的源头位于加拿大，因此她能够答出这个问题。

提出你的问题

要大致了解一篇文章的内容，请快速阅读引言和总结部分。然后，略读拥有中心句的段落，了解重要数据。要大致了解一本书的内容，请查看书本目录，或者选择标题与主题相关的段落，然后略读该章节，了解主要观点。这种略读方式可以用来辅助论文写作。当你要阅读大量看似与论文主题相关的书籍时，你可以通过略读剔除与主题无关的书籍，留下有关的。很显然，如果你尝试读完书目清单中的所有书籍，则需要花费大量时间和精力。然而，如果你采用略读的方式，就能很快判断出哪些书需要进一步阅读。

带着理解的目的进行阅读

什么时候需要细读，而不是扫读或略读？

扫读时，你寻找的是字母组合，确定它们组成的是不是某个单词或姓名。略读时，你寻找的是含义，不论是为了从段落或章节中搜索出线索，还是为了了解文章的基本内容。不过，大多数时候，你的阅读都属于常见的普通阅读类型。你需要收集每个单词的含义，然后将它们拼凑成完整的观点。你的目标是彻底理解内容。著名的教育心理学家、阅读专家罗纳德·卡弗将这种阅读方式称为"细读"，以便与"扫读"和"略读"这两种方式区分开来。普通大学生的细读速度如何？卡弗测量的结果表明，每分钟约 300 个标准单词，其中标准单词是指由 6 个字母组成的单词。我们在上文已经提过，按组块阅读和利用你的经验可以帮助你选择阅读的节奏，但是一般来说，如果你阅读的目的是理解内容，那么你需要以较慢的速度阅读。

采用不同的方法进行补充阅读

最好的补充阅读方法是什么？

对于许多科目，尽管作业范围通常只是课本，但老师常常会分配额外的阅读材料，作为对主要内容的补充。一般情况下，你不需要像掌握课本的主要内容一样掌握补充材料中的内容。

然而，一旦老师布置了这样的作业，你就必须完成。以下是我们的一些建议：

1. 理解作业内容。弄明白为什么要求你读这本书。你可以询问老师。了解意图后，你可以略读这本书，寻找相关的内容，摒弃剩余内容。

2. 阅读前言。我们在这一章的前面部分已经说过，前言中包含书本的内情。它会告诉你这本书与其他书有什么不同。

3. 查看目录。特别注意章节标题，看看它们与课本的章节标题是否有相似之处。如果标题相似的章节中包含与课本中相同的内容，那么你可以阅读不同的部分。

4. 确定模式。如果你还没有找到"角度"，请先阅读每一章末尾的总结段落。根据了解到的内容，为每一章做一些简单的笔记，然后根据这些笔记来判断整体模式。整体模式会针对作者的中心论点、原则、问题或解决方案给出提示。

5. 切中要点。不要在一知半解的情况下将书收起来。你只有清楚了解书本的内容，才可能在第二天谈论这个内容，或是在两周后写下相关内容。不要将时间浪费在细枝末节上，而是要确保自己可以答出一般性的问题：作者采用的主要方法是什么？和书本上的方法有什么不同？又有哪些相同之处？找到所有内容所围绕的中心思想。

6. 敢于从大处着眼。如果你勇气不足，就会将时间浪费在你很快就会忘记的小细节上。请选择大问题，并集中精力了解它。

小结

如果你因为阅读速度慢而感到沮丧，这是可以理解的。请

什么才是读者的
胜利？

继续努力，你会逐渐进步。我们生活在一个人人都想争第一的社会。但即便如此，我们还是要记住《龟兔赛跑》这个寓言故事——慢吞吞但坚持不懈的乌龟常常会赢得比赛。阅读速度快的人也许可以快一步完成作业，但读者的胜利指的是真正的理解，而不是速度快。

章节复习

填空

从句子下方的三个词中选择一个将句子补充完整。

1. 眼睛在阅读过程中的停顿被称为 _____。

扫视   凝视   停止

2. "接下来""因此"和"最后"等词的作用是 _____。

指示   分散注意力   语调

3. 语调可以帮助你将字词组合成有意义的 _____。

词组   整页内容   段落

配对

填写与左边项相匹配的句子。

___ 1. 查询时间 a. 可通过有语调的阅读来改进

___ 2. 前言 b. 帮助你将字词组合成有意义的词组

___ 3. 标志词 c. 会降低你的整体阅读速度

___ 4. 熟练度 d. 帮助记忆查阅课本章节内容的方法

___ 5. TIES UP e. 常常会揭示课本的整体结构

___ 6. 背景 f. 阅读时，眼睛会在你毫无知觉的情况下返回查看前面的内容

___ 7. 回视 g. 是最重要的学习前提条件

___ 8. 语调 h. 提供章节的结构线索

在正确的句子旁圈出"对"，错误的句子旁圈出"错"。　判断

1. 对　错　课本前几页的内容通常可以跳过不看。

2. 对　错　丹尼尔·韦伯斯特通过列清单做好阅读准备。

3. 对　错　一般情况下，你不需要像阅读课本一样仔细阅读补充材料。

4. 对　错　研究人员指出，你在识别单词的同时，也会发出它的读音。

5. 对　错　阅读速度快的人的一个特征是拥有出色的"认知词汇表"。

选择最准确的选项将句子补充完整。　多选

1. 你的眼睛在移动时，页面上的字词_____。

   a. 会变得更清晰　　　　　　b. 会变大

   c. 会变得一团模糊　　　　　d. 会变小

2. 查阅课本章节可以_____。

   a. 让你更有条理性　　　　　b. 产生磁力中心

   c. 提供熟悉的地标　　　　　d. 以上皆是

3. 按段落阅读的目的是得出一个总结性的_____。

   a. 单词　　　　　　　　　　b. 句子

   c. 段落　　　　　　　　　　d. 观点

4. 默读有时被称为_____。

   a. 无声话语　　　　　　　　b. 略读

   c. 扫视　　　　　　　　　　d. 低音

5. 解释性段落的主体内容是_____。

   a. 主题句　　　　　　　　　b. 扩展句

   c. 总结句　　　　　　　　　d. 介词短语

思考这章的大纲，然后运用自己的想法和经验回答每个问题。　思考

1. 在这一章中，我们用科学数据揭露了许多关于快速阅读

的虚假宣传，但仍然有很多学生报名速读课程。假设你的一位朋友想报名参加速读培训课，请用你自己的语言，将本章中有关速读的事实告诉他。

2. 这一章以领航员、外科医生和调查记者为例，列举了三类阅读准备。哪一种最适合你？为什么？

3. 哪种程度的分组最能够提高你的阅读理解水平，按字词、段落还是页面分组？阐述你为什么想将其添加为你的阅读习惯以及如何添加。

提出你的问题

提问系统利用页边的问题鼓励有效阅读。你应该已经注意到这章中的大部分段落旁都伴有一道问题。现在，轮到你来提问了。搜索这章中缺失问题的段落，重新阅读，确认中心思想，然后提出一个问题来引出中心思想。你可以参考上下文页边的问题，然后提出自己的问题。

背景故事

Fixation   凝视：眼睛不动的状态

fixation n. 1.The act or process of fixing or fixating. 2. An obsessive preoccupation. 3. Psych. A strong attachment to a person or thing.*

有些单词的含义很简单，解释却很多。"fixation"的词根"fix"就是这样的词。例如，眼睛凝视的地方就是你在阅读时，为了看到文中的字词，视线停住不动的位置。"fix"的拉丁语原形意为"使固定"。"fixation"（凝视）中的"fix"实际上是这个词在英语中的最早应用。诗人约翰·利德盖特在500多年前写下了"Hyr eyen she fixethe on him"（她的视线固定在他身上），大致意思相当于现今的凝视。当然了，利德盖特诗歌中的女主角把视线固定到她的男人身上，和你阅读时把视线固定到课本上是一样的，并不是实质上的动作。"fix"的这种象征性用法沿用到了之后出现的词义上。导航员了解（get a fix on）了飞机的情况，就能将它指引到具体地点。当你说自己在做早餐（fix breakfast）时，你的意思是把各种食材组合起来。当你修补破碎的陶器（fix a broken piece of pottery）时，你可能用到了胶水，也可能用线或螺丝刀修补（fix）其他东西。如果你发现自己被困住了，还可以说"in a fix"。如果瘾君子渴望修复（crave a fix），他可能想要毒品。即使是"prefix"（字面意思是"固定在前面）也遵循了这种模式。它被固定到了字词的前面。现在你已经知道了"fixation"背后的故事，应该就不会忘记这个词了。**

　　*摘自《美国传统英语字典》第四版的"fixation"条目（波士顿：霍顿·米夫林出版公司，2000 年），http://dictionary.reference.com/browse/fixation（2009 年 5 月 1 日查询）。

　　**参考以下内容：《美国传统英语字典》第四版的"fixation"条目（波士顿：霍顿·米夫林出版公司，2000 年），http://dictionary.reference.com/browse/vocabulary；"fixation"，《在线词源字典》，道格拉斯·哈珀（Douglass Harper），历史学家，http://www.etymonline.com/index.php?search=fixation；"fixation"，《牛津英语字典》，第二版，20 卷（牛津：牛津大学出版社，1989 年）。

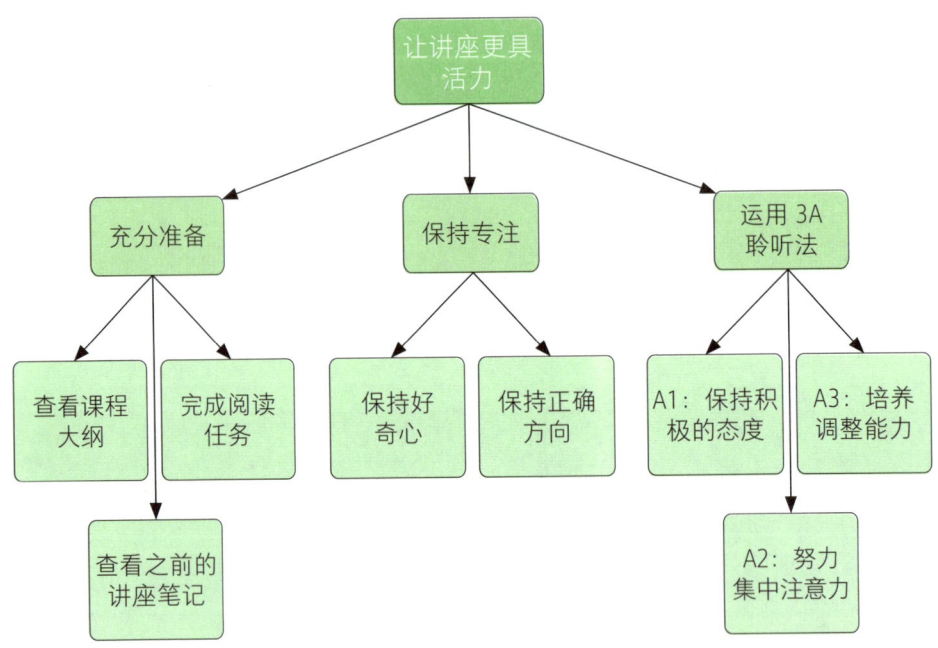

让讲座更具活力

你知道吗？大学期间的知识习得，大部分是靠聆听完成的，但许多人对这项重要技能抱着理所当然的态度，认为只要有耳朵就够了。事实上，听是有意识的行为。要想从讲座中学到知识，你需要积极参与其中。这一章会告诉你如何：

● 充分准备；

● 保持专注；

● 运用 3A 聆听法。

> "通过聆听，我学到了很多东西。很多人根本不听别人说话。"
>
> 欧内斯特·海明威（1899—1961），美国作家、记者

本章摘要

▶ 在一项研究中，讲座时 94% 的学生都未能完成的是什么事？

▶ 50 个讲座只有 5 处共同点。

▶ 讲座时被浪费的空闲时间。

统计数据告诉我们哪些关于"听"的事实?

据国际听力学会统计,学生一天中有 45% 的时间都用在"听"上,而且他们学到的知识,85% 是靠听获得的。然而,只有 2% 的学生接受过正式的听力训练。你可能觉得听是件很容易的事,因为我们一直在听。不过,听其实很难!在一场讲座中,你需要理解听到的内容,将信息存储起来,并将其与之后听到的信息相整合,从而根据新接收的信息调整你对讲座内容的理解。这还没有算上你为了保持注意力集中所付出的努力。卡伊·林达尔是《听的神圣艺术》的作者。她认为在听的过程中,在 75% 的时间里,"我们的注意力并不集中,频频走神,迅速忘记听到的内容"。此外,我们大多数人在聆听时保持注意力集中的平均时长只有 22 秒!

根据这些统计数据,我们似乎根本不可能通过聆听学到任何东西。尽管这些数据看起来对你不利,但你可以通过一些常规技巧提高聆听质量,让讲座更具活力。首先,你要做好充分准备,努力在讲座期间保持专注,并运用 3A 聆听法改善态度、提高专注能力并调整能力。它们能帮助你成为出色的聆听者。

充分准备

经验如何影响你对讲座内容的理解?

和阅读一样,你拥有的基本背景知识对听力理解有很大的影响。背景知识不仅包括你的词汇量和通过讲座形式获取知识的经验,还包括你对讲座主题的熟悉程度。你提前知道得越多,就越能理解讲座的内容。在一项研究中,研究人员调查了学生对两个主题的了解程度——淘金热和岩石种类。结果显示,学生对岩石种类的了解多于对淘金热的了解,而这对他们理解聆听内容有显著的影响。如果你没有足够的背景知识,却试图在已知内容甚少的情况下去理解大量相关内容,那么你的理解程度就会大打折扣。尽管你不可能立刻成为新学期要学习的新主题的专家，但你可以采取一些重要步骤，为即将到来的讲座做好准备。

你可以针对即将到来的讲座，调动所有可用信息，为演讲者将要演讲的内容准备知识背景。当然了，讲座不同于课本的章节，除非你已经将它们写下来或录下来，否则无法提前进行查阅。但对于大多数课程来说，可用的信息应该足以帮助你为讲座做好准备。你可以将每个讲座视为拼图的其中一块，拼的越多，你对剩余拼图的形状和尺寸就了解得越清楚。在为讲座做准备时，你可以将课程大纲、之前的讲座笔记以及相关的阅读任务视作一块块拼图。

> 你可以使用哪些信息为即将到来的讲座做好准备？

查看课程大纲

概述

如果教师严格遵守课程大纲，那么你可以阅读讲座主题列表，了解最新讲座大致的位置。你要特别注意之前的讲座、即将到来的讲座以及之后的讲座的主题和描述性内容。你可以通过将标题转化成问题，主动思考讲座主题。对于已完成的讲座，你可以尝试回答问题；对于还未进行的讲座，你可以猜测问题的答案。

> 如何使用课程大纲为即将到来的讲座做准备？

查看之前的讲座笔记

概述　　总结

每个讲座通常都以之前讲座中的概念为基础。大多数教师会假设你参加了之前的讲座，并且理解、记住了讲座的内容。毕竟，时间有限，教师们无法复述已经详细解释过的内容。尽管即将到来的讲座常常和之前的讲座都有一定的关联，但联系最密切的通常都是间隔最近的那个讲座。事实上，对于某些课程，每个讲座就像是连载故事的下一集。要了解一本小说的第 2

> 为什么查看之前的讲座笔记对即将到来的讲座有好处？

章说了什么，你要知道第 1 章的内容。讲座也是如此。

完成阅读任务

阅读任务和即将
到来的讲座有什么
关联?

有的教师会布置阅读任务，为即将到来的讲座做准备。有的教师则会用阅读任务来巩固刚刚完成的讲座的内容。不论出于哪种目的，查看这些阅读内容都可以帮助你找到"先行组织者"，让你更轻松地理解和记忆即将到来的讲座的内容。如果讲座中包含你不熟悉的名称或词汇，那么查阅的作用就会尤其明显。

保持专注

如何在讲座期间保
持专注?

即使最认真的学生也可能在一场讲座中多次走神。成功的聆听者和失败的聆听者最常见的差别在于，前者能发现自己走神，并有意识地恢复专注状态。尽管没人能够完全消除走神的可能，但你可以通过以下方式在讲座期间保持专注：保持好奇心，并积极寻找可以帮助你保持正轨前进的标志。

保持好奇心

如何保持好奇心?

你不能期望自己在不专心的情况下，恰巧听到讲座中最重要的内容。虽然充足的睡眠和端正的坐姿可以帮助你提高警觉度，但成为一个积极的参与者的秘密在于保持好奇心。提出问题，不论是大声说出来，还是在心中默念，都能解锁内容的真正含义，而这是被动地听所无法实现的。

讲座中的演讲者和
聆听者分别扮演什
么样的角色?

尽管课堂讲座上的沟通看似是单方面的，但演讲者和聆听者都扮演了非常重要的角色。演讲者的责任是清楚地表达自己的观点。聆听者的责任是理解演讲者所说的内容。如果演讲者传递的信息不明确，而聆听者提出疑问请求释惑，那么双方都能从中受益。演讲者将受到鼓舞，并会因为了解听众的兴趣所在而感到高兴。聆听者可以集中精神去听演讲者的解释，并为自己提出了其他胆怯的聆听者不敢提出的问题而感到自豪。

和提问一样重要的是理解。这通常属于自发行为。弗吉尼亚大学的一位教授进行了一项调查，发现 94% 的学生在一个学期里，至少有一次未能理解课堂讲座中的某个内容。70% 的学生放弃过提问机会。当这位教授询问学生沉默的原因时，得到了以下回复："我怕别人觉得我蠢。""我不想引人注意。""我怕没面子。""我很困惑，不知道该怎么提问。"要驱散对提问的恐惧，你只需记住，没有问出口的问题才是最蠢的问题。消除疑问最好的方式是承认它的存在："我没有听懂你刚刚说的内容"，或是"我不明白这个例子和你说的重点内容有什么关系"。和大多数情况一样，此时，诚实就是最佳策略。

提出你的问题

尽管有时候你没有机会直接向演讲者提问，但保持好奇心不仅仅体现在提问上。它还意味着在主动聆听讲座的情况下，保持警觉和好奇。语言学家戴维·纳南认为，聆听者是"含义的创造者"。你吸收讲座中的每一个观点，然后在自己的大脑中将其重建。预测的意思是不断猜测演讲者的演讲方向及新观点的出现。你有时可能会猜错，但只有在你紧跟演讲者的节奏，并为讲座做了充分准备的情况下，才有可能进行这种"基于经验的猜测"。不论对错，猜测讲座的进程都可以帮助你保持好奇心和专注力。

如果无法向演讲者提问该怎么办？

保持正确方向

专注

看一看美国公路图，你会发现经由 90 号州际公路，你可以从波士顿一路向西，穿过 13 个州，到达西雅图。跨越 5000 千米

路线图在越野赛中的作用是什么？

的路线图不会告诉你什么时候左转，什么时候右转，即使是在你到达两个州的交界处时也一样，但是借助这张路线图，你可以清楚地了解整个行程的走向。

宏观标记有什么用途？

被称为"宏观标记"的元素，它们对于讲座的意义就如同地图中划出的路线图对于越野赛的意义。它们会告诉你讲座在哪里，目的地在哪里以及如何到达目的地。大致了解了讲座的方向及演讲者的路线后，你会发现自己可以更轻松地理解和记忆重要的概念，并将这些概念和途中其他有趣但有点偏离线路的信息区分开来。

微观标记的作用是什么？

曾驾车越野的人都知道，大幅的地图只能为你勾画出部分的蓝图。你在途中还要做出一个又一个小决定。你得知道要走哪条道、哪个出口才不会迷路。那里就是"微观标记"（也就是讲座中的指示牌）该出现的地方。为了最大程度地从讲座中受益，你需要阅读地图、遵照指示前进，从而确保不偏离方向。

阅读地图

阅读地图如何帮助你识别结构模式？

讲座的进程有时和越野赛路径一样，采用空间模式。但和通往地理目的地的路径不同，讲座不仅有方向，演讲者还可以采用很多其他方法来组织信息。一份调查分析了 50 场大学讲座的内容。这些讲座讲述的都是社会科学和人类学方面的入门性内容。分析结果显示，几乎所有讲座都采用了五种基本模式，即主题-清单模式、时间-顺序模式、对比模式、因果模式、问题-解决方案模式，或者这些模式的组合。（主题-清单模式基本相当于第 5 章中阐述的演绎模式）。聆听者必须熟悉这些模式。一旦识别出演讲者所选择的具体路线，聆听者就可以将其作为理解、组织和记忆讲座地标的框架。第 5 章介绍了作者和演讲者最常采用的几种结构模式，不过演讲者常常会根据听众的具体情况调整这些模式。

经验丰富的演讲者知道聆听者要面对的特殊挑战。他们明白你对讲座的控制力不同于对作业的控制力。毕竟，除非你将讲座录制下来，否则你无法重复听到第一次聆听时未能理解的内容。即便面对讲座中难以领会或非常重要的内容，你也无法放慢播放速度。因此，演讲者常常会在讲座中利用额外的助航措施（如路线图、摘要和重复说明），帮助你一直在正确的路径上前行。

　　路线图。尽管警觉度高的聆听者通常可以借助关键字和关键词发现讲座的整体结构模式，但一些演讲者还是会事先提供这些信息，以帮助所有聆听者更轻松地了解它们。这些演讲者会打印大纲内容或讲座要点，将其分发给学生，或是将这些内容显示在屏幕上。这样一来，聆听者就可以视需要随时查看，从而确保自己的方向正确。根据经验，如果教师费力为你提供了路线图，那么这张图肯定能够帮助你理解讲座内容。

　　回顾。由于口述的内容比书面内容更难记忆，因此演讲者常常会回顾讲座中的要点，然后再继续讲解另一个要点。这不仅给了你再次检查自己是否理解每个要点的机会，也让每个要点之间的关系变得更为清晰。

　　重复。演讲者会通过有意重复来确保聆听者跟上讲座进度。其中一个方法就是在讲解下一个要点前，重复前一个要点的内容。在课本中，当作者第一次提及一个人时，会使用这个人的全名，而后在整个段落甚至整个页面中，使用人称代词指代此人。演讲者知道你可能无法确定人称代词指代的是谁，因此常常会完整陈述人物名称。同样的情况也适用于重要的地点、概念或术语。演讲者会一遍又一遍地提及，而不会要求你记住"它"指代的是什么。对于书面内容，这种重复也许是不必要的，但在讲座中却是种澄清说明内容的方法。

按指示前进

　　在整个讲座期间，演讲者通常会给出指示，为你指明正确的理解之路。字词的声调和组织方式都是线索，暗示演讲者的

熟练的演讲者还会在讲座中采用哪些助航措施？

一些演讲者会提供什么类型的路线图？

回顾讲座内容的作用是什么？

演讲者有时会采用什么样的重复方式？

哪些指示可以帮助你理解讲座或阅读材料的内容？

目的和路径。

注意声调

声调对字词的含义
有什么影响?

声调对字词的含义有着重大影响，即使是"对不起"这样简单的字词也不例外。不同的语调，可以表达出礼貌、迟疑、试探或怨恨。相同的词汇会因为不同的声调而传递出不同的信息。当你在聆听时，如果只注意字词而忽略表达字词的语调，那么你可能会错失字词中蕴含的关键含义。

提出你的问题

大学讲座演讲者的语速大多为每分钟 120 个单词。也就是说，在 50 分钟的讲座期间，演讲者会陈述大约 6000 个单词。在听讲座时，如果发现自己迷失了方向，你并不能像阅读时一样，折回去重新寻找路线。因此，在讲座期间，寻找信号尤为重要。除了字词，声调（也就是演讲者的声音变化）是口语中最重要的信号。声调包含三个要素：音量、停顿和节奏。

音量。一般来说，在开始讲解重要内容时，演讲者的音量会发生变化。他们会提高或降低自己的音量。

停顿。演讲者会在重要内容的前后停顿片刻，将之与其他内容区分开来。实际上，停顿还有一个重要的作用，就是给予学生额外的时间记笔记。

节奏。演讲者说话的节奏，就像你在课本中看到的项目符号列表一样，演讲者常常会通过固定的节奏来陈述一系列重要观点。他们有时甚至会采用相同的字词作为每个观点的开头。

在聆听过程中识别标志词

讲座中标志词的作
用是什么?

不同于构建整个讲座结构的"宏观标记"，"微观标记"提供的都是较小的指示牌，用来强调特定的观点，或者指引你从一个观点走向另一个观点。例如，"这很重要""记住这点""以后还会遇到""这是个陷阱"，这些语句通常表示你该记笔记了，这些内容很可能会出现在试卷中。此外，"但是""例如"，以及

"而且"之类的词汇在讲座中的作用和在课本中的作用一样，都是路标，告诉你在此处转弯，防止你迷路。第 5 章中的表 5.1 罗列了讲座和课本中常见的标志词清单。

运用 3A 聆听法

确保聆听效率的技巧很简单，但常常被人无视。

你要做的是分辨拙劣聆听者的坏习惯和出色聆听者的技巧，并将这些技巧运用到日常生活中。

成为出色的聆听者意味着百分之百的专注。聆听是有意识的活动，以三个基本技能为基础，即态度（Attitude）、专注力（Attention）和调整能力（Adjustment）。这三项技能统称为 3A 聆听。

成为优秀的聆听者需要具备哪些条件？

A1：保持积极的态度

自我引导

你可以采取各种各样的方法来提高聆听效率，但有效聆听的首要前提条件是积极的态度。积极的态度可以让你的思维保持开放，而这对学习和理解至关重要。凯文·J. 墨菲是商人，也是记者。他在《有效聆听》中写道："思维就像降落伞，只有在打开后才能发挥功用。"不论是坐在课堂中，还是观看视频讲座，你都要相信自己能获取新的知识和见解，从而学到真正有价值的东西。

为什么需要积极的态度才能有效聆听？

培养积极的态度不是件简单的事，却值得我们为之努力。如果你正在这么做，那么可以尝试在别人的言语中寻找自己感兴趣的内容，评判他人观点的内容而不是表达方式。当你不同意他人的说法时，请忍住不要争论。

如何培养积极的态度？

找到兴趣所在

如何在"枯燥"的讲座中找到你感兴趣的内容？

为讲座贴上"枯燥"的标签是件简单的事，任何人都能做到。大多数演讲者都竭尽全力呈现一场有趣且内容丰富的讲座。不过，要实现这个目的，仅仅凭借他们自己是不够的，还需要你的努力。不要在需要全神贯注聆听讲座时，无视教师或是去翻课本，这是在浪费时间。讲座中总有你感兴趣的元素。

当然，很多时候，你无法迅速找到自己感兴趣的内容。记得第 3 章中的詹姆斯–兰格理论吗？尽管我们通常都认为情绪会触发生理反应（例如，当你感到快乐时，你会微笑），但大量最新研究得出了相反的结论。也就是说，微笑有时会让你感到快乐。同样的，对于暂时未能吸引你的内容，表现出对它的兴趣有时会促使你产生真正的兴趣！集中注意力，积极记笔记，通过面部表情展示你的兴趣，最终可能会让你对原先不感兴趣的内容产生真正的兴趣。

评判内容而不是表达方式

讨论性评价最重要的一个方面是什么？

有时候，当演讲者的表达未能达到预期的标准时，聆听者会表现得很无礼，或是很苛刻。请记住，伟大的思考者通常都不是出色的演讲者。尝试以宽容的态度聆听每一场讲座，集中注意力聆听演讲者说了什么，而不是怎么说的。如果能够这么做，你不仅能塑造出积极的个人形象，还能学到东西。

别开火

如果别人说了或者写了你不认同的观点，该怎么办？

在大学里，你很容易发现与你的想法不同甚至是截然相反的观点。出现这种情况时，你下意识的反应可能是立刻发表看法，捍卫你的观点。别开火！即使你不认可别人的观点，也请尝试理解它们。如果你将全部精力放在反驳别人的观点上，那么在讲座剩余的时间里，你就无法专心聆听。在这样的字词战争中，理解通常是第一个牺牲品。

A2：努力集中注意力

专注 —— 自我引导

注意力是通向完美专注状态的路径。如果无法保持专注，那么你几乎无法学到任何东西。如果你集中注意力并保持专注，你就会成为一个主动的聆听者，能够将新的知识和你已知的事实和观点结合起来。

注意力的重要性体现在哪里？

预测讲座内容常常能够促使你保持注意力集中。在上课前，查看之前讲座的笔记，再花一点时间猜测教师今天可能讲述的内容。讲座开始后，让你的大脑（在停顿期间）走在前面，预测即将要讲述的内容。你会变得警觉，能够将注意力集中在资料上，从而保持 100% 的专注状态。

如何激发预测行为？

当然了，我们在第 1 章中已经知道，当你专注于保持专注时，你的专注状态已经被破坏了。你的注意力必须集中在讲座上，而不是在保持专注上。深度认知或深度思考至关重要。听讲座时，字词会进入工作记忆区。你需要快速处理这些字词，以免它们被你的记忆丢弃。主动聆听可以确保字词被保存下来。如果将它们处理成观点，这些观点就会立即被存储到你的长期记忆区。

你应该将注意力集中在什么内容上？

通过以下方式，你可以培养出能够将你引入专注状态的注意力：聚焦于观点而不是事实；努力投入其中；屏蔽干扰；利用口语和思维之间的天然速度差，让大脑提前一步，思考当前观点并预测接下来要陈述的观点。

如何培养可以将你引入专注状态的注意力？

边听边找观点

不要模仿《天罗地网》中的探长，总把"事实，女士，我们要忠于事实"挂在嘴边。事实当然很重要，而且我们常常要接受事实的考验，但事实本身无法集合成一个整体。为了整理笔记上和脑中的信息，请寻找事实背后的观点。努力发掘每个事实支持的原则或观点。尝试去发现每片拼图如何拼成一幅画作。

边听边找事实而不是观点的缺点是什么？

努力去听

怎么努力去听?

聆听不是被动的，而是需要你真正参与其中。好的聆听者会保持百分之百的专注，外表平静，内心活跃。他们会坐在教室的前排。在记笔记时，聆听者可能会点头表示同意，或是因为听到不清楚的内容露出疑惑的表情。这些姿态不仅仅是做做样子，而是能够促进聆听者理解和学习讲座内容，且对演讲者来说也是一种反馈。

抵制干扰

在讲座期间，如何抵制干扰?

课堂中有很多干扰因素：其他同学的滑稽动作、窃窃私语声、演讲者的衣着和习惯动作、外面的噪音、外面的风景。有时候，学生甚至会在演讲者说话时上网或发信息！要抵制干扰，保持注意力集中，最好的办法是尽可能将视线集中在演讲者身上，或是集中精神记笔记。这是建议你坐在前排的另一个原因。离演讲者越远，干扰的强度就越大，尤其是在大教室听讲座时。

利用思维的速度

如何发挥思维速度的优势?

在观点赛跑中，思维的速度快于口头语言。大多数人领会观点的速度快于他人表达观点的速度。"思维速度"会给予你一点时间差，使你的大脑在这期间容易四处漫游。与其将时间浪费在做白日梦或思维漫游上，不如进一步思考演讲者刚刚陈述的内容。在脑中罗列出陈述过的观点，并进行总结，直到时间差结束，再将注意力集中到讲座上。在整个讲座期间，你可以不停地切换这种模式。

A3：培养调整能力

自我引导 —— 重塑

尽管大多数演讲者都倾向于指明他们想在讲座中陈述的内容，但你还是要在思想上做好准备，不论演讲者是否沿着既定路线前进，你都要跟上他们的步伐。有时候，演讲者会说："这个事件有三个重要的结果。"但他们最终可能会说出第四个、第五个。另外，听众的提问会突然转移演讲者的焦点。在这些情况下，你不能直接忽略预期之外的内容，必须"迎难而上"。因此，调整能力是有效聆听的一个重要因素。你可以通过以下方式培养调整能力：灵活记笔记、锻炼思维（旁听不熟悉的科目），以及保持思维开放（吸收你原先想屏蔽的观点和信息）。

提出你的问题

灵活记笔记

记笔记的灵活性取决于知情聆听。知情聆听是指，能够分辨出演讲者所采用的结构模式。如果你事先知道讲座的基本结构，就可以轻松分辨它们。一旦发现了模式，你就拥有了一个架构，可以用来预测信息的形式，并调整笔记的记录方式。同样的，在演讲者改用另一模式后，灵活的笔记记录者应该能够进行调整并重新构建架构。

灵活记笔记的关键要素是什么？

锻炼思维

你可以时不时地去旁听自己不熟悉或是完全不理解的领域的讲座。听这样的讲座时，务必努力跟随演讲者的思路。当然了，某些内容你很难理解，但还有一些内容你一定能听懂。聆听这样的讲座是个艰巨的任务，但就像努力锻炼可以强壮你的肌肉一样，努力去听那些陌生、难懂的内容也会提升你的专注度和韧性。

如何锻炼思维，让自己成为更出色的聆听者？

保持思维开放

你可能很难相信一个简单的词就会导致情绪爆发，但我们所有人都有可能做出这样的反应。在课堂上，这样的词有可能让你血压飙高、情绪失控。这些臭名昭著的敏感词包括，激进主义分子、基要主义者、自由主义者、保守派、进化、创世论、女权主义者、堕胎、反堕胎和自由市场。应对这些含义丰富的

如何防止含义丰富的字词干扰你的投入度？

词就像是应对恐惧症。通常情况下，坦白和开放式的讨论可以降低这些词对情绪的影响。你可以说出不同意见。这就像是投下一颗燃烧弹，你不该坚定地保持沉默。认真聆听不同角度的看法，你可能会学到完全没有听过的知识。

小结

经验丰富的纪录片制作者常常使用哪种技巧？

所有领域的艺术家都渴望沟通和表达自我，无论是通过舞台、书本、音符、绘画，还是银幕。纪录片常常包含力量巨大的信息，这就是艺术家的这种渴望的典型范例。然而，经验丰富的纪录片制作者常常会使用一种出人意料的技巧。他们在为影片进行采访时，通常不会问这问那，而是打开镜头，提出一个简单的开放式问题，然后耐心地等待被采访者尽情地表述自己，不论需要多长时间。因此，我们从很多发人深省的纪录片中学到的东西并非制作者的观点，而是来源于制作者无与伦比的聆听能力。

章节复习

填空

从句子下方的三个词中选择一个将句子补充完整。

1. 出色的聆听者会将注意力集中在演讲者的＿＿＿＿＿＿。

　　表达方式　　　　外表　　　　　观点

2. 你可以将每一个讲座视作＿＿＿＿＿＿的一部分。

　　课本　　　　　　讨论　　　　　拼图

3. 听讲座时，注意力通常来源于＿＿＿＿＿＿。

　　外表　　　　　投入度　　　　赞同

填写与左边项相匹配的句子。

___1. 表达方式   a. 为即将到来的讲座提供背景知识

___2. 暂停   b. 可能打断部分聆听者对讲座内容的专注

___3. 声调   c. 可以将中心思想和其他内容区分开来

___4. 路线图   d. 可以显著改变简单字词的含义

___5. 回顾   e. 帮助聆听者确认演讲者所说的是谁或

                   是什么事

___6. 重复   f. 速度快于写或说

___7. 思维   g. 观点变换时可能伴随的内部摘要

___8. 课程大纲   h. 帮助聆听者了解讲座结构的概述或话题

在正确的句子旁圈出"对",错误的句子旁圈出"错"。

1. 对   错   学生习得的知识 85% 来源于聆听。

2. 对   错   一项研究显示,在一个学期中,94% 的学生至
                 少有一次在课堂讲座中遇到过未能理解的内容。

3. 对   错   大多数学生在讲座中遇到不懂的内容时都会毫
                 不犹豫地提问。

4. 对   错   微观标记可用于强调具体观点,或者指示你从
                 一个观点转向另一观点。

5. 对   错   聆听陌生领域的讲座是锻炼思维的方式之一。

选择最准的选项将句子补充完整。

1. 大多数大学讲座演讲者的语速是_____。

   a. 一分钟 55 个单词

   b. 一分钟 120 个单词

   c. 一分钟 300 个单词

   d. 以上皆不是

2. 通常来说,在介绍重要观点时,_____会发生变化。

   a. 温度   b. 方向

c. 态度   d. 音量

3. "但是"和"此外"这样的字词属于_____。

a. 偏见   b. 标志词

c. 微观标记   d. 节奏

4. 有效聆听的主要前提条件是_____。

a. 积极的思想态度

b 系统化的笔记技巧

c. 彻底的听力检查

d. 以上皆是

5. 当你不同意演讲者的观点时,你应该_____。

a. 开始练习如何反驳

b. 自动判断对方说的是错误的

c. 认为对方的说法存在偏见

d. 记录下来,但是继续聆听

思考

思考这章的大纲,然后运用自己的想法和经验回答每个问题。

1. 你是否已按照本章建议的方法为讲座做准备?如果是,请解释哪方面的准备最有价值。如果不是,你觉得哪一方面的准备可能对你帮助最大?为什么?

2. 既然聆听在大学学习中如此重要,那么为什么这个问题的关注度这么低?

3. 你觉得 3A 聆听法的哪种方法最简单实用?为什么?哪一种最难?

提出你的问题

提问系统利用页边的问题鼓励有效阅读。你会注意到这章中的大部分段落旁都伴有一道问题。现在,轮到你来提问了。搜索这章中缺失问题的段落,重新阅读,确认中心思想,然后提出一个问题来引出中心思想。你可以参考上下文页边的问题,然后提出自己的问题。

背景故事

Listen　听：这个单词中包含你听不见的字母

listen intr.v.　1. To make an effort to hear something. 2. To pay attention; heed.[*]

　　如果说还有比"听"更深的陷阱（你在听的过程中可能产生误解或是无法理解听到的内容），那就是"听"（listen）这个单词本身。你甚至听不到"listen"中"t"的发音。几百年前，当两个相似的古英语纠缠在一起时，这种情况就已经存在。

　　尽管有不少英语单词中都包含不发音的"t"，但"listen"的背景故事稍有不同（包括"moisten"或"soften"在内的其他这类单词，它们大多是为了发音简便才省略了"t"的发音。另一方面，"often"中的"t"是否发音，你可以自行选择。这应该是两种情况过渡的证明）。古英语中有两个近义词"hlystan"（意为倾听、聆听）和"hlysnan"（意为聆听）。前者在演变成"list"的过程中，"t"得以保留。"list"是个老顽固，它的含义至今基本未变。"hlysnan"则演变成现代英语"listen"。它的拼写方式遵循了它的近亲"list"，但"t"保留了最初的发音方式——不发音。对了，有人说"横倾的船"（listing boat）和"聆听的人"（listening person）是有关联的，因为二者都容易倾斜（tilt）。不管这种说法是否有道理，多听听总不会错![**]

---

　　[*] 摘自《美国传统英语字典》第四版的"listen"条目（波士顿：霍顿·米夫林出版公司，2000 年），第 1021 页。

　　[**] 参考以下内容：《美国传统英语字典》第四版的"listen"条目（波士顿：霍顿·米夫林出版公司，2000 年），第 1021 页；《美国传统英语字典》第四版的"list"条目（波士顿：霍顿·米夫林出版公司，2000 年），第 1021 页；"listen"，《在线词源字典》，道格拉斯·哈珀（Douglass Harper），历史学家。

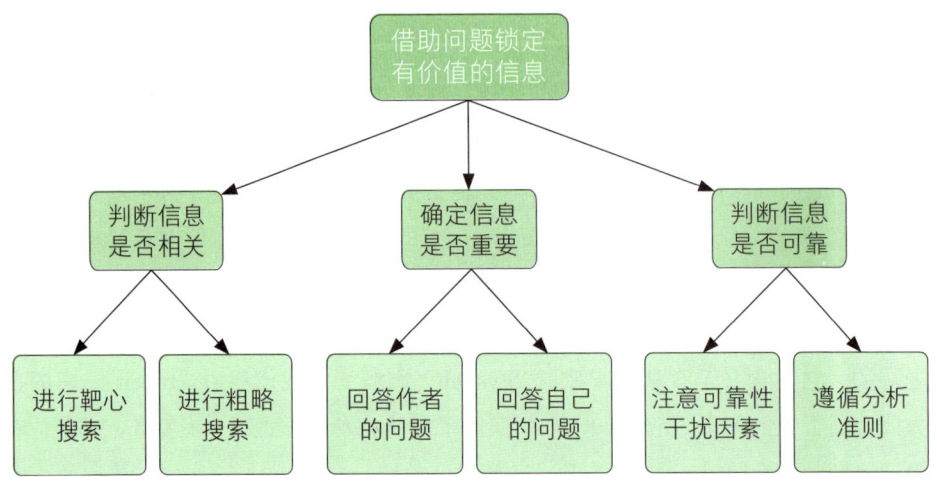

借助问题锁定有价值的信息

你不可能掌握一天中接触到的所有信息。你必须进行取舍。因此，你需要借助问题瞄准最有价值的信息。这一章会告诉你如何：

- 判断信息是否相关；

- 确定信息是否重要；

- 判断信息是否可靠。

你不仅要瞄准目标，还要用尽全力拉满弓。

亨利·大卫·梭罗（1817—1862），美国作家、哲学家、自然主义者

本章摘要

▶ 广为流传的第一个安装浴缸的总统的故事完全是个骗局。

▶ 鲜为人知的夏季威胁比鲨鱼袭击更危险。

▶ 冰激凌消费和犯罪之间存在令人意外的关联。

为什么存在那么多可接触的信息？

现今社会，人们接触到的信息是任何时代都无法比拟的。由于互联网及大量电子文档和数据库的存在，大多数人只需要动动手指，就能获得从前的学生需要步行或开车几千米才能获取的资料。然而，堆积如山的信息也有不利的一面。作家大卫·申克称其为"信息烟尘"。申克解释说："我们因信息蓬勃发展，也可能因信息而窒息。"

如何防止信息过载？

那么，我们该如何从信息中受益，却不会因其而窒息？提问是关键所在。问题可以将你从被动的学习者变为主动学习者。它们就像一台引擎，驱动你的整个理解过程。早在2400年前，人类就已经意识到了问题的力量。古希腊哲学家苏格拉底（前469—前399）发现，除了单向授课，他可以通过一系列精心设计的引导性问题，使学生在回答问题时自行理解内容并得出结论。

问题如何帮助你学习？

学生可以借助问题激活自己的学习过程，了解学习的意义。事实一次又一次地证明，当某个科目的学习遇到瓶颈时，你可以通过提问取得突破。主动学习者不会期待含义会像玩偶匣里的玩偶一样，突然跳出来。他们会主动出击，借助自己提出的问题，从阅读材料和讲座中提取所需的含义。

如何锁定最有价值的信息？

通过提问，你应该可以穿透厚厚的信息迷雾，锁定你所阅读和听到的信息中真正有价值的部分。问题就像一束激光，帮助你将注意力聚焦在相关、重要且可靠的信息上，也就是那些值得保留的信息上。

判断信息是否相关

如何判断信息是否相关？

信息是否相关与你的关注点有关。如果你住在上海，那么北京的天气预报可能与你无关。因为那和你在上海的生活没有关联。另一方面，上海的气温和交通状况则可能与你有关，尤其当你准备出门时。

不相关的信息有点类似第 1 章中提及的干扰元素。它们可能会搞砸你的理解过程，让你难以集中精力，难以明确地思考，难以快速有效地做出决定。数学教师常常会布置一些文字题，其中有意包含一些不相关的信息。例如，在一道根据行走者的行进速度和时间计算路程的题目中，你可能会看到描述鞋子和运动短裤颜色的字词。这两处细节就是不相关的信息，因为它们与你的关注点无关。也就是说，它们与这个人以某个速度行走多长时间可以完成的路程无关。

不相关的信息会造成什么问题？

你的关注点越集中，就越容易摒弃无关的信息。如果你想了解帝国大厦的一切，那么它的高度（444 米）就是相关信息。如果你想参观帝国大厦，那么你想了解的信息就更有针对性，而高度就成了不相关的信息。相关的信息包括，大厦的地点、可以搭乘的交通工具，以及所需的时间。因为这些信息与你的目的（也就是参观帝国大厦）有关。

如何减少不相关的信息？

你需要先知道关联的对象，才能判断相关信息是否与其有关联。这通常要求你要有明确的关注点，因为这是问题发挥作用的地方。你的问题越具体，你的关注点就会越明确。提问就像是将相机对准一堆事实。你在取景器中看到的所有事实都是相关信息，而你看不到的则不是。

如何寻找相关信息？

很多书籍和网站的工作人员都钻研过搜索引擎的使用技巧。他们花费大量时间研究不同搜索引擎的特点，以及它们识别的符号和关键词，以帮助你聚焦于自己搜索的内容。这些细节很有用，且大多位于搜索引擎的"高级搜索"部分。最重要也是最基本的一点是，你必须在开始搜索前明白自己要搜索什么。在网络还未普及时，人们常常在图书管理员或受过训练的研究人员的帮助下，借助计算机搜索在线数据库。这样的搜索不仅需要花费大量时间，有时候还需要花费金钱。这两个原因都阻碍了现今常用的这种随机的、可能命中也可能错失的搜索方法

如何通过搜索引擎找到相关信息？

的普及。

靶心搜索和粗略搜
索有什么不同？

　　总的来说，搜索方式可以分为两种：靶心搜索和粗略搜索。你可以采用靶心搜索寻找具体的文件或事实。当你想搜索特定主题的信息，脑中却没有明确的事实或文件时，你可以采用粗略搜索。

进行靶心搜索

聚焦　　提问

如何进行靶心搜索？

　　进行靶心搜索时，搜索的内容越具体越好。如果你明确知道要寻找的内容，就没有必要含糊其词。

如何在书本中进行
靶心搜索？

　　搜索书本内容。如果你在书本中进行靶心搜索，请从索引着手。如果索引内容详细，而你要搜索的目标也很明确，那么你应该可以找到相关条目，直接告诉你目标内容所在的页码。如果索引内容不充分，或者未列出你要寻找的内容，试试查找目录。根据章节标题，找到最可能包含你要寻找的信息的章节。然后，翻到相应章节，略读页面内容，直到找到你需要的信息。

如何在杂志中进行
靶心搜索？

　　搜索杂志内容。杂志文章很少有索引。要对单篇文章进行靶心搜索，唯一的办法是聚焦你要搜索的内容，然后进行略读。文章的小标题可以帮助你缩小搜索范围。请先略读小标题，找出最可能包含你要寻找的信息的小标题，然后集中精力对相应部分进行靶心搜索。

提出你的问题

　　搜索在线内容或电子内容。针对特定在线内容或其他电子内容进行靶心搜索较为简单。大多数可以阅读电子文档（网络浏览器、文字处理软件、便携式文档阅读器）的应用程序都拥有“查找”功能。你可以输入要查找的姓名或字词，然后直接运行查找命令。此外，这些工具并不在意你输入的是否为完整的字词，它们会根据你输入的字符，在文档中寻找匹配的内容。因此，如果你不知道德国作曲家贝多芬（Ludwig van Beethoven）姓名的拼写，你可以搜索其姓名的一部分（例如

"hoven"），而不是冒着拼错的风险搜索完整的姓名（例如，如果搜索"Ludvig von Baythoven，你将搜不到任何内容）。另一方面，如果你的拼写正确，且文章中有多个相匹配的内容，那么大多数工具会将你导向第一项，并允许你继续搜索其他项。

进行粗略搜索

概述　　提问

粗略搜索和靶心搜索的不同之处在于，你不知道要搜索的具体内容，脑中只有大概的想法。你可能要搜索有关贝多芬的信息，但因为某种原因，你不记得这个名字了，但你知道那是一位作曲家，并且是个德国人。在进行粗略搜索时，你提供的线索越多，搜索就越有针对性。不过，你必须非常小心，如果输入了错误的线索，就可能完全偏离目标。

搜索书本内容。对纸质书进行粗略搜索时，你在略读时不仅要像在进行靶心搜索时一样寻找特定字词，还要寻找可能指向要寻找的信息的字词。同样地，你可以先搜索索引，看看是否能找到线索。当然，能找到的概率不高。接下来，请搜索目录，看看是否存在可以进行粗略搜索的章节。例如，如果你在略读一本名为《著名德国人》或《著名音乐家》的书时，你或许可以找到一个章节来缩小搜索范围（例如，前者中的"德国音乐家"，或者后者中的"德国作曲家"）。如果你幸运地找到了相关章节，那么还能通过章节的小标题获得额外线索。除了这些，你还必须留意你要搜索的内容周围可能出现的文字。

搜索杂志内容。由于杂志可能没有索引，因此你只能期望通过小标题来缩小粗略搜索的范围。除此之外，你需要借助上下文来定位要搜索的内容。

搜索单篇在线文档或其他电子内容。粗略搜索特定的在线文档或其他电子内容不太可能帮助你准确地找到所需内容，但可能将你导向目标内容附近。浏览器、文字处理软件或者其他文

你应该采用什么方式进行粗略搜索？

如何在书本中进行粗略搜索？

如何在杂志中进行粗略搜索？

如何对在线文档或电子内容进行粗略搜索？

档阅读器的"查找"功能不像互联网搜索引擎那么复杂。如果你要搜索德国作曲家的姓名，那么最好搜索"德国"或者"作曲家"，以期找到你要的名字（如果你搜索"德国作曲家"，那么只有当这两个词语连续出现时，才能搜索成功）。"查找"工具将你带到略读的位置后（可能需要多次尝试），上下文提供的线索应该可以帮助你完成剩余的步骤。

如何对互联网上的多篇文档进行粗略搜索？

在互联网上进行粗略搜索。尽管可用来搜索单篇电子文档的"查找"工具有限，但如果你要搜索多篇文档，且它们都存在于互联网中，那么你应该可以进行更复杂的搜索。搜索引擎可帮助你将多种搜索方式组合起来，从而优化搜索。这种方法被称为布林搜索。它允许你为多个搜索关键词建立关联（见图7.1）。每个搜索引擎的规则可能会稍有不同，但总的来说，如果你使用关键词"德国"和"作曲家"进行搜索，那么搜索引擎将返回所有包含"德国"的文档、所有包含"作曲家"的文档，以及最重要的（通常显示在最前面），所有同时包含"德国"和"作曲家"的文档。

图7.1 布林搜索的工作原理

布林搜索可以通过两组或更多数据的交叉来优化你的搜索。

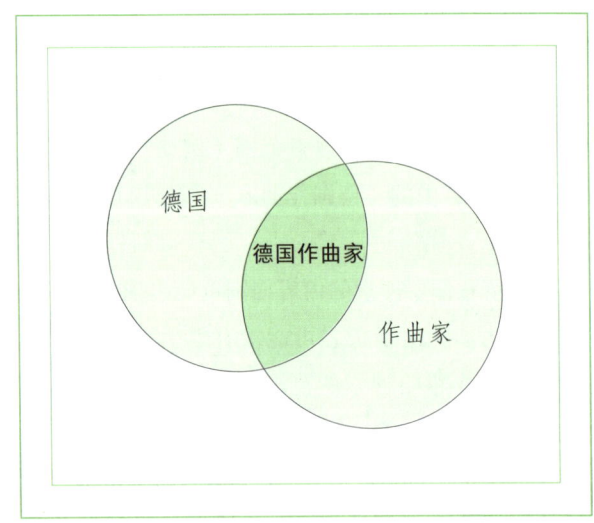

德国

德国作曲家

作曲家

确定信息是否重要

当然了，相关信息并不等同于需要保留的信息。有价值的信息通常既相关又重要。即使你成功地舍弃了不相关的信息，考虑到投入的时间和精力，剩余信息的重要性还是不同的。例如，如果你的待办事项清单中包括"倒垃圾"和"完成论文"，虽然两者都是有意义的任务，但它们的权重或者说重要性显然是不同的。

最重要的信息是指与特定问题关系最紧密的信息。如果你问"如何从曼哈顿市中心前往自由女神像"，最重要的信息就是"要从曼哈顿市中心前往自由女神像，请乘地铁到达南码头站，然后在炮台公园搭乘自由岛渡轮"。但如果你问"自由女神像来自哪里"，那么地铁和渡轮的信息就不重要了，它们甚至成了无关信息。最重要的信息应该是，"自由女神像由弗里德利·奥古斯特·巴特勒迪塑造，是法国在 1865 年赠送给美国的礼物"。

很少会有自带结束符号的答案。每个答案都可能引出新的问题。例如，"自由女神像由弗里德利·奥古斯特·巴特勒迪塑造，是法国在 1865 年赠送给美国的礼物"可能会让你想到"巴特勒迪是谁""法国为什么要送雕塑给美国"之类的问题。如果作者想到了这些问题，则有可能在随后的句子或段落中给出答案。当然，你和作者也可能在这个交叉路口选择不同的方向。

要寻找重要信息，请提出问题，然后寻找答案。动力来源可以是作者提出的问题，也可以是你自己提出的问题。

回答作者的问题

提问

你可以将一本书看作一系列隐形问题的答案。然而，虽然问题就在那里，但你常常看不到它们。这听起来就像天方夜谭。事实上，问题构建了我们读到的所有内容的结构单位。这个单

重要信息和相关信息有什么区别？

如何确定哪些信息是最重要的？

找到问题的答案后该怎么办？

如何确定哪些是重要信息？

作者的问题在哪里？

位是什么呢？答案是段落。段落"通常用于处理一个观点或主题"。一个段落中的所有内容都指向相关观点或主题。其他句子的存在是为了证明这个观点或主题。如果你阅读了一个段落并提问"这里有什么重要的信息"，答案就是这个段落的中心思想，而这应该可以指引你找到隐形问题。

帝国大厦是 20 世纪早期工业成就的象征。这座令人印象深刻的写字楼高 444 米，占地 2 英亩①，是纽约第 1、世界第 25 高的摩天大楼。大楼从 1930 年开始施工，花费 700 万个工作时，历经一年多几乎不间断地施工后建造完成。整座大楼耗费 36.5 万吨材料，拥有 6500 扇窗户。从地面到第 102 层，共有 1860 级台阶。

中心思想如何排列？

大多数信息都按照等级排列。一个章节或一篇文章拥有一个中心思想或"论点"，也就是"观点是什么"这一问题的答案。所有其他观点都源自这个观点。现在我们缩小范围：每个段落都拥有自己的中心思想，剩余的段落内容的作用是证明这个中心思想。就像是文章的中心思想回答了"观点是什么"这一问题，段落的中心思想回答的也是类似的问题，只不过这个问题针对的是一个段落。

章节地图如何展示中心思想之间的关系？

这本书中每章最前面的图示就是很好的例子，展示了这种排列方式的工作原理。每个观点（就像图示中的每个节点）都受其下方观点的支持。中心思想回答了一个问题，其下方的观点则提供了支持该中心思想的例子和证据。从整篇文章到一个章节，再到一个段落，作者不断重复采用这种问题–答案–论据模式。如果空间够大，这种图示就可以不断扩展，直至包含章节中的每个段落。当然了，图示的尺寸可以不断扩大，但基本的排列方式还是一样的。

---

① 1 英亩 ≈ 4046.86 平方米

要找到一篇文章或一个章节中最重要的信息，请寻找每个段落的中心思想。这些中心思想汇聚起来可能就是某个部分的中心思想，而你找到的各种观点应该用来支持相应章节或整篇文章的中心思想。一般情况下，每个部分的第一个段落会阐述该部分的中心思想，而一个章节的第一个段落会给出该章节的中心思想。一些文章或章节的结构排列可能更加合理，但大多情况下，你可以制作一个中心思想框架，将章首的图示整合起来。

提出你的问题

回答自己的问题

提问

你所认为重要的信息很可能与作者所认为的不同。就像是帝国大厦是以钢结构为基础建造的，一篇文章或一个章节是围绕作者的中心思想框架构建的。只不过，这些中心思想并不一定就是你觉得重要的内容。

章节或文章的框架来自何处？

要找到对你来说重要的信息，你可以进行焦点式提问，然后锁定答案所在区域。根据问题涉及的范围，这个区域可能是一个句子、一个段落、一个部分、一个章节、一篇文章，甚至是一整本书。次要的信息则是直接支持你的初始答案的信息。

如何找到对你来说重要的信息？

相关性的判断标准是，是否存在关联。重要性则不同，它是个相对的概念，与你的主题或问题涉及的范围有关。如果将相关性比作相机镜头面向的场景，重要性则受焦距的影响。与周围的事实相比，尺寸越大的事物，其重要性通常也越大。因此，如果你要问"帝国大厦有多高"，那么答案中最重要的信息应该是其高度。如果你的问题是"帝国大厦有多大"，那么高度的重要性和其他尺寸的重要性就不相上下。

如何确认你找到的是最重要的信息？

请记住，重要的信息并不一定有趣。许多信息（例如，帝国大厦的台阶数）隐藏在不起眼的琐碎标题下方。有的学生觉得琐碎的东西很有趣，有的则会觉得很无聊。不管怎样，它们

该如何处理有趣但不重要的信息？

都不怎么重要，最多是为中心思想提供一些支持。如果你觉得琐碎的东西很有趣，你就有可能记住它们。不过，你最好还是将注意力放在重要的信息上。这样一来，你仍然很可能记住让你感兴趣的细节内容。然而，如果你将注意力放在琐碎的信息上，就可能将中心思想排除在框架之外。

判断信息是否可靠

提出你的问题

问题会激活你的学习过程，帮助你判断信息是否相关及重要。不过，问题还有一个重要的作用——它们可以帮助你确认信息是否可靠。与判断信息的相关性和重要性相比，判断信息可靠性的难度更高。问题可以帮助你注意到那些常常被无视，从而影响可靠性判断的内容，并帮助你通过一些准则来分析信息的总体可靠性。

注意可靠性干扰因素

提问

大多数人都觉得自己能够判断信息是否可靠，但是某些因素有时会扭曲人们对可靠性的认知，例如，回声室效应、确认偏误以及逻辑谬误。

回声室效应

什么是回声室效应？

回声室效应是指信息因为不断重复而被放大。错误信息可能会被误认为正确，而正确信息的相关性或重要性可能会被虚假地放大。讽刺作家亨利·路易斯·孟肯提出的"浴缸骗局"就是对横行霸道的回声室效应的一个有趣见解。都市传说展示的就是许多常见的回声室效应。回声室效应不仅仅针对虚假的信息，有时也会关注热点"新闻"。

浴缸骗局

1917 年，记者、讽刺作家亨利·路易斯·孟肯为《纽约晚报》撰写了一篇异想天开、完全虚构的文章，名为《被无视的纪念日》。这篇文章精心杜撰了浴缸在美国的发展史，指出米勒德·菲尔莫尔在 1850 年成为第一位在白宫中安装浴缸的总统。遗憾的是，阅读了这篇文章的大多数人应该都不是主动学习者，因为他们没有意识到这是个玩笑。很快，孟肯虚构的白宫第一个浴缸的故事被写进了权威书籍和工具书中。一旦"事实"有了其他出处，回声室效应就开始发挥作用。白宫第一个浴缸的故事开始在大量图书中出现，仿佛那就是个真实的故事。喜欢恶作剧的孟肯表示，他对于自己的骗局能够流传那么久感到诧异。但考虑到他的性格，他可能很高兴看到自己的骗局产生这么大的影响力。这种影响力就是回声室效应的生动示例。

什么是"浴缸骗局"？

都市传说

都市传说是指，完全依靠口头传播的现代神话，但电子邮件的出现大大推动了它们的传播。这两种传播方式都会带来回声室效应。典型的都市传说包括：50 美元就能买到跑车；轻信他人的游客在墨西哥买了一只吉娃娃，回家后发现是一只老鼠；善良但心不在焉的女人将狮子狗放进微波炉烘干，结果酿成惨剧；车主让穿着舞会礼服的女孩搭了便车，但后来得知这个女孩已经过世多年。这些故事都不是真的，但你可能一次又一次地听别人将它们当作真实的故事讲述。每个版本可能都有所不同，讲述者可能加入最新的元素或是当地的标志性内容。

都市传说令人信服之处在于，讲述故事的人常常声称他们认识的人认识故事中的主角。因此，都市传说有时也被称为"朋友的朋友"的故事。讽刺的是，最初让都市传说看起来可信的东西，也是最终揭穿传说的东西。

提出你的问题

都市传说的说服力从何而来？

如何识别都市传说?

如果你听到一个故事,讲述者说这个故事发生在他的朋友的朋友身上,那么这通常就是个有力的证据。当你追溯来源时,都市传说几乎都经不起推敲。即使有的故事确实来源于真实事件,在传播过程中也难免被歪曲或夸大。尽管电子邮件加速了都市传说的传播,互联网还是可以帮助你更轻易地揭穿它们。许多网站都致力于追踪都市传说。这些网站会定期更新传说清单,并证明它们是虚假的(大多数情况下)。这些信息是很有价值的,因为不知不觉传播了传说的人在受到质疑时很容易被激怒,而确切的证据比起无根据的怀疑更有说服力。

夏季威胁

回声室效应对真实信息有什么影响?

回声室效应放大的信息并非都是虚假信息。有时候,故事是真实的,但它们被夸大了。多年前广为流传的鲨鱼袭击和西尼罗河病毒感染就是很好的例子。根据一些游客的焦虑反应,你可能会认为就算鲨鱼没有咬到他们,西尼罗河病毒也会袭击他们。对残忍的鲨鱼以及蚊子传播的病毒的恐惧是合理的吗?根据《纽约时报》的一份图文说明,答案是否定的。这篇文章提出了"夏季的真正威胁",也就是皮肤癌和食物中毒。每200人中就有1个人患上皮肤癌,而每800人中就有1人发生食物中毒。但西尼罗河病毒和鲨鱼袭击的发生概率呢?《纽约时报》的统计显示,它们是发生率最低的夏季威胁,分别是每6.85万人发生一起,以及每600万人发生一起。所以,为什么要因此感到恐慌?这份图表中的另一项统计数据也许能够揭示答案——只有359篇报纸文章介绍了前一个夏天发生的皮肤癌和食物中毒事件,而有2516篇文章讲述了同一时期发生的西尼罗河病毒感染事件或鲨鱼袭击事件。

证实偏差

证实偏差是什么意思?

有的信息不可靠,却被你认可;有的信息可靠,却被你无视。为什么?因为证实偏差。

你是否有过这种经历？在你学会一个新词后，突然发现周围的人似乎都在使用这个词。当然，如果这是个新创造的词汇，那么可能是因为使用这个词的人数在不断增加。然而，如果这个词只是对你而言的新词，那么就不太可能是其他人为了你而特地使用这个词。更合理的原因是，你开始接收这个词。我们每天都会接触大量信息，因此不可避免地会接收一些信息，屏蔽一些信息。当信息与你已知或相信的信息相关时，你很可能会接收这些信息。而当信息与你已知或相信的信息无关时，你就可能屏蔽这些信息。

哪些因素会影响你接收或屏蔽信息？

在学习新词这个例子中，这种倾向相对而言没有什么危害。然而，这种现象可能会使你无视与你确信的内容相矛盾的信息，或是可以修正你确信内容的信息，从而强化你的某个观点或偏见。这就是证实偏差。心理学家雷蒙·S.尼克森在《心理学评论》杂志上将证实偏差定义为"在获取和使用证据时无意识的选择"。因此，尽管选择是我们处理大量信息时必需的工具，但它也有负面作用，会屏蔽关键信息，使我们无法全面地看待问题。

选择性接收信息在什么情况下是有害的？

关于证实偏差的最有名的实验之一，来自心理学教授弗拉。他对学生进行了一项人格剖析测试。弗拉回收完成的问卷后，立刻将它们扔掉，并在学生不知情的情况下，向班上的每一位学生发放了完全相同的性格剖析概况，并要求他们阅读后对其准确度进行评分。分值从 0 到 5，5 分代表"非常准确"，4 分代表"较准确"。令人难以置信的是，这份没有参考问卷调查就出具的性格剖析概况，其平均准确度达到 4.26。学生们没有想到这份概况是弗拉从一个星座专栏中摘录的。这份概况中充斥着模棱两可的赞美，批判性的内容则语气温和。由于证实偏差，大多数学生只关注了积极的内容，而无视了负面或者与他们不匹配的内容，然后得出结论：这是对他们个性的准确评估！

弗拉的实验揭示了什么？

我们都容易受证实偏差的影响。重要的是，我们要意识到证实偏差的存在，并且要开放思想，接受与你所持观点不同

如何避免确认偏误？

的证据和信息。此外，你也可以使用一些准则来评估信息的正确性。

为什么根据"直觉"做决定是件冒险的事？

很多人会根据直觉判断信息是否可信，并据此做出决定。我们的预感和本能似乎的确能提供一些线索，但相应的科学依据很少。另一方面，情感诉求会使我们的理智暂时罢工。能说会道的魅力型骗子有时会激发正面的回应，而诚实却笨拙的书面或口头内容有时则会令你戒备。

逻辑谬误

什么是逻辑谬误？

尽管你的偏见可能影响你选择和解读信息的方式，但某些论据中的因素也可能导致你不知不觉地将错误的结论当作事实。在其他情况下合理的论据通常存在漏洞，使其失去正确性。这就是我们常说的逻辑谬误。作者和演讲者会采用逻辑谬误将你导向他们想要的结论。他们有时是无意的，但大多时候是有意的。

你能否举一个关于逻辑谬误的例子？

逻辑谬误最广为人知的例子之一和冰激凌销售有关。在这个例子中，冰激凌销量随着犯罪率的提高而增加，因此冰激凌会导致犯罪。谬误的狡猾之处在于，它们常常以客观事实为前提条件，然后得出错误的结论。因此，如果你没有带着批判的态度聆听或阅读，就可能只注意到事实的陈述，而忽略了导致虚假结论的逻辑跃进。冰激凌销量和犯罪率同时提高是事实，但它们之间没有因果关系（有可能是炎热的天气导致这两者同时提高）。

提出你的问题

另一个常见的谬误是稻草人谬误，是指作者或演讲者采用薄弱的或想象的中反面例子来增加其论据的合理性或强度。稻草人就是实例中的"有人"或"有些人"，用来表示反对声音的存在。因此，如果关于学习技巧的课本的作者想要表现出更大的决心和勇气，可能会写："尽管有人想废除学习技巧课本，我们还是下定决心出版我们的书。"读到这段内容的人可能会更加尊敬和崇拜这些勇敢的作者，甚至可能会去购买一两本这方面的书，因为有人想废除它们。然而，假想敌是谁？他是虚幻的。这就是稻草人谬误的原理。

关于谬误的书籍很多。它们包含丰富的内容，很多时候也很有趣。

可以在何处详细了解谬误？

书籍

尼古拉斯·卡帕尔迪（Capaldi, Nicholas）。《欺骗的艺术——批判思考导论：如何赢得辩论，进行辩护，看穿骗局》（*The Art of Deception:An Introduction to Critical Thinking:How to Win an Arguwent Defend a Case*，*Recognitze a Fallacy*，*See through a Deception*）。普罗米修斯书屋，1987 年。

T. 爱德华·戴默（Damer, T. Edward）。《好好讲道理：反击谬误的逻辑学训练》（*Attacking Faulty Reasoning:Practical Guide to Fallacy-Free Arguments*）（第 5 版）。沃兹沃斯出版公司，2004 年。

S. 莫里斯·恩格尔（Engel, S. Morris）。《正当理由：非正式谬误简介》（*With Good Reason:An Introduction to Informal Fallacies*）（第 6 版）。圣马丁出版社，1999 年。

罗伯特·J. 古拉（Gula, Robert J.）。《有毒的逻辑：为何有说服力的话反而不可信》（*Nonseuse:A Haudbook of Logical Fallacies*）。Axios 出版公司，2002 年。

杰米·惠特（Whyte, Jamie）。《违反逻辑的罪行》（*Crimes Against Logic*）。麦格劳-希尔出版公司，2004 年。

遵循分析准则

`计划`

信息会以各种方式误导你，你该如何确认信息是否可靠呢？为了在各种情形下都不受不可靠信息的影响，最有效的方

如何免受不可靠信息的影响？

式是坚持采用统一的标准进行分析或测试。你可以通过一种测试来分析所有类型的信息，或者针对特定领域（如互联网网站）定制你的分析。不论上述哪种情况，重要的是保持系统、统一的方法。

评估信息

鲁杰罗的综合思考策略包含哪四个步骤？

批判思考的权威人士文森特·鲁杰罗提出了包含四个步骤的"综合思考策略"。

1. 辨认事实和观点。如果信息是常识或是很容易证实，那么它们可能属于事实。如果不是，那么你可以将它们视为观点。

2. 核实事实及测试观点。如果信息属于事实，你该如何验证它们？作者或演讲者有没有遗漏重要的信息？如果信息属于观点，演讲者的看法是否经得起推敲，是否会被轻易推翻？

3. 评估证据。如果作者或演讲者为自己的观点提供了证据，这些证据合理吗？充分吗？

4. 做出自己的判断。根据事实和证据，而不是感觉和偏好，确认信息是否可靠。

评估互联网网站

互联网信息带来了什么特殊挑战？

互联网的开放性和包容性是它最强大的地方，也是它潜在的劣势。一个技术纯熟的人，只要花费几天时间和少量金钱，就可以制作出一个网站。这个网站表面上可能类似顶级专业新闻网站，却缺乏传统新闻机构赖以生存的质量和准确度。以下问题不仅对互联网网站很重要，也适用于传统的电视、广播、杂志和报纸。

1. 它们的所有者是谁？越来越多的新闻和信息业务由非新闻主业的公司运营。这可能会影响新闻和信息的基调及处理方式。还有一些经营者根本不是新闻机构，而是游说集团或智囊团。他们的目的是推广某个产品或观点，却把信息包装得像新闻一样。你通常可以在报纸、杂志或网站上找到其所有者信息。但是，对于电视台或广播台，你可能需要费一番气力去挖掘所有者。大多数新闻运营方都想在他们的业务和新闻运营之间筑起一道墙（见第三个问题），但这通常难以实现。

2. 它们如何获利？调查性新闻的一条重要规则就是"跟随金钱"。从某种角度来说，这些特殊的记者都是专业的批判思考者。几乎没有任何刊物或网站仅仅依靠读者的订阅生存。所有者和广告商的资金支持有时会影响报道覆盖的内容。举例来说，主要依靠汽车广告生存的报纸可能不愿意报道汽车经销商的丑闻，而刊登当地餐馆广告的杂志可能不得不给该餐馆好评。识别广告很简单。广告有时会告诉你很多信息（如观众、听众或读者的信息），你可以借此推测哪些话题能够检验该机构的编辑独立性。

3. 你能说出新闻、观点和广告的区别吗？过去，出版社和广播公司会想尽一切办法区分新闻和付费广告。从业者认为清晰区分两者更有利于服务大众。在报纸行业，这种界限常常被称为"墙"。记者通常都会注意这道墙，并以此为荣。新闻和观点之间的墙有时候并不清晰，如果识别错误就可能引发问题。

4. 他们从何处获取信息？部分小规模新闻运营机构主要或完全依靠国内和国际新闻专线获取信息。较大规模的机构则拥有自己的记者和专栏作家。如果你有心留意，一段时间后，你应该就可以了解某个新闻服务机构或记者的报道的可靠性。

5. 信息的表述质量如何？粗糙的写作技巧或笨拙的表达方式有时会带来强烈的反响，但总的来说，看到水平低下的文字或言辞，你应该在脑中敲响警钟。

6. 还报道哪些信息？有时候，你可以根据发布文章的公司了解信息的可靠性。这个方法尤其适用于互联网信息。如果有人向你发送了某个新闻故事的链接，你可以试试能否跳转到故事所在网站的主页。网站上故事的组合可能就是一条线索。例如，如果白宫的独家消息和一条双头狗、一种神奇的减肥产品的故事出现在同一个网站上，那么这条独家消息就不那么可靠了。

有什么更简单的方法可以判断信息是否可靠？

要判断信息是否可靠，更简单的方法是锁定所有有价值的信息，同时保持警惕、思考你的观点，最重要的是：提出问题！

小结

锁定有价值的观点有时会带来什么意想不到的结果？

锁定有价值的信息不仅可以帮助你从读到和听到的内容中提取相关度最高、最重要、最可靠的信息，并让它们成为你个人知识网络的组成部分，还会带来一个你意想不到的结果：帮助你从思考中获得真正的乐趣！

章节复习

填空

从句子下方的三个词中选择一个将句子补充完整。

1. 作家大卫·申克将数量庞大的信息称为 _____。

　信息矿藏　　　　数据库　　　　信息烟尘

2. 一篇文章或一个段落中的信息通常采用 _____ 排列。

　等级　　　　集体　　　　重复

3. 在报纸行业，新闻和广告之间的界限通常被称为 _____。

　"沟"　　　　"塔"　　　　"墙"

配对

填写与左边项相匹配的句子。

____1. 粗略搜索　　a. 利用问题和答案来增强理解

____2. 苏格拉底　　　b. 杜撰了一个被当作事实的故事

____3. 谬误　　　　　c. 驱动整个理解过程的引擎

____4. 孟肯　　　　　d. 在你不知道要查找的具体内容时采用
　　　　　　　　　　　的信息搜索方法

____5. 弗拉　　　　　e. 在你知道要查找的具体内容时采用的
　　　　　　　　　　　信息搜索方法

____6. 布林　　　　　f. 进行了一项实验，证实了证实偏差

____7. 靶心搜索　　　g. 用来定义两个或更多搜索关键词的逻
　　　　　　　　　　　辑关系的方法

____8. 问题　　　　　h. 在其他情况下合理的论据存在漏洞

在正确的句子旁圈出"对"，错误的句子旁圈出"错"。　　　`判断`

1. 对　错　在理解过程中，问题就是引擎。

2. 对　错　提问使你从主动学习者变为被动学习者。

3. 对　错　鲨鱼和西尼罗河病毒是夏季最大的威胁。

4. 对　错　数学老师会在他们布置的作业中小心剔除不相
　　　　　　关的信息。

5. 对　错　读取电子文档的大多数程序都提供"查找"功能。

选择最准确的选项将句子补充完整。　　　`多选`

1. 有价值的信息应该是_____。

　　a. 相关的　　　　　　b. 重要的

　　c. 可靠的　　　　　　d. 以上皆是

2. 很多书籍都可以视作一系列_____。

　　a. 隐形问题的答案　　b. 未解之谜的线索

　　c. 流传久远的故事　　d. 对未言明的引言的总结

3. 一个段落中最重要的信息是_____。

　　a. 中心思想　　　　　b. 问题

　　c. 最后一个句子　　　d. 细节

4.吉娃娃变成老鼠的故事是以下哪一项的示例？

　　a. 证实偏差　　　　　　b. 都市传说

　　c. 逻辑谬误　　　　　　d. 中心思想

5.调查性新闻的重要原则是＿＿＿＿＿＿＿。

　　a. 了解自己　　　　　　b. 信任但要验证

　　c. 跟随金钱　　　　　　d. 以上皆不是

思考

思考这章的大纲，然后运用自己的想法和经验回答每个问题。

1.解释相关、可靠和重要信息之间的区别。你觉得哪一种最难辨认？为什么？

2.你是否知道一些改进互联网搜索的窍门？如果有，请详细说明，使之惠及他人。如果没有，请根据这章的内容提出一些改进搜索效果的建议。

3.举出一个愚弄过你的都市传说、证实偏差或回声室效应的例子，说明你最后是怎么识破它们的。

提出你的问题

提问系统利用页边的问题鼓励有效阅读。你会注意到这章中的大部分段落旁都伴有一道问题。现在，轮到你来提问了。搜索这章中缺失问题的段落，重新阅读，确认中心思想，然后提出一个问题来引出中心思想。你可以参考上下文页边的问题，然后提出自己的问题。

背景故事

Critical　批判：批判词汇并不等于批评

critical adj.　1. Inclined to judge severely and find fault. 2. Characterized by careful, exact evaluation and judgment. 3. Of, relating to, or characteristic of critics or criticism. 4. Forming or having the nature of turning point; crucial or decisive.[*]

　　如果有人问"我可以提一些批判意见吗"，你可能会皱眉，甚至是干脆选择"战或逃"。如今，这个问题的受欢迎程度就如"我可以揍你一拳吗"。字词是个令人困惑的世界。在某些情况下，"好"可能意味着"坏"，"冷"可能意味着"热"，而评价某样事物"病态"可能是一种赞美。英语一直在变化。1710年，建筑师克里斯托弗·雷恩完成了圣保罗大教堂的建造。女王告诉他，她觉得教堂很庄严（awful）。换句话说。她很喜欢这座教堂。在雷恩那个时代，"awful"的意思是让人敬畏，但现在它的主要意思是"可怕的"。尽管"critical"这个词不知何时演变出了负面的含义，但最初的情况并非如此。"critical"和"criticism"源自希腊语"krĭnein"，意思是"使分离、判断、做决定"。这两个词都是从"crisis"演变而来。"crisis"的演变经历和它们相似。"crisis"是一个十字路口，这是个关键点（critical point），道路在此分岔，或者需要在此做出判断或决定。高烧可能带来危险（crisis）；对小说详尽的分析可以被称为批判（criticism）；在长距离徒步中，大量水资源很关键（critical）。然而，飓风是个危机（crisis）；侮辱是种批判（criticism）；而如果你在长距离徒步时忘了带水，他人对你的责备可以更准确地表达为批评（critical）。是的，英语字词的含义不是一成不变的。"critical"就是一个典型的例子。很多时候，字词的含义取决于时代、语境、以及使用者的意图。因此，如果以后有人问"我可以提一些批判意见吗"，先不要发火，深呼吸，进行批判思考后再回答。[**]

　　[*]摘自《美国传统英语字典》第四版的"critical"条目（波士顿：霍顿·米夫林出版公司，2000年），http://dictionary.reference.com/browse/critical（2009年5月26日查询）。

　　[**]参考以下内容：《美国传统英语字典》第四版的"critical"条目（波士顿：霍顿·米夫林出版公司，2000年），http://dictionary.reference.com/browse/critical（2009年5月26日查询）；"critical"，《在线词源字典》，道格拉斯·哈珀（Douglass Harper），历史学家，http://www.etymonline.com/index.php?search=critical（2009年5月26日查询）；"critical, a."，《牛津英语字典》第2版，20卷（牛津：牛津大学出版社，1989年）。

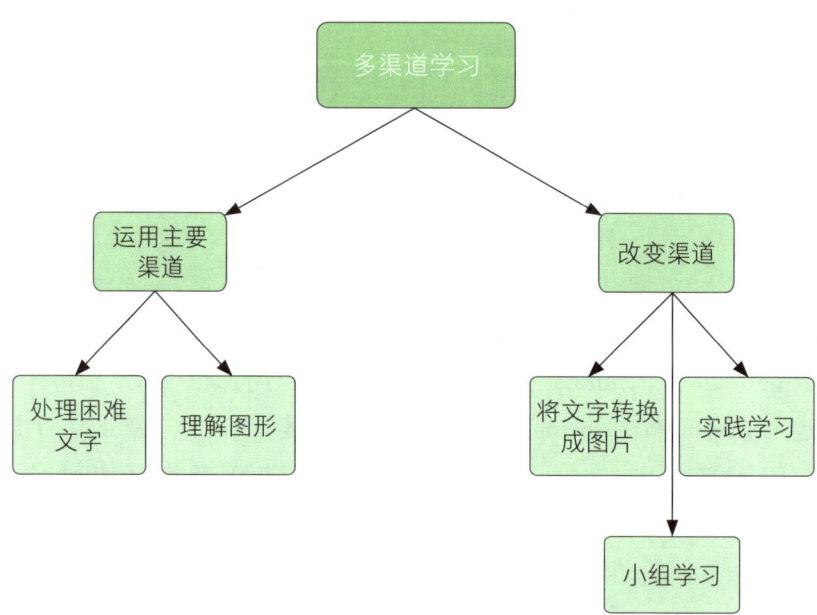

多渠道学习

　　教师的教学方式不尽相同，学生也各有各的学习方式。教和学的渠道不胜枚举。有的渠道（例如，文字和图片）非常普遍，无法回避。但当传统渠道效果不佳时，某些渠道就成了你的备选方案（例如，小组学习和实践学习）。本章将阐述如何应对主要教学渠道，如何更改渠道来提高你的理解程度，以及如何充分利用你的个人学习方式。这一章会告诉你如何：

- 运用主要渠道；
- 改变渠道。

如果你想要探索无限，请全方位挑战各种极限。

约翰·沃尔夫冈·冯·歌德（1749-1832），德国作家、画家、哲学家、科学家和政治家。

本章摘要

▶ 一个小小的改变可以将平缓的图形变得陡峭。

▶ 为什么你的下一份论文写作可能从画图开始？

▶ 有很多你意料之外的方法能够让你变得更聪明。

了解学习方式对大学学业有什么影响?

即使我们听同一堂课、浏览相同的网站，我们学习的方式也会有所不同。教师们清楚地知道这一点，大多学生也会隐约意识到。遗憾的是，尽管学习方式各种各样，但课程信息主要还是通过两种基本渠道传递——符号形式和形象形式。符号包括我们看到和听到的文字和数字，形象则包括图形、图表、地图，以及常常伴随文字和数字出现的其他图解。首先，你需要了解自己是什么类型的学习者。然后，要想学业有成，你必须制订使用这两种主要渠道（即符号和形象）的策略，并在需要的时候求助于你首选的学习方式。

运用主要渠道

在大学里的主要学习渠道是什么?

几乎所有大学课程都包含你需要理解和解读的文字和图形。要在大学里取得学业成功，你通常需要学会运用这两种主要渠道，尽最大能力理解教师布置的文字作业，读懂随附的所有图表、图形和图解。

处理困难文字

为什么有的课本内容很难理解?

有时候，你和你需要阅读的课本内容可能并不"投缘"。课本内容会因为诸多因素而难以理解。以下列举了三个因素。

写作风格。我们在第 5 章中提到，大多数书籍都有明确的风格，能反映出作者的声音：有些书籍用词偏口语，读起来像在闲聊；还有些书籍则用词严谨，风格较为学术。你可能对作者的表达方式无法感同身受，而这会增加阅读的难度，甚至会令你束手无策。不过，你要坚持读下去。作者的写作风格一开始可能会令你受挫，但在阅读一段时间后，你很可能就会适应这种风格。

词汇量。如果你觉得某本书非常难懂，那么很可能是因为你的词汇水平不够。如果你因为陌生字词而无法理解课本内容，最好的办法可能是同时阅读两本书——课本和字典，直到你熟悉课本中的词汇，无须在阅读期间停下来查字典。有的书中会一直出现陌生难懂的词，但大多情况下，它们都是新的术语。只要你掌握了这些术语，阅读就不是难题。

结构。阅读中遇到的结构难题可能表示作者的写作风格和你个人的学习风格之间存在冲突。费尔德和所罗门认为：顺序型学习者喜欢系统性地处理信息，将新的知识点关联到之前出现过的事实上，就像是按照菜谱一步一步地操作。整体型学习者在学习过程中常有突破性、洞察性的发现。他们首先提取大量看似不相关的信息，然后突然（通常是在出乎意料的情况下）"啊"地一声，明白了各个观点间的关联。如果你是个顺序型学习者，碰上了少见的整体型写作风格的课本，最好的办法是在每一章的末尾搜索总结性内容。这些内容会为你的"越野骑行"提供一张路线图。如果作者采用顺序型写作方法，而你是整体型学习者，那么你同样也要适应作者的写法。大多数课程和课本内容都是以顺序风格传递。整体型学习者可以通过调整来适应顺序型课本内容，也可以添加一些不常见的结构来看待事物，只需在深入学习前，花一些时间系统地查阅阅读任务（见第 5 章）。

请记住，大多数关系的建立都需要花费精力和时间，学生和课本间的关系也不例外。然而，如果你和课本之间似乎无论如何也无法建立关系，那么你可能需要寻找辅助教材或采用其他形式来"阅读"原文。

提出你的问题

使用辅助教材

不论出于何种原因，如果你在阅读主要课本时遇到理解问题，并且已求教过教师或辅导员，那么辅助教材也许能帮助你更好地领会主题。有时候，你可以找到与课本主题相同的辅助教材，但大多情况下，你需要针对课本的各个部分，分别寻找不同的辅助教材。请注意，我们说的是辅助教材，不是替代教材。你还是应该听从教师的要求，学习课程教材。因此，阅读辅助教材是对常规教材的补充，无法替代常规教材。一旦你对主题或观点有了更深的理解，就可以回头去阅读常规教材，看看能否更轻松地理解课本内容。

以听代替读

相较于读，听的价值是什么？

听觉型学习者可以更轻松地理解听到的信息，而不是在页面或屏幕上读到的信息。也就是说，尽管讲座对他们很有用，但在阅读作业时，他们常常会感到煎熬。

此外，商业出版公司也推出了很多畅销书（包括虚构和非虚构类文学）的音频版。你通常可以在大学或公共图书馆找到这些内容，而且无须支付任何费用。但是，很重要的一点是，你必须收听完整版，否则可能错过课堂上强调的重点内容和考点，因为你收听的版本可能省略了这部分内容。

理解图形

理解图形有什么重要意义？

我们很小就开始学习字词。不过，我们是从什么时候开始学习图形的？阅读字词是一个解码过程。代码就是语言，它传递的是你从字词、句子及段落中提炼出来的信息。尽管我们花费了大量时间解码语言，但我们所接触到的代码大部分是图形代码。例如，我们可以解码微笑，知道它的含义不同于皱眉。课本中的图形材料也通过代码传递信息，其中包含的意义与句子和段落中包含的意义同等重要。因此，你必须仔细阅读完整的图形。与阅读段落一样，阅读图形就是提取其包含的信息的过程。

采用 OPTIC 系统

很多学生快速扫一眼图形就移开视线，甚至是彻底无视它们。这种做法是错误的。你应该仔细、系统地审视这些图形材料，就像阅读段落一样。OPTIC 系统可以帮助你有条理地执行这个任务。

OPTIC系统的作用是什么？

单词 OPTIC（意思是"与眼睛相关"）中的五个字母可以帮助你轻松记忆与图形分析相关的五个元素：

OPTIC中的五个字母分别代表什么？

O 代表概述（overview）；
P 代表部分（parts）；
T 代表标题（title）；
I 代表关联（interrelationship）；
C 代表结论（conclusion）。

借助这五个元素的提示，你可以按照以下步骤，有效地分析几乎所有图表、图形或图解：

OPTIC系统包含哪五个步骤？

1. 首先，简要概述图形，看看在没有细节内容辅助的情况下，你能了解多少基本信息。

2. 其次，仔细查看图形的各个部分。阅读所有标注内容，留意看起来很重要的元素或细节内容。

3. 再次，阅读图形标题，明确了解图形包含的内容。

4. 接下来，将标题作为理论，将图形的各个部分作为线索，探究图形中存在的关联。

5. 最后，尝试总结整个图形的内容。这个图形有什么含义？作者为什么要给出这个图形？用一两句话总结图形内容。

学习图形语言

常见的图形有三种：扇面图、条形图和折线图。条形图和折线图的基本功能相同，扇面图则与它们不同。

图形包括哪些常见的类型？

解码扇面图

扇面图也称为饼图，用于展示各部分（扇形）与整体（圆）之间的比例关系。尽管这类图形在技术性内容较多的课本中出现的概率不高，但它们常常出现在报纸以及数学和科学之外的课本上。扇面图因简单而被广泛使用。大多情况下，你只需一眼就能看出图形中的比例关系，即图形中各个扇形的大小关系。例如，图 8.1 的扇面图向你清晰地展示了美国的人口分布情况。

图8.1 美国各地区人口分布情况
扇形图（饼图）展示的是部分和整体之间的关系。
来源：美国人口调查局。

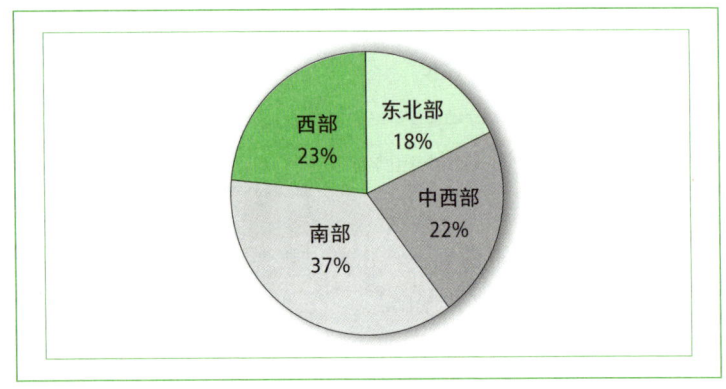

解码条形图和折线图

条形图或折线图用于说明一系列因变量和一系列自变量之间的关系。变量是指可以变化的数值。例如，我们用于指代年份的数值是一个变量。它每隔 12 个月就会增加。人口是另一个变量。当有人出生或死亡时，有人成为这个国家的居民或离开这个国家时，这个变量都会发生变化。年份和日期通常被称为自变量，因为它们会自行变化。美国的人口并不会影响每过 365 天或 366 天就增加一年，人口这样的量属于因变量，因为它随着其他变量（例如年份）的变化而变化。举例来说，我们每 10 年进行一次人口普查，因而统计的是美国每 10 年的人口数量变化。

尽管条形图和折线图显示的都是某个因变量（如人口数量）

如何随着某个自变量（如年份）增加或减少，但两者采用的方法略有不同。条形图（见图 8.2）展示的是具体的变化，而折线图（见图 8.3）展示的是长期趋势。你可以将条形图视作一张快照，将折线图视作一段影片。这就是它们之间的区别。如果你连拍跳远运动员的动作，就会得到一组照片，连续显示跳远过程的各个阶段。如果你用摄像机拍下了同一个动作，你记录的就是整个跳跃过程（见图 8.4）。

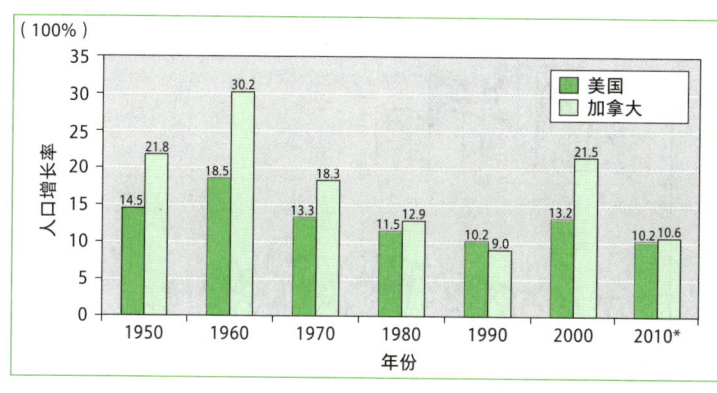

图8.2　美国和加拿大人口增长情况（1950—2010）

条形图展示的是各个项目的大小，并进行对比。

来源：美国人口调查局；加拿大统计局。

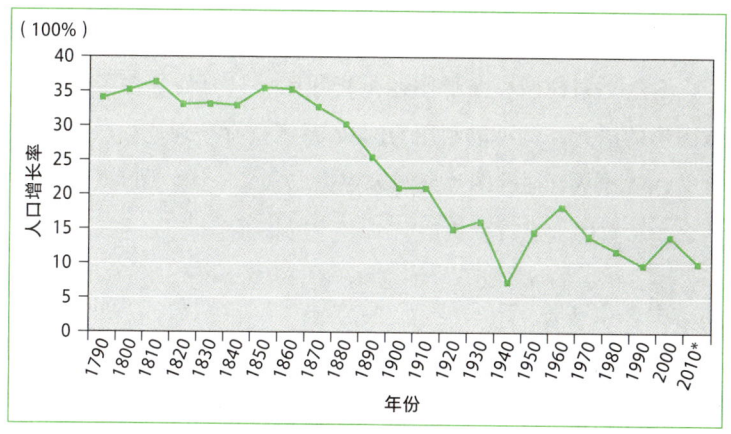

图8.3　美国人口增长百分比（1800—2010）

折线图展示的是数据的长期趋势。

来源：美国人口调查局。

就像快照和影片一样，这两类图形也有各自的优势。条形图能够很好地对比各个项目的数量。它们能够同时清晰地对比多组数据。如果要展示数据的长期变化，折线图就非常有用。举例来说，如果你想了解一个国家短期内的人口变化，或者想对

条形图和折线图有哪些优势和劣势？

比两个国家的人口数量，就可以使用条形图。根据图 8.2，我们可以发现，从 1950 年到 2010 年，美国的人口增长相对稳定，而加拿大在 1950 年到 1970 年之间出现人口增长高峰，之后在 21 世纪初再次出现人口显著增长。然而，如果你想了解从 18 世纪开始，美国人口增长的比例，那么折线图的效果更为直观。从图 8.3 可见，美国人口增长从 1850 年开始放缓。

图8.4 快照和影片：条形图和折线图

条形图可视作一组快照，而折线图则更像一段影片。

来源：《田径精选》第四版（1985）。

作者：肯·达赫蒂。

出版社：加州山景城田径新闻出版社。

经授权转载。

不论是扇面图、条形图还是折线图，只要你掌握了这些特殊图形的语言，就可以利用 OPTIC 系统，有条理地提取图中的含义，就像从普通的图片或图表中提取含义一样。图 8.5 采用了这个系统对图形进行分析。

小心失真数据

如何避免被图片误导？

图片就像字词一样，有时会误导你。很多读者已经学会发现欺骗性词组或句子，但并非每个人都擅长发现图片或其他图形资料中的失真数据。在查看图表或图解时，要用审视的眼光去查看内容，并且要特别留意格式、比例和整体背景。

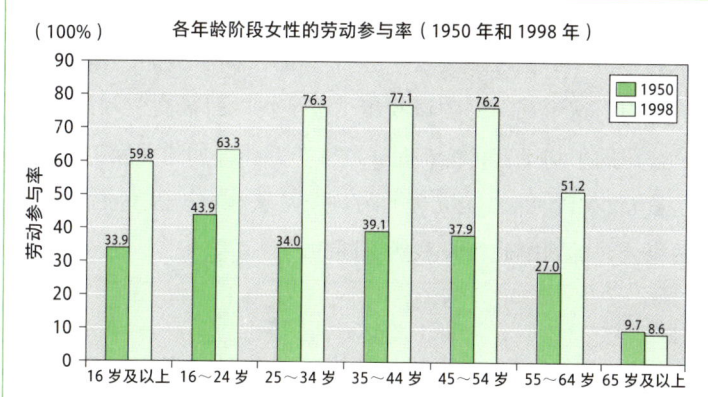

图8.5   采用OPTIC
系统分析图形
来源：美国劳工部、
美国劳工统计局。

概述

包含 7 组条形的图。

部分

● 每组条形对比的都是 1950 年和 1998 年的女性劳动力。

● 图形底部列出了 7 个年龄范围。

● 每个条形的高度代表各个年龄段女性的劳动参与率。

标题

标题明确表明这个图形根据年龄段和时间（年份）对比了女性参加工作的情况。

关联

● 除了最后一组条形，其他每组条形都表示 1998 年的女性劳动参与率高于 1950 年。

● 第一组条形展示的是之后六组条形的累积数据。

● 1998 年，女性劳动参与率最高的年龄段是 35～44 岁。

● 1950 年，女性劳动参与率最高的年龄段是 16～24 岁。

结论

尽管此图的标题没有给出结论，但条形清晰地显示 1998 年参与劳动的女性的百分比高于 1950 年。图中没有解释数据增长的原因，也没有分析为什么 1950 年的参与率峰值出现在 16～24 岁这个年龄段，而 1998 年的则出现在 35～44 岁。

格式

以图形形式展示的事实数据（尤其是统计数据）可能会传

数据格式对其含义
有什么影响?

递失真的信息。《统计数据会说谎》(*How to Lie with Statistics*)是本有趣的书,其中揭示了一些常用的伎俩。例如,你应该小心"平均"这个词,并尝试找出"被平均"的最高值和最低值。两家公司的平均工资可能都是 29000 美元,但如果一家工资的范围是从 6000 到 90000 美元,而另一家是从 20000 到 35000,那么这两家公司的薪酬政策是截然不同的。

比例

比例对图形有什么
影响?

更改图形的比例,平缓的坡度可能会变成惊人的增势。举例来说,单位是 100 美元时,线条的陡峭程度会远高于单位是 1000 美元时。不要太过于纠结图形中的线条陡峭程度,而应该把你看到的信息转化成字词。否则,你记住的只是线条的陡峭程度或平坦程度,而不是图形展示的真实信息。

背景

比例对图形有什么
影响?

记住,图形关系有时具有欺骗性。图形的框架可能会改变你对图形的认知。例如,下面是一个菱形:

但是,在这个图形被放置到边框中后,

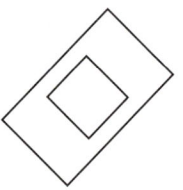

它看起来就像个正方形。图表的大小和形状也会影响你的认知。格式和比例能够让非常中性或普通的数据变得惊人。如果你仔细阅读图形,就能正确解读其中的含义,而不会被误导。

改变渠道

如果你足够幸运，课本内容和其中的任何图表、图解都难不倒你。不过，如果常见的课堂教学方式无法帮助你掌握内容，那么你可以试试其他学习方法。即使教师的教学方法适合你，你也可以采用其他学习方式来增强你的理解。

将文字转换成图片。尽管视觉沟通是信息交流的主要渠道之一，但视觉型学生可以使用图形进行思考，重新解读没有第一时间通过视觉传递成功的信息。

小组学习。几乎所有学生都能从小组学习中受益，尤其是人际关系能力强的学生。

实践学习。积极、热爱实践、动手能力强的学生可能没有耐心思考抽象内容。示例和实践可以让概念变得清晰。他们可以借此巩固在课堂上或阅读时艰难习得的概念。

将文字转换成图片

重塑　　　总结

虽然部分学生觉得很难从图片中提取含义，但很多学生属于视觉型学习者，更喜欢读取图片信息。他们不仅擅长分析图形和图解，还常常将视觉思维运用到非视觉区域。例如，视觉型学习者在听讲座时，会同时在脑中将讲者所述的内容转换成画面。视觉型学生甚至会觉得在听讲座时，看着演讲者本人也很重要。如果你是视觉型学习者（即使不是也无妨），你可能会发现在学习中增加一个图片维度，能够给你提供不少帮助。

我们现在已经知道，阅读图形就是审视图表，并将其中的信息转换成一两个句子。当你使用图片写作时，其实就是一个相反的过程——将你阅读或听到的句子转换成图表。

如果你听到或读到的是具体信息，那么你要做的就很简单，

你该如何通过更合适的学习方式辅助高难度课程的学习？

视觉型学习者如何将图片整合到非视觉区域？

提出你的问题

因为图表中描绘的是真实、有形的信息。不过，如果你读到或听到的是抽象信息（如两栖动物的特征），你就需要进一步改良你的方法。这时，你要做的不是在脑中绘出动物的样子，因为这无法帮助你记住这类动物的特征，而是制作一张概念图。尽管分析抽象概念和具体概念的方法不同，但目的是一样的——将你读到的信息转换成可视信息（见图8.6）。

图8.6　课本内容的概念图

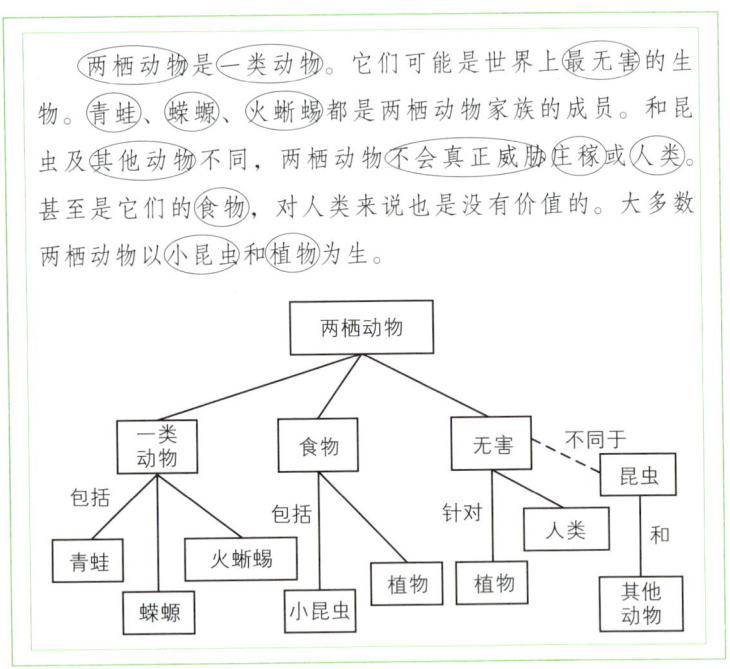

为笔记添加图解

你应该在什么情况下为笔记添加图解？

当你阅读课本或查看讲座笔记时，不要急于用文字写下重要观点，不妨试试绘制图形。对于某些科目，你会很自然地进行绘制。例如，科学类科目拥有大量可绘制的内容。在笔记中为单细胞生物的组成部分或计算机网络的连接情况绘制一份图表，可以帮助你更轻松地理解相应内容。有时候，图解是现成的。如果教师在黑板或屏幕上给出了图解，或者课本作者在章

节中添加了图表，请将这些图形添加到你的笔记中，就像记录
重要示例一样。如果没有现成的，请自行绘制一份。

历史课程包含的元素可能难以绘制成图，但它拥有大量可
以以图片形式展示的数据。例如，你可以将一系列重要时间绘
制成一条时间线。这样可以帮助你轻松"看到"各个历史事件。

当科目内容难以
绘制成图时，该
怎么办？

下面展示如何将字词转换为图片。下面这段文字描述了英国物
理学家、化学家迈克尔·法拉第（1791—1867）进行的一项实验：

迈克尔·法拉第是英国最伟大的科学家之一。1831 年，他
进行了一系列实验，证实了电和磁场之间的密切联系。在其中
一项著名的实验中，法拉第将线圈两端连接到可测量微弱电流
的仪器上。他将条形磁铁迅速插入线圈，仪器检测到线圈中产
生了微弱的电流。条形磁铁插入和抽出的过程，实际上是在改
变线圈中的磁场强度。磁场强度变化越快，产生的电流越大。

图 8.7 展示了一名学生如何将描述性段落转换成图形。这不
仅能帮助学生理解描述的过程，而且内容可视化后还便于记忆。
如果试卷上出现了有关这个实验的问题，那么脑中存在这样一
张图片的学生肯定能够答对。

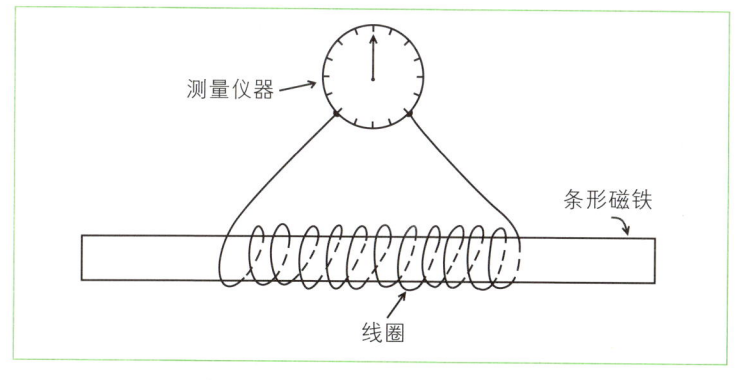

图8.7　将描述性
段落可视化

要在笔记中绘制图表，你不需要拥有米开朗基罗或达芬奇

向笔记中添加图表
有什么好处？

那样的天赋。你要做的是动用大脑中负责视觉思维的区域，这是最重要的。来自西安大略大学的艾伦·帕维奥在著名的"双重编码"理论中提出，如果你同时运用图片和文字学习信息，就可以更轻松地回忆起这些信息。因此，当你尝试通过图片和文字回忆学过的内容时，你脑中就会有两个（而不是一个）区域供你搜索信息。只要你集中精神学习，那么不论你画出的是一幅涂鸦还是无价的艺术品，你的大脑都会变得更加强大。

将抽象概念转换为图示

如何将较为抽象的
概念转换为图片？

抽象概念不像具体概念那么容易被转换成图表。例如，你可以大致画出一个农场，其中有农田、农民和拖拉机。但是，你该如何将包含这三个元素的经济生产流程转换成一张图表？此时，概念图就发挥作用了。概念图可以以图形形式解释抽象过程及各种关系。根据一系列抽象概念绘制概念图，与根据一系列难以分辨的方向绘制路线图相似。在这两种情况中，图示可以提高概念的可视性，使它们变得更易理解和记忆。尽管制作概念图的最简便方式是使用铅笔和纸张，但你也可以从大量的绘图软件（大部分是免费的）中选择一个，以便在屏幕而不是纸张上完成整个绘制过程。

以下是绘制一个课本段落的步骤：

1. 确定你要绘制的段落的主题。在纸张（或文档页面）的顶部写下主题，并将其圈出；

2. 阅读段落，圈出或列出其中包含的概念；

3. 在列出的概念中选择 2～5 个最重要的，这些是关键概念；

4. 将剩余概念归类并添加到与之相关的关键概念下方，并将它们圈出；

5. 用线条连接相关概念。你可以在每条线旁边指出概念间的关系。

掌握概念图

绘制概念图就像是记笔记，能够帮助你在脑中巩固重要的观点和概念。你可以像掌握笔记一样掌握概念图。尽管存在多种掌握概念图的方法，但最简单、最有效的方法是仔细查看图示，然后在不看原文的情况下，写出简短的段落摘要，阐述各个关键概念，以及它们之间的关联。这像是在自行撰写课本。你以课本中的概念为基础，但使用的是自己的语言而非作者的。图 8.8 展示的是一张概念图及段落摘要。

掌握概念图的最简单方式是什么？

图8.8　掌握概念图

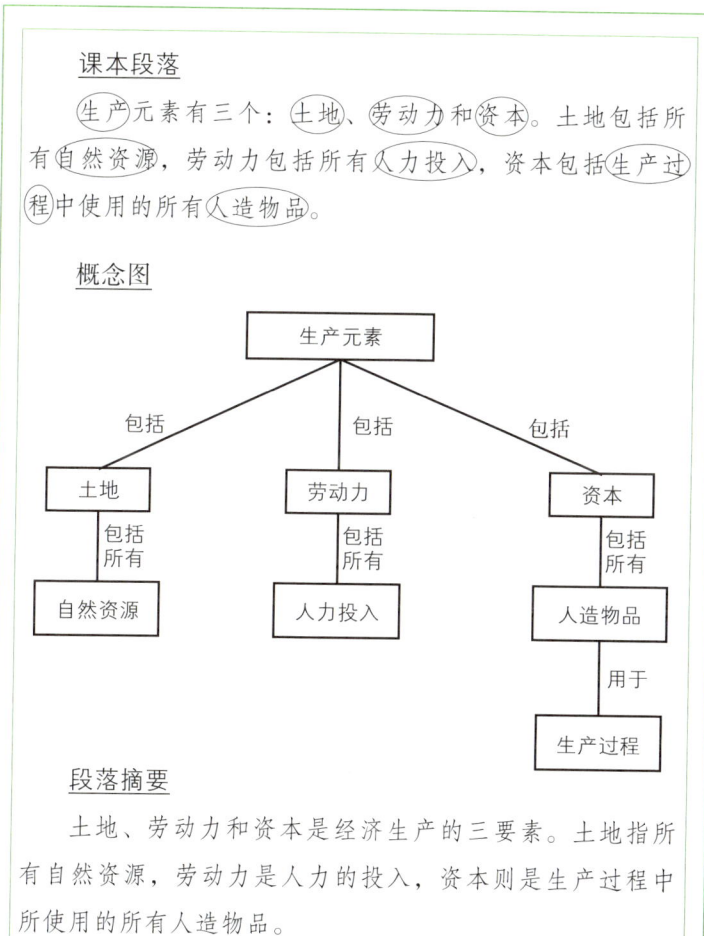

课本段落

生产元素有三个：土地、劳动力和资本。土地包括所有自然资源，劳动力包括所有人力投入，资本包括生产过程中使用的所有人造物品。

概念图

```
            生产元素
     包括    包括      包括
    土地    劳动力      资本
   包括      包括      包括
   所有      所有      所有
  自然资源  人力投入   人造物品
                       用于
                     生产过程
```

段落摘要

土地、劳动力和资本是经济生产的三要素。土地指所有自然资源，劳动力是人力的投入，资本则是生产过程中所使用的所有人造物品。

还有哪些使用概念图的方式？

概念图可灵活辅助你的学习。它们的使用方式不是唯一的。以下是概念图的其他使用方式，可帮助你提高学习效果。

借助概念进行复述。从概念图中选取一个概念，然后不要去看概念图中的其他内容，大声解释这个概念，并说出它与整个概念图的关系。

向概念图添加内容。新的观点常常与旧信息相关联。花一点时间想想概念图中的概念与你已知的观点有什么关联。将相关的旧观点添加到概念图中，并将它们与你新学到的内容关联起来。

强调重新绘制概念图。概念图的绘制方式没有对错之分。你可以采用不同的方式绘制相同的信息。仔细查看最初的概念图，看看能否以不同的方式组织其中的概念。从不同角度看待信息有时能帮助你更清晰地理解信息。此外，再次针对同一信息绘制概念图意味着你在脑中又一次进行了信息存储。

借助概念图进行总结

提出你的问题

尽管包含章节中所有概念的图示会很庞大（即使一本薄薄的书本的概念图也可能像广告牌那么大），但你可以在绘制概念图的过程中总结章节、文章和书本中的关键概念。借助概念图总结信息的过程类似于上文所述的根据课本中的一个段落或笔记内容进行绘图。不同之处在于，你要处理的内容更多。摘要图的信息来源是大量段落，而非单一段落。因此，摘要图包含的信息不如具体段落的概念图那样详细。本书每个章节开始部分的图示就是摘要图。请留意这些图示是如何提取相应章节中最重要的概念的。

用概念图来做计划

如何使用概念图帮助你撰写论文或报告？

你可以使用概念图来计划你的论文或口头报告。首先，绘出概念图中的第一个概念，即你的论文主题。接下来，在完成初步研究后，你会得出几个主要概念。将它们添加到概念图中，并用线条将它们与主题相连。最后，将已有的论据添加到概念图中。请务必确保将这些论据置于相应的概念下方，并再次使用线条标明关联。以下是为论文或口头报告绘制概念图的步骤：

1. 针对主题进行初步研究；

2. 在概念图的最上方写下或输入你选择的主题；

3. 添加 2 到 5 个你想讨论的观点，将它们与主题关联起来；

4. 在相应观点的下方列出支持该观点的论据。用线条将观点和论据连接起来；

5. 仔细查看概念图，观察各条支线是否达成平衡；

6. 如果概念图的各条支线看起来不平衡，请重新进行规划或添加信息，以达成平衡；

7. 以概念图为指南，深入研究你要探讨的各个概念，并视需要向图中添加内容。

你绘制的概念图至少可以当作大纲使用，列明你计划在论文或口头报告中探讨的主要观点和次要观点。此外，你还可以将概念图用作指南，帮助你尽可能系统性地进行详细研究。

概念图与传统大纲不同，它能够帮助你看清结构，而不仅仅是阅读内容。总的来说，一份条理清晰的报告被绘制成概念图后，外观上会非常对称。如果你的概念图看起来不平衡，那么你可能需要平衡报告的内容。你可以添加一些概念，或者重新排列现有主题。如果你对自己的概念图感到满意，那么可以将它作为未来的研究计划。

概念图和大纲有什么区别？

小组学习

在听讲座或独自学习时，有的概念会令你备受折磨，但当你进行小组学习时，相同的概念可能会变得更清晰、更易理解。研究显示，如果学生在讲座期间有机会主动学习，而不仅仅是

研究揭示了小组学习的哪些真相？

记笔记，他们将习得更多、记住更多，并且对课程的满意度也会更高。这种主动学习的一个典型例子就是小组学习。

加德纳如何看待与他人良好协作？

麻省理工学院的霍华德·加德纳提出了一个创造性的理论，认为我们有可能拥有九种截然不同的智能，而不仅仅是单一智能。加德纳认为，这些"智能结构"包含人际关系智能，它对一个人能否与他人良好协作有着重要影响。

如果课堂上没有小组学习，你该怎么办？

加德纳的研究和众多教师的亲身经历，让很多教师都意识到团队的价值。如果你的老师没有意识到这一点，而你发现小组学习能使你受益，那么你就应该采取主动，看看能否邀请几位同学一起学习。不过，你应该将小组成员限制在 4～5 人，以确保每个人都可以积极参与其中。以小组形式展开学习的一个优势（也是挑战）是，你不容易被淹没在人群中——在人数众多的课堂上则很有可能发生。

相较于独自学习，小组学习具有以下优势。

提出你的问题

来自同学的解释。尽管教师是专家，有丰富的解释经验，但是你可能会发现，经过同学的解释后，你之前未能理解的讲座或阅读材料会变得清晰易懂。

鼓励和支持。学习小组也是互助小组。如果你一个人做作业，你就只能靠自己和你可能获得的成绩鼓励自己。然而，当你进行小组学习时，由于其他成员也面临着相同的挑战，因此他们会乐于与你分享成功。从这个方面看，协作能激发学习小组的团队精神。

学习结构。当你独自学习时，你很可能会无视阅读或掌握笔记内容等任务。然而，如果你是学习小组的一分子，你的责任感就会延伸到其他人身上。只有每个小组成员都尽了自己的力量，这个小组才会成功。这种对整个小组负责的态度会激发强烈的学习动力，并且能帮助原本可能有困难的学生跟上进度。

多元视角。除非其他小组成员的想法都与你完全一致，你就有可能从其他成员处获得解决某个问题的新方法。这就是"重塑"一词的本质。如果你能够从不同的角度看待一个观点或问题，你就极有可能理解或记住相应观点或问题。

当然了，课堂讨论就是一种常见的团体行为。无论是在课堂上或是进行在线学习时，这类讨论不仅能带来小组学习的优势，还可以计入你的成绩。第 13 章会就此展开详细论述。

实践学习

重塑　　自我引导

对于充斥着抽象内容和概念的课程，许多学生感到厌烦、不满，或是心生恐惧。他们想要详细、具体的示例，将这些内容与实际的、真实的世界关联起来。事实上，大量研究显示，高年级中学生大多是所谓的"具体主动型"学生（符合上文所述情况）。如果你是这类学生，无法在课堂上发挥自己的优势，那么你可以通过以下方式巩固课堂教授的核心内容：完成章节末尾的练习；学习与课文相关的辅助教材；寻找相关的练习册或软件；亲身实践课本中的抽象观点和概念。

对于主要由抽象内容组成的课程，你该如何获取实践经验？

完成章节练习

根据课程性质和教师的教学偏好，你可能会被要求完成课本章节末尾的问题和练习。即使教师没有要求你完成这些练习，尝试完成它们也会令你受益，尤其是当你觉得课程或课本内容难以理解时。同时，这些练习也能让你脱离理论，完成实践。此外，由于章节末尾的练习常常能反映测验题型，因此你也可以提前了解自己在测验中的表现。

完成章节末尾的练习有什么好处？

学习辅助教材

许多课本（包括这本书）都附有一系列额外材料，我们称之为辅助教材。这些材料通常发布在网站上，相应的书本上通常都会提供网址。这类材料中包含的测验和练习通常属于互动型。也就是说，你可以通过这些材料实时测试自己对所学内容

辅助教材有什么价值？

的掌握程度。这些材料可以帮助你主动学习，让你提早了解哪些地方需要进一步加强。

寻找程序化教材和练习册

程序化教材和练习册有哪些优势？

如果你未能达到课程要求的技能水平，就需要完成额外的练习。程序化教材中的答案紧随问题之后，因此能够逐步教会你该课的内容。现今，尽管一些课本也采用程序化格式编写，但最常见的程序化教材仍出现在网站或专门的软件中。练习册中的题目针对的是课本中阐述的观点。这些辅助学习方式可以帮助你练习如何应用新学到的知识，从而减轻焦虑。此外，它们还能让你深入探索学到的知识，从而激发你的兴趣。除非你的课本本身带有程序化的材料或练习册，课本和辅助教材之间的区别就在于辅助教材的内容与课本内容并不完全一致。于是，你会发现自己把时间花费在了课本中未提及的内容上。更重要的是，程序化材料或练习册可能会漏掉课本中的内容，甚至是测验中可能包含的内容。因此，请务必小心！

动手学习

触觉型或动觉型学习者偏爱哪种方式？

一些学生属于触觉型或动觉型学习者，移动或触摸东西能够帮助他们加深理解。这种方法在工程或科学学科中很常见。你常常可以亲自辨别物种，组装或拆卸仪器，或者将液体从一个容器倒入另一容器。然而，在历史、英文等课程中，动手的机会并不多。这种课程侧重于概念性内容而非实操性内容。

如何将动觉型或触觉型学习方法运用于抽象概念？

幸运的是，你可以通过一个相对简单的方式将主动动手元素添加到抽象课程中，即在便签纸上记录重要日期、主题或概念，然后采用不同方式对它们进行排列和重新排列。这实际上是在绘制低版本的概念图。不过，如果你是动觉型学习者，动手排列和重新排列这些概念（而不是在屏幕、纸张或大脑中）就能够帮助你理解和记住相应内容。动手学习的另一种方式是将一些重要观点从笔记或课本上转移到学习卡上。将词汇或概念记录在卡片的其中一面，并在另一面上列出定义或解释（这类似于第 4 章中提及的边缘词汇学习卡的制作过程）。相较于通过显微镜观察事物，打开引擎盖观察发动机，或检查计算机内部的集成线路，翻看学习卡似乎算不上活跃的行动，但它应该可以帮助你更加专注于要学习的主题。

小结

我们常常听到这样的说法：我们只利用了大脑的 10%。尽管这个说法并没有实际数据支持，但它的传播范围非常广，并且常被许多专家提及，因此已被认定为事实。不过，这个概念中还是存在一些真相的。仔细想想，字词读写已成为学校教育的必修课。尽管字词读写不同于艺术、音乐或体育（这些科目常常受到轻视，有的学校将它们列为选修课程，或者根本不开设这些课程），但是小学的阅读小组或初级书写课程则缺乏相应的动手项目。我们的确很早就开始学习字词，但这并不表示我们不该寻求其他学习渠道。和扩大词汇量一样，提高其他学习技能也能提升你的思维深度。如果你能够通过不同途径学习，就一定会成为发展更均衡、更成功的学生。

为什么要寻求非主流学习渠道？

章节复习

从句子下方的三个词中选择一个将句子补充完整。

填空

1. 大多数课本按 _____ 排列。

全局　　　　　顺序　　　　　动觉

2. 麻省理工学院的霍华德·加德纳认为存在九种不同类型的

_____。

智能　　　　　记忆　　　　　课本

3. 结构合理的报告转换成概念图时，会显得 _____。

详细　　　　不平衡　　　　对称

配对

填写与左边项相匹配的句子。

___1. 扇面图　　　　a. 偏好"动手"方式的学习类型

___2. 整体型　　　　b. 用于展示抽象关系和过程的图示

___3. 同学　　　　　c. 说明局部和整体的关系

___4. OPTIC　　　　d. 看待折线图的一种方式

___5. 动觉型　　　　e. 给出的解释有时比专家更有用

___6. 快照　　　　　f. 常常有突破性、洞察性发现的方式学习

___7. 电影　　　　　g. 看待条形图的一种方式

___8. 概念图　　　　h. 系统性地分析图形材料的方法

判断

在正确的句子旁圈出"对"，错误的句子旁圈出"错"。

1. 对　错　　英语和历史课程中常采用触觉型学习方式。

2. 对　错　　折线图可有效说明长期趋势。

3. 对　错　　OPTIC 系统可用于分析照片和图形。

4. 对　错　　不需要艺术天赋也能绘制图片来协助学习。

5. 对　错　　小组学习能够相互鼓励和支持。

多选

选择最准确的选项将句子补充完整。

1. 研究显示，学生将在以下哪种（哪些）情况下学到和记住更多内容，并且对课程的满意度也更高？

a. 被要求记笔记　　　　　b. 可以主动学习

c. 考试时可以查看课本　　d. 被鼓励独自学习

2. 扇面图也被称为_____。

    a. 韦恩图   b. 色环图

    c. 饼图   d. 查找表

3. 掌握概念图的最简单的方式是_____。

    a. 擦掉它   b. 总结它

    c. 从中找出重点   d. 重新绘制

4. 摘要图_____。

    a. 细节应少于标准概念图   b. 应使用黑色记号笔绘制

    c. 应包含独立变量   d. 应包含具体概念

5. 将概念图用于论文或口头报告时，它的功能相当于

    _____。

    a. 研究指南   b. 可视的大纲

    c. 着手点   d. 以上皆是

思考这章的大纲，然后运用自己的想法和经验回答每个问题。 **思考**

1. 你的主要学习渠道是什么？解释你对该渠道的理解，以及如果你采用了其他方式会怎么样？

2. 从这本书或其他书本中选择一个图形或图解，然后采用 OPTIC 进行分析。

3. 你是否会在笔记中添加图解？如果是，图解对哪种课程的作用最大？如果否，指出你将来可能针对哪些类型的信息添加图解。

提问系统利用页边的问题鼓励有效阅读。你会注意到这章 **提出你的问题**
中的大部分段落旁都伴有一道问题。现在，轮到你来提问了。搜索这章中缺失问题的段落，重新阅读，确认中心思想，然后提出一个问题来引出中心思想。你可以参考上下文页边的问题，然后提出自己的问题。

背景故事

Channel　渠道：从稻草到电视屏幕

channel n.　1. The bed of a stream or river. 2. The deeper part of a river or harbor, especially a deep navigable passage. 3. A broad strait, especially one that connects two seas. 4. A trench, furrow or groove. 5. A tubular passage for liquids. 6. A course or pathway through which information is transmitted.*

古苏美尔人有一个难题。他们喜欢喝啤酒（啤酒其实就是他们发明的），但又不想每一口都喝到颗粒状酵母和其他酿造的副产物。因此，他们使用中空的稻草来吸取他们最爱的饮品。很快，这些富有创造精神的人们（他们也是创造书面语言的先锋）将这种用细管传输液体的办法运用到了其他地方。早期的水管系统使用的是较大的中空植物，如竹子和甘蔗（sugarcane，来自拉丁语的"芦苇"一词），之后才开始使用非植物材料，如黏土、铅或石头。在罗马，这些坚固的、更为复杂的管道仍被称为"canalis"，词源就是"cane"。"canalis"这个词在法国演变成"chanel"，之后流传到英格兰，演变为"channel"，指溪流或水流动的通道。尽管最初在"channel"（沟渠）中流动的是水，但电报出现后，人们开始使用这个词来命名电子传输的路径。随着通信系统的复杂化，"channel"这个词的含义也越来越丰富。现在，人们使用这个词来描述各种各样的信息传递路径，如外交谈判、电视直播以及互联网视频数据流。**

---

*摘自《美国传统英语字典》第四版的"channel"条目（波士顿：霍顿·米夫林出版公司，2000年），http://dictionary.reference.com/browse/channel（2009年5月12日查询）。

**参考以下内容：《美国传统英语字典》第四版的"channel"条目（波士顿：霍顿·米夫林出版公司，2000年），http://dictionary.reference.com/browse/channel（2009年5月12日查询）；"channel"，《在线词源字典》，道格拉斯·哈珀（Douglass Harper），历史学家，http://www.etymonline.com/index.php?search=channel（2009年5月12日查询）；"channel, n1."，《牛津英语字典》第2版，20卷（牛津：牛津大学出版社，1989）；"吸管简史第1部分：从苏美尔到石器"，Perpenduum，2008，http://perpenduum.com/2008/01/a-brief-history-of-the-drinking-straw-part-1-from-sumer-to-stone/（2009年5月12日查询）；霍斯特·多恩布什（Horst Dornbusch），"谁先出现，面包还是啤酒？"，Beer Advocate网站（2004年6月23日）：https://beeradvocate.com/ articles/595（2009年5月12日查询）。

第三部分

保留信息

　　获取信息后，请不要将它们遗忘！如果让很不容易才获取的信息悄悄溜走，这不但令人惋惜，还白白浪费了时间。不过，随着时间的流逝，我们难免会遗忘所学的信息。如果你不采取行动，这就是必然的结果。这部分旨在帮助你保留你所学到的信息。它将告诉你如何：

9. 对抗遗忘；

10. 记录真正有用的笔记；

11. 将笔记转化为知识。

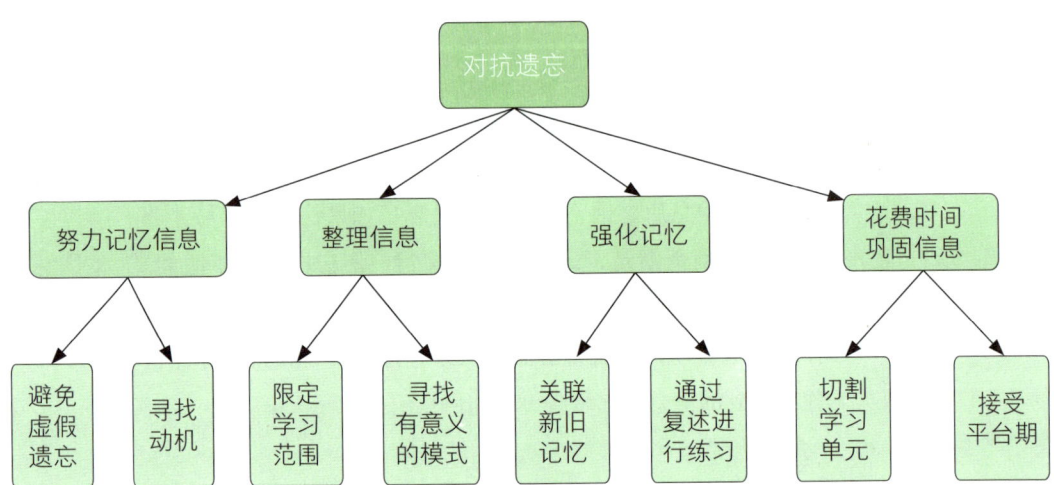

对抗遗忘

遗忘难以战胜。事实上，从你获取信息的那一刻起，遗忘就开始盗取它们了。更糟糕的是，你无法阻止遗忘，就如同你无法阻止时间流逝一样。不过，你可以反击。在遗忘无情的攻击下，你可以巩固你所学到的东西，强化你的记忆。为帮助你展开防卫战，这一章会告诉你如何：

- 努力记忆信息；
- 整理信息；
- 强化记忆；
- 花费时间巩固信息。

记忆是个复杂的东西，它接近真相，却又不同于真相。

芭芭拉·金索尔弗（1955- ），美国记者

本章摘要

▶ 改善记忆的最佳做法。

▶ 爱因斯坦都不知道的事。

▶ 为什么在手指上绕绳可以帮助记忆。

为什么说遗忘是学业成功的最大敌人?

你的大脑中一直有一场战争在进行。你可能没有意识到,但你的记忆一直在遭受遗忘的攻击,而遗忘是学业成功的最大敌人。对于新学到的知识,遗忘的杀伤力强大且快速。事实上,研究一次又一次地证实,你很可能会在几天内忘记新学到的大部分内容。

实验揭示了有关遗忘的哪些真相?

在一项实验中,实验对象阅读完一个章节后,在一天后忘记了 46% 的内容,14 天后忘记了 79% 的内容,28 天后忘记了 81% 的内容。也就是说,实验对象只能记住前一天所学内容的一半多一些,而在不到一个月后,他们能记住的内容只有所学内容的 19%。

为什么听到的信息比读到的信息更难记住?

你忘记读过的内容的速度很快,你忘记听到的内容的速度更快。这与短期记忆或工作记忆的工作原理有关。工作记忆区是一个中途站,所有新信息都会传递到那里。之后,部分信息会被传递到存储时间更长的长期记忆区。你的工作记忆区主要有两个前门。你看到的信息从其中一个门进入,你说的或听到的信息从另一个门进入。已有确凿的证据表明,当你阅读书中的字词时,你会同时看到和听到它们。这些字词的图像与你在"内耳"中听到的这些字词的发音相结合,能帮助你更好地记忆它们。相较而言,当我们在聆听时,通常是看不到任何东西的。现在,你应该能理解我们为什么更容易忘记讲座中提到的中心思想,而不是以课本中读到的章节主题。此外,你在阅读时可以自己控制节奏。你可以减速、暂停、思考,甚至在需要的时候重读一遍,但在聆听时你则无法享受这些特权。你通常只有一次机会去记忆演讲者所说的字词和观点。

是什么因素决定了工作记忆区中的信息是否能保存到长期记忆区?

没有什么信息是一定可以保存到长期记忆区的。如果你曾忘记几秒钟前听到的名字,或是曾忘记几分钟前看到的电话号码,你就应该知道遗忘会在瞬间发生,并且是彻底的。要让记忆持久,就要将信息从工作记忆区转移到长期记忆区,你要做的是重复练习(rehearse)。"rehearse"源自一个古老的法语单词，意思是"再犁一次地"（本章末尾的"背景故事"会详细介绍这个单词的演变历史）。每次重复或重写你读到或听到的信息，都是一次重复练习。你将借此加深信息的记忆痕迹，就像犁地的拖拉机加深农田中的犁沟一样。如果你确定路径已经足够深，它应该就不会消失。然而，如果你只犁出一条浅浅的沟，那么一阵风或是一场雨过后，它就可能消失。信息也一样。缺少重复练习的结果就是消失。

实验显示，有时候，遗忘未经重复练习的信息只需要 20 秒。德国心理学家、现代记忆学先驱赫尔曼·艾宾浩斯（1850—1909）通过一个经典实验发现，近一半的学习内容会在一个小时内被遗忘。100 多年后，心理学家们一次又一次地证实了艾宾浩斯的发现。

下文讲述了一个真实的故事，印证了遗忘的速度和遗忘对象的范围。三位教授在休息室吃午餐。他们进行了如下对话：

克莱德：你昨晚去听讲座了吗？

沃尔特：没有，太忙了。

克莱德：你错过了这几年来最好的讲座之一。

莱　昂：没错。他提出了四个非常精彩的观点。

克莱德：我从来没有听过有人能把自己的观点表述得那么清楚。

沃尔特：你不用告诉我整场讲座的内容，就说说那四个观点吧。

莱　昂：（长时间沉默）克莱德？（过了两三分钟，但像是过了一小时那么久。）

莱　昂：我得回办公室了。

克莱德：我也是！

沃尔特：我也是！

我们可以从莱昂和
克莱德的故事中学
到什么?

莱昂和克莱德都是聪明人,但对于前一晚讲座上提及的四个观点,他们都没能记住只言片语。他们遗忘的原因是没有将四个观点从工作记忆区转移到长期记忆区。然而,他们都记得演讲者很睿智,表述很清晰、很有说服力,并且提出了四个观点。

回忆讲座内容的结
果如何?

这两位学识渊博的人也毫不例外地会遗忘信息。传统研究一次又一次地将他们的故事当作论据使用。例如,在一个经典实验中,研究人员秘密记录了剑桥心理学协会举办的一场研讨会。两个星期后,研究人员要求参加研讨会的协会成员回忆研讨会的内容,并写下所有仍记得的信息。结果令人震惊:随着时间的流逝,参会人员忘记了超过 90% 的内容。对于讲座中提及的诸多观点,参会人员正确记住的比例平均只有 8.4%!他们记住的很多信息都与实际讲述的内容不符。他们提及的事情其实根本没有发生过。他们的评论是美化过的。他们经提示才想起了研讨会上提及的观点。这群优秀的心理学家忘记了研讨会上提及的 91.6% 的观点。

如何对抗遗忘?

如果你了解记忆所面对的困难,就不会寄望于随时提取你学过的信息。你需要付出努力。你可以通过各种方式保护你的记忆,努力记忆信息、整理信息、强化记忆,并花些时间巩固信息。

努力记忆信息

努力对记忆信息有
什么影响?

记忆不是自发行为。要记住信息,你需要有意识地学会它。如果你没有学会,那么你所遗忘的本就不属于你。即使你学会了,如果没有说服自己这是值得记住的东西,它们也不会长久地属于你。你最初付出的努力决定了你是会永久记住你听到或读到的信息,还是会转瞬忘记它们。

避免虚假遗忘

当你记不住某个名字、某个电话号码、某件事、某个观点，甚至是某个笑话时，你会说"我忘记了"。然而，这可能和遗忘没有任何关系，因为你最初可能根本未曾记住这些信息。这种现象被称为"虚假遗忘"。我们归咎于遗忘的很多情况其实就是"虚假遗忘"引发的。加州大学洛杉矶分校的心理学副教授拉塞尔·波德拉克认为："提高记忆力的最佳方式是将精力集中在你想记住的事物上。"在波德拉克提出这个说法的 100 多年前，诗人 / 医生老奥利弗·温德尔·霍姆斯曾简洁明了地提出："要忘记，你得先记住。"

如果想将某个观点或事实长期保存在记忆中，那么你至少需要明确地记住它一次。要回忆起或忘记某个观点或事实，你必须要在脑中记录过这个观点或事实。记录的方式有很多。你可以写下相关信息，或者大声将它们读出来。如果你喜欢结交新朋友，那么你可能已经掌握了"重复名字"这个技巧。你会说"很高兴见到你，布朗先生"，而不是"很高兴见到你"。这种技巧不仅适用于交朋友，也可以用来对抗虚假遗忘。

寻找动机

如果你明确知道自己需要记住某些信息，就可以更轻松地记住它们。一个精心设计的研究向我们展示了动机对记忆长短的影响。研究人员要求两组学生掌握相同的材料内容。差别在于，他们告诉第一组学生第二天会进行测验，告诉第二组学生两周后进行测验。这个差别产生了显著的影响。尽管两组学生的学习方式很相似，但两周后，被要求长时间记住材料内容的学生回忆起了更多信息。

在各式各样的动机中，兴趣的影响力最大。如果能在兴趣的驱动下学习所有科目，你就不用担心成绩了。如果你本身就

哪种动机最有利于记忆信息？

对某个科目感兴趣，记住学习内容就会是件轻松的事。这可以解释为什么对棒球击打率如数家珍的学生会在统计相关课程上下苦功。如果你本身对某个科目没有兴趣，那么你可以尝试人为制造兴趣。在你真正开始学习一个新科目后，你很可能会发现它真的很有趣。让兴趣为你所用，而不是成为你的障碍。

不论你的动机是真正的兴趣还是为了通过考试，当你听到或读到你想记住的信息时，都可以采取一些措施强化你的记忆意图，以便记住学到的信息。

提出你的问题

集中注意力。如果你的注意力分散，就很难记住什么。因此，请在阅读作业或聆听讲座时将干扰因素最小化（见第 1 章）。

一开始就要获取正确的信息。错误的观点和被误解的事实可能会像正确的信息一样留存在你的记忆里。因此，在学习新知识时，请务必小心。例如，很多人将 "nuclear"（NEW-clee-er）读成 "NEW-cue-ler"。你只要仔细看看这个单词，就知道这个发音是错误的。然而，如果你一开始就读错了，那么用正确发音替换错误记忆将会困难重重。

确保理解信息。如果你最初听到或读到某个观点时未能理解它，你就不要指望以后记忆会帮助你奇迹般地领悟它。你无法将模糊不清的观点转化成清晰的记忆。因此，当你感到困惑时，要勇敢向教师提问。当你读到难以理解的内容时，要一遍又一遍地重读，直到你掌握了其中的含义。

有趣的是，帮助你记忆信息的动机也能帮助你忘记信息。你可以借此清除不需要的信息。

餐馆的服务员为我们展示了什么是有意识的遗忘。在顾客付账前，他们能够非常清晰地记住顾客的菜单。结账后，有经验的服务员会从脑中删除整个服务过程，并将注意力百分之百投向下一位顾客。就像他们有意识地去记忆一样，他们也会有意识地遗忘。

阿尔伯特·爱因斯坦是 20 世纪最为聪明的人之一，但他背不出自家的电话号码。这就是有意识的遗忘。他认为这样简单的数字存储在电话薄中就可以了，完全没必要存储在大脑中。因此，他故意忘记它们。

整理信息

如果你将桌面上的东西随意扫入一个小盒子中，就无法轻松地从中找出你要的东西。首先，这个盒子可能不够大。即使它够大，由于盒子里的东西杂乱无章，你也需要花费一定的时间才能找到所需的东西。你的记忆面对的是类似的问题。你一次可以记住的东西是有限的。如果你没有按照有意义的方式整理信息，之后提取所需信息时就会遇到困难。

为什么说你的记忆就像填充了整个桌面物品的小盒子?

你一次可以记住多少信息？1956 年，心理学家 G. A. 米勒进行了一项突破性实验，给出了这个问题的答案。米勒在"神奇的数字 7±2"一文中指出，大多数人一次只能在短期 / 工作记忆区中保存 7 项内容。这似乎是个糟糕的数字。幸运的是，这 7 项内容的每一项都没有大小限制（只要信息的排列是有意义的）。举例来说，你很难记住下面这 31 项内容：

米勒认为你的记忆能力是多少?

aabceeeeeeeilmmmnnnoorrrssttuvy

但是，如果你采用有意义的方式（也就是字词）整理这些内容，你就可以将内容的数量减少到 7 项，并提高你记住它们的概率。以下是同样的 31 个字母，但是按照有意义的方式进行了排列：

排列如何帮助你记忆信息?

You　can　learn　to　remember　seven　items

1　　　2　　　3　　　4　　　5　　　　6　　　7

正如米勒所说的："我们的语音非常有用，可以将资料重新包装成少量内容丰富的信息组块。"

近期研究揭示了有关记忆范围的哪些真相？

在米勒提出记忆能力的上限后，其他心理学家不断地探索我们对所谓的"记忆范围"的理解。尽管我们可以将复杂的信息重新包装成大约 7 项内容并存储在短期记忆区中，但研究显示，回忆较长字词的难度大于回忆简短字词的难度。即使在阅读书面字词时，"无声话语"（见第 5 章）似乎也会影响我们获取信息的方式。由于说出较长的字词需要花费较长的时间，因此记忆痕迹消失的可能性也就更高。一般来说，我们一次可以记住 2 秒钟内说出的内容。正如英国心理学家阿伦·巴德利所说的："较短的字词或较快的语速可以加大记忆范围。"

我们可以从米勒和后来的心理学家的研究中学到什么？

关于记忆范围的研究告诉我们，你可以通过以下方式提高记忆成果：有选择地记忆信息，限定学习范围，以及确保你要记住的信息是有序排列的。

限定学习范围

聚焦

艾宾浩斯最著名的实验得出了什么结论？

在米勒探索神奇的数字 7 之前，赫尔曼·艾宾浩斯就已经进行了一项记忆实验。这个实验也许是记忆研究领域最著名的实验。他记录了实验人员记忆一系列无意义音节的情况。先是 6 个音节一组，如 bik、luf、tur、pem、nif 和 wox，之后是 12 个音节一组。实验结果令人吃惊：记忆 12 个音节要付出的努力是记忆 6 个音节的 15 倍。也就是说，如果记忆 6 个音节需要 4 分钟，那么记忆 12 个音节则需要 1 小时。

艾宾浩斯的实验启示我们应该如何掌握课本和讲座内容？

虽然艾宾浩斯的实验素材是无意义的音节，但这项周密的研究还是给我们上了有意义的一课：要提高所学内容的记忆效果，我们就必须进行压缩和总结。也就是说，要从讲座和课堂笔记中提炼出中心思想，剔除论据和示例。一旦从所读内容中选择了重要的信息，你应该就能够在一定的时间内记住它们。

限定学习范围还有一个附加好处：在选择要记住和要舍弃的信息时，你对教材内容会有更全面的理解。也就是说，如果你没有大致理解内容，就无法判断哪些信息值得保留，哪些信息可以舍弃。我们会在第 11 章中介绍"硬币系统"，它可以帮助你压缩笔记内容，将你所学的东西变为你的永久所有物。

限定学习范围如何帮助你加强理解？

寻找有意义的模式

归类

将桌面上的资料（或者电脑中的文件）分类整理到不同的文件夹中，可以帮助你更快地找到所需的资料。我们可以更轻松地理解课本内容，是因为这些内容已经被分类为不同的章节。我们可以在商店中轻松地找到某件商品，是因为它已被分类放置在不同的货架上。如果要在一个商品随意放置的超市中寻找一瓶花生酱，你可能会放弃寻找。

整理信息对检索信息有什么影响？

这种情况也适用于记忆信息。当你需要记忆大量信息时，试试将相似的内容归为一类。一旦完成归类，这些内容就拥有了对抗遗忘的力量。就像是葡萄梗将一颗颗葡萄聚集在一起，归类后的各个事实和观点也会紧紧聚集在一起。这种聚集对考试非常有利：记住一组信息中的一项常常可以帮助你回忆起所有信息。例如，你可能会在地质课中遇到下面的字词，如果死记硬背，可能就需要花费大量时间：

如何整理你需要记住的内容？

板岩	钻石	蓝宝石
铜	铅	铝
铁	大理石	银
绿宝石	钢	青铜
金	石灰石	红宝石
花岗岩	铂	黄铜

但是，如果你按照图 9.1 将上述字词分类，那么记忆和记住它们就变得相对简单。

图9.1　适用于整理信息的分类和组块系统

来源：《心理学简介》第六版，作者杰罗姆·凯根(Jerome Kagan)。版权所有 ©1988。经圣智学习出版公司授权使用：www.thomsonrights.com。传真: 800-730-2215。

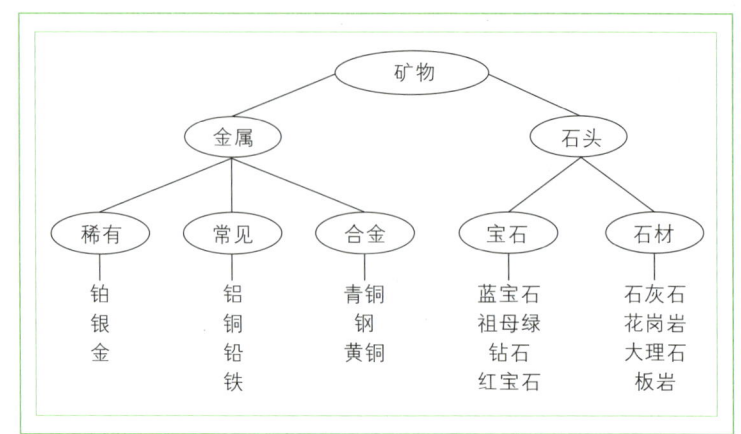

强化记忆

如何强化记忆？

记忆越强大，信息的保存时间就越长。如果你能将新的观点与记忆中已有的观点相关联，或是有意识地不断复述你所学到的知识，你就应该能够对抗遗忘。

关联新旧记忆

归类

关联在记忆中扮演什么样的角色？

信息会在什么情况下自动关联？

"没有人是一座孤岛"这句话也适用于记忆信息。你很难回忆起一个独立存在的观点。你记住的观点会交织成一个网络。在这个网络中，一个记忆点会与成百上千甚至成千上万的记忆点相关联。关联关系越多，记忆点就越牢固，你记起这些信息的概率也就越高。

有时候，信息会自动关联，就像在创伤事件中一样。例如，大多数人可以轻松回忆起 2001 年世贸中心被撞击时自己在哪里、正在做什么。我们的父辈对约翰·肯尼迪总统或马丁·路德·金遇刺事件也有类似的反应。在这些例子中，你可以迅速将事件相关记忆与自己所在位置的记忆相关联。

但是，在一般情况下，期望记忆自动关联是不现实的。如果你想提高自己记住某个信息的概率，必须努力将它关联到记忆网络中。如果你有意识地通过逻辑关联或人造关联将信息添加到记忆中，这些信息被遗忘的可能性就会降低。

如何人为创造关联?

建立逻辑关联

想一想，你是如何根据已知的地图回忆朋友家所在的方位的？你也可以想一想，你是如何通过回忆人体骨架图来增强自己对各块骨头的记忆的？这些例子证明了逻辑关联可以帮助你回忆信息。通过逻辑关联强化记忆网络的最佳方式是，依靠你的基本背景知识，以及使用图片来表示你要记住的信息。

如何为记忆建立逻辑关联?

依靠你的基本背景知识

这条原则很简单，也很有用。我们完全依靠已知的信息理解和记忆听到、读到、看到、感受到及品尝到的信息。这些已知信息有一部分已在你脑中存在多年，其他的可能存在得并不久。在聆听他人讲述时，只要你能用已知的信息解读讲述者的观点，就能理解这个观点。通过这种方式建立关联后，你记住相应信息的概率就会提高。

提出你的问题

以下步骤可帮助你建立稳固基础。

给予基础课程应有的重视。很多学生错误地认为大学第一年的基础课程不值得花费时间学习。不过，这就像是没有地基的房子，在它被风吹倒前，你可能不觉得它有什么问题。入门课程会为你打下坚实的基础，而这对后续课程来说非常重要。事实上，学生的职业生涯常常是从大一课程开始的。

基础课程为什么非常重要?

有意识地将新学到的信息与你已知的信息相关联。当你学到新的知识时,问问自己"这和我一直知道的信息有什么关联",或者"这对我已知的信息有什么影响"。这些问题能够帮助你将新的信息融入已知信息框架中。

向教师请教你不理解的内容。有时候,一个知识点可能会妨碍你理解整堂课的内容。如果错过一个知识点,你可能就会错过整堂课的内容。不要犹豫,不要害羞,请求教师重复讲述你不理解的内容。毕竟,教师的目的就是帮助你学习。

借助图片强化记忆

通过逻辑方式巩固所学信息的另一种做法是为信息绘制图片。事实上,很多学生在学习时偏向视觉型(见第 8 章)。不论是在纸张上还是在脑中绘制新的信息都可以强化你的记忆。你大脑的一部分区域通过字词来思考,而另一部分区域则通过图片来思考。因此,将字词转化成图片后,你会调动大脑的更多区域。

一名学生聆听了关于阿米巴原虫的讲座。她在笔记中绘制了这种单细胞生物的草图(见图 9.2)。相较于单一的字词描述,文字和图片的结合使她可以更清晰地理解这种生物。如果试卷中出现关于阿米巴原虫的问题,这个学生只需回忆起这张草图,就可以轻松答对问题。

图9.2 阿米巴原
虫的结构

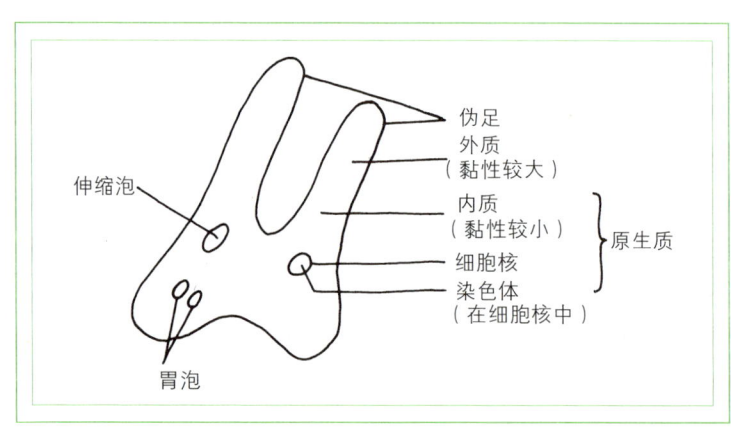

即使学习材料看起来很难绘制成图片，你还是可以勾画一张心理图片。加州比弗利心理想象疗法研究所的约瑟夫·E.肖尔博士认为："如果无法绘制心理图片，人类的记忆就没有价值。"几乎所有的记忆都能转化成心理图片。例如，如果你需要记住亚伯拉罕·林肯生于1809年，那么你可以想象一间小木屋，门口写着"1809"。你回忆起的图片不需要非常详细，只要能够提示记忆内容就足够了。

如何处理难以绘制成图片的内容？

建立人造关联

你创建的关联不必都符合逻辑，只要方便记忆就可以。人造关联的经典示例是历史悠久的绕绳法。将绳子绕在手指上作为提醒（这种风俗源自盎格鲁–撒克逊人。他们认为绳子可以防止记忆溜走）。也许你需要去倒垃圾，从洗衣机中取出衣物，或是带上某本课本。这些东西和绳子都没有关联。然而，当你看着绳子，问自己"这根绳子代表什么"时，你很可能会回想起当时尝试记住的事情。用字词、图片甚至地点替代绳子，效果是一样的。

列举人造记忆关联。

鉴于字词的便捷性、可读性和可辨识性，你可以使用它们存储更为复杂或更难记忆的信息。不过，就像绳子和要记忆的内容没有直接关联一样，字词和它提示你要记忆的信息之间的关联也可以人为创造。试想，"face"（脸）这个单词和音符有什么天然的关联吗？很多音乐初学者都是借助这个单词来帮助他们记忆高音谱号上各线间的音符（F、A、C、E）的。

如何使用字词建立人造关联？

人类生成生动但常常无意义的图片的能力令人惊叹。当你试图记忆信息时，这种能力就会显现出来。假设你刚刚认识了一个名为"Perkins"的人。要记住他的名字，你可以将其与咖啡壶"Perking"关联。你甚至可以在脑中想象咖啡壶的样子，想象闻到刚煮好的咖啡的味道。如果你想让这个画面便于记忆，你可以将 Perkins 先生的鼻子想象成咖啡壶（大多情况下，你更

图片如何帮助你记忆信息？

容易记住滑稽而不是逻辑严谨的图片，因此你无须要求自己绘制一张有意义的图片）。你要做的是将新信息（Perkins）与你记忆中已存在的信息（Perking 咖啡壶）相关联。如果你以后遇到 Perkins 先生，你就会想起 Perking 咖啡壶（但是别盯着他的鼻子看），而这会提醒你说出："你好，Perkins 先生。很高兴又见面了。"

　　还有一种名为位置记忆法（loci method）的方法。这种方法依靠的也是在脑中绘制图片的能力。位置记忆法成型于古希腊和古罗马时期，至今仍广泛使用。"loci"是"location"（位置）的词根的复数形式。它是这种记忆法的关键因素。借助位置，你可以将要记忆的内容与你熟悉的实际空间（如你的家或宿舍）相关联。你在脑中要为记忆的姓名或内容创建一张图片，将其与你所选择的位置中的物品相关联。然后，你可以在脑中绕着这个空间行走，回忆你看到的每一个姓名或内容。举例来说，为了记住参与曼哈顿计划（绝密的原子弹研发与制造工程）的知名物理学家，你可以设想走进房间，不小心被罗伯特·奥本海默绊倒；你坐到沙发上，吵醒了正在午睡的爱德华·泰勒；然后，你走到梳妆台前，打开最上面的抽屉，被跳出来的恩里克·费米吓了一跳。你房间的布局就是整理原则，帮助你更轻松地记住这些姓名。在这个例子中，滑稽的内容又一次帮助你加强了记忆。

举一个利用位置记忆法的不那么滑稽的例子。

　　当然了，位置关联并不一定都得是惊恐或滑稽的。教师在安排座位时，也可能使用位置记忆法的衍生法。教师可能会备有一张写着学生姓名的座位表，让她可以更轻松地记起他们的名字，而无须关注学生在教室中所坐的位置。这就是为什么有的学生会在新老师来的时候玩换座位这种恶作剧。

大多数记忆技巧依靠的是什么？

　　尽管我们通过许多逻辑关联来记忆信息，但大多数所谓的"记忆技巧"依靠的是人造的关联，就如我们上文提到的几个例子。

使用经典的记忆技巧

几乎每个人都至少会使用一两个技巧来记忆很难记住的事实和信息。运用最广泛的技巧可能是口诀。我们使用口诀记忆每个月份包含的天数：

记忆技巧有多常见?

一三五七八十腊，三十一天永不差。

我们在上文中提到，处理大量信息的最主要原则是按照有意义的方式整理信息。记忆技巧就是一个纯粹、简单的信息整理系统。它通过简单的方式达成重要的结果。杰拉尔德·R. 米勒开展了一项研究，评估使用记忆技巧辅助学习的效果。他发现采用了记忆技巧的学生，测验成绩提高了 77%。

记忆技巧的工作原理是什么?

米勒承认使用过多记忆技巧会导致记忆过载，但他认为学习大量记忆技巧的危害性并不会大于采用传统方式学习大量教材。以下是你可能遇到的一些经典的记忆技巧示例：

拼写。大量记忆技巧的使用目的是帮助拼写单词。以下方法可帮助学生记忆两个常常混淆的单词：

A principal is a pal. （负责人指的是人。）
A principle is a rule. （原则指的是一种规则。）

生物学。以下句子中每个单词的第一个字母代表的是动物的主要分类，即界（kingdom）、门（phylum）、纲（class）、目（order）、科（family）、属（genus）、种（variety）：

Kings Play Cards On Fairly Good Soft Velvet。（国王们坐在非常柔软的天鹅绒上打牌。）

几何学。以下方法可以帮助你记住圆周率的前 6 位数字。只要数一下每个单词包含的字母数量就可以。

How I wish I could calculate Pi!（我希望我可以记住圆周率！）
（3.141592）

天文学。大多数人可以说出八大行星，但你知道它们的排列顺序吗？水星（Mercury）、金星（Venus）、地球（Earth）、火星（Mars）、木星（Jupiter）、土星（Saturn）、天王星（Uranus）、海王星（Neptune）。

My Very Educated Mother Just Serves Us Noodles.（我学识渊博的母亲只给我们吃面条。）

动物学。自然主义者可以轻松说出非洲象和印度象的区别，但大多数人无法分辨它们。

India's big, but Africa's bigger,
The same as their elephants – easy to figure！
（印度大，非洲更大，它们的大象也一样，很好辨认！）

历史学。如果不使用记忆技巧，你就很难记住英国的各个王朝［诺曼（Norman）、金雀花（Plantagenet）、兰卡斯特（Lancaster）、约克（York）、都铎（Tudor）、斯图亚特（Stuart）、汉诺威（Hanover）、温莎（Windsor）］：

No Plan Like Yours to Study History Wisely.（你的历史学习方案是最明智的。）

药学。医生和药剂师也使用记忆系统来记忆特定化学物质。

氰酸盐（cyanate）无毒，氰化物（cyanide）则是剧毒物质。为了分辨这两者，他们使用了下面这个技巧：

-ate, I ate;-ide, I died.（-ate，可以吃，-ide，会死人。）

如果你使用经典的记忆技巧帮助你回忆信息，就请务必精确地记住整个句子、单词或口诀。差之毫厘，谬之千里。例如，学生在学习代数时使用 FOIL 来记忆二项式乘法的运算顺序：First（第一个）、Outer（外面）、Inner（里面）和 Last（最后一个）。但是，如果你把 FOIL 记成 FILE，你可能就会一头雾水。

自行设计记忆技巧

通过逻辑关系关联新信息优于通过人造关系关联新信息；真正掌握信息优于通过系统记住它。不过，如果你无法将需要学习的内容关联到你的记忆网络，并且无法应用常见的记忆技巧，那么你可以发明一个技巧来帮助你记忆信息。

关键词记忆法。将人名 Perkins 与 Perking 咖啡壶相关联，这种方法就是关键词记忆法。关键词记忆包含两个步骤，一个是字词步骤，另一个是视觉步骤。

1. 字词步骤。寻找与要记忆的单词读音相近，并且是你熟悉的词或词组。这就是你要使用的关键词。"Perkins"这个名字的关键词就是"Perking"。

2. 视觉步骤。将关键词与你要记忆的信息相关联。例如，在脑中描绘 Perkins 先生的脸出现在 Perking 咖啡壶上的心理画面。当你下次见到他时，你会想起这个画面，进而提示你他的名字。

关键词系统不仅仅能帮助你记忆人名，还可以帮助你记忆

为什么必须分毫不差地记住所使用的记忆技巧？

无法应用常见记忆技巧时，你该如何记住这些信息？

关键词记忆法包含哪两个步骤？

关键词记忆法的常见用途有哪些？

外语单词。例如，如果你想回忆起"butter"（黄油）对应的法语单词（beurre），就可以将"butter"与"burr"（毛边）或"brrr"（发抖）相关联。然后，用图片将这两者关联起来：一块上方是毛边的黄油，或者一块穿着大衣瑟瑟发抖的黄油。

什么是造词记忆法？

造词记忆法。你拼造的词所包含的字母可以帮助你记忆重要信息。举例来说，你该如何记忆五大湖：苏必利尔湖（Lake Superior）、伊利湖（Lake Erie）、密歇根湖（Lake Michigan）、休伦湖（Lake Huron）和安大略湖（Lake Ontario）？

如何造词？

你可以按照以下顺序造词：

1. 划出每项内容的关键单词（Superior、Erie、Michigan、Huron 和 Ontario）。

2. 划出每个关键单词的第一个字母（S、E、M、H 和 O）。

3. 使用第 2 步中的字母拼造出一个或多个单词。如果你要记忆的内容的顺序并不重要，你可以试试按照不同顺序排列这些字母，直到它们排列成一个或多个单词［HOMES（房屋）］。

4. 如有可能，为关键词和你要记忆的内容创建关联［The HOMES along the Great Lakes must have a beautiful view（五大湖旁边的房屋一定拥有美丽的风景）］。

造词记忆法使用的可以是真正的单词，也可以是你编造的单词。如果你使用自己编造的单词，请务必确保你能记住它。

在什么情况下你应该使用造句记忆法而不是造词记忆法？

造句记忆法。如果你要记忆的内容的顺序非常重要，那么造句记忆法通常比造词记忆法更灵活。例如，如果你需要记住五大湖自西向东的地理排列，即苏必利尔湖（Lake Superior）、密歇根湖（Lake Michigan）、休伦湖（Lake Huron）、伊利湖（Lake Erie）和安大略湖（Lake Ontario），那么"HOMES"就无法帮助你记忆它们。但是，造句记忆法可以帮助你：

造句记忆法包含哪些步骤？

你可以按照以下步骤造句：

1. 划出每项内容的关键单词（Superior、Michigan、Huron、Erie 和 Ontario）。

2. 划出每个关键单词第一个字母（S、M、H、E 和 O）。

3. 使用第 2 步中的字母造句，并确保句子中每个单词的首字母和第 2 步中关键单词的首字母相同［Super Machine Heaved Earth Out（超级机器挖掘）］。

4. 你所造的句子要与要记忆的内容相关联［Five large lakes in the middle of the country almost make it seem as though a super machine heaved earth out（乡村中部的五大湖看起来就像是用超级机器挖掘的）］。

一般来说，使用关键单词的首字母造句比造词简单，尤其是当要记忆的内容顺序非常重要时。当然了，如果首字母都是辅音字母，要使用这两种方法就会很困难。要避免遇到过多辅音字母，请尝试选择以元音字母开头的关键词（或关键词的同义词）。

为什么造句记忆法有时比造词记忆法更简单?

通过复述进行练习

总结

没有什么行为比复述更有益于强化记忆。这是因为复述可以促使你认真思考听到或读到的信息。这种深度思考（专家称其为深层认知处理）是让记忆长久存在的关键因素。要利用复述的优势，你需要知道如何复述。了解复述的工作原理也可以令你受益。

为什么复述对强化记忆有着重要作用?

复述包含哪些步骤

复述的步骤很简单：阅读课本中的一个段落或笔记中的一部分内容，然后根据记忆重复这些内容。你可以大声地口头复述，也可以将其写下来。不管是口头还是书面复述，你的目标

复述包含哪些步骤?

都是使用自己的语言，而不是照搬原文中的用词。复述的目的不是记住字词，而是理解内容。第 11 章会详细介绍如何通过复述掌握课堂笔记或作业笔记的内容。

为什么复述可以强化记忆

复述背后隐藏了什么秘密？

不论是口头还是书面复述，它对记忆的影响都基本相同。复述会促使你主动思考新信息，从而强化原始记忆痕迹，将其保存在工作记忆区中。复述会让你的身体和思维同时参与到学习过程中。它能让你即时接收反馈，了解自己的学习成果和进度。它还会激励你继续阅读。

复述可以提高参与度

提出你的问题

阅读不同于理解。到了读大学的年纪，大多数人解码书本上的字词早已成为一个自动的过程。举例来说，你可以在注意力不集中的情况下大声读书给小孩听。同样的，当你难以集中精神时，你还是可以阅读页面上的每一个单词，但无法理解它们，甚至无法记起你读过的内容。要真正理解你所阅读的内容，你需要理解这些字词讲述了什么，要表达什么。你在复述时，会让自己停下来思考："刚才这句话是什么意思？"你从一个置身事外的观察者转变成积极的参与者。思考、发音及聆听自己的语言，这些实质性活动让你的身体和思维都参与到学习中。在学习过程中，你动用的感官越多，记忆就越牢固。

复述可以提供反馈

复述如何提供反馈？

复述不仅能让你参与到阅读中，还能展示你的参与度有多高。重复阅读会给你带来虚假且危险的自信。它会花费大量时间，让你觉得自己非常努力地学习了，却无法明确指出你学到了什么。当考试来临时，你可能会责怪自己的记性或是认为试题太过刁钻，但罪魁祸首其实是你低下的学习效率。复述则不同于阅读。它可以迅速让你了解自己的不足之处。学习完每个段落后，你可以知道自己是否理解了刚刚阅读的内容。因此，你可以立即弄清楚并巩固所读内容，而无须借助测试发现你的不足。

复述可以激励你

复述可以提高你的学习参与度，让你定期检查自己的学习进展，从而激励你学习。我们在上文中提过，兴趣可以强化记忆。当你努力从所读段落中提取信息时，你可能会受到激励，为掌握下一段落的含义做好准备。如果你可以毫不费力地发现所读段落的含义，继续阅读下去就会成为你学习的动机。

复述如何激励你？

花费时间巩固信息

复述可以帮助新信息在记忆中成型：新的信息不会立刻成为长期记忆的组成部分。你的记忆需要花费时间来巩固所学的内容。

记忆需要巩固的说法来源于一个登山者的故事。这个登山者摔倒并撞伤了头。尽管这次事故没有对他造成永久性伤害，但他无法记起摔倒的事情——他甚至无法记起摔倒前 15 分钟内发生的任何事。为什么呢？根据记忆巩固规则，登山者发生意外前的记忆还没来得及巩固，就撞伤了头，因此这些尚未处理完毕的信息就丢失了。

尽管人类和机器的类比目前仍有局限性，但工作记忆区和个人计算机的动态随机存取存储器（通常简称为随机存取存储器）拥有一些有趣的相似之处。如果你在计算机上写论文或写信，几分钟后，计算机死机，你很可能就会丢失死机前输入的内容。这是因为这些内容仅存在于动态存储器中，尚未保存到磁盘中。当你保存某个文件后，信息就从动态随机存取存储器（暂时保存）转移到了磁盘（长期保存）。同样地，在你花费时间巩固记忆后，信

为什么新的信息无法立刻成为长期记忆的组成部分？
登山者受伤的故事如何证明记忆需要巩固？

息就从不稳定的短期工作记忆区移动到了稳定的长期记忆区。

记忆巩固规则提示
我们该采取什么样
的学习策略？

记忆巩固规则解释了为什么在大多数情况下，最有效的学习方式是将学习时间分段，而不是长时间持续学习。此外，了解了记忆巩固规则，你就不会因为自己似乎记不住正在学习的内容而感到沮丧。

切割学习单元

什么是分散练习？

分散练习意味着在一堂课期间，你会有多次休息机会。进行集中练习时，你将持续学习直至任务完成。大量研究显示，几次持续时间较短的"学习冲刺"的效果好于一次折磨人的不间断学习。这种现象有时也被称为"间隔效应"。

分散练习对学习
法语词汇有什么
影响？

举例来说，克里斯汀·布鲁姆和托马斯·舒尔让两组高中生学习 20 个新的法语词汇。第一组学生采用集中学习法，在 30 分钟内学习所有单词；第二组学生的学习用时相同，但分三天完成，每天 10 分钟。学生们完成学习后立即进行测验。两组学生记住的单词数量基本相同（16 个）。四天后，两组学生再次进行测验。采用集中练习法的学生忘记了近一半的单词，而进行分散练习的学生只忘记了 5 个单词。

研究员 D. 克鲁格、T. B. 戴维斯和 J. A. 格洛夫进行了深入研究，探索分散练习和集中练习对阅读理解的影响，发现分散练习的效果更好。

切割学习单元还有
哪些优势？

记忆巩固规则似乎可以很好地解释为什么分散练习的效果优于集中练习。分散练习还具有一些优势，支持将完整的学习单元切割为较小的几块学习时间。

周期性的短暂休息可以缓解疲劳。休息后，你的身体和精神都能够重新振作起来。在你把学习时间切割成几个较短的时间段后，你的学习动力会更强烈。完成一个时间段的学习就意味着一场小小的胜利，而这能给你带来动力和成就感。

分散练习可避免产生厌烦情绪。对于你不感兴趣的科目，一点一点地学习对你来说会更轻松。

尽管分散练习的优势多多，但在少数情况下，集中练习的效果更好。例如，在撰写论文初稿时，集中练习通常非常重要，这是因为：你已经整理好了所有笔记；你脑中零散的信息正等着你拼接；而论文结构虽然还若隐若现，但已开始成型。如果你在这时候停止写作，那将会是场灾难——你所有的努力可能都会付之东流。在这种情况下，你应该透支自己以完成整个过程，而不是停下来休息或应用分散练习法。

集中练习的效果在什么情况下优于分散练习？

接受平台期

自我引导

每个人的学习效率都不一样，但大多数人的学习模式是相似的。我们在学习时都会有停滞不前的经历。一开始，你会取得缓慢但稳定的进步。然后，在一段时间内，尽管你付出了努力，却难以察觉自己的进步。这段"没有进步"的时期就是所谓的"平台期"。几天、几周甚至一整个月的努力后，你的学习成效会突然爆发，直至下一个平台期来临。

什么是学习平台期？

遭遇平台期时，不要丧失信心。平台期是学习过程中必然会遇到的时期。这通常预示着长期记忆的巩固。你可能察觉不到进步，但是学习过程仍在继续。一旦时机成熟，你的努力就会得到回报。

应对平台期的最好方式是什么？

小结

近年来，阿尔茨海默病引发了人们对人类记忆的广泛关注。对于忘记姓名或信息这件事，人们（尤其是老年人）的担忧程

阿尔茨海默病如何
影响人们对记忆的
态度？

度远胜于过往。一些人尝试改变饮食或生活方式，希望能防止或停止这种可怕的疾病。我们可以理解这种恐惧，也赞同关注健康并养成良好习惯。然而，记忆的宝贵和不稳定并不是什么新鲜事。早在人们开始关注阿尔茨海默病之前，记忆就一直是人类的一个重要组成部分，它值得我们关注和尊重。我们不该忘了这一点。

章节复习

填空

从句子下方的三个词中选择一个将句子补充完整。

1. G. A. 米勒的神奇数字 7 理论告诉我们＿＿＿＿的重要性。

　　数字　　　　　选择　　　　　复述

2. 你大脑的短期工作记忆区类似于计算机的＿＿＿＿。

　　鼠标　　　　　显示器　　　　动态随机存取存储器

3. 强化记忆的最佳做法是＿＿＿＿。

　　复习　　　　　复述　　　　　沉思

配对

填写与左边项相匹配的句子。

___ 1. 聆听　　　　a. 可让大量信息更易记忆

___ 2. FOIL　　　 b. 受伤的登山者的故事

___ 3. 兴趣　　　　c. 比阅读更易受遗忘的影响

___ 4. 爱因斯坦　　d. 记录了记住一系列无意义音节所花费的时间

___ 5. 归类　　　　e. 应用于数学中的二项式乘法运算

___ 6. 艾宾浩斯　　f. 不论进行口头或书面复述均可获得

___ 7. 反馈　　　　g. 是记忆信息的最强动机形式

___ 8. 巩固　　　　h. 使用有意识的遗忘来清除脑中不必要的信息

在正确的句子旁圈出"对"，错误的句子旁圈出"错"。

1. 对　错　你很可能在几天时间里忘记大部分新学到的知识。

2. 对　错　要记住信息，你必须有意识地学会它。

3. 对　错　错误信息在脑中保存的时长与正确信息一样。

4. 对　错　观点与观点之间通常依靠逻辑关系建立牢固、
　　　　　　便于记忆的关联。

5. 对　错　位置记忆法通过几何图形帮助记忆。

选择最准确的选项将句子补充完整。

1. 餐馆服务员常常使用_____。

　　a. 工作记忆　　　　　　　b. 有意识的遗忘

　　c. 虚假遗忘　　　　　　　d. 记忆技巧

2. "基本背景知识"原则强调了_____的重要性。

　　a. 第一时间理解内容　　　b. 基础课程

　　c. 虚假遗忘　　　　　　　d. 压缩和总结

3. 在以下哪种情况下，记忆需要借助额外维度？

　　a. 信息写在卡片上　　　　b. 信息被绘制成图片或可视形式

　　c. 重复阅读或复述信息　　d. 压缩和剔除信息

4. 记忆技巧属于_____。

　　a. 计算机程序　　　　　　b. 辅助记忆工具

　　c. 研究工具　　　　　　　d. 学习理论

5. 可以通过哪些方式进行复述？

　　a. 大声说出　　　　　　　b. 无声复述

　　c. 在脑中进行　　　　　　d. 在纸上进行

思考这章的大纲，然后运用自己的想法和经验回答每个问题。

1. 例举曾激励你记忆信息的事物。你以后可以使用哪些其
他方式激励自己？

2. 你是否曾通过人造关联来记忆信息？如果是，例举你所

建立的部分关联。如果否，想想你的哪些作业可以使用这种关联，并列举你可以如何建立这种关联。

3. 哪种个人障碍最妨碍你记忆更多信息？参考本章中提及的各种系统和方法，说说你可以采取哪些方法来提高记忆效率。

提出你的问题

提问系统利用页边的问题鼓励有效阅读。你会注意到这章中的大部分段落旁都伴有一道问题。现在，轮到你来提问了。搜索这章中缺失问题的段落，重新阅读，确认中心思想，然后提出一个问题来引出中心思想。你可以参考上下文页边的问题，然后提出自己的问题。

背景故事

Rehearse   练习、排练：关于记忆和送葬马车

rehearse v.   1. a. To practice in preparation for a public performance. b. To direct in rehearsal. 2. To perfect through repetition. 3. a. To retell or recite. b. To list or enumerate.

如果你认为重复练习（rehearse）这种行为与运送棺木到墓地的车辆（hearse）没有任何关系，那么你对了一半。尽管"hearse"和"rehearse"拥有相同的起源和有趣的故事，但它们没有直接关联。"hearse"一词来自法语单词"hercier"，最初指一种名为"耙"（带有一排排利齿的三角形木质结构）的农具。农民或动物拖着耙在田间行走，让犁齿翻开土壤，为种植做好准备。那个年代和现代一样，人们对待死亡的态度很严肃，并会举行仪式。人们会点起蜡烛，放在棺木上方的三脚架上。由于蜡烛和三脚架组合起来像是一个倒置的耙，人们很快开始使用"hearse"这个单词形容那时候的灵车。随着时间的流逝，灵车的样子变得越来越精巧，再也不像耙了，但人们还是保留了"hearse"这个用法。后来，它有了轮子。再后来，发动机也出现了。不过，

人们至今仍将它称为 "hearse"。那么 "rehearsing" 这个词中的 "hearse" 呢？它最初指的也是耙。"rehearse" 的意思是 "再犁一次田"，也就是沿着原来的路线返回再犁一次。这和我们为了记住某个信息而反复练习很像。**

*摘自《美国传统英语字典》第四版的 "rehearse" 条目（波士顿：霍顿·米夫林出版公司，2000年），http://dictionary.reference.com/browse/rehearse（2009 年 4 月 9 日查询）。

**参考以下内容：《美国传统英语字典》第四版的 "rehearse" 条目（波士顿：霍顿·米夫林出版公司，2000），http://dictionary.reference.com/browse/rehearse（2009 年 4 月 9 日查询）；"rehearse"，《在线词源字典》，道格拉斯·哈珀（Douglass Harper），历史学家，http://www.etymonline.com/index.php?search=rehearse（2009 年 4 月 9 日查询）；"rehearse, v."，《牛津英语字典》第 2 版，20 卷（牛津：牛津大学出版社，1989）。

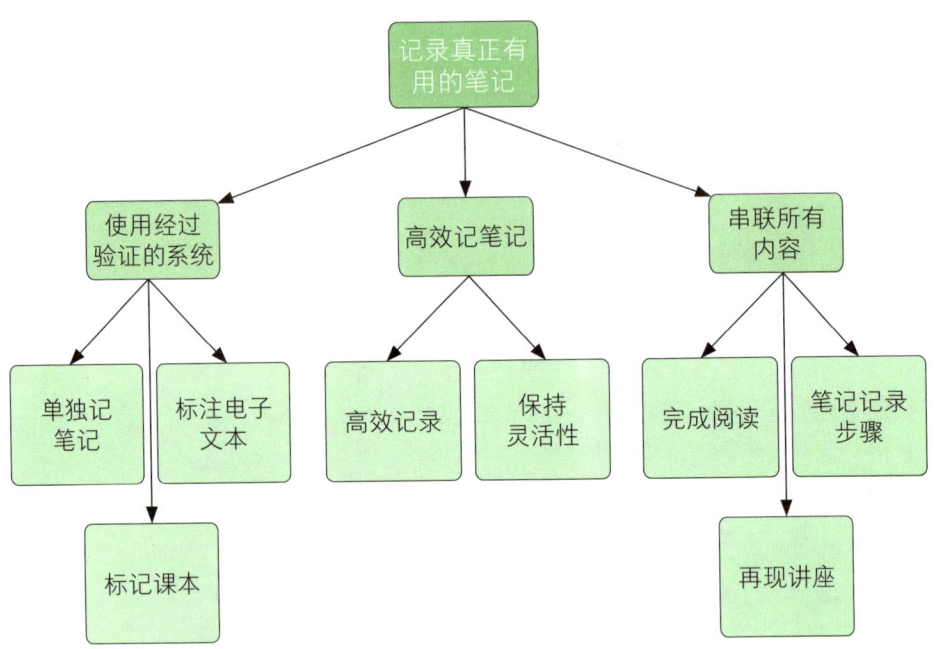

记录真正有用的笔记

你听的讲座、读的作业都是潜在的金矿。它们都包含有价值的金块。由于你的大学时光有很大一部分花费在信息累积上，因此你应该有计划地进行。每个人都会记笔记，就像每个人都会涂鸦，但你的笔记不该为记而记。你要记录的应该是真正有用的内容。这一章讲述的是实用的笔记记录策略，告诉你如何：

- 使用经过验证的系统；
- 高效记笔记；
- 串联所有内容。

学习、比较、收集事实！

伊万·彼得罗维奇·巴甫洛夫（1849-1936），俄罗斯生理学家

本章摘要

▶ 一种你应该避免使用的常见笔记格式。

▶ 借鉴现代技术中的一个技巧来提高笔记记录速度。

▶ 如果你的笔记像潮湿的泥土，你该怎么做？

成功的笔记包含哪些要素?

记笔记不等于简单地写下或标记你感兴趣的内容。你应该使用经过验证的系统，有效地记录信息，然后将所有内容串联起来。

使用经过验证的系统

什么是康奈尔笔记法?

如果你记笔记只是随意而为，那么你在参加讲座前（见第 6 章）或开始阅读作业前（第 5 章）所做的系统性准备就没有意义了。你应该使用经过验证的系统记笔记，而不是随意记录或根据自己的判断记录。康奈尔笔记法是康奈尔大学的教授在大约 50 年前发明的，在美国乃至全世界的无数大学中广受欢迎。你可以使用这个笔记法单独记录笔记，标记课本内容，甚至为电子文本添加注释。这个笔记法非常灵活，用途广泛。

● 单独记笔记
计划

为什么说笔记比课本内容还重要?

你记录的笔记可以作为手写课本使用。事实上，在很多情况下，笔记比课本内容更实用、更有意义，也更与时俱进。整齐、完整且条理清晰的笔记可为你提供极大的帮助。

康奈尔笔记法的笔记纸主要包含哪些元素?

你可以在一些学校商店或办公用品商店买到康奈尔系统笔记纸。此外，有的公司还创建了各种文件格式的康奈尔笔记法模板。你应该可以在网络上搜到这些模板。如果你愿意，也可以轻松地使用笔和尺子在普通活页纸上绘制康奈尔笔记表格。首先，沿着纸张左侧，在距离边缘 6 厘米处画一条竖线，并在距离下方边缘 5 厘米处停笔。这样就绘制出了线索列。接下来，在距离下方边缘 5 厘米处绘制一条横线。这样就形成了总结区。线索列右侧、总结区上方的大片空白区域就是记录笔记的地方。图 10.1 展示的就是康奈尔笔记法的表格。

记笔记时，线索列应留空，小结区也一样。但是，当你开始复习和复述笔记内容时，可以在线索列写下问题，它们能帮助你理清思路，揭示关系，建立连接，强化记忆。小结区则可用来将整页笔记提炼为一两句话。

线索列和小结区的用途是什么？

页面上最大空白处的内容因课程和学生而异。不同课程会有不同的要求。每个学生记录笔记的方式和记下的内容也各不相同。即使你使用特殊的笔记格式，这种格式应该也适用于康奈尔笔记表格。

康奈尔笔记法的灵活性体现在哪里？

图10.1　康奈尔笔记表格

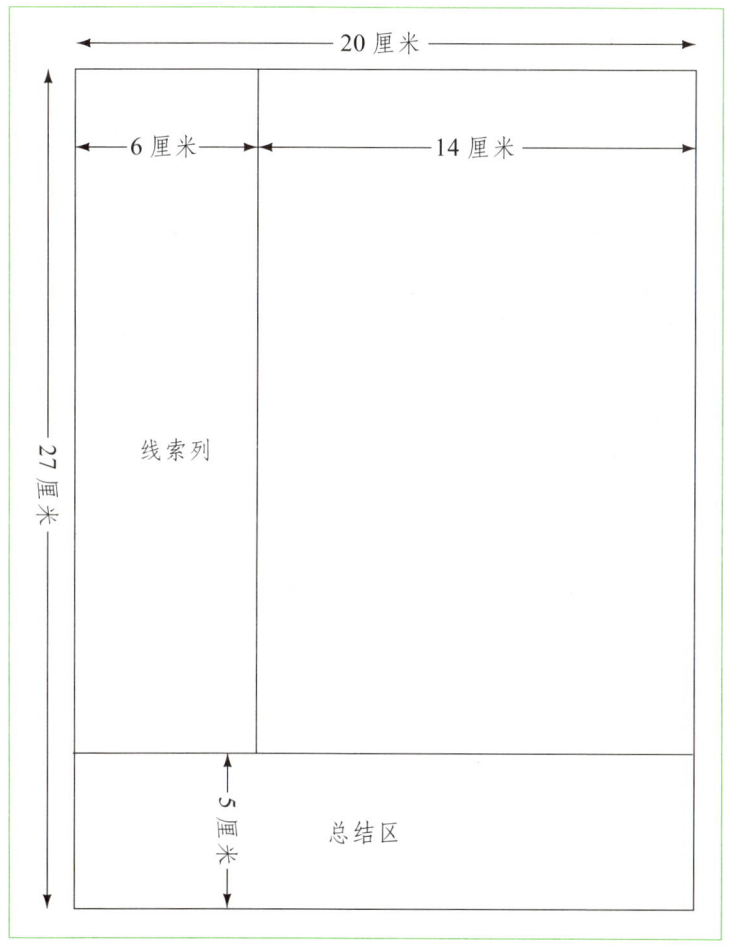

你唯一要小心的格式是大纲格式。虽然这种格式看起来很

为什么不建议使用
大纲格式？

简洁、很整齐，但也会束缚你的手脚，让你不得不将信息填充
到固定的框架中。在记笔记时，尤其是在讲座上，罗马数字是
最不值得你花费心思的。爱德华·W. 福克斯是康奈尔大学优秀
的教师、讲师、历史学家。他是这样解释的：

> 精心排列容易导致混乱。使用标题形式、罗马数字、大写
> 字母、阿拉伯数字和小写字母，再配以不同程度的缩进，极容
> 易产生逻辑分析暗示。

大纲就像小狗摇晃的尾巴。你应该注意的是信息本身，而不是
数字框架。适合你的就是最好的。你可以以句子、段落、列表、定
义等格式记笔记，还可以添加绘图。你还可以搭配使用上述格式。

笔记中的句子和传
统意义上的句子有
什么区别？

句子。从讲座或课本中提取中心思想，并用自己的语言记
录下来。如果你记录的是讲座笔记，那么你可能没有充分的时
间写下完整的句子。你可以像写电报一样，省略冠词，使用常
用的缩写（参阅图 10.2）。

图10.2　句子笔记

	10.10（周一）-社会学 102-牛津教授
	A. 万物有灵论
什么是万物有灵论？	1. 物体拥有超自然力量
	2. 这种力量称为神力（不限于物体）
什么是神力？	a. 物体可以累积神力 例如，好的独木舟—拥有的神力 多于破旧的独木舟 b. 物体会失去神力 c. 人可以收集很多物体的神力
如何获得神力？	d. 好人的物品可以收集神力 e. 人、动物和植物也拥有神力 例如，专业独木舟制作者拥有神力- 将神力转移给独木舟
谁拥有神力？	f. 酋长拥有大量神力—太靠近酋长 会有危险—神力环绕在头部四周

段落。将有关联的句子集中在一起，通常写在一个可以将它们串联起来的标题下方。图 10.3 中的段落不是传统段落，包含的不是一个接一个的完整句子。段落笔记中的句子通常是电报式的。句子间的衔接是否流畅并不重要。不过，这种句子和传统句子有一个共同点——所有句子都应和同一中心思想相关联。

笔记中的句子和传统意义上的句子有什么区别？

图10.3　段落笔记

	11.6（周一）–世界文学 106–沃内克教授
希腊人如何定义多才多艺的人？	希腊 1．综合＝多才多艺 　早期希腊人精力充沛。目标是多才多艺：知识和活动结合。没有单独区分法律、文学、哲学等。认为人应该均衡掌握所有知识；不仅仅是知识，还要成为运动健将、士兵和政治家。

定义。写下一个名字或术语，加上一个短破折号或冒号，然后进行简要解释或陈述。图 10.4 就是一份定义笔记。

定义笔记看起来是什么样子的？

图10.4　定义笔记

	3.14（周五）–教育学 103–波克教授
常见笔记格式是哪些？	笔记格式 句子—以句子形式记录的笔记，但是使用电报式句子：使用缩写，省略冠词（a、an等） 段落—像真正的段落，围绕一个中心思想，但使用电报式句子，不要求衔接流畅 定义—名称或术语，后面是段破折号／冒号和内容解释 列表—单词或词组标题，后面是一系列内容项。不使用数字（除非内容项相关联），使用圆点 综合—混合使用多种格式

列表。以标题、名称、术语或流程开头，然后列出相关的

在列表笔记中，如何突显内容项？

词组或句子。不要使用数字，除非该数字和标题有关联。如果你想突显某些内容项，就可以在每项内容前添加星号或圆点。图 10.5 展示了这类列表笔记的样子。

图10.5 列表笔记

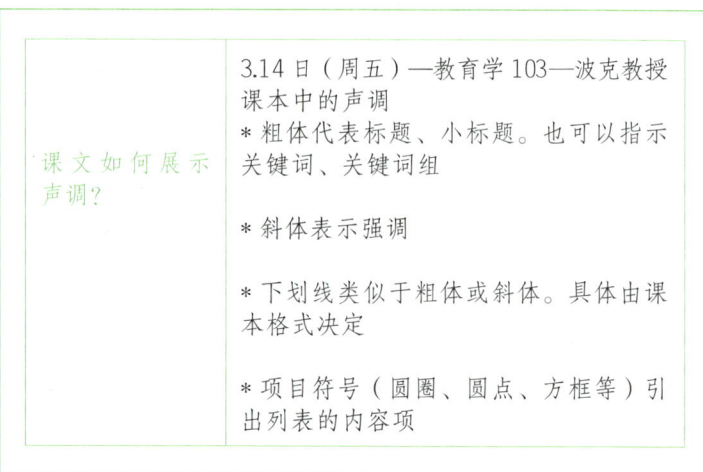

> 课文如何展示声调？
>
> 3.14 日（周五）—教育学 103—波克教授
> 课本中的声调
> *粗体代表标题、小标题。也可以指示关键词、关键词组
>
> *斜体表示强调
>
> *下划线类似于粗体或斜体。具体由课本格式决定
>
> *项目符号（圆圈、圆点、方框等）引出列表的内容项

在笔记中添加绘图的优势是什么？

绘图。绘图和图表可简洁地总结仅靠文字难以解释的信息。简略图传递位置或关系信息的效果往往好于一两句话。此外，简单的图示可以强有力地暗示大量文字信息。"一幅画的价值胜过千言万语"这句话尤其适合笔记。图 10.6 展示的是一个学习生物学课程的学生可能在笔记中添加的图示。

图10.6 使用绘图辅助学习

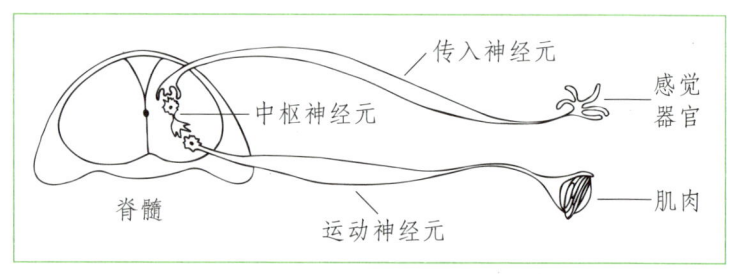

在什么情况下需要搭配使用不同的笔记格式？

组合。有的课本章节或讲座可能适合使用同一种笔记格式，但在大多数情况下并非如此。要记好笔记，你需要保持灵活性，在不同格式之间切换，以便高效地捕捉关键信息。如果你知道该何时切换笔记格式，这就表示你在深入思考听到或读到的内容。密歇根大学的研究人员展开了一项大规模研究，发现能够进行这种深入思考的学生，他们的单元测验和学期测验成绩也更好。总的来说，选择合适的工具非常重要。图 10.7 中的笔记搭配使用了不同格式。

图10.7
使用不同格式组合的笔记

	3.14（周五）—教育学 103—波克教授
	组织模式
组织模式如何让你更轻易地跟随课本、讲座的节奏？	方向在哪里？组织模式是讲座和课本内容的向导。告诉你作者、演讲者前进的方向。学习常见的模式可以帮助你更好地跟上作者或演讲者的节奏。此外，标志词（接下来、最后、因此）可以提供路径线索。
什么是移动模式？ 请举例。	移动模式系统地按照时间、空间和流程展开叙述。这是最简单的模式，包括以下类型： * 时间或年代模式：事件发生的顺序。 * 地点或空间模式：按照地点或排列位置陈述信息。例如，美国地理特征描述，公司组织结构概要。 * 流程模式：通往预期结果或制作预期产品的步骤或事件。例如：食谱。

标记课本

计划

尽管康奈尔笔记法既适用于讲座笔记，也适用于阅读笔记，但当你为课本记录笔记时，你还可以直接将笔记写在课本页面上。如果你选择直接在课本上记笔记，页面外侧的空白处就可以当作线索列使用，页面底部或顶部的空白处就是总结区。当然了，由于页面上已经印满了内容，因此你不能在这些文字区域记录

当你选择标记课本内容而不是记笔记时，康奈尔系统的主要元素会发生什么变化？

传统的笔记。这看起来是个劣势，实际上却是有益的。你无须匆匆记录笔记，而可以在课本中标记出能反映最重要思想的字词。

图10.8包含12条建议，告诉你如何标记课本。请特别注意：如何使用单下划线和双下划线；如何使用星号、圆圈和方框标记重要内容项；如何使用页面上下方的空白处记录较长的注释或总结。如果你对其中的内容感兴趣，可以将它们添加到你的标记系统中。请保持用法一致，以便你在第一时间就能记起它们代表的含义。

图10.8 课本标记系统

解释和说明	符号、标记和记号
1. 使用双下划线标记单词或词组，用以指示中心思想。	辐射可导致突变……
2. 使用单下划线标记单词或词组，用以指示论据。	来自宇宙射线……
3. 在添加了下划线的一组字词的首个单词旁添加画圈的数字，用以指示一系列论据、事实或观点（不论是主要观点还是论据）。	情况发生变化…… ① 岩石抬升…… ② 有的沉降…… ③ 海洋冲刷…… ④ 强风……

4. 对于几行重要文字，不添加下划线，而是使用竖直的括号。	⌈ 已知……
	  谁……
	  时间……
	⌊ 日期……

5. 在页边空白处使用1个星号标记特别重要的内容，2个星号标记更为重要的内容。将3个星号留给原则性内容或高度概括化的内容。	*核爆炸时…… **人们靠近…… ***突变的主要原因……
6. 圈出关键词或关键术语。	基因是……
7. 用方框标示列举和衔接用词。	第4点，缺少…… 此外，由于缺少……

8. 在你不理解的内容旁边添加问号，提醒自己请教老师。	? 最新……
	  寒冷时期
	  大约100万年
	  甚至现在

9. 标记你不同意的内容。	不同意 生命变得…… 只在陆地上…… 3.4亿年……↓

解释和说明	符号、标记和记号
10. 使用页面上下方的空白处记录你在阅读时想到的观点。	为什么不使用碳-14年代测定？ ·· 查找关于田纳西采石场发现的化石的参考资料。
11. 在比课本页面小一些的纸张上写下较长的想法或总结性内容，然后将其夹在页面之间。	化石 植物　　　= 5 亿年 昆虫　　　= 2.6 亿年 蜜蜂　　　= 1 亿年 鱼　　　　= 3.3 亿年 两栖动物　= 3 亿年 爬行动物　= 3 亿年 鸟类　　　= 1.5 亿年
12. 尽管你已用下划线标示出中心思想或和论据，还是在侧边空白处写下简单的提示。	适应：_____ 化石：_____ 地层：_____

直接在课本上做标记的优势是能把笔记和课本内容融为一体。当你需要详细了解你所标记的句子或词组时，你可以很方便地查阅整本书中的支持材料，包括目录、索引，甚至是术语表。

当然，课本标记有一个潜在劣势，即你无须完全集中精神也可进行标记。记录单独笔记时，你需要有意识地挑选要记下的内容，但在做标记时，你无须完全理解所标记的内容。如果没有深度思考所阅读的内容，绘制线条、方框，插入符号、问号会给你带来虚假的成就感。你还可能过度标记。这会降低标记的原有价值。你应该谨慎进行标记。记住，你在复习标记内容时掌握的知识应该会比当初做标记时掌握的多。请设想你在几周或几个月后复习你所标记的章节时，现在标记的内容仍有意义，而不会显得多余。

复述是一种简单但有效的标记管理方式。不要边读边标记段落。读完全部内容后，用自己的语言复述中心思想。然后，回到该段落，标记出能够表达中心思想的单词或词组。这个步

相较于单独的笔记，课本标记有什么优势？

提出你的问题

如何确保你的标记是有意义的，并不多余？

骤让你从简单的认知过程跳跃到回忆过程。回忆笔记内容可以帮助你将知识变为自己的。

图 10.9 展示的是适当标记的课本页面。请注意该示例是如何使用数字突出 5 种基本的支持材料，以及如何使用方框帮助你快速辨别每种类型的。该示例谨慎地对剩余内容进行标记——添加了下划线的内容基本可以回答页边的问题。这种整理方式不仅可以帮助你理解和记忆页面上的主要内容，在考试临近、时间紧迫时，也能给你带来极大的帮助。

标注电子文本

计划

提出你的问题

现今，我们阅读的很多课文不再印刷在纸上，而是采用电子形式呈现，例如，网页、PDF 文件、文字处理软件文档或电子幻灯片（如 Microsoft PowerPoint）。你可以将上述任一形式的内容打印出来，然后像在课本上一样做标记。如果你只是按照原格式打印，那么纸张上很可能没有足够的页边距撰写线索。不过，你可以进行一些调整以满足康奈尔笔记法的页边距要求。

网页。要在每个网页的左侧和底部留出笔记记录空间，请在浏览器的"文件"菜单中选择"页面设置"。这样你就可以更改浏览器的默认页边距设置，使其符合康奈尔笔记法的页边距要求。在左边距对应的框中输入 6，下边距对应的框中输入 5。网页的内容不会减少。系统会压缩文本空间，为增加的页边距腾出空间。

如何在打印的网页上为康奈尔笔记法留出足够空间？

PDF 文件。对于 PDF 文件，你有两种选择：你可以调整页面尺寸以满足页边笔记的需求，然后打印相应页面以便手写笔记；你也可以进行电子标注，具体取决于你所使用的文件阅读软件类型。

标注PDF文件有哪两种选择？

要调整 PDF 文件的尺寸，你可以将 20 × 27 的表格打印在较小的纸张上。你有多种可用的选项，但是最接近页边距需求的纸张尺寸是"B5（JIS）"。这个尺寸能为你留出足够大的线索列

如何调整PDF文件的尺寸？

和总结区。

支持材料有几种类型？ 叙述的目的是什么？	支持材料有 5 种基本类型。 ①叙述将主题戏剧化，帮助听众识别内容。一份演讲稿可能包含你自己的故事、别人的故事、公司的故事或文化故事。要讲好故事，你就需要拥有良好的时间感和戏剧感。
例子如何帮助你？例子分为哪几种？	②例子使抽象观点更易于理解，将主题个体化。一般性例子涉及的范围广，几乎不包含细节内容。具体例子提供较多细节。假设性例子以假设为基础（读者会想象），并且要可信。例子可以帮助听众更好地理解主题。不过，如果例子不能代表它所属的类型，就很可能会产生误导。
为什么使用定义？	③定义在演讲者和听众之间建立通用含义。演讲者使用定义阐述概念，确定主题的界限。定义可以解释某项事物的工作原理，或者提供词汇或概念的相似信息。与普通字典相比，专用字典提供的单词释义更详细、更专业。将定义用作支持材料时，演讲者必须意识到听众可能会参考字词的隐含意义，而忽略其定义。
什么使证据可信？	④专家、名人和外行人员可能会为某个主题提供证据或他们的经历。证据的有效性取决于听众对此人在相应主题上的权威性的认可度。
事实和统计数据的魅力是什么？	⑤事实和统计数据显然对听众的逻辑思考过程有重大影响。这类支持材料会告诉听众问题涉及的范围，并且揭示主题的重要性。过多事实和统计数据（尤其是未使用多媒体设备展示数据时）可能会让听众应接不暇。此外，事实和统计数据的解读方式很多，可能会导致误解。

图10.9　在课本中使用项目符号

来源：史蒂芬妮·库普曼（Stephenie J. Coopman）和詹姆斯·卢尔（James Lull）所著的《公共演讲的艺术发展》，第 188 页。版权所有 ©2009 圣智学习出版公司。

　　如果你的 PDF 阅读软件提供注释功能，那么你可以通过注释工具栏，实现你能够在纸质版上实现的大多数功能。你可以借助如何将PDF文件转变为电子版康奈尔笔记页面?

大多数 PDF 阅读软件的工具栏添加下划线，突出显示文本，甚至使用各种颜色。工具栏中还包含便签功能，可以自动加大左侧空白空间，供你撰写笔记。这些笔记可以回答你的各种问题。康奈尔笔记法只有一项功能无法在电子版 PDF 文件中实现，那就是总结区，不过你可以将每张页面上的最后一张便签纸用作总结区。

如何为幻灯片添加注释?

　　幻灯片。演示软件通常支持打印幻灯片，并可留出足够的注释空间。此外，如果幻灯片可以编辑，那么你可以直接在屏幕上添加注释，而无须打印幻灯片。

如何调整文字处理软件文档以使用康奈尔标记?

　　文字处理软件文档。在所有电子文档中，文字处理软件文档可能是最适合进行注释的，且非常灵活。如果你想在页边手写笔记，那么你可以在文档中更改页边距（方法与修改网页的页边距一样），留出足够的线索列和总结区。对于大多数文字处理应用程序，你可以在“文件”菜单中选择“页面设置”，然后点击“页边距”标签，增加左边距和下边距。打印文档后，每张纸的左侧和底部应该都会留有足够的空间。

如何输入标记而不是手写笔记?

　　对于文字处理软件文档，在屏幕上输入注释较为简单。你可以将文档中的文本转化成一列表格，每段占一行。选择文本，然后选择“表格”菜单中的选项，将文本转化成表格。确保每段占一行，然后在表格的左侧为表格新增一列。这样，每个段落左侧都会出现一个空白的单元格。你可以在这些单元格中撰写页边问题。添加总结区的操作相对复杂一些，尤其是要确保每个总结区都位于页面底部。首先，选择页面的最后一行，然后选择“表格”菜单中的“插入”，在你所选择的行的下方插入一行。接下来，选择新创建的行（包含两列），然后选择“表格”菜单中的“合并单元格”。这样一来，笔记表格中就会出现宽度横跨两列的总结区。要在下一页中添加总结区，请重复上述操作。

高效记笔记

不论你是在纸张上手写笔记，在课本上做标记，还是在屏幕上输入笔记，你都需要保持全神贯注。机械化的记录对你的学习没有任何帮助。为避免出现这种情况，你需要高效、灵活地记笔记。

如何确保在记笔记时全神贯注？

高效记录

计划

在记录讲座笔记或课本笔记时，你可能会发现记录空间不够，或是时间不够，或者两者均不够。当然了，如果你飞快记录信息，可能会导致字迹难以辨识。为避免出现这些问题，确保以合理的速度写下字迹清晰且有用的笔记，你可以使用改良印刷体和电报式句子。

如何高效记笔记？

使用改良印刷体

字写得不好并不影响你记录清晰的笔记。改良印刷体简单易学，既确保了速度，又确保了清晰度。字母间的间隔是印刷体的一大特征，可以防止你的字迹糊成一团。

什么是改良印刷体？

a b c d e f g h i j k l m n o p q r s t u v w x y z

图 10.10 展示的是改良印刷体。

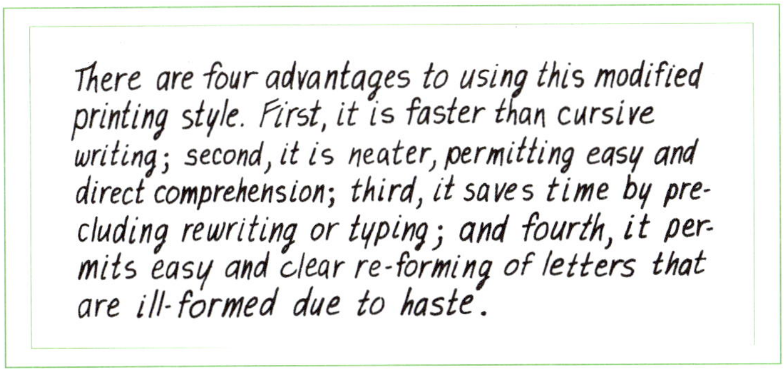

There are four advantages to using this modified printing style. First, it is faster than cursive writing; second, it is neater, permitting easy and direct comprehension; third, it saves time by precluding rewriting or typing; and fourth, it permits easy and clear re-forming of letters that are ill-formed due to haste.

图10.10

改良印刷体

以电报形式记笔记

记笔记的最佳方式是借鉴电报。在电子邮件和传真出现前，重要的商业和个人信息都通过电报发送。发送者按照单词个数付费。所用单词越少，费用越低。例如，"3点到"比"我大约下午3点到家"省钱。当然，记笔记不需要花钱，但它花时间。为了节约时间，你可以省略不必要的单词，例如冠词（a、an、the），使用常用的缩写（见图10.11）、冒号（：）或一字线（—）表示定义。图10.12展示了如何使用电报形式。

提出你的问题

图10.11　常见缩写

来源：经 G. H. 洛根授权转载。《工程师速记》《产品工程》，1963年9月30日。版权所有 © 1963，摩根－格兰屏公司。

anlys	analysis	pltg	plotting
ampltd	amplitude	reman	remain
asmg	assuming	rsnc	resonance
cald	called	rltnshp	relationship
cnst	constant	smpl	simple
dmpg	damping	smpfd	simplified
dmnsls	dimensionless	stfns	stiffness
dfln	deflection	systm	system
dfnd	defined	sgnft	significant
dstrbg	disturbing	ths	this
eftvns	effectiveness	trnsmsblty	transmissibility
frdm	freedom	thrtly	theoretically
frcg	forcing	valu	value
gvs	gives	wth	with
hrmc	harmonic	whn	when
isltr	isolator	xprsd	expressed
isltn	isolation		

图10.12　电报式
句子示例

演讲者用语

在市场营销工作中，我们尝试去理解客户的需求，然后为他们提供真正需要的产品和服务。过去，公司常常先生产商品，再尝试将客户需求和商品匹配起来。现今，"客户为本"是顶尖营销人员引以为傲的原则。我们从客户着手，以此为基础进行产品或服务开发。以麦当劳为例，这家连锁快餐企业在莫斯科及其他境外地区开设快餐店时，会根据当地人的口味和习惯定制菜单。

学生的电报式句子

市场营销以客户的需求为先。

- 过去，公司先生产商品，再卖给需要的用户
- 顶尖 = 客户为本
- 例子，莫斯科的麦当劳

演讲者用语

收到包含完整细节图的申请，美国专利局据此批准了大量永动机专利。不过，数年前，专利局开始要求提供这类机器的有效模型，然后才会授予专利。结果是：从那时起，再也没有批准过任何永动机专利。

学生的电报式句子

永动机（图纸）= 大量专利

要求有效模型 = 再没有批准过专利

保持灵活性

如何在记笔记时保持灵活性？

尽管改良印刷体和电报式句子都可以帮助你提高记录速度，但你的目标不是成为笔记记录机。你需要始终保持活跃，积极思考应该记录或略去哪些内容。当你的记录速度无法跟随演讲者的节奏时，你还要调整策略。你可以通过以下方式保持灵活性：有选择地记录信息；针对节奏较快的讲座采用专用记录系统。

有选择地记录信息

提出你的问题

记录课本笔记时，写下每个字词是不现实的，而对于讲座笔记，这更是不可能的任务。笔记不是手抄本，重要的是观点而不是字词。你要记录的不是所有观点，而是重要的观点（如图 10.13 所示），以及帮助你理解这些观点的详细信息或示例。你可以参考提示讲座和课本框架的组织模式和标志词，明智地决定应该记录哪些内容，省略哪些内容。

图10.13 有选择地记笔记

什么是交感巫术? 什么是接触巫术?	10.10（周一）—社会学 102—牛津教授 A. 两种巫术 　1.交感巫术：用泥土等制作人体模型，然后用针扎入模型来伤害模型代表的人。 　2.接触巫术： 　　a.需要使用目标人物的一样东西。 　　b.例如指甲剪。通过伤害物品，感觉这种伤害可以传递。

针对快节奏讲座采用两页系统

两页系统的工作原理是什么？

如果演讲者的节奏过快，你可以试试两页系统。将活页本或笔记本平铺在书桌上。在左侧的页面上记录主要观点。这是你的主页面。在右侧的页面上，尽可能多地记录细节信息。将细节信息写在其支持的观点的对面。讲座结束后，先不要离开，趁着记忆还鲜活，将笔记中空缺的内容补充完整。

串联所有内容

很多学生浪费了记录笔记的最重要时机。在讲座接近尾声，或本章节即将结束时，你会忍不住收拾东西，准备离开。我们可以理解这种行为，但事实证明它会浪费宝贵的时间。在这段时间内，讲座或课本的内容就像是潮湿的泥土。你必须在它干燥前的有限时间里将它们塑形。如果时间间隔太久，这些泥土将失去可塑性。

为什么说突然停止记录是在浪费时间？

完成阅读

概述

完成阅读作业后，请重新快速浏览你刚刚读完的内容。你可以通过以下两种方式再次阅读：

如何快速浏览阅读作业？

1. 再次阅读摘要、简介或总结。这三个常见元素可帮助你简要了解刚刚阅读的内容，将你领悟到的观点放入适当的框架或上下文中。

2. 再次阅读主题和标题。如果阅读材料中没有概括性内容，你可以通过阅读主题、标题和小标题，自行创建概括性内容。这些元素组合起来可以帮助你在脑中整理刚刚阅读的信息。不要花费太多时间进行二次阅读。你的主要目的是刷新重要信息的记忆，以便之后将注意力集中在这些信息上。如果有疑问，请把它们写下来，等到课堂上向教师提问。

再现讲座

概览   总结   提问

讲座结束后该做什么?

讲座的最后几分钟有时是整场讲座中最重要的时间。如果演讲者没有控制好节奏,他们可能不得不将半场讲座的内容挤进最后 5～10 分钟。这段时间会填充大量事实,请尽你所能进行记录。下课后,在座位上再坐几分钟,把你记住的信息都写下来。

离开教室后该做什么?

离开讲座教室,前往下节课教室的途中,你可以从头到尾回忆一遍整场讲座。在你的脑中再现教室、演讲者,以及黑板上的所有内容。回忆完讲座后,问自己几个问题:演讲者完成了什么目标?中心思想是什么?我学到了什么?我学到的东西和我已知的东西有什么关联?如果你发现了自己未能理解的内容,不论是否重要,请将它们记录下来,在下次讲座开始前向老师请教。

笔记记录步骤

计划

记录讲座笔记和课本笔记包括哪些基本步骤?

尽管记录讲座笔记、课本笔记和标记课本具有明显的不同之处,但它们隐含的核心理念是相似的。如果你用心设计并坚持使用一个系统,并且主动、高效、灵活地收集信息,并在记录的最后时段认真串联所有信息,那么以下几个步骤应该可以有效地帮助你掌握笔记内容,让它们成为你的知识。

如何记录讲座笔记

图 10.14 是记录讲座笔记的流程图。

1. 记录。将演讲者讲述的观点和事实(以及任意相关图表)写在康奈尔笔记表格中 16 厘米宽的那一列。

2. 回忆。下课后,花一点时间从头到尾回忆整场讲座。

3. 完善。检查笔记表格，添加遗漏的字词和事实，修改难以辨认的内容。

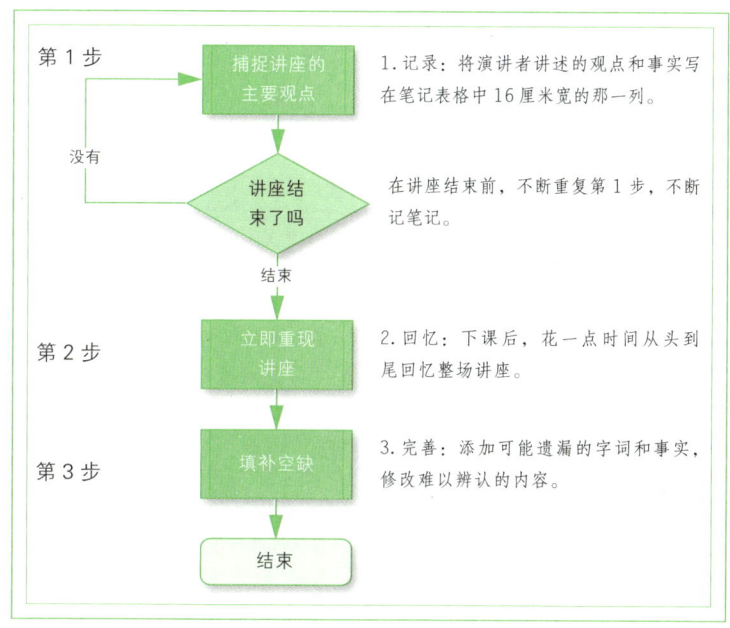

图10.14　记录讲座笔记

如何记录课本笔记

图 10.15 显示如何标记课本内容，以及如何记录单独的笔记。

1. 专注。在阅读每一部分内容时，将标题和小标题转化成能够吸引注意力的问题。这些问题可以刺激你的思维和好奇心。

2. 阅读。一次阅读一个段落，努力理解当前段落的含义。

3. 提问。在阅读下一个段落前，花一些时间向自己提问，例如，"中心思想是什么"，或者"作者想表达什么"。

4. 复述。用自己的语言回答刚刚提出的问题，最好大声回答。

5. 记录。如果你在给课文做标记，请找到能回答你问题的字词，并做相应标记。如果你在记录单独的笔记，请将你的答案写在康奈尔笔记表格中 16 厘米宽的那一列。然后重复上述步骤，直到你完成阅读作业。

图10.15　记录讲座笔记

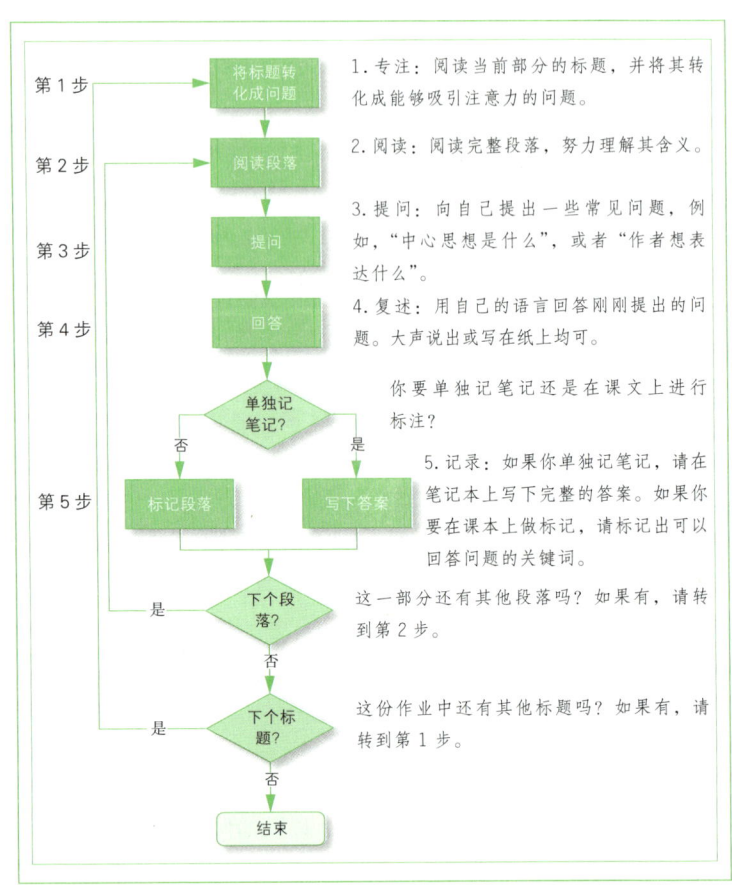

1. 专注：阅读当前部分的标题，并将其转化成能够吸引注意力的问题。

2. 阅读：阅读完整段落，努力理解其含义。

3. 提问：向自己提出一些常见问题，例如，"中心思想是什么"，或者"作者想表达什么"。

4. 复述：用自己的语言回答刚刚提出的问题。大声说出或写在纸上均可。

你要单独记笔记还是在课文上进行标注？

5. 记录：如果你单独记笔记，请在笔记本上写下完整的答案。如果你要在课本上做笔记，请标记出可以回答问题的关键词。

这一部分还有其他段落吗？如果有，请转到第2步。

这份作业中还有其他标题吗？如果有，请转到第1步。

小结

让你的笔记发挥作用的最后一个步骤是什么？

　　尽管记笔记的好处无可争辩，但很多学生不知道如何记录有用的笔记。当然了，大多数学生听讲座时会记笔记。一部分学生阅读时会记笔记。不过，无论是哪种情况，学生们记录的笔记总是看似有用，但难以真正发挥作用。记录有用的笔记不仅需要花费精力，还需要花费时间。它会促使你在阅读或聆听时积极地参与其中。这可能是个令人生畏的任务，更不用说你可能已经从半成品似的笔记或标注中获得了虚假的成就感。请务必完成最后一步。跨过这个门槛，你的笔记就会成为真正有用的东西。一开始，你可能需要花费很多精力——要掌握一项新技能，最初总是要付出额外的努力。然而，你很快就能收到回报——你可以更高效地掌握笔记内容，并永久地保存新知识，而不是任其从记忆中飞快溜走。

章节复习

从句子下方的三个词中选择一个将句子补充完整。

填空

1. 高效记笔记要求建立背景知识，以及创建_____。

　　上下文　　　　摘要　　　　记忆

2. 每场讲座可视为_____的一部分。

　　课本　　　　讨论　　　　拼图

3. 每个页面外侧的空白区域可以用来撰写_____。

　　提醒　　　　问题　　　　定义

填写与左边项相匹配的句子。

配对

　___1. 串联　　　　a. 为即将到来的讲座提供背景知识

　___2. 绘图　　　　b. 用来查阅课本章节的记忆技巧

　___3. 总结区　　　c. 能够将你所阅读的信息置入合适的框架或背景

　___4. 电报式　　　d. 用来将整页的笔记内容浓缩为一两个句子

___5. 两页　　　　e. 唯一一个不建议使用的笔记格式

___6. 大纲格式　　f. 可以提示大量文字信息

___7. 摘要　　　　g. 可在快节奏讲座中使用的笔记记录系统

___8. 课程大纲　　h. 只记录最关键字词的笔记格式

判断

在正确的句子旁圈出"对"，错误的句子旁圈出"错"。

1. 对　错　　康奈尔笔记法要求遵循严格的笔记记录规则。

2. 对　错　　在所有可进行注释的电子文本中，文字处理软件
　　　　　　　文档可能是最灵活的。

3. 对　错　　一种笔记格式很难满足一个章节或一场讲座的需要。

4. 对　错　　相较于几个句子，你很难通过绘图清晰地展示地
　　　　　　　点或关联信息。

5. 对　错　　教师很少要求你像阅读课本那样仔细地阅读
　　　　　　　辅助材料。

多选

选择最准确的选项将句子补充完整。

1. 要记录实用的笔记，你需要_____。

　　a. 一个活页笔记本　　　b. 采用经过验证的系统

　　c. 没有画线的纸张　　　d. 几个基础问题

2. 记笔记时，线索列应该_____。

　　a. 提醒你　　　　　　　b. 加宽

　　c. 留空　　　　　　　　d. 填写

3. 在课本上直接记笔记的一个优势是_____。

　　a. 学期结束后，可以以更高的价格出售课本

　　b. 你的笔记和课本将融为一体

　　c. 可以突出重要观点和概念

　　d. 随着学期的继续，你掌握的知识会越来越多

4. PDF 文件通常支持你使用康奈尔笔记法的所有功能，
　　除了_____。

a. 线索列　　　　　　b. 总结区

c. 突出显示　　　　　d. 添加下划线

5. 改良印刷体_____。

a. 书写快速，就像手写　b. 整洁，就像打印

c. 容易掌握　　　　　d. 以上皆是

思考这章的大纲，然后运用自己的想法和经验回答每个问题。 **思考**

1. 你为什么要记笔记？分析你记笔记的原因，并说明本章内容对你记笔记的动机有什么影响。

2. 你的书写对你的笔记质量或者你所选择的记录方式有什么影响？了解改良印刷体对你现有的记录策略有什么影响？

3. 你是否计划在阅读时直接在课本上进行标注，或是单独记录笔记？请解释你的选择。

提问系统利用页边的问题鼓励有效阅读。你会注意到这章 **提出你的问题** 中的大部分段落旁都伴有一道问题。现在，轮到你来提问了。搜索这章中缺失问题的段落，重新阅读，确认中心思想，然后提出一个问题来引出中心思想。你可以参考上下文页边的问题，然后提出自己的问题。

背景故事

Survey　调查：高处的风景

survey n.　1. A detailed inspection or investigation. 2. A general or comprehensive view. *

一旦你了解了"survey"这个单词的历史，你就会发现将它描述为"万米高空的

风景"再恰当不过了。事实上，这正是这个单词字面上的含义。"survey"源自古法语单词"surveeir"，后者由两个用途广泛的拉丁语词根组成，即"super"和"vidēre"。"vidēre"在拉丁语中的意思是"看"或"观察"。大量与"vision"（美景、视觉）相关的单词都源自"vidēre"，包括"vision"本身，还有"video""view""vista"和"voyeur"。此外，许多以"vise"结尾的单词，例如，"advise"和"revise"，也源自"vidēre"。当然，还有"survey"及其近亲"convey"和"purvey"。这些变化的产生是因为当单词从一种语言被引入另一语言时，拼写会稍有变化。"super"也经历了类似的演变，虽然它有时被简化成"sur"（如"surmount""surpass"及"survey"中的"sur"），但在从拉丁语进入英语世界时，它成功地保留了原有的样子（"superscript""superlative"和"surpervise"），同时也演变出与其原有的印欧语系来源"uper"非常相似的形式。"uper"意为"在……之上，上方"。如果你觉得"uper"很眼熟，这是自然的。我们要再次感谢数百年来的拼写变化，演变出了"upper""over"和"hyper"。尽管"super"中的"s"让它看起来和其他单词有所不同，但它确实是这个家族中的一员。你看，"vidēre"的意思是"看"，"super"的意思是"上方"，那么你应该明白为什么"survey"可以解释为"从高处看到的风景"，进而解释为"普遍、全面的看法"了吧。**

*摘自《美国传统英语字典》第四版的"survey"条目（波士顿：霍顿·米夫林出版公司，2000），http://dictionary.reference.com/browse/survey（2009 年 6 月 17 日查询）。

** 参考以下内容：《美国传统英语字典》第四版的"survey"条目（波士顿：霍顿·米夫林出版公司，2000），http://dictionary.reference.com/browse/survey（2009 年 6 月 17 日查询）；"survey"，《在线词源字典》，道格拉斯·哈珀（Douglass Harper），历史学家，http://www.etymonline.com/index.php?search=survey（2009 年 6 月 17 日查询）；"survey, n."，《牛津英语字典》第 2 版，20 卷（牛津：牛津大学出版社，1989）。

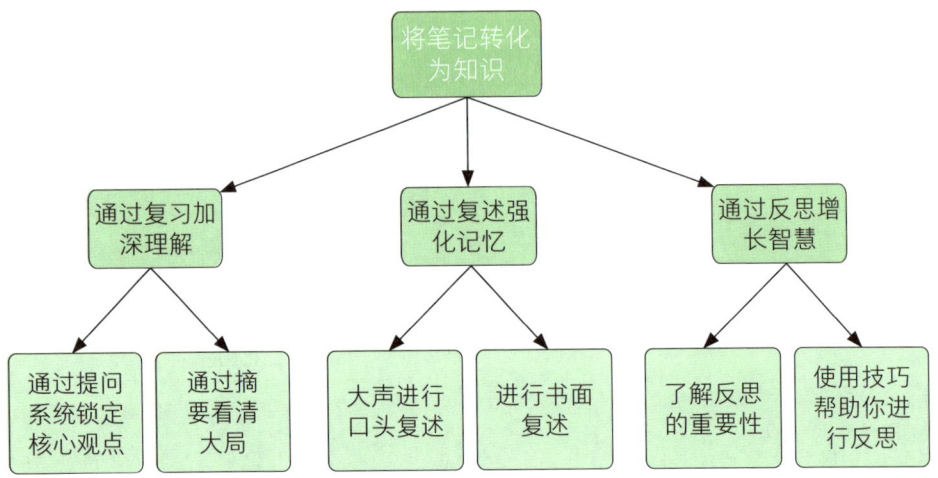

将笔记转化为知识

你现在到达了一个十字路口。你已经认真记录了笔记，接下来，你或者让之前的努力付之东流，也可以再加把劲，将这些宝贵的信息留存下来，让你听到和读到的信息成为你知识库的永久成员。恭喜你。你选择了正确的道路。这一章会告诉你如何：

- 通过复习加深理解；

- 通过复述强化记忆；

- 通过反思增长智慧。

顺序和简单化是掌握一门科目的第一步——未知是真正的敌人。

托马斯·曼（1875-1955），德国作家

本章摘要

▶ 与流行的电视节目类似的学习技巧。

▶ 你想不到的便利贴用法。

▶ 过马路如何改变世界？

如果你全面、认真地完成了笔记记录，那么你可以为自己感到自豪。然而，记录笔记不是终点，而是一个起点。很多学生记完笔记后就将它们丢到一边，直到考试临近时才想起它们来。他们将笔记遗忘在书桌抽屉里，或者在学习后续章节时，一次又一次地翻过详细标注过的课本却视而不见。这是个令人悲伤的错误，浪费了你的时间和努力。要充分利用你记下或标注的所有信息，要掌握你如此费力理解的信息，唯一的方法是认真复习，定期复述，以及深入反思，直到它们成为你的永久知识。

通过复习加深理解

大多数学生复习笔记的方式是将笔记阅读一遍，可能还会问自己一两个问题，以此来检查自己记住了哪些内容。这种抽样调查的方式很常见，但也过于随意。系统性的方法不仅可以帮助你全面复习笔记内容，还能让你清楚了解自己对笔记内容的掌握情况。

立即复习的目的是加深你对刚刚听到或读到的内容的理解。我们在第9章中已经说过，记忆可能转瞬即逝。当你记录笔记时，尤其是在记录讲座笔记时，你一次只能记录一个观点。你可能没有时间确认自己是否真正理解所标记或写下的内容。你或许也没有时间回头审视这些内容是否能够串联起来。这就是立即复习发挥作用的地方。借助提问系统，你可以确认核心观点，从而确认自己是否理解笔记内容。而通过总结，你可以获得宝贵的全局观。

通过提问系统锁定核心观点

提问系统是什么？

在目前为止，你的康奈尔笔记纸的左侧空白区或者课本右侧的空白区应该仍然保持空白状态。你现在应该好好利用它们。你应该尽快系统地浏览刚刚记录的笔记或标记的内容，然后针对每个核心观点提问。这就是所谓的"提问系统"。你写下的每个问题都会提示你相应的答案。图 11.1 展示的是提问系统的工作流程图。

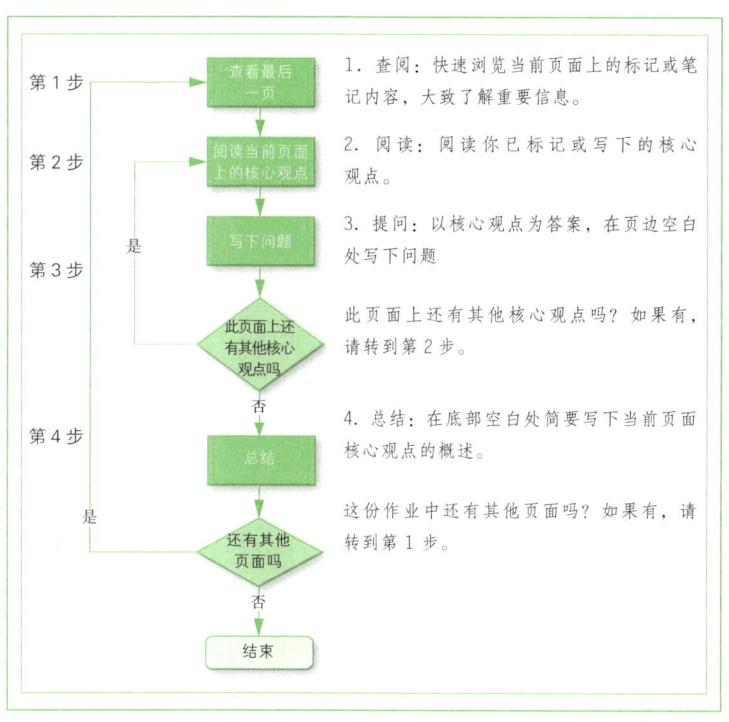

图11.1　使用提问系统复习笔记

不论你是在复习课本笔记、讲座笔记，还是直接在课本上标记内容，提问系统都是最好的选择。

如何针对每个核心观点提出问题？

在使用提问系统时，不要提出答案为"是"或"否"的问题。你所提出的问题要能够提示你回忆起重要的信息。提出合适的问题就像是在游戏节目中，要求选手根据给定的答案提出问题一样。这个过程类似于你在阅读时，将标题转化成问题的过程。唯一的差别在于你，依据的是笔记内容还是你在课文中标记的内容。你的目标是让问题的答案涵盖核心观点或整个段落的大意。请把问题写在相应的内容旁。图 11.2 展示的是课文段落旁的页边问题。

图11.2　使用提问系统处理课本作业

写好大学论文

写好论文需要记住哪两点？

写好论文的技巧简单易学。你要记住两点。第一，早点开始写论文。第二，如果可以选择，请选择你感兴趣的主题，或者你可以培养兴趣的主题。

论文包含哪三个元素？

大学期间的主要任务是吸收知识。论文则让你有机会写下你所学到的内容，以及你得出的结论和对相应主题的看法。

选择主题的关键因素是什么？

写作是一个重要的沟通方式。要确保沟通良好，你必须有真正想说的东西。因此，如果你可以选择主题，请务必选择一个你感兴趣的。如果是个冷门主题，那就更好了。

如果你不确定要选择哪个主题，该怎么办？

如果你不确定要选择哪个主题，可以先进行初步调查，了解各个主题包含的内容，然后再做出决定。这就是为什么我们建议要早点开始写论文。这样你就会有足够的时间谨慎选择主题。

页边问题应采用什么形式？

在系统性地阅读课本上的所有段落或阅读笔记内容时，你要不断重复"提出问题，写在页边空白处"这一过程。你可以简化问题，尤其是在空白空间比较小的情况下（图 11.3 摘选了一部分课堂笔记，其中包含简化的页边问题）。不过，请务必确保内容明确，因为你可能在整个学期的任何时间里查阅这些问题。如果简化的问题含糊不清，那么你在当下也许能看懂，但之后再次阅读可能会一头雾水。字迹也一样。请确保你可以识别自己的字迹。你可以使用改良印刷体（详见第 10 章）提高自己的书写速度，并确保字迹清晰。

规格正确的康奈尔笔记纸所提供的空白空间应该足够供你

撰写问题。不过，如果你选择标记课本内容，而课本的页边空白空间狭小，那么你可以采取一些办法来应对有限的空间。

如果页边空间不够，你该怎么办？

图11.3　针对课堂笔记使用提问系统

谁购买了阿拉斯加？ 什么时候？多少钱？ 内陆大约面积？ 育空河有多长？ 列举部分矿产？ 森林资源如何？ 数量最多的两种鱼？ 列举部分皮毛？ 北美最高的山峰？ 什么时候成为美国的州？ 州旗设计者？	2017.9.10（周一）—历史 101—纽霍尔教授 A. 阿拉斯加相关情况 　威廉·亨利·西华德，国务卿—1867 年购自俄罗斯，720 万美元 　面积－内陆：长 1500 英里①—宽 1200 英里 　　育空河：1979 英里长 　　矿产：石油、金、银、煤炭、铬、铁等 　　森林：工业用木材 =1.25 亿立方米 　　鱼：世界最多的三文鱼和大比目鱼 　　皮毛：海豹、貂、水獭、海狸、狐狸等 　　麦金利山：6193 米，北美第一高峰 　建州情况：1959.1.3，第 49 个州 　州旗：设计者本杰明·班森，13 岁

尝试使用便利贴

将你想记录的问题写在便利贴上而不是页边空白处（一页一张便利贴）。写完后，将便利贴贴在相应段落旁边。由于便利贴可能失去黏性，我们建议在问题对应的段落旁的空白处写下问题编号，并在便利贴上写下匹配的编号及对应的课本页码。

便利贴的工作原理？

使用书签

很多学生选择将问题记录在纸条上。这种纸条类似加宽的

书签法包含哪些元素？

---

① 1 英里 ≈ 1609.344 米

书签（宽度约为 6 厘米，与康奈尔笔记纸的规格相同）。每相对的两页使用一张书签。左边页面的问题写在书签的一面，右边页面的问题写在另一面。和使用便利贴一样，为每个问题编号，并将相应编号写在对应段落旁的空白处。写完所有问题后，将纸条夹在课本中，就像夹书签一样。

单独记笔记

单独记笔记有什么好处？

如果你课本的页边距不够，那么最简单的办法可能是单独记笔记。你可能会错过直接在课本上做笔记的部分好处（见第 10 章），却可以随身携带笔记（甚至是塞进钱包），而无须携带厚重的书本。

撰写页边问题可获得什么重要收获？

不论你采用哪种方法实践提问系统，都会获得重要收获。在提问的过程中，你会快速、全面地回顾材料内容。虽然你有可能提出"虚假"问题，但概率不高。你要提的是切中核心的问题。要将观点转化成问题，你需要真正理解这个观点。

通过摘要看清大局

总结 —— 计划

摘要如何帮助你理解内容？

问题可以帮助你更好地理解笔记中的重要观点，摘要则可以让你了解上下文。你很容易被笔记中的细节内容吸引，从而失去对全局的掌控。撰写摘要可以迫使自己思考和理解串联笔记内容的广义观点、趋势、经验和主题。摘要可以回答"这一页说了什么"。在为考试做准备或是准备论文时，如果想要知道关键信息却不想阅读笔记的每一页，摘要这种直切主题的特点就非常有用。尽管将整页笔记浓缩成一两句话是个不小的挑战，但总结的过程可以促使你思考笔记的内容，判断哪些观点是最重要的。

标准摘要

标准系统中的摘要位于每一页的底部（如图 11.4 所示）。如

图11.4 用两句话
总结一页讲座笔记

心理学家如何解释记忆？ 什么是"记忆痕迹"？ 记忆系统包括哪三种？ 感知记忆可以将信息保留多久？ 信息如何转移到STM？ STM可以将信息保留多久？ STM的容量是多少？ 如何保留STM中的信息？ LTM可以将信息保留多久？ 将信息从STM转移到LTM有哪六种方式？	心理学 105—马丁教授—9.14（周一） 记忆 难以捉摸的记忆—可以迅速回忆起童年的琐事，却记不住最近努力记忆的事物。 记忆痕迹 - 我们能记住信息意味着大脑中发生了一些变化。 - 这种变化被称为"记忆痕迹"。 - "痕迹"可能是一种分子排列，类似录音时磁带的分子变化。 三种记忆系统（感知、短期、长期） - 感知（保留 1 秒） 　例如，通过视觉（图形）发送到大脑的字词或数字在 1/10 秒内开始分解，并在 1 秒内消逝，除非通过言语重复快速转移到短期记忆区 - 短期记忆（STM）（保留 30 秒） 　实验显示：3 个字母组成的音节，3 秒后，记住 50%。 　30 秒后，完全遗忘。 　短期记忆—有限容量—平均记忆 7 项内容 　多于 7 项—部分舍弃 　要保留STM中的内容，需要重复练习—需要在耳中或脑中听到字词的声音。 - 长期记忆（LTM）（保留一辈子或一段时间） 　通过以下方式转移事实或观点 　（1）关联 LTM 中已有的信息 　（2）整理信息，形成有意义的单元 　（3）理解信息，通过对比和建立关联 　（4）构建框架 —像拼图一样拼接信息 　（5）重新排列—将新旧信息组合成一个单元 　（6）练习—大声练习，强化记忆痕迹。

记忆系统的三种类型为感知（信息保留时间为 1 秒）、短期记忆（信息最长可保留 30 秒）和长期记忆（信息可终身保留或保留相对较长的一段时间）。
将信息转移到长期记忆中的六种方式：关联、整理、理解、构建框架、重新排列和练习。

果你直接在课本上记笔记，你就会发现页面顶部的空白空间大于页面底部。你可以选择任意一处。不论你是在课本上还是另外的纸张上记笔记，都要避免长篇大论。你没有足够的时间，也没有足够的空间，你只需要记录一两句话，将页面上的重要信息串联起来即可。如果空间允许，那么你可以使用完整的句子撰写摘要。这可以帮助你准确地表述页面上的重要内容。简略的句子很容易让令你困惑的内容蒙混过关。我们现在的目标是确保掌握你写下或读过的内容。如果你在这一阶段未能理解某些内容，那么随着时间的推移，这些内容会变得越来越模糊。因此，你现在就要努力理解它们。如果你还是不懂，可以向老师求教。如果置之不理，再想捡起来就晚了。

综合摘要

如何应用综合摘要？

你可能会选择在讲座笔记或课本作业结尾处撰写一段较长的摘要，而不是为每一页撰写摘要。根据作业的篇幅或重要性，这种选择也许是可行的。然而，一般情况下，我们不推荐使用综合摘要，尤其是只归纳为一段。即使你的综合摘要包含好几个段落，你可能还是无法像为每页撰写摘要一样，洞悉笔记的含义。不过，如果讲座非常简短，或者阅读作业只是无须投注过多精力的补充材料（见第 10 章），撰写一份综合摘要可能已经足够了。

二级摘要法

为什么说二级摘要法是总结笔记内容的最佳方式？

复习和总结笔记内容的最佳方式是结合使用标准摘要和综合摘要。首先撰写标准摘要，用一两句话总结每页内容。之后，你无须阅读所有笔记内容就能撰写综合摘要。你只需要阅读每页的摘要，并对这些摘要进行总结。二级摘要法会让你的笔记变得非常实用、灵活。如果你想简要了解作业或讲座内容，那么你可以阅读综合摘要。如果你需要更详细的信息，则可以深入一级，阅读每页的摘要。如果你还需要进一步了解信息，就请再次阅读相应页面上的核心观点。

将笔记中的每个重要观点转化成问题，然后撰写摘要，这个过程不仅是非常直接且有效的复习方式，还给予你复述的机会，而复述是帮助你记忆笔记内容的最有效的技巧。

除了快速复习，问题和摘要还有什么作用？

通过复述强化记忆

现在，你已经针对每页笔记完成提问（和简单总结），并已进行了全面的复习。那么，你该如何留住这些有价值的信息？毕竟，遗忘从未停下脚步。它夜以继日地将你努力塞入记忆的内容驱逐出去。幸运的是，借助复述的力量，你几乎可以让遗忘停下脚步。

复述扮演了什么样的角色？

复述会迫使你进行思考，而这种思考会在你的记忆中留下神经活动的痕迹。复述能提升专注程度，为理解下一段落或下一章节内容打下坚实基础，给予你时间巩固信息，确保你准确记住事实和观点，并能及时反馈你的学习进展。此外，有实验表明，相较于阅读，在复述上花费的时间比例越高，学习效果就越好。花费 20% 的时间阅读，80% 的时间复述的学习效果，明显好于花费较少时间复述、较多时间阅读。

复述的工作原理是什么？

复述流程相对直接。回到第 1 页，用白纸将它盖住，只露出问题（如果你使用便利贴，可以在阅读问题时遮住课文内容。如果你使用书签法，可以用纸条盖住课文内容。如果你的笔记和问题在电脑文件中，请打开文件，然后创建一个空的新文档，将其作为电子版白纸，挡住笔记内容）。阅读第一个问题，用自己的语言回答。然后，向下移动白纸，检查你的回答是否正确。如果回答错误或不完整，请再试一遍，直到回答正确。如此完成所有问题（见图 11.5 的完整流程图）。你的目标是在记忆中留

如何进行复述？

下准确、清晰的印象，因为这是你希望在考试时回忆起来的内容。如果信息现在在你的记忆中是模糊的，那么三四周后，它会变得更加模糊（见第 9 章）。

图11.5 笔记复述流程

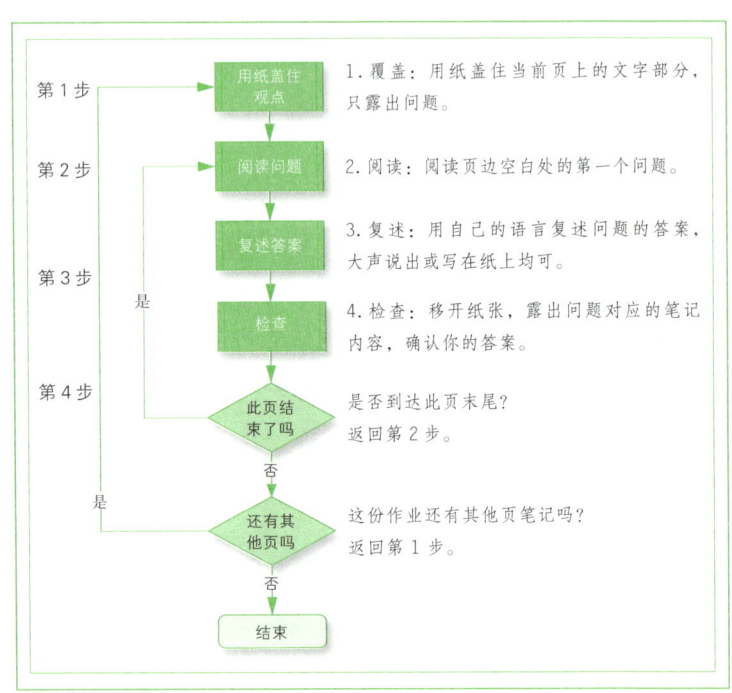

第1步 　用纸盖住观点 　　1.覆盖：用纸盖住当前页上的文字部分，只露出问题。

第2步 　阅读问题 　　2.阅读：阅读页边空白处的第一个问题。

第3步 　复述答案 　　3.复述：用自己的语言复述问题的答案，大声说出或写在纸上均可。

第4步 　检查 　　4.检查：移开纸张，露出问题对应的笔记内容，确认你的答案。

此页结束了吗 　　是否到达此页末尾？返回第 2 步。

还有其他页吗 　　这份作业还有其他页笔记吗？返回第 1 步。

结束

大声进行口头复述

总结

如何大声复述？

传统的复述方式是用自己的语言大声说出来。大声复述时，请清楚地表述，确保你所说的内容没有错误之处。请使用完整的句子进行表述，并使用合适的信号词。例如，复述一系列观点或事实时，你可以用"首先""其次"等词计数。你可以插入"此外""但是""最终"等词。如果你在进行口头练习时这么说，那么你在考试时就会更自然地这么写。大声复述的最佳场合是小组学习或讨论（见第 13 章）。如果你说错了或者表达不清晰，立刻就会有人提醒你。

进行书面复述

总结

如果你不愿意或者无法大声进行口头复述，你可以将答案写下来或输入电子文档。这比传统复述方式费时，但有自己的优点。书面复述比口头复述更能证明你知道问题的答案。毕竟，你留下了书面证据。书面复述也是一次绝佳的练笔机会，有助于你在考试时完成问答题或简答题。进行书面复述时，你也要一题一题地复习笔记内容，但是你需要在单独的纸张上写下答案，而不是说出答案。然后，移开遮挡的纸张，对比你刚刚写下的答案和笔记中的答案。

提出你的问题

通过反思增长智慧

通过复习和复述掌握事实和观点后，再花一些时间进行深度思考。利用你与生俱来的好奇心思索或探究习得的知识。这就是所谓的"反思"。进行反思能为你的学习增添创造力。你可以询问自己如下问题：这些事实和观点有何意义？它们的本质是什么？它们还适用于哪些地方？它们和我已知的知识网络有何关联？从这些事实和观点中，我还能学到什么？你在进行反思时，会将新的事实和观点编织入已有的知识结构，并创造出真正的智慧丝线。历史上最伟大的思想家都依靠反思取得突破。他们证明了反思是一项重要技能。如果你掌握了一两个技巧，就可以开始借助反思掌握笔记内容，真正理解并长久记忆所学内容。

什么是反思？

了解反思的重要性

重塑

汉斯·贝特教授是康奈尔大学著名的核物理学家、诺贝尔奖得主。对于科学家常进行的反思，他曾这样说过：

贝特如何看待反思？

一名杰出的科学家必须与他的研究课题共同生活。两者必须如影随形。如果你一天只工作 8 小时，那么你无法成为杰出的科学家。科学应该是你人生最大的乐趣。你必须渴望答案。没有什么比找出你所研究的课题的答案更重要。

反思和创造力之间存在什么关联？

贝特教授认为，将学习范围局限于课本和讲座的学生只能成为专家，而无法拥有创造力。只有反思才能带来创造力。也就是说，从已有知识中发现新的内容是提出独特观点的唯一方式，因为新观点就是未被发现的关系。没有反思，提出新观点就是一项不可能的任务。

怀特海对反思的看法是什么？

阿尔弗雷德·诺思·怀特海是英国著名的哲学家、数学家。他是反思的坚定拥护者。他也曾表示增长知识的方式是对观点进行"全新的组合"。他认为反思就是以现有知识为基础，将个人的想法投射到熟悉的经历以外的地方，即基于旧的知识和观点思考新的，以及基于新的知识和观点思考旧的。

叔本华如何看待反思？

著名的德国哲学家阿图尔·叔本华认为反思非常重要：

一座杂乱无序的大型图书馆，它的用途还不如一座井然有序的小图书馆。同样的，一个人可能拥有大量知识，但是，如果他没有通过自主思考利用这些知识，那么它们的价值还不如经过彻底思考的少量知识。只有当你全方位思考自己已有的知识，通过对比各种真相将已知信息结合起来，你才能真正掌握这些知识，让它们为你所用。

反思不允许模棱两可。你需要不断地探究，直到观点清晰成型。如果你需要更多知识，那么可以查阅百科全书或相应主题的专业书籍，它们常常可以帮助你理清模糊的观点。

反思和潜意识有什么关联？

潜意识在创意思维和发现中扮演着重要的角色。我们很多人都有过这样的经历：突然间想到了某个绝佳的观点或解决方案，但你当时并没有在思考相应问题。伟大的匈牙利物理学家利奥·西拉德在穿过伦敦街头时，想到了核链式反应的解决方案。阿基米德在浴缸中想到浮力原理。大脑会在我们没有察觉的情况下继续工作。大多数深层思考都是由反思激活的。

使用技巧帮助你进行反思

反思的一大优势是它的灵活性。你可以塑造它，让它符合你的想象。你可以利用你的空闲时间，随时随地进行反思。你可以在课间、排队、等朋友或是坐公车的时候进行反思。

不过，如果你不知道如何开始反思，它的灵活性就可能成为缺点。有的学生因为不知道如何开始，索性完全忽略这一步骤。尽管反思不同于复习或复述，没有具体的实践步骤，但你可以通过一些策略进入反思状态。

反思的一大优势是什么?

使用美元系统

你可以反思笔记上的信息，并使用美元系统进一步管理这些信息：

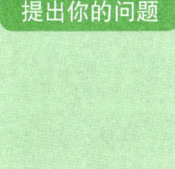

提出你的问题

1. 阅读笔记，在重要观点旁边标注"S"。如果笔记有很多页，那么你可能会标注很多"S"。

2. 现在仅阅读标有"S"的笔记内容，从中选出特别重要的，然后在"S"上添加一条竖线。你所标注的符号看起来是这样的："$"。

3. 第三遍也是最后一遍阅读你的笔记，但仅阅读标有"$"的内容。找出核心观点（这样的观点只占少数），在符号上再加一条竖线，让你的标记看起来像美元符号"$"。

美元系统可以帮助你比较各个观点的重要性，从而激励你

美元系统如何激励
你反思?

进行反思。你一眼就能看到哪些是必须记住的关键信息。"$"符号会提示你这是最有价值的信息。接下来是"$"观点。它们也有一定的价值,但如果你要在有限的时间里记住大量信息,就不要让它们占用你的记忆容量。最后是"S"观点,你可以忽略它们。尽管你一开始将它们标记为潜在的重要观点,但在之后的两次阅读中,你找到了更为重要的观点。

重新排列信息

重新排列信息有什
么好处?

当你重塑信息(从不同框架或角度看待信息)时,基本上都可以获得新的见解。例如,如果你正按照地理区划研究各个国家,你可以考虑按照政府性质、主流宗教信仰或成立时间进行归类。那么你也可以根据要掌握的信息的性质,将它们归类到"赞成"和"反对",或是"之前"和"之后"。

使用软件

提出你的问题

软件可以实现手动重新排列信息的大多数好处,却不用花费过多时间和精力。你需要数小时才能手动完成的工作,一些应用程序只需要几秒钟。大多数文字处理程序和电子表格程序支持使用多列表格将信息归类。许多电子表格程序提供更为复杂的功能,允许你将现有表格转化为包含你所需信息的全新表格。举例来说,如果你有一张表格,其中包含美国历任总统的姓名、就职时间、所属党派和出生地,那么你可以列出来自俄亥俄州的所有总统,来自共和党的所有总统,或是在1800—1850年就职的所有总统。这样的排列方式会触发反思性质的问题:共和党内发生了什么?哪些政党消失了?为什么有这么多来自俄亥俄州的总统?第一位来自俄亥俄州的总统是谁?最近一位来自俄亥俄州的总统是谁?哪个州的总统最多?1800—1850年和1900—1950年的总统数量对比结果如何?排列操作由计算机完成,你无法从中学到任何东西。然而,根据结果提出的问题会促使你进行反思，而且你在此过程中会通过不同方式记忆信息，故而记忆也会更深。同样地，我们在社交媒体上常用的话题符号标记法也是一种快速、有效的信息分类方式，可用来添加背景知识，加深理解，并帮助你进行反思。

将信息置入背景

大多数信息在孤立的情况下并没有什么意义。你需要背景信息才能真正理解它们。例如，如果你阅读了一项来自某个时期的科学发现，那么你应该试着找出当年的其他事件，或者该发现的发生地。是在南北战争 / 第二次世界大战 / 伊拉克战争之前，还是之后？电话、广播或计算机已经出现了吗？人们的交通工具是马、车，还是飞机？这些调查会为你揭示基本的背景信息（见第 9 章），并帮助你更深刻地理解信息。

为什么背景信息是重要的反思因素？

继续提问

在新闻发布会上，后续问题有时比初始问题更有意义。如果你采用了提问系统，那么你笔记中的每个观点，或是阅读作业中的每个段落旁都会有一个问题。尝试针对原有的问题进一步发问，看看能否从笔记或课文中找到答案。如果不能，你应该进一步挖掘线索。

为什么要提出更多问题？

可视化思考

第 8 章讲述了如何使用概念图解决问题、探索可能性，以及建立关联。这些正是反思的目的。从笔记或章节作业中选择重要的概念，将它们写到白纸上，并用椭圆形将它们圈出。然后，尝试用不同的排列方式，将它们关联起来。这样做，肯定可以学到一些东西，但如果这些概念仅仅孤立地出现在页面上，你或许难以厘清其中的关系。如果你更习惯在计算机上创建概念图，也有很多概念图应用可供选择，而且有些还是免费的。

如何将概念图用作反思工具？

将课本笔记和讲座笔记相结合

如何结合课本笔记和讲座笔记?

尽管你参加的课堂讲座理应和你的阅读作业有所关联,但如果你没有把两者的笔记放在一起比较,你可能就看不出其中的关联。请按照图 11.6 的格式,将课本笔记中最重要的内容写在中间列。然后,在右侧一列写下讲座笔记和课本笔记中相关的信息。最后,像对待初始笔记一样,利用提问系统,针对笔记内容和讲座上提及的相关信息提出一个问题。我们无法预测你可以从中获得什么,但结合两套笔记,你的答案应该会更有意义。这就是反思的本质。

图11.6 用于结合讲座笔记和课本笔记的康奈尔笔记法格式

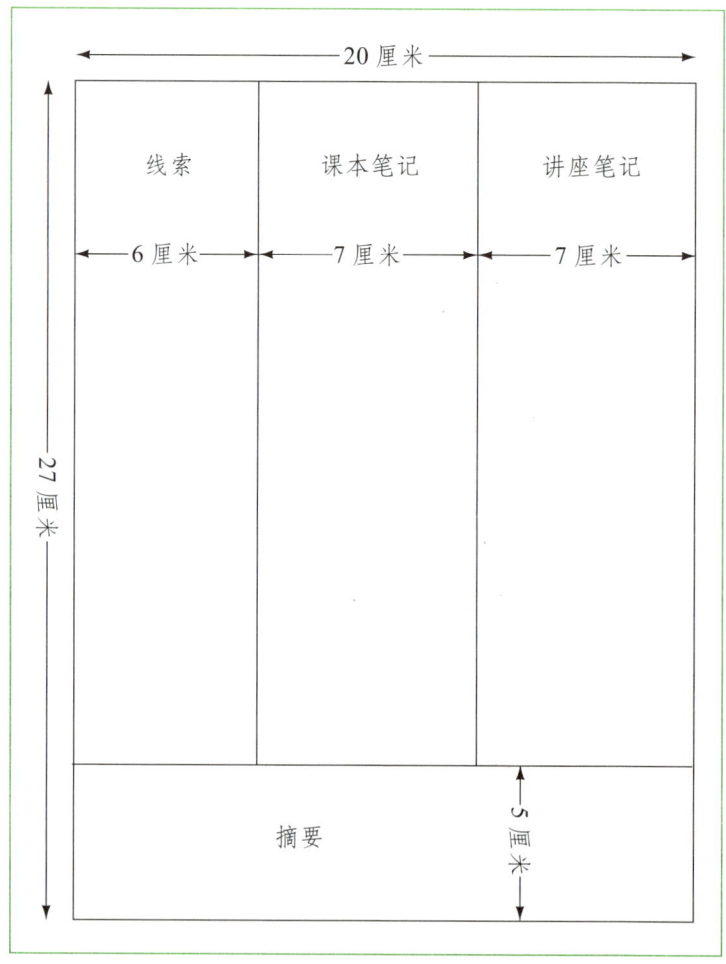

小结

精通和创造力之间存在巨大的差异。学习课本和讲座笔记也许能让你精通某方面的知识，但无法为你带来创造力，除非你能够透过事实看到更深层次的内容，实现思维上的跨越。如果你的目标仅仅是应对考试、拿到学分、取得学位、找到一份好工作，那么这本书对你很有用。如果你有更高的追求，这本书的用处就更大。学者和学生的区别在于，前者拥有永不衰竭的好奇心和永不熄灭的求知欲。复习和复述可以帮助你实现普通目标，反思则能让你实现更高的追求。

如何区分学者和学生？

章节复习

从句子下方的三个词中选择一个将句子补充完整。

填空

1. 借助 _____，你几乎可以让遗忘停下脚步。

　　摘要　　　　　　复述　　　　　　问题

2. 只有 _____ 能带来创造力。

　　练习　　　　　　反思　　　　　　摘要

3. 笔记中标注了 "S" 符号的观点 _____。

　　可以保留　　　很有难度　　　可以忽略

填写与左边项相匹配的句子。

____1. 反思　　　　a. 用来总结整份作业以及每页内容的方法

____2. 复述　　　　b. 该系统允许你减少笔记内容并进行反思

____3. 二级　　　　c. 传统笔记复述方式的备用方法

____4. 书签　　　　d. 利用与生俱来的好奇心，以新的方式

思考观点

___5.再次阅读　　e. 课本页边空间太窄时使用的备用提问
　　　　　　　　　　系统

___6.美元符号　　f. 向笔记添加问题和总结

___7.复习　　　　g. 被错误地认为是有效的复习方式

___8.书写　　　　h. 根据记忆，用自己的语言重现重要观点

判断

在正确的句子旁圈出"对"，错误的句子旁圈出"错"。

1.对　错　　大多数学生复习笔记的方式是通读一遍。

2.对　错　　使用提问系统时，要尽量提出答案是"是"或"否"
　　　　　　的问题。

3.对　错　　可以简写提问系统的问题。

4.对　错　　如果你的笔记是计算机文件，则无法进行复述。

5.对　错　　尽管书面复述的速度比传统复述方式慢，但它能
　　　　　　带来额外的好处。

多选

选择最准确的选项将句子补充完整。

1.立刻复习的主要目的是什么？

　　a.巩固理解

　　b.当场检查笔记

　　c.查阅你不懂的词或术语

　　d.确保笔记字迹清晰可辨

2.应用提问系统时，如果课本的页边空间太窄，写不下所
提问题，你可以使用_____。

　　a.便利贴　　　　　　　b.书签

　　c.单独笔记纸　　　　　d.以上皆是

3.为笔记添加总结可帮助你_____。

　　a.瞄准核心观点　　　　b.获得更广阔的视角

　　c.为多选题做好准备　　d.添加页边空间写不下的问题

4. 传统的复述方式是_____。

　　a. 大声说出来　　　　　b. 使用自己的语言

　　c. 依靠记忆　　　　　　d. 以上皆是

5. _____既是反思的优点又是缺点。

　　a. 成本　　　　　　　　b. 重复性

　　c. 灵活性　　　　　　　d. 想象

思考这章的大纲，然后运用自己的想法和经验回答每个问题。

思考

1. 提问系统和总结都能帮助你掌握笔记内容，但方式不一样。你认为哪种方式更易使用？哪种更适合你？请给出理由。

2. 你有复述笔记的习惯吗？如果有，你是通过说还是写进行复述？为什么？如果你还没开始复述，请解释原因。本章内容是否让你相信复述很有价值？

3. 能否给出几个具体例子，表明你已在使用反思这个技巧？如果可以，请详细说明。如果没有，请说出你将来可以在什么情况下进行反思，并列举最适合你的反思方式。

提问系统利用页边的问题鼓励有效阅读。你会注意到这章中的大部分段落旁都伴有一道问题。现在，轮到你来提问了。搜索这章中缺失问题的段落，重新阅读，确认中心思想，然后提出一个问题来引出中心思想。你可以参考上下文页边的问题，然后提出自己的问题。

提出你的问题

背景故事

Cue　线索：寻找问题的线索

cue n.　1. A signal, such as a word or action, used to prompt another event in a performance, such as an actor's speech or entrance, a change in lighting, or a sound effect.　2. a. A reminder or prompting. b. A hint or suggestion. *

　　追踪单词的故事有时并不是件简单的事。事实上，它有时很像一项侦查工作。有的单词随着时间自然、细微地演变。因此，当有人问起"嗨，这个单词从哪里来"时，你当下可能答不出来。不仅如此，即使你认真追查单词的来源，也可能走向错误的方向。举例来说，"queque"这个单词指的是一群人排成的队列，以及猪尾巴。这个单词源自古法语单词"cue"，意思是"尾巴"。"curlicue"（花体）这个单词也来源于"cue"。那么，提示你以康奈尔格式撰写内容的提问系统（Q system）与法语中的"尾巴"一词有关联吗？尽管一些字词专家努力为两者建立联系，但这种可能性很值得怀疑。另一种可能性更大的解释与 16 世纪的剧场有关。那时，演员们会在剧本页边的空白处做标记，提示他们从哪里开始说台词。他们没有使用线条或箭头，而是在台词开始的位置旁写上字母"Q"（或是"qu"）。为什么写"Q"呢？字词侦探们认为写在页边的这些"Q"是拉丁单词"quando"的缩写，意思是"什么时候"。在出版物中，威廉·莎士比亚和亨利·菲尔丁等著名作家开始将它拼写成"cue"。**

　　＊摘自《美国传统英语字典》第四版的"cue"条目（波士顿：霍顿·米夫林出版公司，2000），http://dictionary.reference.com/browse/cue（2009 年 6 月 4 日查询）。

　　＊＊参考以下内容：《美国传统英语字典》第四版的"cue"条目（波士顿：霍顿·米夫林出版公司，2000），http://dictionary.reference.com/browse/cue（2009 年 6 月 4 日查询）；"cue"，《在线词源字典》，道格拉斯·哈珀（Douglass Harper），历史学家，http://www.etymonline.com/index.php?search=cue（2009 年 6 月 4 日查询）；"cue, n."，《牛津英语字典》第 2 版，20 卷（牛津：牛津大学出版社，1989）；"cue, n.2"，《牛津英语字典》第 2 版，20 卷（牛津：牛津大学出版社，1989）

第四部分

获取　　保留　　**解释**

解释信息

在理想情况下，成功获取并保留信息本身就是一种回报。但在大学里，情况并非如此。大学需要一个机制来评估你的价值。对大多学校来说，价值货币就是成绩。衡量你表现的不是你知道多少知识，而是你能解释多少知识。解释的方式通常是考试、课程讨论和论文。为了确保你的努力能够换来收获，这部分将帮助你：

12　成功通过考试；

13　充分利用讨论；

14　提交出色的论文。

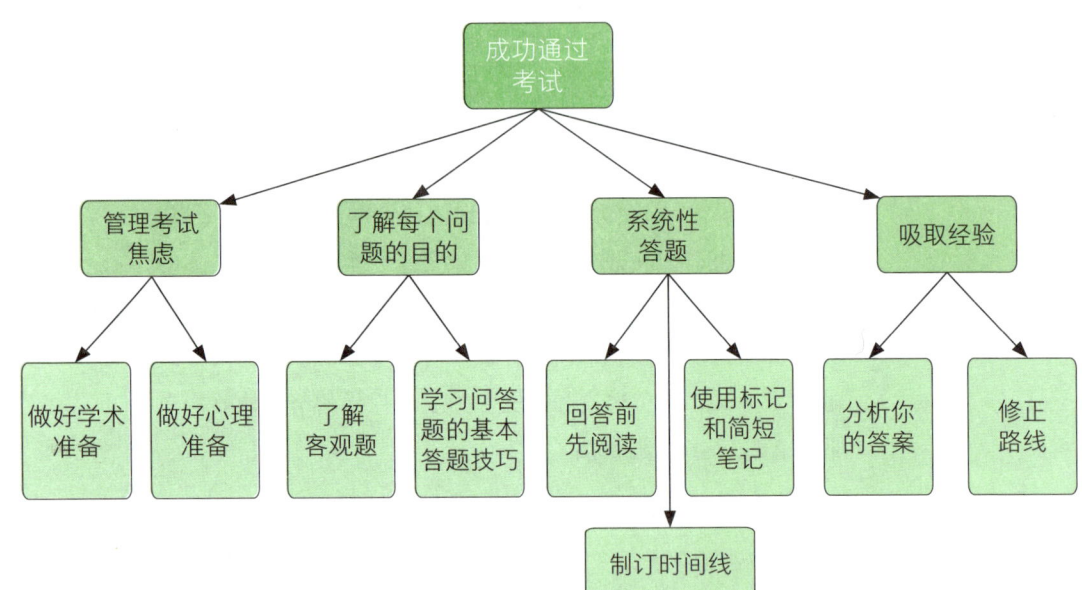

成功通过考试

考试的真正目的是测验你的知识，而不是考验你的耐心。但是，当面对判断题、选择题、配对题、填空题或是问答题时，很多学生希望可以选择"以上皆不要"。如果你已做好准备，掌握了方法，并且拥有自己的想法，考试就不是一件可怕的事。这一章会告诉你如何：

● 管理考试焦虑；

● 了解每个问题的目的；

● 系统性答题；

● 吸取经验。

答案是什么？……如果是这样，那么问题又是什么？

格特鲁德·斯泰因（1874-1946），美国作家；据说这是她的遗言

本章摘要

► 每份考试周日程表都包含的三项内容。

► 显而易见却被你无视的重要考前准备技巧。

► 客观测验和意大利面之间的共同点比你以为的多。

测验题目分为哪两个基本类型？

你在大学期间可能遇到的测验题目基本分为两个类型：问答题和客观题。问答题的视角更为广阔，一般侧重于检验你回忆和归纳所学知识的能力和书面表达能力。客观题更关注细节，旨在检验你识别信息而不是回忆信息的能力。

如何才能在考试中取得优异的成绩？

要想在考试中取得好成绩，你需要借助良好的准备工作来管理考试焦虑，了解每个问题的类型，系统性地答题，以及吸取以往的经验。

管理考试焦虑

考试焦虑最简单的解决方案是什么？

考试焦虑的最佳解决方案虽然很简单，却很有效，那就是，做好准备。提前做好准备就像消防演习。它教会你该做什么，怎么做。即使在非常紧急的情况下，你也能完成，因为一次又一次的演练已经将那些步骤刻进你的脑海。要管理考试时常会出现的焦虑情绪，你可以提前做好学术准备和心理准备。

做好学术准备

概述 —— 归类 —— 总结

如何做好学术准备？

要做好学术准备，你需要尽早行动起来，重视课程作业，并管理好自己和学习计划。即使你不得不为了考试临时抱佛脚，也要像时间充裕时一样，合理地、系统地做准备。

尽早行动起来

如何提早一步？

新学期刚开始时，几乎不存在任何压力。你要把握这暴风雨前的宁静。拿起课本，查阅教学大纲，了解如何获取学术帮助。提早拿起课本，而不是等到最后一分钟。这样你就有时间为理解课本内容打下坚实基础。你可以放松地阅读课文，了解课本和课程的走向。同样的，你可以放松地浏览课文，了解整本书的大致内容。提早阅读完整的课程大纲可以让你了解课程的总体情况，让考前准备更为轻松。最后，在学期开始前，花几分钟时间了解学术辅导中心在哪里，以及如何预约辅导。你通常可以在学校网站或新生手册上看到相关信息。一旦你在学习时遇到困难，需要帮助，就要及时预约辅导，不要因拖延导致预约失败（预约时老师的时间表已排满），从而让自己的学业陷入危机。

重视课程作业

如果在本该准备考试时，还花费宝贵的时间追赶课程进度，考试失利的可能性就会非常高。如果你在整个学期里始终重视作业，认真记录阅读笔记和讲座笔记，及时掌握笔记内容，那么在最后的冲刺阶段，这些事情就不会占用你的时间。经过一个学期的认真记录，康奈尔系统笔记会为你提供宝贵的信息，成为考前准备的良好开端。如果你在记笔记时采用了提问系统（见第 11 章），那么你不仅借助强大的复述工具将重要的课程信息嵌入了记忆，还建立了非常适合考前复习的笔记格式！

提出你的问题

管理自己

如果你能够管理自己的时间和笔记，那么你的考前准备工作（即尽早开始准备，以及跟上课程和作业进度）将事半功倍。

如何管理自己？

借助日程表管理你的时间

日程表对于整个学期的学习至关重要。三段式日程安排（见第 2 章）让你有时间进行复习，不会因临时小测验而手忙脚乱。随着期末的来临，规划时间变得更为重要。如果你还没有开始使用日程表，那么现在是时候开始了。如果你正在使用日程表，你可能就会觉得一切尽在掌握之中。不论是哪种情况，使用专为考前一周设计的"冲刺日程表"来管理时间都是个不错的选择。考试

哪种日程表适合考前准备？

周来临时，再制作一份日程表，列出各个课程的考试时间，并安排好吃饭、睡觉和娱乐时间，这些安排在考试周期间尤为重要。

冲刺日程表包含哪些内容？

制订冲刺日程表。按照图12.1的格式制作冲刺日程表（此日程表使用第2章中讨论的格式）。首先，将用餐、睡觉、工作和娱乐活动填入相应时间段。接下来，把每堂课填入对应的时间段。在这个阶段，不要因为任何原因缺课。教师会在课堂上回答有关考试的问题。最后，确定用来完成论文和其他任务的时间，确保在考试周之前完成。你一定不希望有未完成的任务来干扰你的学习，让你在准备考试时分心。将这周中剩余的时间用来为考试做准备。你要填写具体的学习时间和科目。不要在相应时间段中填写"学习"，而要准确写出你要学习的内容如"学习经济学，第1～10章"，或是"总结社会学笔记"。制作日程表要符合实际，制作完成后，要严格遵照日程表行事。

图12.1　冲刺日程表格式

	周一	周二	周三	周四	周五	周六	周日
7：00							
8：00							
9：00							
10：00							
11：00							
12：00							
13：00							
14：00							
15：00							
16：00							
17：00							
18：00							
19：00							
20：00							
21：00							
22：00							

　　使用考试周日程表。考试前一周结束时，为考试周制订一份日程表。将考试时间填入日程表。同样地，填写用餐、休息和娱乐时间。要获得最佳考试状态，你需要在思想、情绪和身体上做好准备。最后，将每门考试前临近的时间段用来复习重要内容。最后复习时间和考试时间间隔得越近，遗忘就会越少。复习时要保持情绪平静，思维活跃，并将这份平静和活跃带到考场。

考试周日程表包含
哪些内容？

图12.2
标准摘要表

写作步骤	
大学写作包含哪 4 个元素？	**写作必须包含：**基本前提、观点的逻辑发展过程，段落中的支持材料，用词选择
写作前有哪些步骤？	<u>写作前</u> 畅想学科内容—产生观点 缩小到 1 个主题—使用列表或概念图 关注基本前提—提出有意义的问题 创建模式—将观点整理为框架
基本结构是什么样的？	<u>写作</u> 结构—前言、正文段落和总结—先写正文
正文段落应包含什么？	正文段落—每个段落的第一句是支持基本前提（中心思想）的主题句—包含示例和详细信息的论据
前言的目的是什么？ 前言揭示什么内容？	前言—第一段—陈述基本前提 揭示：—文章主题 　　　—主题相关观点 　　　—你采用的结构模式
如何进行总结？	结论—要让读者觉得完结了 　或者：总结基本前提或主要观点—陈述你的看法
主要修改哪两方面内容？	<u>修改</u> 强化论据—数据、示例等 修改过渡用词、拼写和语法错误

整理笔记的最佳方式是什么?

使用摘要表整理笔记。考前整理笔记的最佳方式是将笔记整合到一组摘要表（高浓缩版笔记）中，然后像对待常规笔记一样进行复述。不过，摘要表中记录的必须是每个讲座和每次阅读作业中最重要的内容。你需要进行彻底、全面的复习，才能将整个学期的笔记浓缩到几张表上。如果你已经使用美元系统（见第 11 章）区分出笔记中最重要和次重要的观点，那么缩减笔记应该会相对简单一些——仅将标记了"$"的观点记入摘要表。如果你没有使用美元系统，那么可以现在开始使用以缩减笔记内容。不过，这个过程需要花费一些时间。

提出你的问题

使用高阶摘要表鼓励反思。尽管制作任何类型的摘要表都是一次复习笔记的机会，但制作高阶摘要表还会让你反思所有知识。反思包括思考和应用所学的事实和观点。你在重新排列信息，将其归类，就是在反思。记住，"只有反思才能带来创造力"（见第 11 章）。因为反思能带来优化学习，也就是求知欲推动的学习。在为摘要表重新整理信息时，你无法抑制自己的好奇心。此时，你获取的知识不仅能帮助你在考试中取得优异表现，而且会长期存储在你的记忆中。

图 12.3 是一份高阶摘要表，提取自两场讲座的 10 多页笔记内容。请注意其中的内容如何按世纪分类。此外，将相关内容撰写在平行位置，方便进行对比。页边问题很简洁。它们提示你进行比较，却不告诉你答案。

图 12.4 是提取自课本标记的高阶摘要表。"优点"和"缺点"下的内容是记录笔记的学生总结出来的，这些内容分布在原章节各处。

在学习中"左右逢源"

如何在学习中"左右逢源"?

在本垒击球的棒球运动员比只能在左侧或右侧击球的运动员拥有更高的灵活度。同样地，如果你可以从两个角度掌握笔记内容，那么你的考试成绩通常也能提高。你可以如常使用提

社会学 103—伦德博士	
19 世纪	**20 世纪**

	19 世纪	20 世纪
家庭管理方式如何？	1. 父权，父亲是一家之主	1. 个人主义，民主
稳定性区别？	2. 家庭稳定	2. 家庭较不稳定
家庭规模状况？	3. 许多孩子和亲人住在一个屋檐下—家庭庞大	3. 规模较小—只有两代人（父母和子女）
流动性改变？	4. 不流动—很少搬迁—祖宅	4. 流动性增加—经常更换居住地
女人和工作的关系？	5. 女人：家务和孩子	5. 女人：外出工作，下班后照顾孩子
对性的态度？	6. 禁欲	6. 越来越开放
家庭类型差异？	7. 家庭类型与社区相似	7. 家庭类型更丰富
家庭的功能？	8. 家庭拥有多种功能：政治、宗教、经济	8. 组建家庭是为了繁衍和社会化

图12.3　课堂讲座笔记的高阶摘要表

问系统来回忆每个重要观点，但时不时也要进行反向操作，也就是遮盖问题，阅读笔记，然后看看你能否记起针对每个观点所提的问题。

如果你时间充分，并且想百分之百确认自己已掌握笔记内容，你可以在单独的学习卡或纸条的一面写下笔记中的每个重要观点，然后在另一面写下线索。如果你使用了便利贴（见第11章），请在每张笔记的另一面写下核心观点，然后将它们放置在一起。与几张纸相比，一组学习卡或便利贴更方便你重新整

能帮助你掌握信息而不受排列顺序影响的是什么？

理笔记，从而帮助你在排列顺序改变时能够回忆起重要的信息。

图12.4 课本章节的高阶摘要表

经济学 102—麦克斯韦教授

一、独资公司

优点

1. 想做什么就做什么
2. 所有利润都属于所有者

缺点

1. 所有者承担所有损失（无限责任）
2. 商业银行通常不提供风险投资

二、合伙公司

优点

1. 共同享有财富、利润，共同承担损失
2. "垂直整合" = 控制资源，成为批发商
3. "横向整合" = 买下竞争者；增加产品；改进产品

缺点

1. 成员死亡或离开，需要寻找新的合伙人
2. 无限责任，即使只占有少量股份

三、股份有限公司

优点

1. 成立简单（需要法律允许）
2. 可发行股票募集资本；银行承销股票
3. 有限责任—公司不同于所有者；可起诉他人或被起诉
4. "永久存续"；董事会

对社会的贡献

1. 技术效率—生产商品，提供服务
2. 分担风险—持续生产
3. 进一步创造资本，用于扩大规模或拓展新业务
4. 纳税

系统性地临时抱佛脚

如果不得不临时抱佛脚，你该如何系统性地抱佛脚？

如果你合理地进行了学术准备，考前通常就无须临时抱佛脚。然而，如果你发现自己还没有准备好，那么很遗憾，你不得不抱。要系统性地临时抱佛脚，最重要的是记住"选择"和"复

述"这两个词。不要试图记住所有内容。时间已经不够了。你要寻找阅读笔记和讲座笔记中最重要的事实，将它们记录在摘要表上。接下来，尽一切可能记住它们。不要阅读或重复阅读这些材料。要让笔记内容成为你的，你必须复述、复述、再复述。首先，阅读你所选择的事实，然后以此事实为答案，提出问题并将其写在摘要表上。这属于书面复述。针对所有观点提出问题后，将答案部分遮住，阅读问题，看看能否复述出答案。一次又一次重复这个过程，直到你知道自己已经掌握了相应内容。谨慎选择观点，并使用自己的语言记住它们，你就有可能通过考试。考试结束后，你可能会忘记大部分内容，但你现在的目标是闯过考试这一关，这样才有机会在下学期继续战斗。

做好心理准备

概述　　自我引导

说到考前准备，学术准备是无可替代的。然而，即便你彻底掌握了课本内容，良好的心态也可以帮助你更上一层楼。遭遇过考试焦虑的学生表示，即便他们努力学习了，试卷摆在他们面前时，他们的脑海还是会一片空白。尽管学术准备很重要，但再加一些心理准备就可以让考试更加令人愉悦。如果你已经花费时间了解了考试的方方面面，你还可以去熟悉考场，保持积极的态度，以此帮助你更轻松地避免考试焦虑。

心理准备在考前准备中扮演什么样的角色？

了解考试

对未知的恐惧是造成考试焦虑的重要因素。为减少这种恐惧及其产生的焦虑，你可以直接向教师询问考试的性质，翻阅之前的试卷以寻找线索。向教师询问看似平常，但令人惊讶的是，很多学生并没有做到这一点。在大多情况下，教师很乐意告诉你考试范围。你可以向教师询问题型（客观题、问答题，还是两者都有）、考试时长，以及允许带入考场的物品（课

如何减少会导致考试焦虑的对未知的恐惧？

本、笔记、计算器）。翻阅过往学期的试卷，注意出题方式和考题范围，这样做可以帮助你进一步了解即将到来的考试。这样一来，当你最终坐下考试时，就不容易因为意外情况而惊慌失措。

熟悉考场

如何熟悉考场？

考试有可能在礼堂、阶梯教室或普通教室进行。要做好考前心理准备，你需要熟悉考场。在考前一两周，你可以每晚去考场所在地自习。你对考场的熟悉感和学习时的掌控感能帮助你在考场学习和通过考试之间建立关联。如果你无法在考试地点学习，那么你可以通过以下方式制造考试氛围：在安静的地方学习；坐在类似考试要坐的桌椅上做题；做题时进行计时，习惯在有限的时间内完成题目。

保持积极的态度

对于考试，如何培养积极的态度？

你可以在整个学期应用压力管理观念和策略（见第 3 章），这毫无疑问能够令你受益。但大多情况下，学生要到考试临近才会开始采用相应技巧。"我能行"策略是应对考试压力的最重要的方法。焦虑的学生常常会因为信心不足而让自己的努力得不到应有的回报。要修正这种倾向并培养积极的态度，你可以采用深呼吸和渐进式肌肉放松法来放松自己，使用肯定陈述来对抗负面的自我交谈，并通过视觉化来绘制一条成功线路。你可以花一点时间复习第 3 章，找到最适合你的技巧。

了解每个问题的目的

在考试前需要了解什么？

如果不了解规则，运动健将也会在比赛中失利。尽管你能做的最重要的考前准备是学术准备和心理准备，但你还需要熟悉比赛规则。也就是说，根据考试或小测的性质，了解客观题和学习问答题的基本答题技巧。

了解客观题

客观题有点像意大利面。虽然各种意大利面看起来不一样，每个人喜欢的种类也不尽相同，但它们的基本材料是一样的。面条的主要原料是面粉和水。客观题的主要元素是正确和错误的陈述。严格来说，客观题没有真正的技巧可用。任何考试的基本要求都是一样的——掌握教材。然而，还是有一些方法可以帮助你更好地答题：了解各种题型的工作原理、了解将题目复杂化的特征，最后，注意某些规则和技巧（尽管它们无法给你答案，但通常可以帮助你更轻松地给出答案）。

为什么说客观题像意大利面？

判断题不允许模棱两可

判断题隐含的基本原则很简单：对于一个陈述句，你要做的是判断它的对错。如果我们认为它是对的，那么这个陈述必须 100% 正确，只有 50% 甚至是 99% 正确也不行。一半内容正确的陈述仍然是错误的。请参考以下例子：

判断题的解题原理是什么？

1.　对　错　1787 年，也就是美国通过宪法的那一年，华盛顿特区成为美国首都。

这句陈述是错误的。尽管宪法是 1787 年通过的，但直到 1790 年，美国国会才选择了费城作为联邦首都。华盛顿在 1800 年 6 月 10 日成为首都。

了解判断题的难点

一个单词就足以让一个正确的陈述反转。想想 "总是" 这

判断题的难点在
哪里?

个词对是非陈述的影响。想想"不是"如何彻底改变一个陈述句的含义。"总是""不是"这样的词被称为限定词。其他限定词还包括"全部""部分""大多数""通常""从不"。加上这样的词,正确的陈述可能变为错误的,错误的可能变成正确的。因此,在回答判断题时,你要特别注意限定词。

运用技巧帮助你更轻松地答题

如何让判断题变
简单?

划出或圈出每个限定词。限定词对句子含义的影响巨大,请务必注意。第一次阅读题目时,划出或圈出所有限定词。如果你不确定陈述内容的对错,可以尝试省略或替换限定词,然后再读一遍。经过这样的对比,原陈述内容的对错通常会更清晰。

犹豫不决时选择"对"。由于教师们倾向于向你灌输更多正确的信息,因此判断题中正确的陈述通常会更多。你不应抱着猜测的心态做判断题,但是当你犹豫不决且时间紧迫时,选择"对"的正确率更高。

对较长的陈述内容持怀疑态度。记住:语境很重要,正确的陈述句需要 100% 正确。判断题的陈述内容每多一个单词,就多了一分错误的可能。只要一个词不正确,整个陈述就是错误的。

选择题是多个是非陈述的集合

选择题的解题原理
是什么?

选择题通常以一个不完整的句子(也就是题干)开始,之后是几个选项,用于将句子补充完整。对于典型的选择题,你的任务是选择一个选项将句子补充完整,并确保所陈述的内容是正确的。从这个角度来看,传统的选择题就像是几个判断题陈述句的集合。每个句子的开头一样,后面内容稍有不同。

1787 年,也就是美国通过宪法的那一年,_____。

a. 乔治·华盛顿成为美国第一任总统

b. 华盛顿特区成为美国首都

c. 新墨西哥加入联邦

d. 美国没有首都

这道题，选择 d。题干会被补充为一个正确的陈述。将题干和其他选项相连，陈述都是错误的。

了解选择题的难点

选择题延续了判断题的难点。一个限定词就能改变一句话的正确性。此外，由于选择题比判断题更复杂，它们还包含一些让作答变得更为困难的因素。

提出你的问题

不同的指示。一些选择题要求你选择多个选项，还有的选择题要求你选出错误的选项。请务必认真阅读题目要求，并在做出选择前读完所有选项。

分离的语境。选择题通常分为题干和选项两个部分，因此你需要在脑中将它们连接起来，然后判断相应选项是否正确。即使你掌握了教材，正确的答案有时也并不明显。

不同的格式。大多数选择题采用题干和选项格式。不过，有时候题干是一个完整的句子。这种情况可能出乎你的意料，但它让题目变得简单了，因为语境不再分离。

运用技巧帮助你更轻松地答题

使用判断题技巧。如果你掌握了课本知识，但不擅长做选择题，那么你可以从新的角度看待它们，即将它们视作几道判断题的组合。在你脑中（或纸上）构建出每一个陈述，然后判断其正确性。你构建的正确陈述就是正确的选项。请看以下示例：

如何让选择题变简单?

詹姆·布坎南在 1857 年成为总统之前曾_____。

a. 结过婚并离婚了　　　b. 担任国务卿

c. 担任加拿大总理　　　d. 担任国防部长

这道题及其选项可以视作 4 道判断题：

1. 对 错 詹姆斯·布坎南在 1857 年成为总统之前曾结过婚并离婚了。
2. 对 错 詹姆斯·布坎南在 1857 年成为总统之前曾担任国务卿。
3. 对 错 詹姆斯·布坎南在 1857 年成为总统之前曾担任加拿大总理。
4. 对 错 詹姆斯·布坎南在 1857 年成为总统之前曾担任国防部长。

这样看待问题有时可以帮助你更轻松地找到正确答案（这道题的正确答案是 b）。你构建的正确陈述中通常包含选择题的答案。

排除愚蠢的选项。并不是所有选项和题干的组合看起来都合理，有的选项非常愚蠢。如果你发现这样的选项（所谓的干扰项），可以立即将其排除，然后在剩余选项中选择。排除了错误的选项，你选择正确选项的概率就会增加。从这个角度看，愚蠢的选项就是一份礼物。

在几个数字之间选择居中的数字。出题人通常会至少给出一个比正确答案小的数字，以及一个比正确答案大的数字。利用这条"规则"，你通常可以排除 4 个选项中的 2 个。如果你知道答案，请选出你的答案。但是，如果你不会做这道题，选择居中的数字可以提高你猜对的概率。

不确定时选择"以上皆是"。考试的目的不仅仅是测验你的知识，还包括教授你知识。因此，"以上皆是"会吸引出题者，因为它可以让一道题传递多个事实，而不仅仅是一个。所以，如果你不知道选择题的答案，而选项中包含"以上皆是"，那么这个选项是个不错的选择。

选择"以上皆是"时进行再次确认。选择"以上皆是"时，你通常无须确认所有选项都正确。你只需要验证两个选项。如果你不确定其中一个选项是否正确，但你知道其余两个选项是正确的，那么你就可以选择"以上皆是"。

配对题是更多维度的选择题

配对题的解题原理是什么？

配对题通常分为两列，其中的内容随机排列。根据题目所解释的关系，将其中一列的内容项与另一列的相匹配。

配对题就像是更多维度的选择题。你要面对的是大量选项。不同于选择题的一个题干搭配多个选项，配对题是多个题干搭配多个选项。

了解配对题的难点

回答配对题就像是在做填词游戏或是拼图。如果你犯了一个错误，就有可能导致连锁错误。因此，你必须有十足的把握才能进行配对。

运用技巧帮助你更轻松地答题

划掉已配对的内容项以避免重复。每正确配对一次，就将相应内容项划掉，或是在旁边标记"○"或"×"。如果你在计算机上答题，你可能需要一张草稿纸，写下各内容项的编号，然后每完成一次配对，就划掉相应的编号。这样一来，随着配对成功的内容越来越多，你要阅读的选项就会越来越少，而且不会忘记哪些选项已经配过对，哪些还没有。

将较短的内容项与较长的内容项进行配对。对于大多数配对题，其中一列的内容通常少于另一列。例如，典型的配对题可能包含一列术语和一列释义。在这种情况下，选择为较长的内容寻找匹配项，而不是为较短的内容寻找匹配项，从而可以节约一些时间。也就是说，你不断重复阅读的是包含较少内容的那一列，而那些较长的内容项，你只需要阅读一次。

提出你的问题

取得突破的女科学家

要求：将左边列中科学家的姓名与右边列中的发现或荣誉相匹配。将右边列的编号字母写在科学家姓名的旁边。右边列中的每个选项只能使用一次。

科学家	发现或荣誉
___ 1. 蕾切尔·卡森	a. 创造了第一种编程语言
___ 2. 玛丽·里奇	b. 设计了区分星星亮度的系统
___ 3. 玛利亚·居里	c. 因为在基因学上取得突破而收获诺贝尔奖
___ 4. 玛格丽特·米德	d. 因童书闻名，但以真菌学家获得尊重
___ 5. 珍·古道尔	e. 普林斯顿大学的第一位女物理学教师
___ 6. 格蕾丝·赫柏	f. 因演员身份出名。她的专利技术是 WiFi 的基础
___ 7. 乔治亚·鲁克斯·德韦尔	g. 第一位进入美国国家科学院的女性
___ 8. 卡罗琳·赫歇尔	h. 第一个进入太空的美国女性
___ 9. 弗洛伦斯·沙宾	i. 成立了第一家面向非裔美国女性的医院
___ 10. 海蒂·拉玛	j. 发明了编译器，大多数计算机程序的重要元素
___ 11. 吴健雄	k. 通过研究大猩猩来了解人类进化
___ 12. 碧雅翠丝·波特	l. 因《萨摩亚时代的到来》一书而广受欢迎的人类学家
___ 13. 芭芭拉·麦克林托克	m. 因放射性研究工作成果而两次获得诺贝尔奖
___ 14. 安妮·詹普·坎农	n. 发现了有助解锁人类起源的化石
___ 15. 萨利·莱德	o. 发起当代环境运动
___ 16. 埃达·拜伦·金	p. 和她哥哥共同发现天王星

答案：1.o　2.n　3.m　4.l　5.k　6.j　7.i　8.p　9.g　10.f　11.e　12.d　13.c　14.b　15.h　16.a

填空题是没有选项的选择题

填空题就像是没有选项的选择题。典型的填空题由一个不完整的句子和一个或多个空白处组成。你的任务是阅读句子，根据语境和你记忆中的信息确定该填入空白处的内容。

填空题的解题原理是什么？

理解填空题的难点

不同于判断题、选择题和配对题，填空题考验的是你的记忆而不是认知。你需要从记忆中提取信息，而不是在纸张或计算机屏幕上进行选择。在学习时，回忆是个好办法，但在考试时，它可能有些困难。

填空题的难点是什么？

运用技巧帮助你更轻松地答题

尝试厘清含糊不清的内容。有时候，一道题似乎有两个合理的答案。在这种情况下，你可以举手提问，清晰阐述你的问题，弄清楚题目想要的答案类型。

如何让填空题变简单？

无视空白处的长度。填空题中空白处的长度没有意义。你要利用句子内容而不是空白处的长度来帮助你确定答案。

将部分句子视作选择题。在回答填空题时，即使你不受空白处长度的影响，但当一道题中出现两个空白处时，你还是难免会感到心慌。如果空白处排列在一起，这道题可能想让你回忆人名或地名。请注意问题的其他部分，它们可以帮助你进行确认。但如果题目中的空白处相隔甚远，最佳的解题方式是将它们视作不同句子的组成部分。缺失的内容之间可能存在也可能不存在直接关联。因此，请确保填入的字词在其所在部分是合理的。请参考以下示例：

1. 尽管玉米仅次于 _____ ，是全球分布最广的农作物，但欧洲人直到 _____ 从新世界返回后才知道它。

在这个句子的前半部分，"玉米"这个词暗示你这道题有关一种谷物。如果你认真阅读了课本（或者机智地猜测一下），你应该知道答案是小麦。第二个空白处要求你回忆一个人名：哥伦布。

学习问答题的基本答题技巧 总结

如何有效地回答问答题?

要有效地回答问答题,你需要准确理解每个问题,并谨慎构思答案。

准确理解每个问题

为什么说准确理解问题很重要?

准确的问题搭配准确的答案。仔细阅读每个问题,以便准确知道它在询问什么。好的问答题表述绝不会含糊不清。在图 12.5 中,"评论""描述"和"解释"等词语都有具体的定义。因此,哪怕你对问题只有一点点不确定,也不要犹豫,应该要求教师说明。

提供谨慎构思的答案

谨慎构思的答案符合哪些标准?

不论好坏,问答题的答案都是你思维的快照。考虑到阅读者的身份(教师、助教或其他人),这可能是评分者了解你是谁、你知道什么的唯一机会。因此,你需要确保答案条理清晰,证据充分,并且字迹整齐。

确保读者能跟上答案的思路

如何确保问答题条理清晰?

对于问答题,学生匆忙地写,评分者匆忙地读。评分者要阅读的试卷很多,他们没有时间也没有耐心跟着你的答案绕圈圈。你的表述要简洁!要从第一句就开始回答问题;要采用容易辨识的组织模式;要使用明确的衔接词;要通过总结部分有效地串联所有内容。准备不充分的学生可能希望通过冗长的答案糊弄评分者。他们想通过堆砌大量的句子来掩盖自己的无知,但这很难糊弄经验丰富的评分者。因此,不要浪费时间过分修饰你的答案,而要尽快展示你所知道的内容。不要用引言浪费自己或评分者的时间。直接从问题入手,将其变为你的第一句的题干,然后用答案将它补充完整(参阅图 12.6 和图 12.7,了解如何执行此步骤)。接下来,使用容易辨识的模式,如重要性减弱模式或对比模式(见第 5 章),

引导阅读者按照你的路径前进。当你改变方向或引入证据时，使用一些衔接性字词作为指示牌，帮助评分者更好地辨明前进路径。

关键词	解释
运用原则	举例展示相应原则的运作原理。
评论	简单讨论。
比较	强调相似处，但也要写明不同点。
对比	只说明不同点。
评价	做出你的判断，指出好的地方和局限性，并给出证据。
定义	给出含义，但不需要细节。
演示	展示或证明某个观点、评价或判断。
说明	详细陈述细节。
图表	展示带标注的图表。
分辨	展示两样事物为什么不同。
讨论	给出赞成和反对的原因，并说明细节。
区分	展示两样事物的主要不同点。
列举	列出要点。
评估	讨论优缺点，说出你的看法。
解释	说明事情发生的原因或造成某种情况的原因。
说明因果关系	逐步描述原因如何导致某个事件或情况的出现。
举例子	给出来自课本或你的经历的具体例子。
确认	罗列并说明。
举例说明	举例子。
解读	用你自己的语言陈述含义。
证明……正确	证明或给出理由。
列出	罗列内容，不需要细节信息。
概述	用标题和子标题进行简要总结。
证明	出给证据或理由。
关联	展示事物之间的关系。
回顾	以摘要形式展示主要观点或事件。
展示	按照时间、重要程度、逻辑列出证据。
解决	根据给定的事实或你的知识给出解决方案。
陈述	简单列出要点，不需要细节信息。
总结	仅整理要点。
支持	使用事实和证据支持某个陈述内容。
追踪	陈述某个事件从始至终的各个要点。

图12.5　问答题题目中的关键词

图12.6 "一个段落"长的问答题

问题：请指出心理学家用于解释遗忘的三个理论。

回答：心理学家用于解释遗忘如何发生的三个理论包括消逝理论、检索理论和反应干扰理论。消逝理论将记忆定义为大脑中的路径或痕迹。根据该理论，如果这些路径不常使用（即回忆），它们就会逐渐消逝，最后毫无踪影（即被遗忘）。检索理论认为，记忆不会真的消失，而只是被丢失或被错误地归档，就像是在凌乱书桌上深埋于各种文件下方的重要信息。反应干扰理论认为，你的态度或情绪可能干扰你的记忆。如果某个信息让你觉得无聊或困扰，你忘记它的可能性就较高。在某些条件下，似乎有证据支持这三个理论，但它们至今仍然仅仅是理论，没有最终得到证实。

图12.7 较长的问答题答案

问题：比较复述和重读这两种学习方法。

回答：尽管复述和重读都是常见的学习方法，但从掌握学习内容这一层面来说，复述优于重读。不同于重读，复述可以（1）让你参与其中，（2）激励你，（3）反馈你的进度。

1.复述会迫使你提取所阅读的每个段落的含义，从而让你参与学习。相反，在不理解内容的情况下，你也可以完成重新阅读。

2.复述会激励你，因为它鼓励你理解所读内容。如果你在阅读一个段落时遭遇困难，那么你很可能会下定决心让下一个段落的阅读顺些。如果你理解了一个段落的内容，你就会受到鼓舞，想要继续保持。然而，如果仅仅重读内容，你就不会产生这种成功动力。

3.复述时，你可以立刻知道自己是否理解了每个段落的内容，因此复述可以提供即时进度反馈。你会立刻注意到阅读中的潜在难点。但重读段落内容，你要到考试或小测验时才能收到真正的反馈。

最后，通过概括性的总结将你的观点串联起来，提醒评分者你在开头所写的答案。一旦你知道了问答题的评分方式，你就会更关注这些写作建议。图 12.8 为你简单介绍了问答题的评分过程。

图12.8　问答题评分过程

问答题评分内幕

完成最后一道问答题后会发生什么？松一口气，然后上交试卷？虽然每个学校的评分流程可能不尽相同，但下文是一个大学的热门历史课的 200 多份试卷的评分过程。

考试当天，历史系的每位阅卷老师都有时间浏览答题纸，但不进行评分。第二天，每位阅卷老师会大声读出自己认为的每道题的最佳答案。然后，所有老师共同确定每道题的标准答案，并注明每个答案中的关键元素，将其作为评分标准。

遗憾的是，仅仅在答案中罗列出所有得分点并不一定能为你赢得优异的成绩。一位阅卷老师在阅读答案过程中说道："是的，这个学生提到了第 5 点和第 6 点，但我觉得他并不明白自己在说什么。他只是在解释第 4 点时碰巧写下了正确的单词。"

这样的说法进一步证实了，清晰的结构在回答问题时的重要性。你还可以划出要点，并用数字为次要观点编号。不要忘了在两个观点之间使用衔接词，表明你是如何从一个观点转到另一观点的。不要让阅卷老师觉得你是碰巧提及了正确答案。

将大部分篇幅用来论证你的答案

问答题的出题目的不是了解你的感受。教师们想知道的是你的想法和你掌握了哪些内容。要给教师留下好印象，获得好成绩，最好的办法是提供论据充分的答案。用确凿的证据支持

你应该在答案中添加哪些支持性内容？

你的答案，论证一般性观点，避免陈述个人观点（除非题目有此要求）。针对原始答案及主要观点，给出示例，提供细节内容和进一步的证据。使用教师在课堂上强调过的观点或资料来支持你的答案才是明智的。如果你的答案融入了教师"偏爱"的观点，那么结果会比较乐观。著名教育家、《写作理念》作者雨果·哈丁表示：

> 警觉的学生可以很容易辨别出教师偏爱的观点，并使用自己的语言掌握这些观点。这样的学生不仅可以轻松看透教师提出的问题，还明确知道如何回答这些问题，即采用教师的问题解决方法！对于包含大量问答题测试的课程，这可能是取得好成绩的关键。

不要理所当然地将普遍看法视作事实。哈丁指出：

> 如果你写下"《哈克贝利·费恩历险记》是一部杰出的美国文学作品"，却不陈述你的理由，那么你只能得到零分。最后，除非题目要求，不要陈述你的个人看法。不论见识是否广博，学识是否渊博，每个人都会有自己的看法，但这不是教师们想要的。考试的目的是了解你学到了什么，以及你如何应用所学内容。

除了内容也要注意卷面

如何提升简答题的外观？

在一个精心设计的实验中，研究人员将书写整洁的简答题答案和字迹不清的答案混在一起，发现整洁的答案得分普遍高于混乱不清的。即使研究人员告诉评分教师只根据内容评分，且两份答案内容完全一致，结果还是卷面整洁的答案得分更高。你可以通过以下方式控制答案的书写：确保字迹清晰且只书写在纸张的一面；在答案四周留下足够的空间；避免疏忽造成的错误。使用水笔而不是铅笔，这样可以提升书写外观。如果你的字写得不好，尝试使用第 10 章中提及的改良印刷体。只在纸张的一面书写，这样可以避免一面的字迹透到另一面。在答案的四周留一些"呼吸空间"，这不仅可以让答案看起来更整洁，还方便你在考试的最后几分钟添加内容或是评分教师添加评论。最重要的是，避免不必要的语法错误和拼写错误。它们的危害性等同于糟糕的字迹。哈丁发现：

如果你拼错了常见的单词，犯了愚蠢的语法错误，甚至是写出了缺乏连贯性的段落，教师就会觉得你缺乏基本的学术能力。一旦教师对你产生这样的印象，即使你提出了绝妙的看法，他们也不太可能认同。

系统性答题

拿到试卷后，一些学生总是迫不及待开始答题。自信的学生常常渴望"立即着手办正事"，以展示他们掌握的知识；忧心忡忡的学生想要尽快完成考试。因为时间有限，这样的行为看似合理。然而，如果你花一点时间对试卷做个系统性规划，你的效率就会提高许多。花费一点时间做准备可以帮助你节约更多时间。如果你在开始答题前先阅读试卷，就可以充分利用以往的考试经验，明智地规划你的时间，并利用标记或简短笔记帮助你更高效、更系统性地完成考试。

学生为什么喜欢匆忙开始答题？

回答前先阅读

计划

答题前先阅读，这一点似乎无须多说，因为这个建议看起来是理所当然的。不过，常识常常会成为焦虑和时间压力的牺

是什么原因导致学生跳过阅读这一理所当然的步骤？

牲品。很多学生会略过说明部分，甚至没有仔细看题就匆忙开始作答。从长远来说，在这些重要过程中走捷径最终会浪费你的时间，影响你的成绩。动笔前，请花一点时间阅读说明，然后仔细阅读考题。

首先阅读说明

为什么要先阅读说明？

考试说明通常包含重要信息，告诉你该如何答题。它们可能会限定你的答案长度（1 段话；300 个单词；5 页），指出你该采用的方法（解释；对比；指出两种最佳方式）、要回答的问题数量（例如，选择一半题目作答）或者考试时长。如果错过这些信息，你的得分可能就会受到影响，你也会浪费大量时间，甚至会被责备粗心。

仔细阅读题目

提出你的问题

考题中的信息点通常非常密集。客观题可能包含从句、限定词或是对句子含义有重大影响的否定词。至于问答题，正如我们在上文中所说的，"评估""列举"或"解读"代表着出题人不同的要求。因此，你必须仔细阅读题目，从中提取重要细节和背景信息。对于简答题试卷，你最好在开始答题前阅读所有题目，这样可以帮助你更好地安排时间。如果你可以选择回答部分问题，阅读完所有题目后，你可以从中选择准备最充分的。如果你需要回答所有问题，你也可以事先知道要特别注意哪道题。如果有多道问题针对的是同一事件或主题的不同方面，事先阅读所有题目可以避免将针对其中一道题的信息写到另一题的答案中。

制订时间线

如何制订时间线？

计划

认真阅读完说明和题目后，写下你的一些想法。你应该大致知道还剩多少答题时间。然后，根据题目数量，分配每道题的答题时间。答题时尽量遵循你分配的时间，但不要给自己太大压力，不要执着于遵循时间安排。

先回答最简单的题目

要开个好头，你应该先处理最简单的题目。没有什么比回答一道问题更能激发你的自信和清晰的思维。如果第一题难住你了，不要让它打击你的士气，放弃自己的时间安排。你要做的仅仅是挑选一道简单些的问题，回答它，并从中获取动力。

为什么应该先回答最简单的题目？

保持弹性的时间安排

即使题目相对简单，你也不一定能完全准确地按照时间安排答题。因此，你必须确保时间安排的弹性。你要制订相应的策略来应对时间不足和时间剩余的情况。如果时间不够，先回答剩余问题中较简单的。如果剩下的是问答题，先列出未完成的问题的要点。教师有时候会酌情给分。如果你提早完成试卷，可以利用剩余时间检查，尤其是你不确定的题目。如果是问答题考试，可以利用剩余时间检查拼写和语法，插入一些字词或例子，让你的答案更清楚明了。

提出你的问题

使用标记和简短笔记

计划

在有的考试中，利用率最低的纸张是试题纸。你可以在试题纸上打草稿，除非题目和答题区设置在同一张纸上，因为考试通常规定，不能在试题纸上写字，或是在屏幕而不是纸上答题。你可以在纸张背面写下你认为重要的内容，在纸张正面为题目添加注释，划掉特定内容，以及标注需要特别注意的题目。

你应该在试题纸上写什么？

在试卷背面记笔记

在考试开始前的几分钟，你的大脑中可能堆满了你试图记你应该在试卷背面写下什么样的笔记?

住的信息。在开始阅读试题前,你可以先快速"转储信息":将你觉得可能遗忘的观点、事实和细节内容记录在试卷背面,从而减轻大脑负担。就像是总结笔记的摘要一样,写下这些内容的作用就和你在讲座和阅读任务中标记的美元系统一样(见第11章)。此外,记录的过程会让你快速进入考试状态。不过,请务必记住,你的成绩取决于试卷正面上的内容,因此花在这上面的时间不要超过两分钟。

为每道题目添加注释

你应该为每道题目添加什么样的标记?

在阅读每道题目时,划出或圈出线索词。对于客观题,线索词包括限定词、否定词等将简单问题复杂化的词语。对于问答题,线索词包括"对比""论述""总结"等暗示答案类型的词语。你可以将自己想到的关键词写在空白处。这样,当你稍后开始回答问答题时,这些笔记和试卷背面的内容就可以帮助你组织答案。

划掉使用过或可以排除的选项

你应该划掉什么样的选项?

在回答客观题时,你可以划掉排除的选择题选项,或是配对题中已经使用过的内容。如果是问答题,并且要求你从中选择几道题作答,那么你可以划掉你不想回答的题目。之后,不论是客观题还是问答题,你都可以把做完的题目划掉。就像是划掉待办事项清单中已经完成的任务一样,这不仅可以简化你的工作,还能带给你成就感。

标注需要特别注意的题目

你应该标注什么样的题目?

使用圆圈或对勾标记题目,可以帮助你迅速识别它们。你需要自行决定要标记哪些题目。如果是问答题考试,而且你需要挑选要回答的题目,那么你可以标注自己计划回答的题目。如果你对客观题的答案没有把握,可以做一个标记,方便你在时间充裕的情况下，回过头来再次确认答案。不论采用哪种标注策略，你的答题过程都会变得更高效、更有系统性。

吸取经验

考试或小测验结束后，不管考得如何，你都会产生强烈的"考完就算了"的想法。不要屈从于这种想法。考试不仅仅是为了成绩，它还记录了你在不同主题、不同题型上的表现。在将试卷塞进抽屉甚至是销毁之前，花一点时间系统性地分析一下考试结果。要充分利用发回的试卷。你应该分析你的答案，然后根据分析结果，调整未来考试的策略。

试卷发回后，你应该做什么？

分析你的答案

总结　　　重塑

除非你得了满分，你就一定有答错的题。阅卷教师可能会在某些答案旁边留下评语，尤其是问答题答案。你可以从你的错误、正确答案或是教师的评语中学到宝贵的知识。

你可以从考试中学到什么？

在给问答题评分时，教师通常会努力保持客观，制订清晰的评分规则，但评分过程总免不了受到主观因素的影响。这有点像棒球比赛中的好球区。尽管官方的赛事规则详细地描述了理论上的好球区，但大多数选手都知道，这个区域在实际比赛中可能会收缩或扩大，具体取决于本垒裁判对规则的解读。聪明的选手会迅速了解当前好球区的界限，从而做出调整。同样的，领悟力强的学生会根据试卷反馈来调整今后回答问答题的策略。

为什么说问答题评分就像棒球比赛中的好球区？

检查你的错误

检查你做错的客观题，如果教师还没有公布正确答案，那么不妨试试看能不能自己找出答案。如果教师已经公布了正确答案，就要问问自己考试时为什么没有选择它。是因为忘记了某个细节或事实，还是因为误解了某个重要的观点或概念？或者，是因为你错误地解读了题目中的用词？通过这样的方式找出正确答案可以帮助你反思自己的答案。这种反思应该可以帮助你强化对正确信息的记忆，让你在下次需要它们时更轻松地回忆起来。

存储正确答案

错误答案可能会为你提供更多信息，这一点或许出人意料。当然，正确答案也能令你受益。你可以存储正确答案。你是否察觉到什么规律？你是否更擅长选择题而不是判断题？你是否觉得问答题比客观题简单？你是否记得住时间却记不住姓名？你是否记得住细节却记不住概念？这些问题也可以促使你进行反思，得出一些结论，帮助你在将来的考试中取得更优异的成绩。

重视评语

仔细查看评分者或教师在试卷上留下的评语。他喜欢什么，不喜欢什么？有的教师可能不会在课堂上明确说出他们的标准或偏好，但会通过试卷上的评语透露这些信息，尤其是问答题。请分析这些评语，看看能否总结出教师想要什么样的答案。

修正路线

重塑 —— 自我引导

海上、陆地上、空中，甚至是太空中的领航员都拥有一些特质：他们都将交通工具瞄准一个目的地，然后仔细设计一条通向目的地的路线。这是理论上的流程，但在现实中，风向可能改变，道路可能封闭，暴风雪可能袭来，引擎也可能发生故障。遇到上述情况，不调整路线几乎是不可能的。领航员依靠定时反馈确定是否需要修正路线。同样地，考试就是你在向学术目标迈进的途中收到的反馈。正如我们上文对试卷的分析，你需要特别注意某个类型的信息，多练习你不擅长的题型，或者更系统性地答题。如果这些策略都无法帮助你回归正轨，那么你也许应该考虑向教师寻求意见，或者请求辅导员的额外帮助。

小结

　　考试不应该成为一种压力源而应该是胜利的时刻。为了更好地应对考试，你需要掌握知识，了解考试地点，尽量多了解即将到来的考试内容，但最重要的是，了解你自己。此外，你还要学会区分正常的兴奋和破坏性的挫败感。记住，即使是全球知名的演员，他们在第一次走上舞台时也可能感到紧张。然而，在这些演员意识到自己已熟记台词且具备实力后，就会迅速镇定下来。做好充分准备，你就能像实力派演员一样，克服最初的犹豫，应对自如。

章节复习

　　从句子下方的三个词中选择一个将句子补充完整。

填空

　　1.对于即将到来的考试，最显而易见但最容易被无视的信息来源是 _____。

　　　　教师　　　　课本　　　　直觉

　　2.你应该 _____ 试题中的限定词。

　　　　避免　　　　圈出　　　　定义

3. 在来不及完成的问答题中，你应该 ＿＿＿＿ 关键点。

　　列出　　　　　合并　　　　　删除

配对

填写与左边项相匹配的句子。

___1. 简介　　　　　a. 用于补充内容或供教师添加评语

___2. 上下文　　　　b. 可通过阅读完整题目获得

___3. "左右逢源"　c. 以选择题开头的陈述

___4. 冲刺　　　　　d. 将考试周之前的所有零碎安排集中起
　　　　　　　　　　　来的日程表

___5. 反思　　　　　e. 通常会说明该如何回答问题

___6. 说明　　　　　f. 应将其省略以确保问答案切中重点

___7. 空白　　　　　g. 制作高阶摘要表的附加好处

___8. 题干　　　　　h. 从两个角度掌握考试资料

判断

在正确的句子旁圈出"对"，错误的句子旁圈出"错"。

1. 对　错　　如果你使用了美元系统，那么创建摘要表就相对
　　　　　　　简单。

2. 对　错　　在考试周之前，你应该已完成大部分考前准备工作。

3. 对　错　　要将一个陈述标记为正确，它必须是完全正确的。

4. 对　错　　对于填空题，空格的长短暗示了答案的长短。

5. 对　错　　问答题答案的整洁度对得分没有影响。

多选

选择最准确的选项将句子补充完整。

1. 考试周期间，你可以放弃＿＿＿＿＿＿。

　　a. 吃饭　　　　　b. 睡觉

　　c. 娱乐　　　　　d. 以上皆不是

2. 深呼吸会令人＿＿＿＿＿＿。

　　a. 放松　　　　　b. 疲劳

　　c. 焦虑　　　　　d. 怨恨

3. 选择题可以视作一系列＿＿＿＿＿＿。

　　a. 题干　　　　　b. 限定词

　　c. 判断题　　　　d. 圈套或干扰因素

4. 在试题纸背面写下简短笔记_____。

　　a. 可帮助你迅速进入考试状态

　　b. 在问答题考试中通常是不允许的

　　c. 会浪费时间

　　d. 可以获得一些分数

5. 你应该_____问答题中的关键词。

　　a. 改述　　　　　b. 圈出

　　c. 讨论　　　　　d. 替换

　　思考这章的大纲，然后运用自己的想法和经验回答每个问题。　　**思考**

　　1. 你最大的考试焦虑来源是什么？说说你计划如何通过本章中提及的技巧应对这种焦虑？

　　2. 你最喜欢哪种客观题，是判断题、选择题、配对题，还是填空题？你最不喜欢哪种题型？为什么？现在你已经了解了这些题型的构建方式，你的喜好是否发生了变化？

　　3. 试卷发回后，你是否会进行检查和分析？如果是，请举例说明这种做法如何帮助你在之后的考试中取得更好的成绩。如果否，请说明你没有这么做的原因。

　　提问系统利用页边的问题鼓励有效阅读。你会注意到这章中的大部分段落旁都伴有一道问题。现在，轮到你来提问了。　　**提出你的问题**
搜索这章中缺失问题的段落，重新阅读，确认中心思想，然后提出一个问题来引出中心思想。你可以参考上下文页边的问题，然后提出自己的问题。

背景故事

Test　检测：考试测试的可能是你的勇气，但第一次测验检测的是金属

test n.　1. A procedure for critical evaluation; a means of determining the presence, quality, or truth of something; a trial. 2. A series of questions, problems, or physical responses designed to determine knowledge, intelligence, or ability.[*]

　　很少有单词能够像"test"（考试）这样令学生胆战心惊。但是，"test"这个单词起源于一个名为"testum"的普通工具。拉丁语单词"testum"指的是一种防火容器，通常是泥土制成的。"testum"来源于另一个拉丁语单词"testa"，后者描述的是陶罐或贝壳（"testa"来源于拉丁语单词"testudo"，也就是"乌龟"）。古人和现在的人一样，认为金和银等金属很珍贵。买家需要确认要买的银是否"像真金一样真"。因此，内行的人会将一小份样品熔化在"testum"中，以便检测金属的纯度。最后，这个指代用来测试金属的陶罐的单词，其使用范围延伸到各种类型的评估，包括你在教室中完成的那种。此外，在"testum"中测试金属的行为被称作什么？"assaying"。觉得这个词耳熟吗？当然耳熟。它和"essay"拥有相同的词根。"essay"（问答题，小论文）也是现代考试的一种。[**]

　　[*]摘自《美国传统英语字典》第四版的"test"条目（波士顿：霍顿·米夫林出版公司，2000），http://dictionary.reference.com/browse/test（2009年5月26日查询）。

　　[**]参考以下内容：《美国传统英语字典》第四版的"test"条目（波士顿：霍顿·米夫林出版公司，2000），http://dictionary.reference.com/browse/test（2009年5月26日查询）；"test"，《在线词源字典》，道格拉斯·哈珀（Douglass Harper），历史学家，http://www.etymonline.com/index.php?search=test（2009年5月26日查询）；"test, n."，《牛津英语字典》第2版，20卷（牛津：牛津大学出版社，1989）。

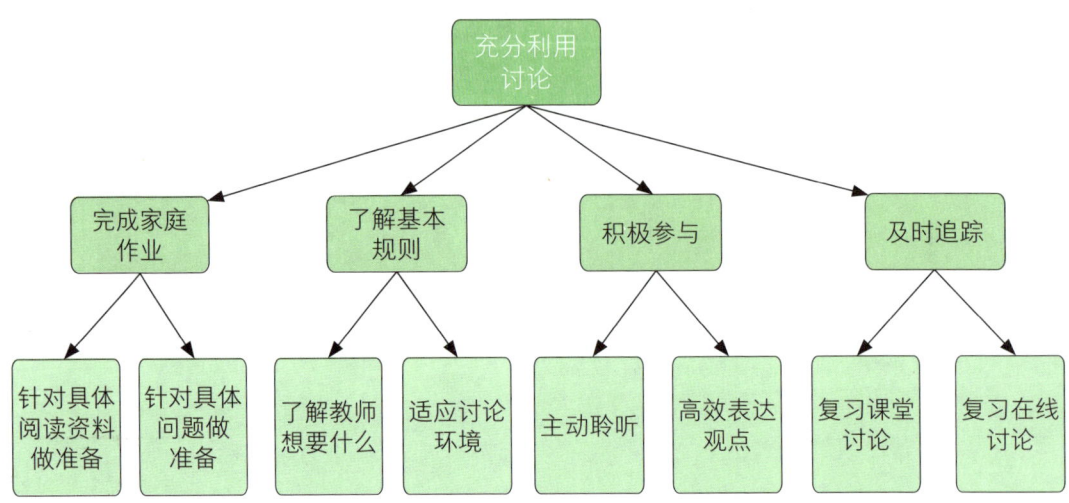

充分利用讨论

你想要增强复述的效果吗？你想要更高质量地反思从讲座和课本中学到的观点吗？最有价值的学习过程有时来自总成绩中最没有价值的部分。但是，不论是课堂讨论还是在线讨论，讨论都是宝贵的学习工具。这一章会告诉你如何充分利用讨论：

- 完成家庭作业；

- 了解基本规则；

- 积极参与；

- 及时追踪。

在我看来，讨论是最有成效、最自然的锻炼大脑的方式。

米歇尔·德·蒙田（1533-1592），法国散文家

本章摘要

▶ 你可以"合法"地将"作弊小抄"带到讨论课上。

▶ 有一种情况明确表明你没有集中注意力。

▶ 如何闭着嘴呐喊。

为什么学生不够重视讨论？

讨论（不论是课堂讨论还是在线讨论）可能是最不受重视的课程元素。为什么呢？其中一个原因可能是，讨论在你的总成绩中所占的比例（如果教师打算将它们纳入成绩）相对较小。还有一个原因可能是，讨论的主要参与者是"普通人"，也就是你和你的同学，而不是写书或开讲座的"专家"。

讨论有什么好处？

讨论对于真正理解并长久记忆知识有极大的帮助。讨论可以唤醒休眠的观点。它们可以帮助你更主动地学习，讨论期间的复述过程比独自学习更高效。此外，也可能是最重要的，你可以在讨论中听取来自其他同学的看法，从而更好地反思自己的想法。因此，我们需要给予讨论足够的重视。

如何充分利用讨论？

要充分利用讨论，你需要做到以下几点：在每次讨论之前做好充分准备；确保自己了解教师的基本规则；在整个讨论过程中集中精神；最后，及时回顾讨论过程。

完成家庭作业

你可以如何为讨论做准备？

如果你按时完成作业，及时回顾和反思课本及讲座笔记，那么你应该已经完成了大部分准备工作。当然了，你有时需要再了解一下讨论范围。教师可能会给出明确的方向，如"阅读第 5 章，准备好星期一进行讨论"，或者给出具体的问题来发起讨论。不论是哪种情况，你都可以有针对性地学习，以便更好地为讨论做准备。

针对具体阅读资料做准备

概述　　计划

如何根据具体阅读资料做准备？

如果教师表明讨论将围绕某个章节或部分展开，请找出相应课本内容的笔记，并对笔记进行总结（就像我们在第 12 章讨论过的一样）。如果你是视觉型学习者，请拿出白纸，写下相应课本内容中的重要名称、术语和概念，然后通过各种关系将这些内容连接起来。简单说明这些关系。你可以使用"协作""发现""发明""相反"和"导致"等字词进行说明。这样的图示可以帮助你从大局上了解所阅读的内容。

针对具体问题做准备

概述 —— 计划

如果教师给出了一个或多个问题作为讨论基础，这就有点类似为问答题考试做准备。你应该在笔记中寻找与问题相关的内容，并通过制作摘要表或概念图巩固这些内容。在制作概念图时，你应该通过各种关系将重要的名称、术语和概念关联起来。不论是课堂讨论还是在线讨论，你都可以在讨论中使用摘要表或概念图。它们就像是"作弊小抄"。

如果教师事先给定讨论问题，你该如何做准备？

了解基本规则

要充分利用讨论，你需要了解它的基本规则，也就是了解教师的期望，以及适应特定讨论环境。

讨论的基本规则是什么？

了解教师想要什么

概述

教师对讨论的期望差异很大。不过，你可以通过了解讨论在总成绩中所占的比例，阅读教师提供的讨论指南，更好地完成讨论。

教师对讨论有哪些期待？

了解讨论在成绩中所占比例

如果你还不了解这方面的信息，可以查阅课程大纲或课程网站，了解教师如何分配总成绩。讨论（有时被称为"课堂参与度"）在成绩中所占的比例通常很小，但有时并非如此。随着在线讨论的流行，有的教师越来越重视你运用讲座或课本中的知识进行讨论的能力。不管怎样，忽略这一课程环节是冒险、轻率的。即使教师没有将讨论列入评分范围，你在讨论中所展示的对重要知识点的了解也可能改变教师对你的总体表现的印象。此外，讨论是绝佳的"问答题"预演，让你可以及时了解哪些内容还没有完全掌握。

阅读指南

讨论指南有什么好处？

有的教师喜欢针对课堂参与度制订评分指南，而不是含糊其词，保留评分弹性。还有的教师会制订非常具体的评分标准。请确认你的教师是否给出了讨论表现指南。它可以帮助你确定目标，还能提醒你具体的讨论注意事项。

适应讨论环境

你该如何适应讨论环境？

不久前，人们理解的课程讨论环境还只有一个——课堂。然而，如今情况已发生了变化。越来越多的大学开始在线上展开课程讨论。这并不意味着课堂讨论消失了。它们当然还在。有的教师可能将讨论转移到线上，还有的教师则选择把这两种方式结合起来。

课堂讨论和在线讨论的主要区别是什么？

很多讨论指南不仅适用于课堂讨论，也适用于在线讨论。不过，虚拟世界和真实世界中的讨论还是存在着一些明显的区别。就像作者或演讲者需要了解自己的读者或听众一样，参与讨论也需要了解讨论环境。图 13.1 对课堂讨论和在线讨论进行了对比。

	课堂讨论	在线讨论
如何记录讨论中的要点	跟上课堂讨论节奏的唯一工具是你的笔记、耳朵和记忆	聊天消息可以直观呈现众人的评价，以便进行总结
如何为我计划讲述的内容做准备	提示卡或常规笔记有时能够帮助你，但逐字念出预先写好的内容会令人尴尬	如果不是同步讨论，你可以自由安排时间。不过，我们仍建议事先做好准备
我应该如何处理参考资料	如果参考了资料，最好直接读出所引用的内容，并表明出处	一般情况下，你可以复制粘贴课本或笔记上的内容，但要注明出处
哪些因素会影响我所表达的含义	姿态、面部表情和语调都会影响你所传递的信息	在没有语音和表情等线索的情况下，如果你不想被误解，就要非常小心自己的措辞，并提供恰当的背景信息
发表意见的最佳时机是什么时候	等待时机，不要打断别人的发言	随时可以发言。同时发表意见很常见，但有时也可能引起误会，就像两个人同时发送邮件会错将对方邮件视作对方的回复一样
我发表完意见后会发生什么	课堂上发表的意见只会短暂存在。其他人可能会对你说的内容留下印象，或者将你的意见记到笔记中，但你所使用的字词会消逝	其他人可能在你发布意见后的几天或几周阅读/再次阅读你的意见。你的明智见解和刺眼的错误会一直存在。请务必小心
如果我重复了别人的观点该怎么办	如果你集中注意力聆听，重复他人观点的概率就会很小。重复意味着你没有积极参与讨论	无意中重复他人观点的概率高于课堂讨论。在发布意见前，务必阅读他人之前发布的内容

图13.1　课堂讨论和在线讨论

熟悉讨论软件（如果是第一次使用软件）

尽管许多在线讨论软件的基本设计非常相似，但它们的外观界面可能存在极大的差异。因此，你最好了解你所学习的课程的讨论软件，熟悉其布局和功能。

如何熟悉讨论软件?

观看演示或教程。课程管理软件会提供互动演示或教程来帮助你了解常用的在线讨论功能。

寻求同学的帮助。如果你刚开始使用讨论软件，或者还不习惯使用，可以向学校中的朋友或同班同学请教基本使用信息。

联系校园学习实验室或技能中心。如果你的学校使用讨论软件，那么很可能整个学校使用的是同一个程序。如果是这样，学习实验室或技能中心的人可以给予你帮助。

请教教师。如果你无法自行掌握讨论软件的使用方法，也找不到可以帮助你的教程、同学、学习实验室人员，你可以请教教师。在那之前，请先仔细阅读教师公布的大纲或网站，确认上面是否列出了软件的学习教程或帮助网站的链接。如果你找不到任何帮助资料，你的教师应该会很乐意帮助你。不过，如果教师已经提供了相关信息，而你又再次向其询问，那么这不是个好的开端。

不要拖延。如果你的课程需要使用讨论软件，请尽早开始试用，以便及时寻求帮助（如果有需要）。越是拖延，就越难找到帮助。

积极参与

如何积极参与课堂讨论或在线讨论?

不论课程讨论在总成绩中所占的比例如何，如果你不积极参与讨论，你就是在浪费时间，浪费宝贵的资源。积极参与不仅仅是指你提出了多少自己的看法（当然，这确实是积极参与的一个指标）。如果你能够主动聆听，高效地利用你听到或在线上阅读到的内容来提出自己的看法，那么你已经开始积极参与讨论了。

主动聆听

自我引导 —— 计划 —— 归类

对于讲座来说，主动聆听很重要，而对于主要依赖互动进行交流的课程讨论来说，主动聆听的重要性更胜一筹。要在讨论期间主动聆听，你需要保持耐心和警觉，利用笔记进行记录和计划，并寻找能将你的观点与已讲述的内容关联起来的方式。

如何在讨论中主动聆听？

保持耐心和警觉

你有时很难跟随传统讲座的节奏。跟随课程讨论的节奏则难上加难，因为期间会有各种各样的声音，并且内容结构非常松散。由于每位同学在能否有条理地表述内容方面差距较大，因此你需要对各种语言线索保持高度警觉。不过，最重要的是耐心。如果你的同学才说了几个字，你就过早地下结论，那么你很可能错过他要表述的观点。即使某个学生的第一句话是"我不同意"，你听完他的完整发言后，也许会发现他并不是真的不同意。

提出你的问题

记笔记

大多数学生都认可笔记在传统讲座中的重要性，但很少有学生意识到为讨论做笔记的价值。笔记不仅可以记下参与者在讨论期间发表的观点，还可以帮助你整理自己的思路，在轮到你发言时，你也能准确、有条理地阐述你的看法。

你的讨论笔记应包含哪些内容？

寻找关联

一些效果很差的讨论就像一系列小型的演讲。发言者似乎遗忘了已经提出的观点。你可以针对他人提出的看法发表自己的意见。这不仅可以提高你的成绩，还能提高整体讨论质量。如果之前发言的人给出了生动的例子或有力的证据来支持其观点，那么从不同角度重提这些细节的效果将非常显著。它不仅展示

你应该在讨论中寻找什么样的关联？

了你认真聆听了讨论，还展示了你的表达能力和在忙时思考的能力。记住谁说了什么还可以提升互动等级，证明你的注意力非常集中。举例来说，如果你想补充拉沙德所说的内容，那么你在发言时提及他的名字并不是什么无礼的行为。同样的，如果你不同意玛利亚的说法，你在提出相反意见时也可以提及她的名字，只要你的关注点是她的看法，而不是对她进行人身攻击。如果讨论充满了挑战和激情，并且涉及面广，那么只要它是在参与者互相尊重的情况下进行的，这场讨论的价值就会显著提升。

● 高效表达观点

自我引导 —— 计划 —— 归类

要真正参与讨论，你该怎么做？

如果不积极参与，你就无法真正融入讨论。不过，即使你小心翼翼地维持积极的态度，努力地集中注意力，并且敏锐地针对讨论中的各种意外情况进行调整，如果你没有积极参与和表达自己，那么你还是无法借讨论提高自己的成绩。

如何为讨论增添价值？

那么，你该怎么办呢？不要轻易与人争吵。无情或冷漠的发言对成绩的负面影响可能更胜于不发言。要从教师那里赢得好成绩，不论是课堂讨论还是在线讨论，你都需要尊重你的同学，在讨论中贡献真正有价值的东西。你的目标应该是发表准确、互动性强、容易记忆的观点。

确保观点准确

如何确保观点准确？

从某种层面来说，教师对讨论的期望与对问答题答案的期望没什么不同。他们想要的是有理有据、条理清楚的观点。

确保你的观点论据充分

讨论通常始于一个基于事实的主张。有时候，教师会提出自己的看法或引用来源可靠的内容，以此发起讨论。有时候，你需要提出自己的主张。和问答题不同的是，你通常可以在讨论中提出各式各样的观点，只要它们以讲座或课本内容为基础。你可以说"我觉得如果马丁·路德·金活到现在，他应该会对当今世界的状态感到震惊"，或者"我觉得如果马丁·路德·金活到现在，他应该会很满意当今世界的状态"。只要你能举出证据、例子、事实和理由支持你的观点，这两种说法就都是合理的。

提出你的问题

确保清晰表述你的观点

即使观点论据非常充分，你也需要清晰地表述它们。在讨论时，糟糕的陈述就像回答问答题时糟糕的书写水平，会削弱一个绝佳观点的力量。另一方面，线上讨论时，你需要撰写含义明确、标点符号和语法正确的完整句子，并且要确保正确拼写人名。你在社交媒体上使用的缩写或语法通常不适用于在线讨论，因为大多数在线讨论不是即时通信，无须匆忙回复，所以要确保用词严谨。如果你的课程管理软件没有提供拼写检查功能，那么你可以先在提供此功能的文档中写下你的观点，检查完拼写，再通过讨论软件发布。如果是在课堂上发言，你还要注意使用书面用语。你可以尝试将你讲述的内容视觉化，注意停顿和过渡词的使用。视觉化过程会让你自动切换到快速思考而不是快速开口模式。总的来说，你会开始思考而不是漫谈。当你的发言接近尾声时，一个附带句号的总结句会给人留下深刻的印象。

如何在课堂讨论或在线讨论中清晰表述你的观点？

确保观点具有互动性

和问答题答案类似，我们强调要确保观点论据充分，表述清晰，但讨论在一个重要层面具有独特性。它们是互动的。每次发言，你都要通过某种方式将自己的观点与他人的关联起来。此外，每位参与讨论的人员都应成为团队的一部分，而不是像头孤狼一样独自行动。

讨论中观点的互动性体现在哪里？

如何将你的观点与
其他人的相关联?

保持观点之间的关联性

要想巧妙地将你的观点融入讨论，你需要紧跟主题，避免发表零碎内容，不要人云亦云。

1. 紧跟主题。如果你的发言与主题无关，那么即使它非常有趣也非常重要，也与当前讨论没有关联。你可以把这些内容发布到合适的论坛上。如果你参与的是在线讨论，你可以发起新的话题，或者针对现有讨论发布自己的意见。不过，不要用无关的内容扰乱当前的讨论，这只会表明你的思路并不清晰。

2. 避免发表零碎内容。即使你的发言与主题有关，也不应该想说什么就说什么。你可以引用他人的发言，然后进行论证、反驳或补充。

3. 不要人云亦云。"我也是"对讨论没有任何意义。如果你同意他人的发言，这没问题，你可以引用讲座或阅读材料中的具体信息来解释你为何同意。最重要的是，注意不要重复他人已提出的观点。重复他人的观点会让你的同学，尤其是老师，觉得你没有集中精神。

牢记他人的存在

提出你的问题

就像你要确保你的发言与讨论主题相关一样，你也可以通过以下方式记住同学的存在：结合他人的观点，友好对待他人，保持合适的音量，以及停顿。

1. 结合他人的观点。即使讨论是教师发起的，你也可以将自己的观点与其他同学的关联起来。你可以这样开场："尽管我认可阿尼尔和朱莉的说法，但我更倾向于胡安的观点……"这种表达不仅表明你听到了其他人的发言，还表明你对他们的发言进行了思考。

2. **像外交官一样。** 说服力不等于粗鲁。不要出于对自己观点的强大自信就忘了文明和尊重。不要讽刺他人。讽刺也许能为你带来短暂的优越感，但可能引起对方长久的仇恨。尤其是在进行在线讨论时，你无法通过表情或音调辅助表达你的意图，因此务必确保你的发言具有建设性且直接明了。

3. **保持合适的音量。** 毫无疑问，你必须确保他人能够听到你的声音，但大喊大叫并不能令你的发言更清晰明确。你应该通过用词而不是音量来增加你的发言的吸引力。

4. **暂停片刻。** 你可以在停顿时整理思绪，想出一个好的句子开头。此外，如果你参加的是课堂讨论，有时候意外的沉默反而会吸引大家的注意力。很多人默认这是重要信息出现的前兆。在线上讨论时，你可以将一整段话切分成几小段。这也是一种停顿。

确保你的观点易于记忆

不同于独自学习，讨论的互动性常常能让你产生新的见解。然而，要在讨论中做出重要贡献（为你带来教师的认可和更高的成绩），你必须努力让你的观点易于理解，并确保其新颖性，这样才能让他人轻松记住你的发言。

如何让你的观点易于记忆？

确保你的观点易于理解

我们在前文已经解释了清晰的组织模式如何帮助他人跟上并理解你的观点。这样的模式也有利于你在讨论中贡献自己的力量。你从一开始就要简洁地陈述自己的看法。不要让他人猜测你的言下之意。接下来，通过清晰的组织模式和"标志词"（见第 5 章）阐述你的立场。如果你有多个事实支持你的观点，请为每个事实编号，并在陈述最后一个事实之前加上"最后"二字。如果你要将自己的观点与他人的观点进行正面 / 反面对比，那么请使用明确的词汇开始你的发言，如"正如""同样的""就像"，或者"相较而言""不同于""从另一方面来说"。

如何让他人轻松理解你的观点？

简洁的观点陈述和结构清晰的论据陈述会形成一个易于理解的框架，让你的发言更有价值，更好记忆。

确保观点新颖

什么能让你的发言
看起来很新颖？

优秀的教师几乎都不希望他们的学生成为移动版的讲座或阅读材料。这种机械的重复也许可以帮助你通过考试，但很难带来真正的学习。这就是为什么在最严格的课程中，教师会鼓励新颖的见解，而不是死记硬背地重复。简单来说，教师们想要的是创造力。仅靠你自己，你只能以不同的方式分析内容。即使你分析了多个方面，你的切入点通常只有一个。讨论代表着不同思维的碰撞，你会接触到各种角度的看法，从而进行更高效的反思。就像诺贝尔奖得主汉斯·贝特告诉我们的一样（见第 11 章），创造力来源于反思。

及时追踪

为什么说及时追踪
很重要？

一场精彩的讨论可能充满了新颖的观点，但如果你没有尽力巩固它们在记忆中的存在，它们很快便会消逝。莱昂和克莱德的故事（见第 9 章）已经很明确地告诉我们，即使是非常明智的见解，如果你不想办法记住它们，它们也会很快消逝。

复习课堂讨论

总结

为什么课堂讨论
的内容很容易被
忘记？

学生们很容易遗忘课堂讨论的内容。各种观点和事实在你的工作记忆区中逗留的时间非常短暂。你的同学可能还没有结束发言，你已经忘记了他最开始阐述的要点！此外，课程讨论的互动性强于常规的讲座，因此你可能没有时间记录你想记录的所有信息。

为了解决这一问题，有的学生尝试使用电子设备录下讨论过程。这从多个角度来看，都是个错误：

提出你的问题

浪费时间。回家后，你会重播完整的录音，这使得你花在讨论上的时间翻倍。

这会导致你走神。录下讨论过程会削弱你集中精神的意图，因为你会有意或无意地告诉自己，你可以通过录音找到你在课堂上错过的内容。

这是个技术性赌博。除非你的录音设备或麦克风的质量非常好，否则你在听录音时，可能无法分辨出某些人的发言。

跟上讨论节奏的最佳策略是使用"两页系统"（见第 10 章）。将主要观点写在其中一页，将重要细节信息写在另一页。趁着记忆还鲜活，及时仔细查看笔记，填补缺失的内容，你应该可以重新构建大量讨论内容。在笔记中标注每个观点的提出者，也可以帮助你进一步加深记忆。将观点和姓名、面孔关联起来可以加深记忆。最后，由于发言人坐在教室的不同位置，你也可以使用位置记忆法（见第 9 章）激活你的记忆，回忆来自各个方位的观点。

讨论过程中的最佳笔记策略是什么？

复习在线讨论

总结

非同步性质的在线讨论不像课堂上的讨论那么容易受遗忘的影响。这是因为系统会记录下讨论期间每个人"说过"的所有内容。不过，在线讨论也有其特有的缺点。大多数重要的观点离你至少还差一次点击（具体取决于你所使用的课程管理软件的性质）。它们隐藏在带有超链接的会话标题中，而这些会话标题本身可能无法提示太多信息。此外，对于包含多层会话的在线讨论，你可能会因为一个套着一个的链接而不敢点开它们。

复习在线讨论时存在哪些缺点？

在线讨论的最佳复习策略是什么?

在线讨论的最佳复习策略是在讨论进行期间复习,而不是等到讨论结束。每读到一条信息,请尝试立即确定它的要点,就像你确定课本中每个段落的要点一样。然后,记下相应要点。如果信息是按会话分类的,请尝试总结每个会话中的所有内容,就像总结每一页笔记一样(见第 11 章)。大多数讨论程序会在你阅读了链接内容后,自动更改链接的字体颜色。如果你的策略是立刻总结中心思想,那么字体颜色的改变不仅显示出你已经阅读了这条信息,还表示你已针对该信息做了笔记。知道这点后,页面上满满的对话也许会变得不那么可怕,并且会在视觉上提示你复习的进度。此外,这也会让你的复习变得更加简单。你无须痛苦地重新阅读每个对话,你甚至可以在不登录的情况下全面复习讨论内容。

小结

一些课程讨论会带来什么意想不到的结果?

就像考试、小测验和论文一样,讨论让你有机会展示你的知识。不过,前三者都是独立的行为,而讨论需要与他人互动。这种互动不仅能促使你产生更深入的见解,进行更有效的反思,还会带来一样意料之外的东西——友谊。这表明了尊重他人的重要性。毕竟,和你持相同(或不同)意见的人一开始可能只是你的同学,最后却成了你的好朋友。

章节复习

填空

从句子下方的三个词中选择一个将句子补充完整。

1. 进行在线讨论的大学_____。

越来越多　　　　越来越少　　　　数量稳定

2. 在讨论过程中，你可以借助笔记进行记录和_____。

重播　　　　　　计划　　　　　　复述

3. 发布信息时全部使用大写字母通常被视作_____的象征。

赞同　　　　　　反对　　　　　　呐喊

填写与左边项相匹配的句子。

配对

___1. 课程参与度　　a. 讨论的准备工具

___2. 讽刺　　　　　b. 在讨论中引用资料

___3. 概念图　　　　c. 在你的总成绩中所占比例通常都很小

___4. 归因　　　　　d. 有时是讨论的副产品

___5. 重复　　　　　e. 通常意味着你在讨论期间没有集中精神

___6. 尊重　　　　　f. 能有效地吸引他人注意你的发言

___7. 友谊　　　　　g. 可能会带来短暂的优越感，但常常会
　　　　　　　　　　　引起他人的仇恨

___8. 停顿　　　　　h. 是讨论的基础

在正确的句子旁圈出"对"，错误的句子旁圈出"错"。

判断

1. 对　错　　讨论是最受重视的课程元素。

2. 对　错　　讨论可以作为简答题考试的"预演"。

3. 对　错　　很多讨论指南不仅适用于课堂讨论，也适用于在
　　　　　　　线讨论。

4. 对　错　　在线讨论过程中很少出现同时发布信息的情况。

5. 对　错　　你在在线讨论中发言后，其他人数天后仍可阅读
　　　　　　　你发布的内容。

选择最准确的选项将句子补充完整。

多选

1. 讨论_____。

　a. 促进主动学习　　　　　　　　b. 允许进行高级复述

    c.可让你从不同角度进行反思   d.以上皆是

2.课堂上的讨论内容通常_____。

    a.很简洁   b.很容易消逝

    c.经过归档   d.是必须的

3.在课堂讨论中，你表达的含义会受_____的影响。

    a.面部表情   b.语调

    c.姿态   d.以上皆是

4.使用电子设备录制课堂讨论_____。

    a.是一种技术性赌博   b.是在浪费时间

    c.会导致你走神   d.以上皆是

5.阅读完某条信息后，大多数程序会自动更改_____。

    a.时间戳   b.链接字体颜色

    c.排序   d.密码

思考

思考这章的大纲，然后运用自己的想法和经验回答每个问题。

1.如果可以选择，你更喜欢课堂讨论还是在线讨论？为什么？

2.高效表达观点的三个重要因素，你觉得哪个最简单？为什么？哪个最难？本章内容是否帮你找到方法改善你在这方面的表现？

3.你有没有像本章中建议的那样复习讨论内容？如果有，你之前是怎么做的？如果没有，你觉得什么样的策略最适合你？请解释原因。

提出你的问题

提问系统利用页边的问题鼓励有效阅读。你会注意到这章中的大部分段落旁都伴有一道问题。现在，轮到你来提问了。搜索这章中缺失问题的段落，重新阅读，确认中心思想，然后提出一个问题来引出中心思想。你可以参考上下文页边的问题，然后提出自己的问题。

背景故事

Discussion 讨论：意味着大量破坏性工作吗

discussion n. 1. Consideration of a subject by a group; an earnest conversation. 2. A formal discourse on a topic; an exposition.*

有时，要了解一件事物的运作原理，唯一的办法是将它打开、拆分，然后研究所有零件。这很像一个团队共同研究某个问题的过程。我们提及讨论时，会联想到我们为了更好地理解，甚至是为了拼凑出真相而文明地来回测试。然而，这个单词在历史上是暴力的，与细致或文明没什么关联。事实上，"discussion" 中的 "cuss" 与 "percussion"（敲打）中的 "cuss" 含义相同［但与 "cussing"（咒骂）中的 "cuss" 不同］。"percussion" 和 "discussion" 拥有共同的拉丁语词根 "quatere"，意思是 "敲击或摇晃"。这似乎应该是你谈到打鼓或摇晃沙锤时想到的动作，和聊天没什么关系。但那时候，我们的祖先们有时会表现得比较粗暴。幸运的是，到了中古英语时期（大约 1000 年前），代表讨论的单词，也就是 "discussen" 已经平静了很多，意思是 "测试"。这和现今的讨论更加接近，也更加安静了。**

---

*摘自《美国传统英语字典》第四版的 "discussion" 条目（波士顿：霍顿·米夫林出版公司，2000），http://dictionary.reference.com/browse/discussion（2009 年 5 月 27 日查询）。

**参考以下内容：《美国传统英语字典》第四版的 "discussion" 条目（波士顿：霍顿·米夫林出版公司，2000），http://dictionary.reference.com/browse/discussion（2009 年 5 月 27 日查询）；"discussion"，《在线词源字典》，道格拉斯·哈珀（Douglass Harper），历史学家，http://www.etymonline.com/index.php?search=discussion（2009 年 5 月 27 日查询）；"discussion"，《牛津英语字典》第 2 版，20 卷（牛津：牛津大学出版社，1989）。

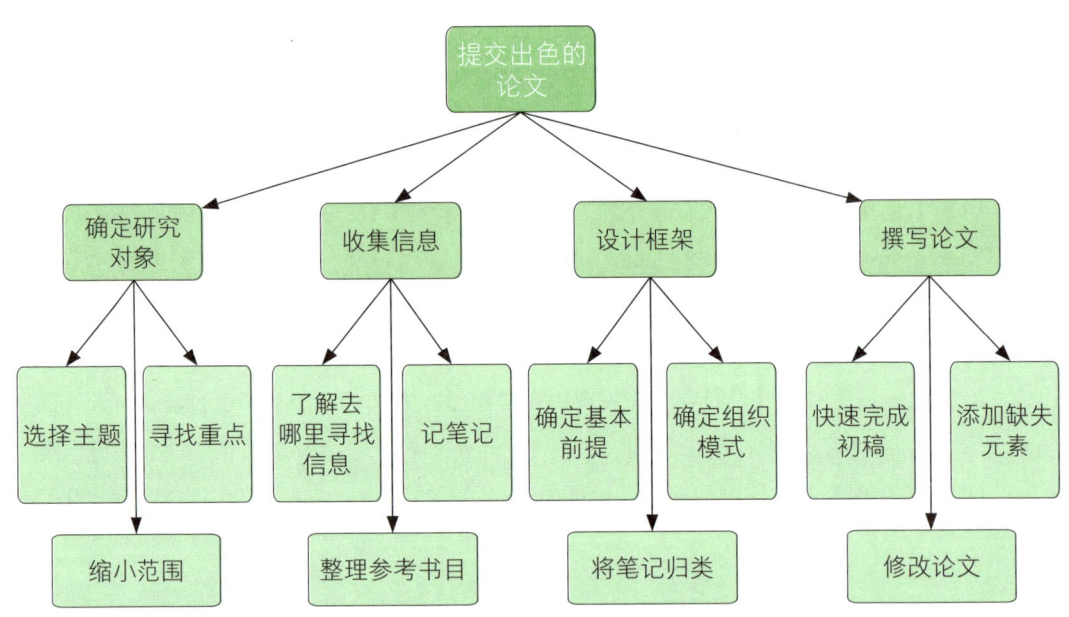

提交出色的论文

从布置到上交，没有哪项作业像论文一样让你牵肠挂肚。尽管写论文有时确实需要花费大量时间，但如果可以按部就班地完成写作流程，那么它并不会给你带来巨大的压力。为了开个好头，这一章会给出一个有条理的系统，帮助你不慌不忙地完成以下流程：

- 确定研究对象；

- 收集信息；

- 设计框架；

- 撰写论文。

你的文章写得七零八落，可能是因为没有中心思想将它们串联起来。

谢里丹·贝克（1918-2000），教授，《实用文体》作者

本章摘要

- ▶ 关于论文写作的常见抱怨。
- ▶ 许多研究论文背后的无名英雄。
- ▶ 三个单词可以帮助你大量缩短研究时间。

研究论文写作和笔记阅读有什么共同点和不同点？

即使是一篇小论文，也需要你费一番功夫才能完成。然而，虽然论文写作是一项长期任务，但它需要的技巧并不复杂，而且大多数都是常用的。事实上，论文写作并不比准备考试（例如，仔细阅读主题、记录阅读笔记、整理笔记和复述）难。它们的差别在于，写论文时，你不是在大声复述，而是写在纸上供他人阅读。如果你意识到写作和学习笔记没什么差别，并且可以系统性地确定写作主题、收集信息、设计框架，然后真正开始撰写，你可能就会发现写论文是了解一个主题的最佳方式。

确定研究对象

如何找到合适的主题？

对于研究论文写作，最大的障碍是寻找合适的主题。你必须学会轻松、高效地选择主题。这一点非常重要。选择主题可分为三个步骤：首先确定你感兴趣的广泛主题，然后缩小范围，最后进一步缩小至某个重要观点。如果你按照上述步骤操作，就能找到既有趣又特别的主题。

选择主题

聚焦

你应该选择什么类型的主题？

在大多情况下，你应该从一个较为宽泛的领域选择主题。由于你需要在此领域花费大量时间，因此最好选择你感兴趣或者可以培养出兴趣的领域。如果这个领域不在其他人的研究范围之内，那就更好了。

如果无法确定主题，该怎么办？

如果你无法选定主题，可以先进行初步研究。尽管有时你会在上网时找到灵感，但进行初步研究的最佳地点仍然是图书馆。你可以在图书馆中查阅各种参考资料，不论是纸质版还是电子版。你也可以在你感兴趣的区域，浏览书架上的藏书。此外，你还可以与图书管理员交谈。他们可能会告诉你大量可供选择的主题。

假设你对自然灾害感兴趣，想要详细了解相关信息，例如，"自然灾害"包含大量主题（如干旱、洪水、龙卷风、飓风、火山爆发和地震），你能兼顾所有吗？当然不能。你必须缩小范围。

缩小范围

聚焦

选择你感兴趣的主题只是开始。研究论文最常见的问题是主题太过宽泛。康奈尔大学的英文教授提出了一个缩小范围的方法：对你选定的大范围进行三至四次收缩，每次从一个给定的类别缩小到该类别的下属分类。这个方法类似于帮助你从笔记中筛选最重要内容的美元系统（见第 11 章）。

提出你的问题

例如，如果你打算以自然灾害为主题，撰写一份 10 ～ 15 页的论文，你需要先缩小主题范围，才能深入探讨研究对象。缩小范围三次应该可以将主题缩小到可控范围，有时也可能需要四次。

大范围：自然灾害

第一次缩小：地震

第二次缩小：地震预测

第三次缩小：地震预测领域的科学发展

第四次缩小：地震预测领域的计算机模拟

我们在第 8 章中解释过概念图。它类似于本书每章开头的那张图，可以用来在"视觉上"缩小主题范围。在一张白纸上写下大范围，并将它圈起来。接下来，写下大范围下属的各个主题。同样地，将这些主题圈出来，并用线段将它们连接到大

如何利用概念图帮助你缩小主题范围？

范围。此时，你可能已经找到了合适的主题。如果没有，请继续添加下属主题，直到你找到想要研究的主题（见图14.1）。通过概念图缩小主题范围的好处在于，如果你最初选定的主题不适用，概念图就会为你提供大量备选方案。

图14.1　利用概念图缩小主题范围

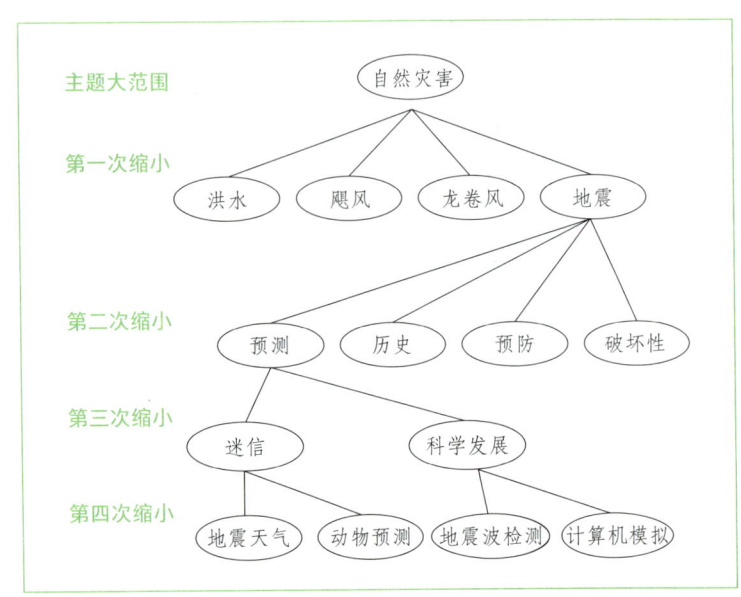

寻找重点

提问　聚焦

为主题寻找重点的目的是什么？

缩小主题范围后，提出一个与主题相关的问题，从而确定研究方向和目的。你在研究中收集的信息可以用来回答这个问题。例如，关于"计算机模拟在地震预测中的应用"这个主题，你可能会问"计算机模拟怎么帮助预测地震"。

为什么提出研究问题很重要？

是否能找到问题的准确答案并不重要。重要的是，将研究重点聚焦在回答问题的过程上。

收集信息

研究的第二个步骤是收集信息。你需要知道去哪里寻找信息（以及知道自己要寻找什么信息），还需要整理参考书目和记录笔记。

收集信息的前提条件是什么？

了解去哪里寻找信息

聚焦

除非你使用的是来自采访或实验的一手资料，否则几乎所有资料都应来自图书馆（当然，有的资料也可能来自网络，具体取决于你选择的主题）。在这一调查阶段，图书馆中最重要的资源包括图书管理员、索引、期刊和书籍。

你应该去哪里寻找论文所需的资料？

向图书管理员寻求帮助

在开始研究时或是在研究期间，如果遇到意料之外的困难，可以向图书管理员寻求帮助。尽管他们不是某个领域的专家，但他们精通图书馆的各种搜索工具。图书管理员常常会指出你甚至没有听说过的索引或数据库，你完全没想到要去查询的资料，以及你从未尝试过的搜索策略。他们丰富的经验可以帮助你节约大量时间，并且可以帮助你突破瓶颈，完成出色的论文。图书管理员是许多研究论文背后的无名英雄。

图书管理员能提供什么帮助？

查询期刊索引

在开始探究书籍前，明智的做法是先查阅与论文主题相关的文章。期刊不仅常常提供相关领域的最新发现，有时还能提供独家信息。此外，这些文章中常常包含与主题相关的重要人名或标题，有时还会包含相关主题概述。期刊包含几种通用和特定索引（适用于电子版和纸质版期刊）。

为什么要先查询期刊索引？

使用计算机索引

电子版杂志的索引
如何工作？

大多数图书馆都提供计算机索引功能。你可以输入主题名称、作者或标题。系统会返回相关文章列表。借助关键词或布林搜索，你还可以自定义搜索范围。

关键词搜索。除非你知道文章的标题，关键词搜索通常是最直接的查询方式，尤其是当你不便搜索主题或搜索结果不佳时。例如，格雷格·图兰（Gregg Toland）是位电影摄影师，曾和奥尔逊·威尔斯（Orson Welles）共同创作了电影《公民凯恩》（*Citizen Kane*）。如果你想了解他的信息，搜索主题"图兰"或"公民凯恩"，你可能什么也找不到。数据库中这方面的文章数量可能不足以为它们设置单独的主题标题。但是，如果你在更大的范围中进行搜索，例如"动作片-美国"，你或许就能在成百上千个条目中找到你需要的。如果采用关键词搜索，你可以输入一个单词（或名字），例如"图兰"，计算机会返回数据库中包含该单词的所有文章。

什么是布林搜索？

布林搜索。布林搜索是指使用逻辑词"和""或""非"组合来定义搜索。如果你需要圣何塞的地震信息，在主题"地震"或"圣何塞"下进行搜索，系统可能会返回大量无关的信息。然而，如果搜索同时包含"地震"和"圣何塞"的标题，你会更容易找到目标内容。圣何塞市有震感时，旧金山常常也会有震感，因此你可以扩大你的搜索范围：使用关键词"或"来搜索发生在圣何塞市或旧金山的地震，即搜索"地震和（圣何塞或旧金山）"。当然了，圣何塞不仅是加州北部的一个城市，还是哥斯达黎加的首都。你可以使用"非"来缩小搜索范围，确保只返回有关加州圣何塞的信息："地震和圣何塞非哥斯达黎加"。不是所有搜索引擎都支持这全部三种布林搜索逻辑。此外，有的引擎使用"＋"代替"和"，"－"代替"非"。幸运的是，不论是在图书馆还是在网络上，大多数搜索页面上都包含"高级搜索"或类似的链接。点击该链接，你可以详细了解该搜索引擎特有的规则和功能。

提出你的问题

使用纸质版索引

尽管你可以通过大量计算机化的方式搜索期刊，但部分纸质版索引仍然存在。其中最有用的是《期刊书目读者指南》（*Readers' Guide to Periodical Literature*）。该指南每一卷都按作者和主题列出了几十本杂志在特定年份刊登的所有文章。要找到和你的主题相关的文章，你可以查找它们可能发布的年份。《期刊书目读者指南》中的每个条目都给出了详细的信息，可以帮助你找到相应期刊或杂志。

你的论文主题所属的领域可能有自己的索引。例如，如果你研究的是心理学，那么有多个索引可供你参考。这些索引专门针对心理学领域，其中包含《期刊书目读者指南》未提及的期刊和杂志。不少领域都有自己的索引，例如，商务和教育。此外，像《纽约时报》这样的大报也会发布他们自己的文章索引。

查看书籍索引

尽管一些图书管理员可能会强调搜索工具的重要性，但书籍通常自带索引。计算机目录和早期的卡片目录一样，允许你通过主题、书名或作者进行搜索。此外，大多数计算机目录还包含与期刊索引类似的高级指令，可允许进行关键词搜索或布林搜索。大多数大学图书馆允许你使用任意浏览器搜索藏书。如果你要去的是这样的图书馆，就可以在去之前列一份参考资料清单。这样一来，即使需要向图书管理员寻求帮助，你也不会一无所知。

整理参考书目

归类

将你发现的与研究有关的书籍、杂志、报纸、期刊和网站添加到参考书目中。参考书目就是你计划参考的资料清单。在列清单时，请尽量多写。宁可最后证实添加的某些资料是无用的，也不要因为未将书名不起眼的资料列入清单而错过有用的信息。

最有用的纸质版索引是什么？

什么样的文章有自己的索引？

书籍索引包含哪些搜索选项？

什么是参考书目？

如何罗列参考资料?

不要将所有参考资料列在一大张白纸上。你可以使用索引卡，一份资料一张卡。在之后的研究中，如果发现某份资料没有用，那么只要将对应的卡片丢弃即可。

每张参考资料索引卡的正面包含哪些内容?

图 14.2 展示的是一张索引卡的有效格式。卡片正面包含以下内容：

图14.2　参考书目：索引卡法

Olin 图书馆	记忆理论
Q 360 .C33	杰里米·坎贝尔 《语法人》（*Grammatical Man*），纽约：Simon & Schuster 出版公司，1982

索引卡内容

第 18 章中自上而下、自下而上地描述了记忆理论。

涉及前面章节的内容，单独阅读该章节有一定难度。很好地总结了两种理论。

使用简单、生动的例子解释难点。

索引卡背面的评价

图书馆名称（可不写）。对于在图书馆中找到的资料，请写下图书馆的名称。

主题。简要地写下主题。这可以帮助你查找卡片并对其进行归类。

唯一的编码。对于书籍（或部分期刊），这个编码通常就是图书馆的索书号。对于网络上的资源，请写下网址。

参考资料信息。包括作者、书名、出版信息，以及你计划在论文中引用的内容所在的页面。这样可以确保你写下参考资料的所有重要信息，方便后期论文写作。

在卡片背面写下你对参考资料的评价。如果资料看起来没有用，请写下原因；如果资源有用，写下用处。这样，当你再次参考相应文章或书籍时，你就会知道自己为什么写下那样的评价。如果你更改了研究重点，你就能判断这些参考资料哪些有用，哪些无用。

每张参考资料索引卡的背面包含哪些内容？

记笔记

以参考书目为出发点，你可以研究这些资料来源，然后记录笔记。这个过程没有捷径。记笔记可能需要花费大量时间。然而，如果你记录的笔记字迹清晰、简洁、准确且方便使用，那么当你完成笔记时，你论文的大部分内容也已经完成了。

你的笔记应该达到什么水平？

确保你的笔记方便使用

为了让笔记便于使用，请将每条笔记记录在单独的索引卡或纸条上，而不是一条接一条地记录在常规的纸张上。不论使用卡片还是纸条，由于它们都是独立的，便于重新整理排序。

如何让笔记方便使用？

假设你要在计算机上撰写论文，你可能会想在计算机上记录笔记。请抵抗住这种诱惑。原因如下：尽管很多软件可以模仿索引卡的众多功能，但一叠卡片或纸条的灵活性和便携性，目前的软件尚不能实现。构思论文时，你会希望能轻松翻阅笔记，并在桌面上将它们归类。你可能希望快速查看某一叠卡片中的一张，然后再查看另一叠卡片。你可能突然想增加一张卡片或纸条，或是撕掉一张，将其扔进垃圾桶。程序员写下了数千行代码来触发各种操作，不过这些程序通常都需要付费，而且功能并不如寻常的卡片那么强大。你当然可以使用计算机"撰

提出你的问题

写"卡片，然后将它们打印在普通或特殊的（昂贵的）索引纸上，但这种策略实际上将简单的过程复杂化了。你也可以将笔记记录在不同的文件中，然后通过复制粘贴或拖放，在不同文件中转移内容。然而，普通笔记卡片中的某些信息可能很难与卡片中的其他内容一起保存在文件中。所以，考虑到功能和成本，普通索引卡仍然是整理论文笔记的最佳"技巧"。

还可以通过什么方法让你的笔记更易使用？

让笔记更易使用的另一种方法是认真地标记每张卡片或纸条。在左上角写下作者的名字或资料来源。然后，在右下角写下相应内容所在的页码。在每张卡片上留下这两个标记，你就可以轻松地验证或添加信息，你在引用资料时需注明的信息也都齐全了（见图 14.3）。

图14.3 索引卡其中一面的详细笔记

坎贝尔

大脑的两个半球通过名为"胼胝体"的纤维素板联络。

第 240 页

确保卡片字迹工整

如何确保卡片字迹工整？

如果字迹难辨，再详细的卡片也没有用。在最初撰写笔记时，即使要花费较长的时间，也要确保字迹工整。采用改良印刷体（见第 10 章）既可以确保书写速度又可以确保字迹清晰度。使用水笔而不是铅笔书写，可以避免字迹变模糊，弄脏卡片。

确保笔记内容简洁

有用的笔记，其秘诀是简洁。如果一张卡片中包含多个而不是一个重点，你之后在构思论文时就会觉得很难抉择。你必须确保每条笔记都切中要点。你记录的信息应该简要但又足以准确地表述含义。

如何确保笔记内容简洁？

限制笔记长度的一个简单方法是使用缩写或简称。你可以为自己常用的词汇创造缩写。不过，请务必注意不要滥用缩写或简称。它们最初也许能帮助你节约时间，但在后期解读时，不熟悉的缩写或简称可能会浪费你的时间。

采用什么方法可以轻松限制笔记的长度？

力求准确

由于你要研究的是事实，因此你必须确保你写下的信息都是准确的。在记录笔记时，你要能轻易分辨不同内容的来源，知道哪些观点是你自己的，哪些是作者的。然而，从撰写第一张卡片到完成最后一张，你随时可能遗忘这些细节。要对抗遗忘，确保论文信息的准确性，请在卡片中明确标示哪些是引用，哪些是总结，以及哪些是你的观点，哪些是作者的。

你可以采取什么方法确保笔记的准确性？

仔细撰写引用内容

从书籍或文章中引用内容时，请务必小心，必须为引用的内容添加引号。对比笔记上的内容和原文，确保准确无误。不要更改原文的措辞和拼写。如果你发现引用的内容存在拼写错误或语法错误，你可以使用括号进行标注，表明你注意到了错误。

如何处理笔记中的引用内容？

如果你要省略引用内容中的一部分（即使是一个单词），请使用省略号（……）表示省略。如果省略的内容位于句子的末尾，请在省略号后加上句号。

如何省略部分引用内容？

省略的目的是去除与引用目的无关的内容。不要为了满足你的需求，通过省略来更改原文含义。省略的目的是简化引用内容，而不是更改其含义。

为什么要省略部分内容？

标记自己的观点

某些绝佳观点会在记笔记期间闪现。你应该立即写下这些如果在记笔记时冒出自己的想法，该怎么办？

观点，不过你应该把它们写在单独的卡片或纸条上，并将这类卡片或纸条命名为"我的观点"或类似的名称。这样一来，你肯定不会混淆自己的观点和阅读中看到的观点。

解释你读到的内容

如何处理笔记中的解释性内容？

尽管区分你自己的观点和原文的观点非常重要，但这并不表示你不能解释原文的观点，即在表明来源的前提下，使用自己的语言表述他人的观点。如果你在笔记中解释了读到的内容，你就可以将笔记中的内容原封不动地搬入论文初稿。

设计框架

如何设计论文框架？

你可以根据一堆毫无关联的笔记设计出可靠的论文框架。你要做的是确定基本前提，将笔记归类到几个要点下方，以及确定清晰、有逻辑的组织模式。

确定基本前提

提问　聚焦

论文的基本前提是什么？如何确定基本前提？

选择重点可以帮助你确定研究方法。同样，根据已有笔记确定基本前提能为你的论文打下结构基础。在记录笔记的过程中，潜在的论点、明显的相似之处，以及可能的理论都会浮现在你脑中。这些都可以用来确定论文的基本前提，而基本前提是构建论文的基础。如果你在记录笔记的过程中没有找到基本前提，你可以再次浏览笔记，并询问自己一些难题。例如：

论文的方向在哪里？

我收集的信息的分岔点在哪里？

哪个观点最重要?

我在说什么?

我想说什么?

如果有几个选项,哪个观点的论据最充分?

如果你很好地完成了研究工作,就应该可以确定自己想在论文中写什么,而且你的笔记中也应该包含了所需的论据。

将笔记归类

提问　　聚焦

论文的基本前提就像一块磁铁,在归类笔记时,从中吸取最重要的信息。一般情况下,研究论文的主要观点应少于 7 个。这些观点将撑起论文的框架。剩余的卡片或纸条不会浪费,而会成为论据。当然了,如果某张卡片上的信息既不能成为主要观点,也无法为观点提供支持,那么你可以将其舍弃。

论文的基本前提如何影响笔记归类方式?

选择观点和归类笔记需要依靠你的选择能力。这种能力不仅可以帮助你缩小论文的主题范围,还可以帮助你学习一般的笔记内容(见第 11 章)。事实上,如果你觉得很难在大量的笔记观点中进行选择,那么可以尝试使用三步系统来寻找论文的支柱内容:

如何从笔记中寻找最重要的观点?

1. 阅读笔记,挑选出较重要的卡片或纸条;

2. 现在,你的笔记已分为两叠。对卡片较少的那一叠继续执行步骤 1,分出第三叠卡片;

3. 最后,拿起第三叠卡片。这叠卡片现在应该只有十几张。请从中找出最重要的四五个观点。这些观点就是论文的基本前提,可以决定论文的模式。

确定组织模式

归类　　概述

组织模式的决定因素有哪些?

　　论文的模式在很大程度上是由基本前提和你的个人选择决定的。你可以采用第5章中的任意组织模式来构建论文框架。时间模式和流程模式适用于大多数大学论文。不过,对于某些论文,你可能需要提出自己的观点。这类论文最适合的模式是先陈述前提条件,然后列举逻辑性示例并得出结论。这种组织方式更为灵活。

你可以采用哪些技巧来帮助确定论文模式?

　　你可能需要先试验几种模式,才能找到一个模式来涵盖你要写入论文的所有信息。不要因为这个过程中不可避免的失败和错误而感到沮丧。设计论文的"正确"方式不是唯一的。你可能喜欢使用传统的大纲模式,也可能觉得概念图可以让这个过程更轻松、更有趣。

如何借助图示确定论文结构?

　　若要采用图示来设计论文结构,请使用包含论文主要观点和次要观点的笔记卡片(或者将这些观点写在不同的小纸条上)。在空白的桌面上,根据论文的基本前提,像在棋盘上移动棋子一样移动这些观点,将它们归类。

论文模式如何影响图示?

　　如果你决定使用时间或流程模式设计论文,就需要按照时间早晚或从开始到结束的流程排列你的观点。如果你决定按论据构建论文,就需要确定先撰写哪些观点,然后再对剩余观点进行排序,以确保你的论证流畅、有逻辑,且易于阅读。

这本书每一章开头的图示采用的是什么模式?

　　这本书章节开头的图示采用的是流程模式和论证模式。例如,本章的图示采用的是流程模式,用以说明研究论文写作的各个步骤。第2章的图示采用的则是论证模式。它提出一个基本前提:要想有效利用时间和空间,你需要夺回丢失的时间,严格遵守日程表,以及整理所有"物品"。然后,逐个解释每一个论点。

如何处理次重要的笔记内容?

　　如果你找到了可以合理地包罗所有信息的方式,你就找到了合适的组织模式。排列好包含主要观点的卡片后,重复相应步骤排列次要观点。将每个主要观点视作一个论文前提，然后以清晰、有效的方式排列次要观点，用以论证重要观点。如果你在排列笔记时，发现组织模式中有缺失的内容，你就可能需要创建新的类别，甚至需要再次前往图书馆或上网搜索，以记录更多笔记。

如果发现组织模式中有缺失内容，该怎么办？

最后，排列好所有观点后，按照每张卡片或纸条内容在论文中的出现顺序，为它们编号。这样可以帮助你更轻松地将笔记内容系统地转化为论文初稿。如果你仔细撰写了笔记，并正确进行编号，论文的初稿就会水到渠成。

如何简化将笔记转化为论文的过程？

撰写论文

你已经基本完成了论文写作的大部分工作：信息、来源和模式。现在，你要做的是将这些数据编写成句子、段落，完成论文初稿。完成初稿后，给予自己充分的时间进行修订，添加缺失内容，然后完成终稿。

论文的实际写作过程包含哪些步骤？

快速完成初稿

计划

开始写论文的最好方式是动手写。握着笔停在空白的页面上，或是手指停在键盘上等待灵感来敲门，这些都是无用功。灵感和专注一样，当你呼叫它们时，它们通常不会出现。一旦你的双手开始行动，你的大脑就会紧随其后。

开始写论文的最好方法是什么？

尽可能顺畅、快速地完成初稿。为确保连贯性，请及时写下脑中出现的想法。不要停下来去思考备选方案。尽管你可能会撰写过多内容，但不用担心，删除总比添加容易。

如何处理写作期间出现的备选方案？

撰写初稿时，你的目标应该是将笔记内容转移到纸上或电撰写初稿时应设立什么目标？

脑上。按顺序参考每张卡片或纸条上的内容。从第一个重要观点开始，陈述观点，然后利用支持材料论证该观点。引用卡片内容时，请在论文上标注好卡片编号（你之后可以添加脚注，写下卡片上的准确信息）。然后，根据整理好并编过号的笔记继续撰写论文。

完成初稿后，接下来该做什么？

只有完成初稿，你才可以回过头来看看自己写了什么。如果你的初稿是在计算机上完成的，那么你可以将论文打印出来进行修改，或者使用文字处理程序的评论功能直接在文章中插入评论。不论你的初稿是纸质版还是电子版的，你都要仔细阅读，进行必要的改动，例如，添加字词，或是标记你要移动或删除的内容。

如何处理你添加到初稿的内容？

趁着你添加的内容在脑中还鲜活，更新你的论文版本。不要拖延。即使只晚一天，你也可能需要花费大量时间去思考你写下的评价的准确含义。趁着记忆还鲜活，更新你的论文，你会发现自己其实是在自发地修订论文。

如何处理更新过的论文？

完成更改后，将论文放到一旁一段时间。要客观地判断论文的内容和缺失的信息，你需要至少一天的冷却期。当你再次阅读论文时，你会发现自己可以更轻松地找到错误和薄弱环节。

修改论文

计划

之后的几稿论文需要达到什么目的？

论文写作最困难的部分是完成初稿。之后，你要做的是改进已有的内容。在接下来的几稿（你可能会完成二稿、三稿，甚至四稿，才能得到满意的论文）中，你关注的重点应该是强化论据的说服力和微调技巧性细节，例如，过渡、语法和拼写。

论证你的观点

你应该使用什么样的证据支持你的观点？

有的学生陈述完一个重要观点后，会转而探讨其他内容，而不对此观点进行论证。用于论证观点的证据包括统计数据，以

及来自其他出版物的引文、事实、示例、观点对比、专家意见
或详细描述。如果紧跟观点的是一般性的陈述内容，你就很难
说服读者你的观点是正确的。你应该使用卡片上收集的信息来
支持你的观点。图 14.4 展示了如何一步一步地形成自己的观点。

请确保按照这样的方式论证你所有的主要观点。如果你找不
到证据论证其中一个观点，可能这个观点本身就不属于主要观点。
你可能需要重新组织论文结构，将这个观点纳入其他观点下方。

如果你无法论证自
己的某个观点，该
怎么办？

图14.4　强化论据

1. 清楚地陈述观点。
   人类大脑的两个半球拥有截然不同的功能。
2. 通过简单陈述提出观点。
   根据脑功能侧化理论，大脑的左半球负责逻辑思维，右半球负
   责抽象思维。
3. 使用权威数据和统计数据支持你的观点。
   迈克尔·加扎尼加博士和罗杰·斯佩里博士发现，大脑的两个
   半球处理信息的方式不同（在此处添加引用内容）。后续研究显
   示，大脑左半球处理符号、概念信息，而右半球处理直接感知
   的非符号信息。
4. 举例说明。
   例如，如果你要将一列数字相加，你就需要使用左半脑；如果
   你要画画，则需要使用右半脑。

避免添加赘语。你可能希望通过添加字词或转述某个观点
来增加论文字数。读者通常很容易就能识别出这种手法。他们
想看的是有逻辑的论证和合理的结论。这种方式并不能提高你
的分数。如果你没有充分的证据论证某个观点，请删除这个观
点或者去收集更多信息。

为什么不应该通过
填充赘语来增加论
文字数？

微调技术性细节

尽管尴尬的过渡、不当的语法和错误的拼写可能不会影响
论文要表达的基本意思，但它们会影响读者对你的观点和所述

什么样的技术性细
节需要微调？

内容的感知。

使用过渡性词汇

过渡为什么很重要？

在写论文时，你需要考虑如何帮助读者从一个观点转换到另一个观点。如果读者觉得两者之间没有联系，他们就很难领会你要建立的逻辑关系。因此，你必须使用过渡性词汇帮助读者跟随你的步伐（见第 5 章中的过渡性词汇清单）。请仔细检查过渡性词汇，确保在必要的地方使用它们。

更正语法错误

提出你的问题

能够正确使用语言的学生可以更准确、更轻松地将自己的观点传递给读者。此外，语法正确可以提高论文分数。如果你不确定语法规则，或是写作时不在意这些规则，你可能无法准确地表达自己的观点。如果你觉得自己需要查阅语法书籍，很多好书都能回答大多数语法问题。有的书籍甚至很有趣味性。

以下是几本英语语法畅销书：

琼·卡萨格兰（June Casagrande）。*Grammar Snobs Are Great Big Meanies: A Guide to Language for Fun and Spite*。纽约：企鹅出版社，2006 年。

哈莉特·戴蒙德（Harriet Diamond）和菲丽斯·达特温（Phyllis Dutwin）。*Grammar in Plain English* 第 5 版。纽约：巴朗教育出版公司，2012 年。

谢丽尔·格伦（Cheryl Glenn）和洛蕾塔·格雷（Loretta Gray）。*The Hodges Harbrace Handbook* 第 18 版。加州贝尔蒙特市：圣智集团，2013 年。

帕特里夏·奥康纳（Patricia O'Conner）。*Woe Is I: The Grammarphobe's Guide to Better English in Plain English* 第 3 版。纽约：河源出版社，2009 年。

玛格丽特·D. 夏兹尔（Margaret D.Shertzer）。*The Elements*

of Grammar。纽约：麦克米伦出版公司，1996 年。

迈克尔·斯特姆普夫（Michael Strumpf）和奥里尔·道格拉斯（Auriel Douglas）。*The Grammar Bible: Everything You Always Wanted to Know About Grammar But Didn't Know Whom to Ask*。纽约：霍尔特出版公司，2004 年。

检查拼写

如果你的拼写问题不严重，查字典就能解决。如果拼写问题严重，你就需要寻找一本罗列常见错词的平装书。如果你根本无法判断自己是否拼写正确，那么你可以请人阅读你的论文，帮助你找出（而不是改正）错误的拼写。然后，你需要自己去查阅并插入正确拼写。如果你认真地执行一段时间，就会发现自己的拼写水平提高了。

如何修正论文中的拼写错误？

文字处理软件带有拼写检查功能，能够指出你的拼写错误。拼写检查工具会对比你输入的单词和存储在工具字典中的单词，提醒你注意字典中没有的单词。尽管这种工具能够找出大多数错误的拼写，但并不能保证没有遗漏。由于工具所带字典的大小有限，因此无法识别出拼写正确但被误用的单词（例如，将"there"误用为"their"，或是将"past"误用为"passed"）。

依靠拼写检查工具的隐患在哪里？

添加缺失元素

修改完论文后，你需要添加一些缺失的元素让论文更完整。由于你撰写的是研究论文，因此你需要添加引用来源和参考书目来增加信息的可信度。此外，论文还需要标题、引言和结论。

完整的论文包含哪些元素？

视情况表明出处

为避免抄袭并证明研究的深度，请标注引用或转述的内容，并附上参考书目。

如何正确地表明出处？

不要抄袭

抄袭就是窃取他人的用词和观点，将其用于自己的论文中。抄袭不仅仅指公然照抄他人的整段内容。如果你转述已发布的内容却没有注明出处，即使你是无意的，这也属于抄袭。如果不注明出处，只是重新排列句子或进行解释，这仍然属于抄袭。

提出你的问题

评分人在阅读论文时可以迅速察觉到写作风格的变化，不论是你的不同论文间的文风变化，还是同一篇论文中的风格变化。写作风格就像指纹，是独一无二的。如果你想使用他人撰写的论文，他的风格和你以往论文的风格肯定不同，而且差别明显。如果你想盗用几句话或几段话，阅读者也可以轻易察觉，尤其是当你盗用网络上可以查到的内容时（会使用网络的教师或助教只要在搜索引擎中输入可疑词汇，就能迅速找到来源）。如果教师无法证实你的抄袭行为，你也许能从中受益，但如果他们证实了（证实抄袭并不是件难事），你可能会因抄袭而被学校开除。在这个文字属于重要产品的社会，抄袭他人的文字属于严重犯罪。

添加引用标注

如何注明论文中引用或转述内容的出处？

为避免抄袭，你需要为引用或转述的内容标注出处。你可以在正文中引用的内容后面进行标注。格式如下：（Jones 2003, p. 264）。这表明引用的内容来自 2003 年出版的琼斯（Jones）的作品的第 264 页，且该作品已在参考书目中列出。你也可以紧随文字，在其右上方添加"1"，然后在页面底部或论文结尾处注明完整的资料来源。出现在页面底部的标注称为"脚注"。图 14.5 显示的是脚注格式和论文结尾处资料来源的格式。参考资料应按照它们在论文中出现的先后顺序进行编号。其他格式可以参考英文使用手册。

提供参考书目

参考书目应包含哪些内容？

参考书目会列出你引用的资料的来源，还可能列出你在论文写作过程中参考过但没有引用的书籍或出版物。参考书目不等于"备注""尾注"或"来源"。它罗列的是你在论文准备阶段参考过的书籍。你必须列出正确的书名。在编写参考书目时，请参照你之前制作的索引卡或纸条。每一个条目必须包含充分的信息，可以帮助读者识别书籍并在图书馆或网络上找到相应书籍。

1. Richard Webster, *Why Freud Was Wrong*, New York: Basic Books, 1995.

2. Glenn Alan Cheney, *Journey to Chernobyl*, Chicago, III.: Academy Chicago Publishers, 1995, p. 107.

图14.5 脚注和论文结尾处的资料来源的格式

各个条目应根据作者姓名，按字母顺序排列。不同研究领域使用的参考书目格式不尽相同。如果你的院系或教师对参考书目的格式做了规定，请遵循相应格式。否则，请从英文使用手册上选择一种标准的格式。你也可以参照你所研究领域的某份杂志所采用的格式。

参考书目应采用什么样的格式？

你可以请图书管理员帮助你找到特定学科的格式手册，例如，生物、化学、法律、数学、物理、心理学等。

不论你采用哪种格式，请确保参考书目中每一个条目的格式保持一致。图 14.6 展示的是常见的参考书目格式。

图14.6 参考书目格式

参考书目

Campbell, Jeremy. Grammatical Man. New York: Simon and Schuster. 1982

Carr, Nicholas. "Is Google Making Us Stupid?" The Atlantic.com. July/August 2008.

24 December 2009. <http://www.theatlantic.com/doc/print/200807/google>

Gilbert, Daniel. *Stumbling on Happiness*. New York: Vintage, 2007.

Hanke, Steve H. "The Stagnation Myth," Forbes 157 (April 22, 1996):I 45-I 46

Levitin, Daniel J. *This is Your Brain on Music*. New York: Dutton, 2006.

Pinker, Steven. *The Blank Slate*. New York: Viking, 2002.

Sapolsky, Robert. *M. A Primate's Memoir*. New York: Scribner, 2001.

Wolfe, Maryanne. Proust and the Squid. New York: Harper, 2007.

选择合适的论文标题

如何选择论文标题?

先写完论文再确定标题，这是个不错的选择。尽管标题应该反映论文内容，但你也可以来个有趣的反转，或者将引用内容中合适的部分定为标题。当然，直白的标题没有什么不对。在大多数情况下，切中核心的合理标题是最佳的选择。

撰写引言

论文的引言应包含哪些内容?

引言应以论文的前提为基础。在修改论文时，你可以扩展论文前提，将其充实为引言。除了陈述论文前提，引言还需要解释你计划如何论证这个前提。你可以添加合适的例子或趣闻逸事，或者引用他人的文字。

陈述结论

为什么论文需要结论?

论文应该以结论结尾。如果你没有撰写结论就结束论文，读者就会疑惑你怎么了，你的论文怎么了。请明确告知他们论文结束了。

撰写结论的目的是什么?

到目前为止，你应该已经表达了自己的所有观点，并进行了适当的论证。撰写结论的主要目的是重述或总结你的基本前提。此外，你可能希望通过基本前提引出相关结论。例如，如果你的基本前提是"酒精是这个国家最主要的死亡原因之一"，并且你已经通过数据和例子论证了你的观点，那么你可以选择在结论中提出一些解决过量饮酒问题的建议：

增加酒精饮品的税率；
要求啤酒、葡萄酒和白酒公司赞助戒酒项目；
美国人必须克服这种自我毁灭式的成瘾行为；
应该从小学开始进行饮酒教育。

你必须使用研究期间收集的信息支持论文的其他部分，但结论赋予你表达看法、得出结论的机会。当然了，一般来说，你要撰写的结论取决于论文内容和主题。大多情况下，结论的篇幅不应过长，并应该与主题相关。但是，请务必不要省略结论。

结论和论文的其他部分有什么不同？

打印论文终稿

你花费在论文上的时间和精力最终都将体现在终稿上。请确保终稿干净、整洁、具有吸引力。

提出你的问题

1. 在白纸上单面打印。尽管教师很少会特别指出这一点，但大多情况下，默认将论文打印在 A4 纸上。

2. 在每一页的顶部和底部留下充分的空白空间，并在页面两侧分别留出 4 厘米左右的空间供教师撰写评语。

3. 输入终稿并打印。手写论文需花费大量时间，且字迹难以辨认，因此教师通常不接受手写论文。

4. 将篇幅较长的直接引用内容（5 行或 5 行以上）设置为"齐头式"，即单倍行距，两侧缩进半英寸或 5 个空格。如果为引用的内容设置这样的格式，你就无须再为它们添加引号。这种格式本身就表明你在引用内容。

5. 校对终稿。仔细阅读终稿，检查是否存在拼写错误或其他小瑕疵。不要完全依赖拼写检查工具。这一步骤非常重要。

小结

即使写作经验丰富的人也会觉得撰写论文是个挑战。不同于记笔记、考试、参与讨论或是回答简答题，论文写作有时需要花费几周甚至几个月的时间。如果将期末成绩的其他组成部分视为短跑，论文就是一场马拉松。然而，如果你听从一位长

为什么说论文写作就像一场马拉松？

距离选手的意见，系统性地、一步一步地前进，那么当你最终抵达终点时，你将为自己感到自豪。

我的第一篇研究论文

瓦尔特·帕克

课程注册就像一场国际象棋比赛。聪明的学生会早早行动起来。有的天刚亮就去排队，还有的在家通过学校新建的计算机系统进行注册。他们早早地注册，并不是为了选择最好的课程，而是为了避免"被选择"到某个课程——威尔伯·亨得利肯教授的课程。

小道消息称，这是一门胆小者必须避开的课程。被迫选择亨得利肯教授的课程的概率很低，但这足以令人胆战心惊。有同学说，亨得利肯教授与"教务处达成了特殊协议"，他可以自行挑选 25 名学生选修他的课程，另外 10 个名额则通过常规注册确定。

这个不同寻常的选课流程是这样来的：亨得利肯教授最初只教授研究生课程，但是 10 年前，他决定教授"英语 105"的部分内容。因此，亨得利肯教授突然对教务主任宣布，他要招收 25 名学生，并将他们培养成学者。

教务主任陷入了两难。一方面，骄傲而敏感的亨得利肯可能会将否定答案视作粗暴无礼的拒绝。此外，教务主任觉得："如果他辞职了，我还得向校长解释。"亨得利肯是学校的招牌，其他大学都迫切想要挖走他。另一方面，如果答应他的要求，则势必会令其他英语系教师心生不满，因为没有选择余地，每门课必须接收 35 名学生。教务主任与她的同事讨论后，说服他们接受了上面那个妥协方案。不用说了，我就是那不走运的 10 个人之一。

我在第一堂课上就发现了亨得利肯是如何挑选学生的。那 25 人都非常有天赋。后来，我发现他们在高中都是全优学生，并且在奖学金排行榜上名列前茅。此外，他们都非常擅长学习英语，而我的优势科目则是数学和音乐。数学技能和音乐天赋对英语学习没什么帮助。

一开始，我以为亨得利肯教授的高要求只是谣言，但第一次小测试过后，我的幻想破灭了。我们这不走运的 10 个人对比了笔记，发现我们的分数都在 30 至 40 分之间。然而，并没有人质疑亨得利肯教授的公正和认真程度。我们的小测试论文上满是注释、符号和有用的评论。当然了，我们质疑了他的标准——它不适合我们这种普通学生。10 名学生中有 6 人迅速转修其他课程，还有 3 人在第二次小测试后转走了。每个人都知道会有学生转课。其他教师都已准备好在开学后几周内接收我们这 10 个人。这样做，教师们不会心生不满，因为从行政操作上来说，每门课最初都有 35 名学生。

也许是出自我的自毁天性，或者是受到亨得利肯教授的魅力的感召，我决定继续选修这门课。转课截止后的第一天，我像往常一样坐到我的位置上。在亨得利肯教授进教室之前，其他 25 名学生通常都会大声交谈。但那一天，他们很诡异地保持沉默。在过去 10 年中，没有一名非教授选中的学生留了下来。他们都知道这一点。

我们能听见亨得利肯教授轻快而坚定的脚步声。他的步伐比往常快一些。我们从门缝看到了他的左脚。我的血液上涌，呼吸急促。亨得利肯通常会直接走到讲台，放下他的笔记本，然后说："下午好。"这一天，他走进教室后，好奇地看了我一眼。他没有像往常一样跟我们问好，而是直接开始讲课，比平时更严肃。我无法集中注意力听讲。没有人能集中注意力。我似乎破坏了这个秘密俱乐部的气氛。我为什么这么鲁莽？

然而，到了星期一，课堂恢复了往常的节奏和氛围。我出现在课堂上，却不被接受。教授选择的那 25 名学生紧紧坐成一团，我在团队之外。但这并没有影响我。我很喜欢亨得利肯教授，他是位好老师。我记了很多笔记，认真地学习。我常常会忘记我自己，在讨论中发言。我很努力地准备考试，但我的成绩总是追不上其他人。我通常都能听懂他说的观点和看法，但它们会随着时间的流逝消失不见。我需要更多时间去思考。但我并不气馁，因为我很喜欢这门课，并且学到了很多。

圣诞假期结束后，亨得利肯教授宣布了他的决定：3500字的研究论文，占期末总分的三分之一。我理应感到恐慌，因为我不会写作，但我觉得高兴。我有机会将我艰难得到的62.7分提高到必须达到的70分。

这是我第一次有了优势。我有时间上的优势。我需要时间。时间是平等的。时间是民主的。每天早晨，我们将迎来相等的时间。它对天才和凡人是公平的。我这样告诉自己。这让我觉得好受一些。

这没什么可激动的，因为所有人都听说过亨得利肯教授的论文要求。这其实是另一个导致大家早早开始注册课程的原因。论文的交稿时间在寒假结束之后。还有两个月时间。大家在课堂上窃窃私语。我几乎听不到亨得利肯教授对抄袭的警告。"参考主教材和辅助的重要资料。"大家的注意力都分散了。没有几个人听到他关于选择主题的要求，但是我听到了。他说："确定好主题后，要将范围压缩至少三到四次。"这是什么意思？

其他学生离开教室后，我走向亨得利肯教授。他正在收拾教材。我向他询问了缩小主题的事。他说："举例来说，如果你选修历史课程，选择了'内战'这个主题，那么你的论文基本上无法通过，因为这个主题太大了。你可能需要写十几本书才能说完这个主题。这不是本科生的研究论文。即使你将范围缩小到'葛底斯堡战役'，这场美国内战中的一场重要战役，这个范围仍然太宽泛。如果再次将范围缩小到'公墓岭之战'，这可能会比较适合写作，但你可能还是难以确定研究重点。因此，你也许需将范围缩小到'公墓岭之战的战略意义'。这个主题仍然属于最初确定的大范围，但你可以找到足够的信息去撰写一篇有深度的论文。"

期末论文让我非常兴奋。我直接去了图书馆，迫切想找到一个有趣的主题，运用范围缩小技巧。我很惊讶地发现，偌大的图书馆中学生寥寥无几。当然了，考试周临近时，图书馆里肯定会人满为患。此时，学生们还没有感受到压力。我直接找到图书管理员，他告诉我如何使用各种参考书籍。另一名管理员加入了我们的讨论。她提出了一个有趣的想法："如果你在第一年就仔细挑选一个主题，然后在大学期间持续研究和撰写相关论文，那么你很可能会成为这方面的专家。"这个想法触动了我。

在接下来的几天中，我绞尽脑汁思考论文主题。首先，我仔细查看了亨得利肯教授的课程大纲，研究了他的讲座主题，以及他提的作者和资料。接下来，我再次前往图书馆寻找参考书籍，例如，百科全书、文学研究和名人字典。我列出了 19 个感兴趣的主题。我利用周末时间认真思索后，删掉了其中的 14 个。

我决定和亨得利肯教授讨论剩余的 5 个主题。他似乎很高兴见到我。我们花了 5 分钟删除了 2 个主题。对于另外 3 个主题，他建议我请教相应领域的教授。

接下来的对话给了我很大的启发。我认识了 3 位教授。他们不仅给予了有用的意见，帮助我缩小了研究范围，还告诉我重要资料来源和权威机构的详情。认真参考了教授们的建议后，我选择了最吸引我的主题。

我告诉亨得利肯教授我的决定，并就研究方向向他寻求意见。我们讨论了论文的明确目的。一杯茶后，我们确定了一个很有挑战性的问题来启动我的研究。我从他对狄更斯的研究中受到了启发，内心充满热情。课堂上严厉、严肃的亨得利肯也有不为学生所知的温暖、感性的一面。

缩小了主题范围并确定了研究方向后，我又前往图书馆搜索相关资料，开始我的研究。一个星期结束了，我竟然没有搜到一本相关书籍。我在第一学期就学习过如何使用图书馆的计算机目录。为什么不试试计算机系统提供的其他搜索方式？例如，使用关键词寻找与研究重点相关的标题。我惊讶地发现，计算机目录中存在大量资料。很快，我的参考书目清单就丰富起来。我获得了自信，决定使用 CD-ROM 数据库，并发现了一些与我的研究问题相关的期刊。

　　我收集了一些资料，并开始记录笔记。图书管理员给了我很大的帮助。她走过来问我是否知道将笔记记录在索引卡上的好处。还未等我发问，她就告诉我，如果将笔记分类，我的研究工作就会更高效。她的建议如下：

- 一张卡片上只记录一个要点，或者几个相关的要点；

- 只记录与研究相关的信息；

- 只在卡片的其中一面撰写内容；

- 每张卡片上都要列明作者和资料所在的页码；

- 完整摘录的内容要加上引号；

- 大多数笔记应该是复述或总结性内容；

- 一旦有新的想法，就要立即写下来，并在后面加上括号，在括号中写下"我的想法"。

　　她发现我没有卡片，于是快速冲向她的办公桌，从下层抽屉中拿出一沓用橡皮筋捆好的卡片，扔到我的桌上。"这些卡片是我们录入计算机目录时用剩的。单面使用。你可以把它们用在你的论文研究上。"

　　这些卡片吸引了我的注意。由于我已经列好了大量参考资料，我迫不及待要开始着手研究。在接下来的两个星期中，我每天在图书馆待2～3小时，一步一步地展开我的研究。我发现在卡片上记录重要信息、资料来源和页码并不是件难事。我没有浪费时间在卡片上记录作者的名字或书名，而是通过一个简单的编码系统来分辨每个资料的来源。我没有书写大纲。在确定好研究问题后，我曾尝试过撰写大纲，但我无法预先判断我找到的资料。此外，我觉得大纲太过局限。不过，虽然我没有撰写大纲，但我的笔记对象并不是随意挑选的。我选择了与我的问题有关的资料。投入到研究中后，我就能察觉到哪些资料是相关的，哪些是无关的。

　　两周后，我的卡片装满了一个鞋盒。我可以开始设计论文框架，撰写初稿了。在研究过程中，我已经草拟了几个可以列入大纲的部分。我回顾了两周的研究，确定了临时大纲。我一直谨记我的研究问题，对大纲的各个部分进行了修改，以便形成能够回答我的问题的论文框架。接下来，我阅读了所有笔记内容，并根据大纲将笔记归类。由于每张卡片上只记录了一个要点信息，我顺利地完成了卡片归类。如果我当初在一张卡片上写下了两个不同的观点，那么我现在就不得不重新拆分并撰写笔记。我很高兴我运用了自己的系统。这就像个卡片游戏。

我需要进一步修改我的大纲，因为有的笔记内容和大纲的主要部分不匹配。我又添加了一个部分，将部分卡片纳入其中。不过，有的卡片无法归入任何一个部分。完成卡片归类后，我开始执行图书管理员的第二个建议。我开始调整每叠卡片的顺序，让它们以合理的顺序排列。根据论文各个部分的顺序调整每叠卡片的位置，这个步骤出乎意料的简单。

卡片一沓一沓摆在我的面前。我开始单独研究每一沓卡片，以便撰写更详细的大纲。在全力以赴划分主要部分、从属部分和支持材料时，我开始发现缺失的数据和论据中的薄弱点。我的详细大纲明确地展示了论文中不均衡、不完整的地方。在接下来的几天时间里，我暂停了手上的工作，因为我需要先确认论文缺失的内容。我很庆幸每张卡片上都注明了资料来源，甚至精确到了页码。

在图书馆待了几个小时后，我丰富了我的笔记卡片。因为我的笔记越完整，我的初稿就能完成得越高效。我记得亨得利肯教授的建议："如果你的一手资料收集得不充分，你在写作时就会遇到困难。"我根据新发现的信息修改了我的详细大纲。

最后，我对自己的大纲感到满意后，便开始撰写初稿。我惊讶地发现，在资料准备充分的情况下，撰写长篇文章竟然是件简单的事。事实上，我很享受写作过程。我花了四天课余时间完成了初稿。撰写初稿时，我喜欢手写，因为相较于打字，手写似乎有助于我更清晰地思考。每一天，我集中精神撰写一个部分的内容。完成初稿后，我快速阅读了一遍。我觉得很棒。我觉得我可以好好享受假期了。这真是个不错的奖励。我在电脑上输入我的初稿，备份好，然后打印了一份。我将打印的论文留在书桌上，给它一个"冷却期"，然后回家享受假期了。

放假前一天，亨得利肯教授出于教师的职责，提醒我们不要忘了论文，因为假期结束后再过 5 天就是交稿日。我的同学们有些坐立不安。有的紧张地笑笑，有的窃窃私语，但大家什么都没说。我对自己说，虽然我从没在图书馆遇见过这 25 人中的任何一个，但他们可能是在其他时间去了图书馆吧。我还想到，他们喜欢讨论有争议的问题，喜欢辩论假设的事情。他们似乎很擅长在最后时刻撰写创造性论文，因为那些信息早已储存在他们脑中。也许需要辛勤付出的研究性论文不适合这些富有创意的灵魂。这就是我当时的想法，我对自己阴暗的想法略感羞愧。

尽管我还是跟不上亨得利肯教授的课程，但已经完成的初稿让我觉得我可以好好享受假期了。我确实过了一个美好的假期。

为了避开周末拥挤的车流，我在星期五回到了学校。那天晚上，想要将自豪感最大化的我，随意拿起了论文，开始阅读。读完 3 页后，我的笑容消失了。读完 10 页后，我感到恐慌。刚完成初稿时，我觉得论文的主题发展非常流畅。现在看来却是杂乱无章的，甚至还有重复的内容和无用的段落。为什么会这样？

最初的震惊过后，想到其他同学甚至还没有开始写作，而且大多数人要到星期天晚上才会回到学校，而我还有 7 天时间，于是我又冷静下来。在认真思索该如何修改论文时，我第一次领悟到了某条劝诫的真谛："不要上交没有修改过的论文。要进行有效修改，你必须将论文闲置几天，等待熟悉感降低。之后，当你再次阅读时，就可以更好地发现薄弱的环节和粗糙的地方。发现后，请修改，修改，再修改。"

我的论文当然不粗糙。我回想了一下修改步骤：首先，确保观点易于理解且有证据支持；然后，确保论文的组织结构清晰，各个部分的逻辑关系合理；接下来，检查文风是否一致；最后，确保拼写、连字符等细节正确无误。我发现我的论文中零散地提及了一些有趣的信息。虽然有趣，但并不相关。对于放错位置的信息，我将其中一部分添加到引言中，然后删除了其余内容。要将这些辛苦提炼出来的珍宝删除并不是件容易的事，但我的耳边响起了教师的告诫："优秀的作者不会将所有有趣的信息都塞入文中。记住，冰山的水下部分占了 90%，露出水面的只有 10%。水下部分就是你的幕后工作。它给予冰山力量。"

剔除无关的信息后，我将注意力放到了论文结构上。我发现结构过于模糊。某些应该写在论文开头的内容，被我写到了正文里。我修改了引言，陈述了我的主题，并将其分为五个部分。修改完引言后，我真正知道了自己想做什么。我很吃惊。我竟然没有明确地理解自己想表达什么。在星期天晚上睡觉前，我清楚地写下了我想要表达什么，以及如何论证我的观点。

星期一来得太快了。假期结束了。校园里有许多活动，而学生们则加快了学习节奏。要交论文了。要考试了。大多数人的寒假学习计划都落空了。亨得利肯再次提醒我们论文截稿日是星期五。这一次，课堂上连窃窃私语声都没有了，只有严肃的沉默。我也沉默了。我的目标不仅仅是合格。我需要拿到 85 分，才能将平均分提高到通过课程需要的 70 分。我可能高估了时间和技巧的作用。时间在流逝，技巧并没有提高。但是，我还有机会。我相信那 25 人一定还没有开始写作。

我根据前言重新调整了正文中各个部分的顺序，努力提升正文质量。我在每一部分的第一段中简要地介绍这一部分的内容。然后，紧紧围绕这一部分的中心思想，我用几个独立的段落陈述我的支持材料。完成所有部分后，当我检查段落结构时，发现尽管我在归类卡片时已经仔细排列过顺序，但有的支持材料仍然分布得很零散。将部分信息移动到正确的位置后，我删除了一些重复的信息。我重新修改了每个要点，尤其是那些看起来很含糊，或者仓促构思的要点。当某个观点需要更多支持材料时，我又参考了笔记卡片。

星期二，我完成了总结性摘要。没有重复的内容。我简要地陈述了主题和重要观点，展示了我对材料的熟识度。吃完晚餐后，我打印了完整的论文。我大大松了一口气。那一晚，我睡得很香。

星期三，9点的课程结束后，我将剩余时间都花在最后的修订上。我大声朗读我的论文，确保文风一致。大声朗读可以帮助我发现多余的字词，含糊的表述和拗口的句子。我更正了有瑕疵的句子，让它们变得更顺畅、更自然。在修改过程中，我不时翻阅普通字典和近义词字典，以确保用词准确。此外，我还注意了内部过渡，让段落和句子之间更连贯。修改完打印出来的论文后，我更新了电子版并小心保存。每一稿，我都谨慎地保存，以防计算机发生故障。

星期四，我很早就醒了。我迫不及待要看到打印出来的终稿。打印完我的"杰作"后，我急切地开始校对。我甚至想要放弃当天早上的讲座。但是，由于期末临近，我的理智胜出了！讲座结束后，我匆匆吃完午餐，奔向我的宿舍和宝贝论文。从标题到参考书目，我仔细校对了我的论文。我的勤奋付出有了收获。我没有发现一处明显错误。我很满意自己完成了这项任务。我感到热血沸腾。

这一天终于到了！慌乱、害怕中的同学们，借口源源不断。他们努力做出复杂无奈的表情，告诉教授："图书馆人太多了，我找不到位置写论文。""有两个同学的主题和我的一样，我拿不到参考资料。""我的电脑坏了。""我的打印机过热，罢工了。""我还需要一些时间，因为打字员都很忙，他们要到周末才有空帮我打字。"

亨得利肯很平静，但表情非常严肃。他环顾整个教室，并不打算回应任何一个借口。过了一会儿，他举起手让大家保持安静，然后继续讲课，就像什么都没有发生一样。那是沉默的一个小时。亨得利肯教授表现得和往常一样，甚至比往常更专注。大多数学生安静地坐在位置上，一动不动，面无表情。只有少数学生像往常一样记笔记。出于某种原因，教授的话好像是对我说的。他想将我们培养成学者，以及成熟的男人和女人。那一天，大约半数学生上交了自己的论文。亨得利肯教授突然宣布："迟交的论文，每晚一天扣 5 分。"我很高兴也很自豪自己按时上交了论文。

离期末只有两个半星期了，亨得利肯教授加快了课程的进度，决心完成他计划教授的主题。那时，我已经平静地默认自己可能无法通过这门课程。尽管我还是想通过这门课，但我并没有因此感到焦虑。我很高兴自己可以选修亨得利肯教授的课程。

最后一堂课上，亨得利肯教授带着我们的论文走进教室。"在把论文发还给你们之前，"他说，"我想要点评一下。"他继续说道："有几篇论文很出色，有几篇很糟糕，大多数是中等水平。出色的论文在技巧使用上很有创意，很有想象力。糟糕的论文像是用剪刀和胶水机械地拼凑出来的。"

最后这句评语击中了我。我早该知道亨得利肯教授可以迅速发现我的论文是如何拼凑出来的：我如何在卡片上记笔记；如何将它们归类；如何机械地改动它们的位置；最后才撰写大纲；查阅单词；通过大声朗读来寻找不顺畅的地方。整个过程都很机械、零碎。其他同学真的都很有天赋。他们只需要四五天时间就能直接写出自己的想法，就像艺术家一样，流畅地塑造自己的作品。他们像真正的艺术家一样，可以把握住唯一的一次机会，而我则需要大量的机会去修改，再修改。

亨得利肯教授在继续他的"剪刀和胶水"评价时，突然拿出了一份论文。我吓了一跳。我知道那是我的论文。我很尴尬。我想要离开那间教室。马上离开！然后，我突然意识到，尽管我知道那是我的论文，但其他人不知道。于是，我又振作起来。亨得利肯教授读了一段又一段。他翻到论文的前面读一段，翻到后面再读一段。我注意到其他同学都在专心听讲。

尽管亨得利肯教授的声音有些激动，但很友好。在我努力保持平静和镇定时，我听到教授说："注意文章流畅的节奏和准确的用词。这就是我说的学术精神。你能看出其中运用了技巧。是的！但除了技巧，还有学者的热情、谨慎和时间。"

顺便说一句，你们猜得没错！我通过了这门课程。

章节复习

填空

从句子下方的三个词中选择一个将句子补充完整。

1. 你可以针对主题提出 _____，从而找到研究目的、重点和方向。

    科学发现   吸引人的误解   激发兴趣的问题

2. 使用网络或图书馆的计算机索引时，布林搜索可通过 _____ 帮助你缩小搜索范围。

    使用突出的关键词   组合多个关键词   使用完整的句子

3. 发现与你的研究相关的杂志和书籍后，将它们添加到 _____ 的参考书目中。

    你的笔记本上   单独的卡片或纸条上

    为你提供帮助的图书管理员保管

配对

填写与左边项相匹配的句子。

____1. 索引卡   a. 可以帮助你找到合适的主题

____2. 拼写检查工具   b. 某些杂志文章开头的概要

____3. 摘要   c. 可以用来从视觉上设计论文

____4. 索引   d. 比计算机更灵活的笔记记录工具

____5. 省略号   e. 大多数论文的主要信息来源

____6. 概念图   f. 从搜索书籍或杂志开始

____7. 初步研究   g. 可以帮你检查拼写错误，但可能有遗漏

____8. 图书馆   h. 表明省略了部分引用内容

判断

在正确的句子旁圈出"对"，错误的句子旁圈出"错"。

1. 对 错   通过三到四次范围缩减，你应该可以得到合适的主题。

2. 对 错   《期刊书目读者指南》是最广为人知的纸质版期

刊索引。

3. 对　错　计算机目录通常允许你搜索主题、作者、书名或
　　　　　　　关键字。

4. 对　错　允许在研究论文中转述他人观点。

5. 对　错　研究论文不一定要包含结论。

选择最准确的选项将句子补充完整。　**多选**

1. 撰写研究论文所需的基本技巧类似于以下哪一项所需的
基本技巧？

　　a. 撰写小说或短文　　　b. 准备考试

　　c. 记录讲座笔记　　　　d. 以上皆不是

2. 研究论文最常遭到什么样的批评？

　　a. 太宽泛　　　　　　　b. 太长

　　c. 写得很糟糕　　　　　d. 未经仔细研究

3. 图书管理员是以下哪一方面的专家？

　　a. 大多数论文主题　　　b. 正确的脚注格式

　　c. 利用图书馆　　　　　d. 以上皆是

4. 在以下哪种情况下，你可以更轻松地使用你的笔记？

　　a. 重新抄写，让内容更易辨认

　　b. 一字不差地记录信息

　　c. 一条内容记录在一张卡片或纸条上

　　d. 尽量缩小笔记篇幅

5. _____有助于避免抄袭。

　　a. 引号　　　　　　　　b. 注释

　　c. 参考书目　　　　　　d. 以上皆是

思考这章的大纲，然后运用自己的想法和经验回答每个问题。　**思考**

1. 你觉得论文写作最困难的是哪一个环节，是选择主题、
寻找重点还是确定基本前提？本章内容如何帮助你降低该环节

难度？

　　2. 关于研究论文的笔记记录，本章陈述了一些建议。你觉得最有用的建议是什么？为什么？

　　3. 过去，你采用什么系统来组织论文写作？本章中的哪一条建议给予你最大的帮助，改进了你使用的组织系统？

提出你的问题

　　提问系统利用页边的问题鼓励有效阅读。你会注意到这章中的大部分段落旁都伴有一道问题。现在，轮到你来提问了。搜索这章中缺失问题的段落，重新阅读，确认中心思想，然后提出一个问题来引出中心思想。你可以参考上下文页边的问题，然后提出自己的问题。

背景故事

Topic　**主题：曾经是地点而不是主题**

topic n.　1. The subject of a speech, essay ,thesis, or discourse.　2. A subject of discussion or conversion. 3. A subdivision of a theme, thesis, or outline. *

　　在没有提词机、索引卡，甚至没有纸张的年代，古希腊和古罗马的演讲者不得不依靠他们的记忆记住大量信息。由于记忆能力有限，他们必须通过有意义的方式归类将要演讲的观点。一个广受欢迎且可靠的方式被称为"loci"（位置记忆法，见第 9 章）。"loci"在拉丁语中意为"地点"。位置记忆法需要挑选一座熟悉的房子。在脑中想象这座房子，然后将你需要回忆的内容和房子中的特定位置关联起来。借助这种方法，熟练的演讲者可以在脑中存储大量房子，每座房子中都包含他们要回忆的信息。当他们就某个主题进行演讲时，只需"走进"对应的房子即可。演讲者常用的信息群被称为"common places"（老生常谈、司空见惯的东西），对应的拉丁语为"loci communes"，希腊语为"koinos topos"。著名的古希腊哲学家亚里士多

德将其简称为"topos"，意思是"地点"。这就是我们将"topic"用来指代主题或一组信息的过程。**

　　*摘自《美国传统英语字典》第四版的"topic"条目（波士顿：霍顿·米夫林出版公司，2000），http://dictionary.reference.com/browse/topice（2009 年 5 月 27 日查询）。

　　**参考以下内容：《美国传统英语字典》第四版的"topic"条目（波士顿：霍顿·米夫林出版公司，2000），http://dictionary.reference.com/browse/topic（2009 年 5 月 27 日查询）；"topic"，《在线词源字典》，道格拉斯·哈珀（Douglass Harper），历史学家，http://www.etymonline.com/index.php?search=topic（2009 年 5 月 27 日查询）；"topic, a and n."，《牛津英语字典》第 2 版，20 卷（牛津：牛津大学出版社，1989）。